prometeo
libros

La reconstrucción de la seguridad nacional
Defensa, democracia y cuestión militar
en América Latina

Marcela Donadio

(Editora)

La reconstrucción de la seguridad nacional

Defensa, democracia y cuestión militar en América Latina

prometeo
libros

©De esta edición, Prometeo Libros, 2010
Pringles 521 (C1183AEJ), Ciudad de Buenos Aires, Argentina
Tel.: (54-11) 4862-6794 / Fax: (54-11) 4864-3297
info@prometeolibros.com
www.prometeoeditorial.com

Índice

Prólogo / Ernesto López 9

Presentación / Marcela Donadio 15

Introducción / Gustavo Suárez Pertierra 19

PRIMERA PARTE: EL MARCO REGIONAL DE LA SEGURIDAD Y DEFENSA

América Latina: Defensa y seguridad en el siglo XXI / Francisco Rojas Aravena 31

Statu-Quo: Paradigmas tradicionales de seguridad en América Latina / Gonzalo Álvarez y Claudio Fuentes 85

Las misiones militares. Pasado, presente y futuro / Gabriel Aguilera 97

Hacia un Cero global: ¿Realidad o ficción? / Rodrigo Álvarez Valdés 105

SEGUNDA PARTE: EN TIEMPOS DE CAMBIO. LAS RELACIONES HEMISFÉRICAS, EL MULTILATERALISMO, Y EL PAPEL DE AMÉRICA LATINA Y EL CARIBE

Continente de esperanza, continente de peligros: el marco regional de defensa y seguridad / Hal Klepak 119

¿Hay "América del Sur"? ¡Ay América! / Héctor Luis Saint-Pierre 143

Pensando en la región andina / Dolores Bermeo Lara y Nathalie Pabón Ayala 157

Centroamérica: región de contrastes y asimetrías / Roberto J. Cajina 165

México. Escenarios de las relaciones civiles-militares y la guerra al narcotráfico / Raúl Benítez Manaut 179

El Caribe: ¿Hacia una creciente relación con América Latina en temas de seguridad? / Jorge Rodríguez Beruff 189

Tercera parte: Defensa y democracia

Defensa y democracia en América Latina: retos actuales y desafíos
futuros / Adrián Bonilla y Claudia Donoso 197

Conducción civil de las políticas de defensa / Rut Diamint 223

La participación de la sociedad civil en las políticas de defensa / Ana
María Tamayo 235

Los desafíos de la democracia boliviana y las instituciones de defensa
y seguridad: el nudo gordiano del cambio / Loreta Tellería Escobar 243

Cuarta parte: La reforma de las instituciones militares

La cuestión de la reforma de las instituciones militares: los rostros de
las Fuerzas Armadas en el hemisferio / Marcela Donadio 253

Los militares y el desarrollo en América del Sur / María Celina D'Araujo 295

Transparencia en el presupuesto de defensa: el sendero estrecho de
América Latina / Carlos Wellington Leite de Almeida 309

El control del uso de las Fuerzas Armadas en conflictos internos / Luis
Tibiletti 323

Perú: la ley sobre reglas de empleo de la fuerza por parte de las Fuerzas
Armadas en el territorio nacional / Renzo Chiri Márquez 333

El control del uso de la fuerza en los conflictos internos. El caso
colombiano / Alejo Vargas Velázquez 339

Quinta parte: Desafíos políticos e institucionales en tiempos de crisis

Defensa y seguridad: Desafíos político-institucionales en tiempos de
crisis en América Latina / Juan Rial 351

Al son del narcotráfico en México: la amenaza transnacional y sus
efectos colaterales en América Latina / Arturo C. Sotomayor Velázquez 403

El control de los organismos de inteligencia / Thomas C. Bruneau 415

Violencia y seguridad pública en América Latina: el desafío institucional /
Renata Avelar Giannini 423

Las nuevas generaciones y las reformas de la defensa / Ivette Castañeda,
Alexis Herrera, Cecilia Mazzotta, Ángela Moreira y Paz Tibiletti 431

El Golpe de Estado y la Constitución de Honduras: falencias institucionales
y relaciones civiles - militares / Orlando J. Pérez 447

Prólogo
Una vorágine transformadora: breve introducción a un seminario infrecuente

Ernesto López*

Una vorágine transformadora recorre el mundo desde hace por lo menos veinte años. Se puede apuntar, para ilustrar la frase precedente sin pretender ir más allá de una enumeración incompleta, los siguientes hechos: el definitivo despegue de la globalización con el fin de la guerra fría; la caída del Muro de Berlín; la implosión y la reconversión de la ex Unión Soviética; el demoledor despliegue del neoliberalismo; el abandono por parte de los Estados Unidos de los acuerdos de no agresión nuclear con Rusia –en particular, del tratado ABM– que convirtió al mundo en más inseguro en el terreno atómico y condujo al virtual fracaso del control de la proliferación; el salvaje ataque a las Torres Gemelas que marcó la presencia de un terrorismo fundamentalista islámico ampliamente incrementado y temible; las guerras en Irak y Afganistán; el fenomenal crecimiento económico chino y el correlativo incremento de su poderío militar; el ya indesmentible deterioro del medio-ambiente y la ineludible necesidad de hacer frente al cambio climático; la aparición, en fin, de potencias emergentes cada vez más sólidas.

Este impresionante conjunto de sucesos, al que hay inevitablemente que agregar la profunda crisis económico-financiera que aqueja al mundo desde 2008, constituyó el marco del Seminario Regional "La situación de la Defensa en América Latina y las perspectivas a futuro", que organizado

---

* Embajador de la Argentina en Guatemala; profesor/investigador de la Universidad Nacional de Quilmes (Argentina)

por la Red de Seguridad y Defensa de América Latina (RESDAL) y el Observatorio de Democracia y Seguridad (ODyS), y con el auspicio del Ministerio de Defensa de Bolivia, se desarrolló en la ciudad de La Paz, los días 6 y 7 de julio de 2009.

Se trató de un seminario infrecuente por más de una razón. En primer lugar, por haberse llevado a cabo en un país que vive uno de los procesos políticos y sociales más interesantes de todo el continente. Quien esto escribe, sociólogo de formación, no puede dejar de mencionar que la amplia incorporación de sectores sociales pertenecientes a los pueblos originarios de nuestra América a la vida política boliviana, procesado a través del apoyo que le brindan al Presidente Evo Morales, constituye uno de los fenómenos más novedosos de la región. El simple hecho de aterrizar en El Alto y trasladarse desde allí hasta La Paz constituye una experiencia poco igualable, si se tienen ojos dispuestos a mirar y ver. En segundo término, porque en Bolivia está teniendo lugar un proceso de entendimiento entre el gobierno nacional y sus fuerzas armadas también novedoso. Sin embargo, como bien lo plantea una de las ponencias presentadas en el seminario, la modernización institucional en el área de la defensa no ha avanzado lo suficiente. Tener la posibilidad de ponernos en contacto directo con estas problemáticas ha sido un privilegio para quienes tuvimos la suerte de estar allí. En tercer lugar, porque logró juntarse en La Paz a un destacado grupo de especialistas que presentaron un calificado paquete de ponencias –a mí me tocó desempeñar el simple papel de participante, de modo que puedo decirlo con tranquilidad– que abarcaron un amplio abanico de problemáticas internacionales, regionales y locales. En cuarto lugar, porque los intercambios y debates tuvieron una inusual riqueza. Y en quinto pero no por esto menos importante lugar, porque reflexionar y discutir sobre las perspectivas a futuro de la cuestión de la defensa es siempre relevante; pero poder hacerlo bajo las condiciones antedichas no ocurre todos los días.

En el convulsionado contexto mundial que se intentó sintetizar más arriba, América Latina enfrenta sus propios problemas, sus propios desafíos y sus propias mudanzas. Tras los difíciles años de la Administración Bush, ha aparecido la posibilidad del establecimiento de un nuevo trato con la región, a partir de la instalación de Barack Obama en la Casa Blanca. Esto ha generado fundadas expectativas y no pocas esperanzas. Sin embargo, el cielo se ha nublado bastante más de lo que cabía esperar colocando un inquietante signo de pregunta junto a las relaciones interamericanas. El golpe de Estado que expulsó del poder al Presidente Manuel *Mel* Zelaya ha sido condenado por el Grupo de Río. Y la Organización de Estados Americanos, por unanimidad –esto quiere decir, con la anuencia del representante de los Estados Unidos– dispuso la aplicación de la su Carta Democrática y la suspensión de Honduras ante el organismo. Sin embargo, hasta el momento, la diplomacia americana parece desenvolverse frente al caso con cierta tibieza o timidez, rozando casi la indulgencia. La mayoría de los latinoamericanos tenemos la piel curtida ya sea por los propios golpes militares, ya por sus efectos y secuelas. Valoramos la democracia y estamos dispuestos a defenderla, entre otras valederas razones porque nos ha costado millares de muertos y millares de lágrimas recuperarla. Podemos entender los vaivenes de la política, tanto como embarcarnos en el análisis de sus pros y sus contras. Hasta podemos comprender algunas razones de *real politik*. Pero tenemos también claro que hay algunos límites que no se pueden franquear. El orden republicano, la democracia, tienen principios fundantes, reglas de juego tan básicas que si no se respetan, no hay juego.

Las relaciones interamericanas también se duelen, desde el costado latino, con algunas sorprendentes decisiones norteamericanas. Entre otras, la reactivación de la IV Flota y la instalación de siete bases en territorio colombiano. Se aduce la necesidad de enfrentar al terrorismo internacional y al narcotráfico. Y es verdad que estas amenazas y flagelos son de cuidado y deben ser enfrentados sin concesiones. Pero también es verdad que América Latina ha padecido, en otros tiempos, la capacidad de utilización dual que esta clase de dispositivos poseen. Los latinoamericanos podemos alegrarnos de que el Presidente Obama haya ganado el Premio Nobel más por el compromiso con los nuevos rumbos que ha señalado, que porque sean ya una realidad efectiva. Pero en el terreno de la defensa no podemos andar con ingenuidades.

En nuestra propia casa se han dado algunos importantes pasos hacia adelante, no obstante lo cual las cosas también se han complicado. La optimista –y valiosa– inclinación hacia la seguridad cooperativa, que un lustro atrás ganaba cerebros y voluntades ha recibido algunos duros golpes, especialmente en América del Sur. Algunos de los más recientes se han consignado en los párrafos anteriores. Tengo para mí, por ejemplo, que el Consejo Suramericano de Defensa nació con un propósito cooperativista (en seguridad) y ha debido virar, con malos vientos, a poco de iniciar su singladura, hacia el realismo de una elemental construcción de confianza. Éste es un retroceso, pero es asimismo bueno, valioso, poder contar con dicho Consejo como ágora donde discutir y procesar nuestras diferencias y buscar, pese a todo, nuestro acercamiento.

Comparativamente, el gasto en defensa en nuestra región creció proporcionalmente menos que en otras y se mantiene más o menos estable como porcentaje del PBI. Sin embargo, a contramano de los datos macroeconómicos, se percibe una renovación de equipos que algunos analistas comienzan a caracterizar como carrera armamentística. Se suele contraargumentar que se trata meramente de una reposición de sistemas de armas envejecidos. Como quiera que sea, hasta que esta cuestión no se aclare es inevitable que produzca una razonable preocupación.

Los encuentros de ministros de Defensa del continente y la cooperación en defensa han sido revisitados en ponencias y discusiones, lo mismo que los rediseños o redefiniciones institucionales y las propuestas de reformas. Sobre estas dos últimas cuestiones parecería haber un trabajo regular a lo largo de toda la región. Quiero decir, parecería que se afirma como regularidad la elogiable tendencia a que los gobiernos impulsen iniciativas con un sentido redefinidor. En algunos casos, sin embargo, no está del todo claro cuál es el impacto de estas medidas sobre un efectivo incremento del control civil sobre las fuerzas armadas.

La cooperación en defensa encuentra en la participación en la MINUSTAH de nueve países latinoamericanos un hito, que se ha convertido en una referencia insoslayable. En este terreno hay otras actividades de menor envergadura que la anterior, pero no por eso menos significativas. Mantienen encendida la llama de una posibilidad que no obstante las dificultades que presenta la región, particularmente Sudamérica, merece ser alentada. Desafortunadamente, la crisis entre Colombia y Ecuador, desencadenada a raíz del ataque de la primera a un campamento de las FARC localizado en territorio ecuatoriano, el 1° de marzo de 2008, no ha trabajado en beneficio de la antedicha cooperación. Como consecuencia de esto, se ha producido la ruptura de relaciones entre Ecuador y Colombia, a la que se sumó Venezuela, en apoyo del primero. Más recientemente, incluso, se han presentado problemas en un tramo de la frontera entre Venezuela y Colombia y se ha incrementado la tensión entre ambos países, lo que lamentablemente no abona el buen camino.

Las cumbres de ministros de Defensa despiertan, como ha venido ya siendo usual, valoraciones encontradas. Hay quienes las encuentran todavía adecuadas y aprovechables. Y hay quienes han comenzado a perder interés en ellas. Si se pretende que estos encuentros de nivel ministerial se constituyan en algo más que meros tinglados para emitir mensajes *pour la galerie*, debe prestarse seriamente atención a la dificultad que se desprende de la circunstancia de que los distintos países del continente han resuelto de manera diferente, tanto en el plano jurídico como en los hechos, la articulación entre las problemáticas de defensa y de seguridad pública. Como se sabe, las posiciones se polarizan en torno de dos conjuntos: el de quienes las separan y el de quienes las reúnen. Para los países que las separan se hace poco cómodo e incluso inconveniente que sus ministros de Defensa o sus delegados, deban opinar o decidir sobre asuntos que conciernen a otras carteras (interior/gobernación, justicia o relaciones exteriores, por casos). En el otro extremo, para la mayoría de los países pequeños del Caribe insular, la problemática de la defensa es una cuestión abstracta en tanto que la seguridad pública es una preocupación no sólo concreta, sino prácticamente exclusiva. En estas condiciones, armonizar todas estas diferencias y compatibilizar demandas y expectativas se torna una meta cada vez menos alcanzable.

Otras cumbres o reuniones internacionales de primer nivel han arrojado, en cambio, resultados destacables. La Asamblea General de OEA canceló la suspensión de Cuba respecto de su participación en el sistema interamericano. Y decidió, en cambio, aplicar esa norma a Honduras, en cumplimiento de la Carta Democrática, como ya se ha indicado. El Grupo Río, por su parte, concretó la invitación a que Cuba se incorporara a ese conglomerado, lo que fue aceptado por aquélla. Y medió eficazmente en el conflicto ya mencionado entre Ecuador y Colombia.

La grave problemática del combate al narcotráfico y a las narcoactividades en general, más allá de la incompatibilidad que se presenta en algunos países para amalgamar defensa y seguridad pública, a la que se hizo referencia precedentemente, comienza a presentar un novedoso sesgo pragmático, que parecería comenzar a desplazar el eje de las discusiones. No se trata ya solamente de defender principios y dirimir posiciones entre "diferenciadores" y "reunionistas", sino de hacerse cargo de que el nivel de armamento y de organización de los carteles del narcotráfico y sus brazos armados, coloca a las policías en una situación de neta desventaja. México, Guatemala, Colombia y, en alguna medida, también Brasil, están mostrando que se torna necesario *policializar* a las unidades militares que se destinan al combate de los narcos, o a la inversa, *militarizar* a los segmentos policiales que se involucran en esa lucha. O bien encontrar alguna forma de adecuada articulación entre el accionar de ambos tipos de instituciones.

Ahora bien, el tiempo corre y en lugar de que se perciba un avance, parecería que se ha retrocedido en materia de "guerra contra las drogas" respecto del punto en que se encontraba la cuestión hacia mediados de los 80, cuando Ronald Reagan proclamó la *War on Drugs*. La impresionante expansión de las narcoactividades y el no menos impactante e incierto desarrollo que ha tenido esa "guerra" podrían estar indicando que sería conveniente revisar a fondo la estrategia general que la proclama y la sostiene.

Los casos nacionales, con sus particularidades y peculiaridades, estuvieron también a la orden del día, como no podía ser de otra manera. Latinoamérica vive una etapa dinámica y excitante, que convoca de manera desafiante al esfuerzo de reconocimiento y comprensión.

Todos los temas aquí mencionados, con su múltiple desdoblamiento en subtemas y matices, se abordaron con intensidad y compromiso en el transcurso del seminario, teniendo al futuro como horizonte. He intentado *ex profeso* no desmerecer ese espíritu. En un texto que tituló *Reposo*, que se publicó en 1934 y que se incluyó en la compilación *Jorge Luís Borges, textos recobrados 1931-1955* (Emece, 2001), su autor escribe: "En el libro común, el prefacio no tiene razón de ser, es un mero despacho de cortesías...". He procurado, con módico atrevimiento, no transitar el trillado camino de los prólogos. Espero que lo que aquí termina no opaque la virtud de un evento infrecuente, que este libro –con sus obvios límites en tanto objeto– procura en alguna medida contener.

Guatemala, 6 de noviembre de 2009

Presentación

Marcela Donadio*

En algún sentido, la actualidad de América Latina arroja elementos similares a los observados en las etapas iniciales de la democratización de la década de 1980: alta movilización política, crecimiento económico, preguntas acerca de la institucionalidad democrática. Otros se diferencian notoriamente: el contexto de la seguridad internacional ha cambiado, las posibilidades de maniobra son sustancialmente menores a las del pasado, y la idea democrática no despierta ya la misma dosis de esperanza, al haberse perdido en parte su identificación con la posibilidad de cambio.

Las oportunidades de consolidación y desarrollo, se ven afectadas por la volatilidad del escenario político-institucional y económico, pero también por la ausencia de pensamiento estratégico y de debate, acerca de los rumbos de la región y de sus problemas. En el plano de la defensa y la seguridad, sus efectos se observan en la confusión acerca de cómo resolver los temas de la seguridad pública, en la reaparición del fantasma del conflicto armado, y aun en la adopción de métodos extra-presupuestarios para dotar a las fuerzas armadas de equipamientos y armamentos. El impulso de reformas que caracterizó a las últimas décadas necesita ser sostenido por una mayor consideración de los temas institucionales, y por la reflexión acerca de marcos conceptuales que permitan comprender la relación entre la democracia, la defensa y el desarrollo.

---

* Secretaria Ejecutiva de RESDAL.

La cuestión militar y la construcción de la región como un espacio de paz, representó un importante objeto de estudio durante las décadas de 1980 y 1990. Los estudios académicos y sus conclusiones colaboraron, en pleno desarrollo de las transiciones, para comprender y tomar decisiones respecto de los procesos políticos de entonces (incluyendo el papel de los militares). Brindaron marcos de referencia para las comunidades nacionales (así como para expertos y tomadores de decisión de otras regiones), provocaron debates, formaron civiles, y plantearon cuestiones centrales tales como el futuro de las relaciones cívico-militares, la inserción de los militares en la democracia, y las alternativas de los procesos de transición.

La provisión de espacios de pensamiento y de debate aparece como una de las necesidades del momento actual. ¿Cómo se plantean las relaciones diplomáticas y de defensa entre países que mantienen conflictos latentes? ¿Cómo conviven, en un mismo escenario, modelos diferentes, sin que ello derrame en problemas de seguridad? ¿Qué interpretación puede hacerse de propuestas tales como la de constituir un Consejo Suramericano de Defensa? ¿Cómo se vislumbra el futuro de la seguridad hemisférica? Éstas son algunas de las preguntas que, mediante la investigación y la reflexión, pueden provocar nuevos marcos conceptuales para el análisis y la comprensión de las debilidades y oportunidades actuales para América Latina, que apoyen el actual crecimiento de la comunidad de civiles en los distintos países.

Este libro es una muestra de la reflexión que mantiene la comunidad que piensa sobre los temas de defensa y seguridad en la región latinoamericana. La idea que guió su desarrollo es simple y concreta: hace veinte años la época de las transiciones, y dentro de ellas el juego de la cuestión militar, fue acompañada por las reflexiones de un grupo de académicos, que colaboraron brillantemente a transitar esos años. Veinte años después, y en contextos de variables complejas que impactan en ella, la defensa y la seguridad en América Latina necesitan repensar parámetros, atender cuestiones pendientes, y bosquejar líneas para su desarrollo futuro. Las preguntas y agendas pendientes en el ambiente de consolidación democrática están ya desarrollándose, y la academia tiene un lugar y un papel para acompañar este proceso.

Así, a inicios de 2009, se solicitó a un grupo de expertos su visión acerca de los temas principales que afectan hoy la seguridad y la defensa en la región, en un intento de repensar los temas de defensa en el continente, de manera tal que sirviera de disparador y guía para un debate necesario. En julio de 2009, miembros regulares y de la Junta Directiva se reunieron en La Paz para compartir los resultados de sus reflexiones. Fue una reunión concebida como oportunidad de discutir y ponerse al día, y proponer escenarios a futuro. Éramos conscientes de que se habían registrado cambios importantes en la región, no sólo en el campo político, sino en su sociedad y economía, y que éstos habían tenido ya efectos en las políticas e instituciones conductoras de la defensa, y sobre las instituciones militares.

Desde la realización de la investigación y la reunión han pasado algunos meses, y la aceleración de los tiempos históricos se testimonia en el contenido de los capítulos del libro. Algunos de ellos se presentan con escasas variantes respecto a su presentación inicial, a principios de julio de 2009. Otros han sufrido cambios y puestas al día hasta diciembre de 2009, incorporando hechos recientes. Y aunque los hechos hayan seguido desarrollándose, las ideas centrales y perspectivas de los artículos muestran la llamativa pertinencia de las ideas que allí son desarrolladas, así como la calidad de los autores.

Esta publicación ha sido posible gracias al apoyo financiero del National Endowment for Democracy y del Open Society Institute. También, en un lugar especial de agradecimiento, debe citarse al Observatorio de Democracia y Seguridad en La Paz, especialmente su directora Loreta Tellería, la Embajada del Reino Unido en Bolivia, y a todos los miembros de RESDAL que respondieron al desafío. Sin todos ellos, y la indispensable colaboración de Paz Tibiletti y Samanta Kussrow, no hubiésemos podido llegar a este resultado.

RESDAL comprende a académicos y personas que están –o han estado– involucradas directamente en el día a día en el análisis o en la definición de las políticas de defensa de muchos países de la región latinoamericana, Caribe, y hacia el norte del hemisferio y Europa. Consecuentemente, el lector encontrará una serie de capítulos que no necesariamente expresan armonía, sino más bien la fuerte heterogeneidad que hoy caracteriza a la región latinoamericana y caribeña, tema principal de la publicación junto a las referencias al mundo globalizado o a nuevos socios del hemisferio como Canadá. También se encontrará el pensamiento de las nuevas generaciones, aquellos que están iniciándose en la reflexión sobre el tema y que esperamos se vayan convirtiendo en los protagonistas principales en corto lapso. Los propios lectores, algunos de ellos "cómplices" en su calidad de practicantes o por reflexionar habitualmente sobre el tema, sabrán cuáles son los blancos a llenar en esta pintura regional, las polémicas a desatar, las puertas que se cerraron o cerrarán pronto, y los hilos que pueden seguirse para avizorar un muy incierto, pero quizás promisorio futuro.

Si logramos este propósito, la publicación habrá valido la pena y por lo tanto esperamos que pronto pueda verse superada la reflexión aportada en su totalidad, obligándonos a nuevos pasos y nuevos pensamientos.

Introducción
Desafíos políticos e institucionales en tiempos de crisis

Gustavo Suárez Pertierra*

La organización RESDAL pretende generar un espacio para el avance democrático de la seguridad y defensa en América Latina. Con casi tres centenares de miembros procedentes de todos los países del hemisferio y de otras partes del mundo, desarrolla desde su nacimiento en 2001 un conjunto de proyectos que tienen por objeto el fortalecimiento de las capacidades, la promoción de la cooperación y la difusión de pensamiento y buenas prácticas en el campo de la defensa y la seguridad.

RESDAL es una plataforma de reflexión y análisis que concentra los esfuerzos de investigadores, académicos y profesionales de diferentes campos comprometidos con la instalación de la democracia, los controles democráticos y la institucionalidad en la región. Se expresa a través de una página web muy visitada, y viene desarrollando un conjunto de proyectos que la acreditan como una de las iniciativas de mayor solvencia y transcendencia de la última década en América latina. Sus productos más sobresalientes son, entre otros, el programa *Transparencia y Presupuesto de Defensa*, que ha permitido aplicar un modelo de análisis a quince países latinoamericanos; un *Atlas Comparativo de la Defensa* que, traducido a las lenguas inglesa y francesa, avanza hacia su cuarta edición; el proyecto sobre *Parlamento y Defensa*, con especial atención al papel de las comisiones parlamentarias; la elaboración de una metodología para el análisis

---

* Presidente del Real Instituto Elcano. Antiguo Ministro de Defensa de España. De la Junta Directiva de RESDAL.

del funcionamiento de los ministerios de Defensa, en el entendimiento de que el establecimiento de estructuras firmes y potentes es clave para el desarrollo de la institucionalidad; y, en la actualidad, la colocación del problema de género en el debate regional sobre la defensa.

La organización ha venido teniendo un papel relevante en las últimas *Conferencias de Ministros de Defensa de las Américas.* Para la Conferencia de 2008 en Canadá se solicitó a RESDAL, junto con FLACSO, la elaboración de la consulta a la sociedad civil. Y hace unos meses el auspicio del Ministerio de Defensa Nacional de Bolivia, que será sede de la IXª Conferencia el año 2010, permitió, en estrecha colaboración con el *Observatorio de Democracia y Seguridad,* la celebración en La Paz de una Conferencia regional preparatoria de la reunión ministerial bajo el título *La situación de la defensa en América Latina y las perspectivas a futuro.*

El Seminario reunió a varias decenas de expertos procedentes de más de quince países, en torno a una reflexión general sobre el estado de la seguridad y defensa en la región y sus implicaciones, todo ello desde un planteamiento prospectivo en la idea fundamental de servir como instrumento de base para las deliberaciones de la Conferencia de Ministros.

Creemos que el objetivo se ha conseguido satisfactoriamente y sometemos al escrutinio público los resultados de nuestros trabajos. Hemos querido plantear los problemas desde una perspectiva de rigor, sustentando sobre un análisis sólido las propuestas que se avanzan. Pero hemos querido también ofrecer un planteamiento comprometido con el momento que Latinoamérica atraviesa. Nuestros trabajos están dirigidos tanto a una audiencia académica como a los responsables de la gestión de las políticas públicas en seguridad y defensa, de modo que siempre se encontrarán en ellos, junto con la visión del estado de situación de los problemas, cuando así se requiera, propuestas de reflexión o, incluso, de acción política tendentes a despejar las cuestiones de mayor relevancia que se plantean en el sector.

En este orden de cosas, los estudios que se contienen en la presente publicación recogen desde presentaciones generales de los problemas de la seguridad y defensa en la región hasta el tratamiento de problemas locales en algunas situaciones más significativas. Se encontrará desde el tratamiento de los problemas clásicos de la defensa hasta el estudio de nuevas amenazas y escenarios, así como de las misiones de las fuerzas armadas y el papel de la sociedad civil en la construcción de la defensa.

Tenemos, por ello, el convencimiento de que las *Actas* del Seminario celebrado en La Paz durante los días 6 y 7 de julio de 2009, que presentamos en esta publicación, ofrecen una de las visiones más actuales e incisivas del momento de la seguridad y defensa en América Latina cuando está en marcha el proceso de preparación de la próxima Conferencia de Ministros.

Uno de los paneles incluidos en el Seminario se planteó los desafíos políticos e institucionales para la defensa en tiempos de crisis. Tenemos el convencimiento de que el origen y la solución de los problemas que aquejan a la seguridad y defensa, con ser nacionales y disponer de componentes propios, dependen del momento global que estamos viviendo. Así que nos hemos planteado el estudio del marco general y democrático de la defensa y las relaciones subregionales en combinación con el multilateralismo desde una óptica amplia, que permita integrar en nuestro análisis las líneas de influencia de los problemas globales en las nuevas perspectivas de la seguridad interna, y tomar en préstamo los resultados aprovechables de la reflexión general. Considero que merece la pena, en la presentación de la obra, insistir en esa perspectiva.

Una perspectiva global

Utilizando, pues, la perspectiva global, el primer acercamiento a la cuestión exige emplear un argumento que no por constituir un lugar común resulta menos ajustado a la verdad, a saber: el mundo está sufriendo en permanente cambio transformaciones radicales debido a la interacción de los procesos que confluyen en la globalización. Ya no es tan común, sin embargo, la percepción acerca de si estos cambios, que a veces sólo se manifiestan como tendencias, nos afectan como personas en nuestra vida privada o como ciudadanos en la vida pública (globalismo). Y así, en el ámbito de la defensa, aunque los responsables, los expertos y las opiniones públicas son conscientes del impacto de los procesos que están ligados a la globalización sobre el contexto estratégico, no acaban de ponerse de acuerdo sobre cómo les afectará y qué respuesta debe darse a los cambios para responder a la nueva situación. De ahí que podamos hablar de verdaderos desafíos políticos e institucionales, en los que es preciso conseguir los objetivos de siempre: defender nuestros países y proteger a nuestros ciudadanos, pero buscando las nuevas formulaciones que los nuevos tiempos requieren.

Los desafíos en tiempo de crisis son, en efecto, políticos e institucionales, como sugiere el programa del Seminario Regional para el que se prepararon las aportaciones reunidas en el presente libro. Los desafíos son políticos y afectan a la conducción de la seguridad y de la defensa, porque los gobiernos y sus ciudadanos deben renegociar el contrato social que los une redefiniendo sus contenidos tradicionales de seguridad y libertad. Los desafíos son institucionales y afectan a su eficacia porque los instrumentos tradicionales no pueden garantizar ya la consecución de los objetivos deseables de seguridad y defensa.

Por respeto al sistema y como plataforma para esta reflexión introductoria, me fijaré en tres aspectos que comprenden la entidad de fenómeno: los factores de riesgo, los actores y las respuestas.

Factores de riesgo

El primer hito de cambio al que apunta la actual dinámica globalizadora son los llamados *factores de riesgo.* En este campo, los problemas ya no son sólo los de siempre: enfrentamientos interestatales por territorio, recursos, o razones de influencia ideológica que dieron lugar a la aparición de las políticas multilaterales de defensa de la postguerra mundial, para evitar el renacimiento de las políticas de defensa particulares. Junto a ellos, aparecen nuevas amenazas derivadas de la proliferación de armamento, del terrorismo internacional, de la fragilidad de los Estados y del crimen organizado. También son factores de riesgo el incremento de la población, los flujos migratorios y la progresiva urbanización de las sociedades y el cambio climático, entre otros. Estos factores de riesgo son ahora globales, a los que nadie escapa en mayor o menor medida, ya sea en forma de crisis financiera, de pandemias infecciosas o, en el propio orden de la seguridad, bajo forma de piratería en las costas del Cuerno de África. Además, hay elementos que funcionan como *aceleradores* de los factores anteriores: la pobreza, la falta de recursos, las desigualdades, la corrupción o la propia globalización que potencian los efectos de los riesgos.

Para enfrentar estos problemas ya no sirven las respuestas clásicas, es decir, las provenientes de la actuación exclusiva del Estado, de modo que el fin de la autarquía se ha convertido en un axioma de nuestro tiempo. Y para esto da igual que se trate de riesgos internos, globales o *intermésticos*, porque las líneas que marcan los límites tradicionales entre problemas internos y externos, problemas locales o globales, se han diluido en la actualidad.

De modo que hay una *agenda de seguridad global* en la que tienen asiento estos nuevos fenómenos, y en la que los factores de riesgo tradicionales y recién llegados entran o salen según tengan o no alcance global. Es el fenómeno de la securitización. En esta agenda global, los enfrentamientos interestatales van desapareciendo de las prioridades mientras entran nuevos problemas relacionados con el orden financiero, el desarrollo, la salud o el medio ambiente que afectan a la gobernanza y viabilidad del orden mundial. Los Estados colaboran en dar respuesta a esos problemas según su grado de exposición o de sensibilización política y social, pero son problemas que no pueden solucionarse con medidas nacionales ni regionales.

Con todo, la visión no es completa si no se incluye la perspectiva interna, es decir, la *agenda nacional*. Tienen aquí asiento los problemas clásicos de confrontación entre Estados, ya sean conflictos imaginarios en forma de declaraciones que excitan al enfrentamiento, ya reales como el desarrollo de operaciones militares o policiales en territorio extranjero, ya más o menos explícitos o larvados, que se mantienen vivos mediante la acción política en el interior de los Estados para canalizar políticas de bloques, frentismos o alineamientos. Esto es un peligro en principio estatal porque afecta a los Estados implicados, pero lo es más en conjunto, porque lo normal es que estas agendas nacionales desemboquen en la militarización de las divergencias o en el repunte del gasto militar que acaba desestabilizando otras agendas de seguridad nacionales o regionales.

Aún más. Con la irrupción de la idea de la *seguridad humana* según las nuevas formulaciones, aparece una *agenda interna* que coincide con las anteriores y que obliga a los Estados a preocuparse más por la seguridad individual que por la defensa nacional. Según esto, aumenta la prioridad que los gobiernos deben prestar a los problemas de seguridad que afectan a los ciudadanos y a grupos sociales o étnicos y, también, aumenta su necesidad de interlocución con los anteriores para definir la agenda pública.

A todos estos problemas tiene que hacer frente el Estado porque es el único al que los ciudadanos y la comunidad exigen resultados y responsabilidades. Ahora bien, la pregunta que hay que hacerse, ya adelantada en parte más arriba, es si el Estado se encuentra en condiciones para responder a estas exigencias. En la actualidad todos los Estados, incluidos los latinoamericanos, se enfrentan a una crisis de legitimidad y de capacidades. Como consecuencia, los ciudadanos no tienen confianza en que los Estados resuelvan sus problemas y diversifican su lealtad buscando otros cauces de vinculación, ya locales, étnicos o transnacionales con los que se identifican. Y se produce inevitablemente un desfase entre lo que los ciudadanos esperan del Estado, es decir, sus expectativas sobre seguridad y defensa, y lo que el Estado puede ofrecer, porque no hay capacidades disponibles para satisfacer las pretensiones sociales y ciudadanas. La globalización, a menos que los Estados abran sus agendas de seguridad y defensa a la participación política y social, acentúa los déficits de gobernanza y de identidad.

Los nuevos actores

Hasta aquí la reflexión general relativa a los nuevos factores de riesgo y a la debilidad del Estado para enfrentarlos. Antes se aludió a un segundo elemento o hito que concentra la pulsión de cambio y que tiene íntima relación con lo dicho hasta aquí: los nuevos actores ya no son sólo estatales.

En efecto, si hasta el siglo XX la sociedad internacional tenía una naturaleza interestatal en la que los Estados eran los actores hegemónicos, que incluso dominaban las organizaciones internacionales gubernamentales, ahora los Estados y estas organizaciones coexisten con nuevos sujetos supranacionales que persiguen fines particulares y actúan con creciente autonomía al margen de Estados y fronteras en materia de seguridad y defensa. En términos internos, se ha roto el clásico principio de la soberanía según el cual el Estado, entendiendo por tal su Administración y Gobierno, era el representante exclusivo de la soberanía nacional en el exterior en estos ámbitos. Por un lado, las organizaciones regionales e internacionales de seguridad y defensa asumen nuevos cometidos multilaterales, reduciendo el margen estatal de autonomía. Por otro lado, coexiste ahora el protagonismo internacional de la administración central con el de las administraciones regionales y de las administraciones locales o municipios, todos los cuales desarrollan programas de acción exterior cuyo protagonismo y entidad supera en ocasiones al de los proyectos que gestiona la administración central del Estado. Ciertamente, algunos Estados se están adaptando a esta nueva situación, y en lugar de mantener instrumentos lineales de trabajo en la acción exterior, están complementando la actuación diplomática de su servicio exterior con actuaciones multidisciplinares, abriéndose a la proyección internacional de nuevos actores y desarrollando nuevos instrumentos de influencia y diplomacia pública (poder blando).

En el ámbito de la seguridad y la defensa han irrumpido, y con una extraordinaria fuerza, organizaciones no gubernamentales que no sujetan su acción al control estatal y que interactúan con Estados y organizaciones de defensa en materia de seguridad, desarme, ecología, sanidad o derechos humanos, entre otros. También, los actores privados, empresas, grupos de comunicación, grandes entidades financieras, entidades deslocalizadas y otros que compiten con el Estado en política internacional comienzan a hacerlo en políticas de seguridad y defensa, asumiendo responsabilidades que hasta ahora correspondían a los Estados en exclusiva (privatización, externalización). Finalmente, todos los actores anteriores se enfrentan a actores no estatales como las bandas urbanas, el crimen organizado, las redes terroristas, los traficantes de personas y mercancías ilícitas que ponen en riesgo la seguridad internacional, la nacional y la humana.

Estos nuevos protagonistas no actúan con los esquemas, procedimientos y responsabilidad de los Estados, por lo que hay que establecer nuevos mecanismos de actuación, como la Corte Penal Internacional, que permitan colocar a los actores no estatales bajo la exigibilidad del derecho internacional. Es el caso que algunos de estos actores se aprovechan de las oportunidades de la globalización y trabajan sin tener en cuenta o por encima de las fronteras nacionales. Los Estados, en cambio, limitados por la soberanía, se ven obligados a buscar en la regionalización o en mecanismos más o menos estables creados a propósito, la manera de salvar esas limitaciones. Mientras tanto, los Estados evidencian su incapacidad para enfrentarse a estos actores asimétricos y pierden la confianza de sus ciudadanos que se sienten desprotegidos.

Las respuestas

Finalmente, las *respuestas* o, lo que es lo mismo, la eficacia de las medidas adoptadas también preocupa a los responsables de estas materias. Y es que los instrumentos militares y diplomáticos del pasado ya no son suficientes para resolver las crisis complejas, donde las dimensiones militares y políticas no son ya las únicas dimensiones –ni siquiera las más relevantes– y se necesita la intervención coordinada de todos los instrumentos disponibles, individuales o colectivos, públicos o privados. Tampoco basta ya intervenir reactivamente, sino que la prevención juega un papel esencial y es necesario reducir el tiempo de respuesta, que debe coordinarse en varios niveles: internacional, regional, subregional, nacional, subnacional. La complejidad de la coordinación dilata los procesos de decisión, si es que siempre pueden llamarse así, y la inacción deteriora la confianza en los sistemas de seguridad y defensa.

No es esto todo. Antes se ha dicho que ha desaparecido la distinción entre política interna y externa. En nuestra materia, como en todas, esta situación provoca una crisis institucional, porque la falta de distinción entre seguridad y defensa y entre lo civil y lo militar hace que los destinatarios de la seguridad se distancien de sus responsables tradicionales. Esto obliga a que los Estados, las organizaciones internacionales y las fuerzas y cuerpos de seguridad tengan que disponerse a la búsqueda de una nueva identidad en lo que afecta a sus funciones, organización y procedimientos, si quieren recuperar la posibilidad de actuar con la eficacia y el respaldo que están perdiendo.

Finalmente, las instituciones de la gobernanza global también han entrado en crisis como consecuencia de la dinámica de los tiempos. Esta realidad ha dado lugar, por una parte, a la proliferación de iniciativas de carácter regional o subregional, para adquirir una masa crítica que permita situarse frente a los acontecimientos con mayor capacidad de respuesta. Estas tendencias son buenas por sí mismas, y en América del Sur han dado lugar a proyectos que aportan claras posibilidades de actuación eficiente. Sin embargo, las iniciativas puestas en marcha no ofrecen aún resultados prácticos en materia de seguridad y defensa, de manera que los ciudadanos todavía no pueden percibir un mecanismo que visualice eficazmente una cooperación regional que se agota en su propio desarrollo institucional. Los Estados latinoamericanos tienen una larga tradición de asociación y disponen de numerosas organizaciones de alcance continental o subregional, aunque debe reconocerse que sus expectativas no se corresponden con sus resultados. De ahí que se haya vuelto a intentar con la Unión de Naciones Suramericanas (Unasur), porque hay problemas que precisan soluciones multilaterales. Aunque hoy es fácil ver contingentes nacionales latinoamericanos en misiones de seguridad internacional, falta por ver si algún día se dispondrá de contingentes multinacionales latinoamericanos análogos a los europeos o euroatlánticos.

Es obvio que las instituciones multilaterales están limitadas. Esto no quiere decir que aún no tengan recorrido, en su actual estado y mucho más si se avanza en su reforma. Pero, entre tanto, se está produciendo desde hace años una tendencia muy firme hacia agrupamientos particulares *ad hoc* en forma de *grupos G* que ofrecen la posibilidad de llevar a cabo análisis de situación compartidos y, sobre todo, la disposición de capacidades para actuar coordinadamente de una forma más ágil y flexible. Aunque estos agrupamientos no siempre están dando resultado, estimo que puede hacerse un buen juicio a propósito de dicho movimiento, especialmente para las potencias medias con pretensiones (o con necesidad) de actuar en el escenario global y cuando las organizaciones formales se inhiben o bloquean. Sin embargo, el peligro en presencia es la constatación de que tales agrupamientos puedan buscar la eficacia aún a costa de una menor legitimación jurídica, y que en lugar de potenciar la sinergia colectiva de las organizaciones (multilateralismo eficaz) busquen perpetuar su dependencia de las contribuciones nacionales.

Conclusión

Frente a la nueva conformación global de los problemas de la defensa no hay, pues, recetas mágicas, genéricas ni duraderas. Tan sólo puede hablarse de respuestas a medida, caso por caso y evaluando las tendencias globales y el contraste progresivo de instrumentos viables para aplicar soluciones concretas. En cualquier caso y a modo de conclusión, estimo que pueden hacerse algunas consideraciones finales:

1ª) Por las razones anteriormente indicadas, en las agendas de la seguridad y defensa hay un desfase entre las prioridades estatales, las expectativas y necesidades de las sociedades y las prioridades internacionales. Mientras la agenda estatal está todavía más preocupada por las amenazas y riesgos que afectan a la supervivencia del Estado (seguridad nacional), las segundas requieren atención hacia la seguridad de los ciudadanos (seguridad humana) y las organizaciones internacionales prestan mayor atención a la seguridad global.

Es necesario, por tanto, coordinar las distintas agendas de seguridad de manera flexible, a fin de que en cada momento se decida qué problemas entran en la agenda con carácter prioritario y cuáles no. Si no se pone en práctica esa concertación, las agendas paralelas distancian las visiones de los responsables de la seguridad y las percepciones de los destinatarios. Por el contrario, cuanta más interacción se produzca entre las agendas, más fácil resultará acometer procesos de adaptación de las instituciones a las nuevas funciones, y las políticas públicas de seguridad y defensa contarán con mayor legitimación, apoyo y participación social.

2ª) Es necesario poner en marcha una cooperación multinacional ágil y eficaz. La Unión Europea (que, sin embargo, aún tiene por delante un buen trecho para alcanzar este objetivo) ha acuñado el concepto de *multilateralismo eficaz* para conseguir la cuadratura del círculo y combinar la multidimensionalidad de la respuesta dentro del respeto a la legalidad internacional, que es el criterio superador del unilateralismo, con un proceso de decisiones flexible y unos instrumentos diversificados que posibiliten su eficacia.

3ª) Se debe recuperar el respaldo social para la defensa mediante el liderazgo, la comunicación y la participación social. Este objetivo, que sólo puede conseguirse mediante el ejercicio de la política, lo exige una gestión moderna de la seguridad, sometida hoy, cuando menos, a todos los controles que afectan a las políticas públicas. Por otra parte, el avance en la conducción democrática de la defensa ya no permite excusar la ausencia de una acción política firme en este campo, al amparo de la delicadeza de los asuntos o de la reserva propia de las cuestiones militares. Las sociedades democráticas están hoy, en términos generales, preparadas para avanzar en la conducción política de la seguridad y la defensa con liderazgo político, compromiso y transparencia.

4ª) Finalmente, es preciso avanzar en el *enfoque integral* de la gestión nacional de la defensa y de la seguridad, fomentando la planificación y el diseño conjunto de las políticas sectoriales más allá de la actual fragmentación. Algunos países han avanzado ya en la línea de definir con un enfoque comprehensivo sus estrategias generales de seguridad nacional e internacional (*comprehensive approach*), integrando todos sus instrumentos y actores posibles con nuevos modos de gestión que superen la compartimentación actual entre ministerios, agencias y fuerzas de seguridad, por un lado, y entre administración y sociedad civil, entre lo interno, lo nacional, lo regional y lo internacional por otro.

Este es, en mi opinión, el proceso que debemos poner en marcha para afrontar en términos de respuesta eficaz los desafíos políticos e institucionales que la seguridad y la defensa tienen hoy planteados. En definitiva, a modo de balance, es preciso integrar en nuestras sociedades el debate sobre estas cuestiones. En nuestros foros estábamos, hasta hace poco tiempo, absortos en el debate de la constitucionalización de las fuerzas armadas, con el consiguiente control político y en el factor que muchos considerábamos el núcleo del problema: el debate de las *misiones* militares. Y teníamos una respuesta razonablemente construida.

Pero, de repente, como ha dicho un autor, cambian las preguntas como producto del conjunto de fenómenos que interactúan en la globalización. Surgen otras prioridades y la seguridad interior aparece como el mayor problema que, a su vez, deja patente la debilidad de las estructuras del Estado.

Es preciso tomar conciencia de que los nuevos problemas no tienen solución eficaz con la corta visión de las fronteras nacionales, de ahí la necesidad de coordinar las agendas políticas. Si, además, tenemos en cuenta que también afectan al Estado todo un conjunto de problemas globales que exceden la seguridad y la defensa, parece evidente que es necesario, en las políticas nacionales, diseñar estrategias de seguridad nacional y, en el plano internacional, poner en marcha actuaciones dirigidas a estar presentes y participar en los centros de decisión.

PRIMERA PARTE:
EL MARCO REGIONAL DE LA
SEGURIDAD Y DEFENSA

América Latina: defensa y seguridad en el siglo XXI

Francisco Rojas Aravena[*]

1. América Latina y el Caribe en el actual contexto internacional

La región latinoamericana y caribeña muestra actualmente algunas tendencias respecto al contexto internacional y su posición en éste:

- *Una región democrática:* En la década de los 70 existían únicamente cuatro países latinoamericanos con gobiernos democráticos: Colombia, Costa Rica, Venezuela y México.

Actualmente la democracia en América Latina es fuerte, y los gobiernos surgidos de elecciones abiertas y transparentes son la regla. Los países de la región, en el marco de la Organización de Estados Americanos (OEA), acordaron la Carta Democrática[1] como documento esencial que

---

[*] Secretario General de FLACSO. Doctor en Ciencias Políticas, Universidad de Utrecht, Holanda. Master en Ciencias Políticas, FLACSO. Especialista en relaciones internacionales y seguridad internacional. Forma parte del Consejo Consultivo para América Latina del Open Society Institute (OSI) y de la Junta Directiva de la Fundación Equitas, en Chile. Es miembro de la Junta Directiva de RESDAL. Participa en el Consejo de Redacción de la Revista *Diplomacia*, de la Academia Diplomática de Chile y es miembro de la Junta Directiva de Foreign Affairs en español, México, y de Pensamiento Iberoamericano, España. Es autor y editor de más de medio centenar de libros.
El autor agradece a Tatiana Beirute, asistente de investigación de FLACSO Secretaría General, su colaboración en este trabajo.

[1] OEA, *Carta Democrática Interamericana*, (OEA, 2001) http://www.educadem.oas.org/documentos/dem_spa.pdf

pone de manifiesto que la democracia representativa, como forma de gobierno, es compartida por los pueblos de América.

Sin embargo, el incremento de la desigualdad social y la falta de cohesión social, entre otros factores estructurales, han provocado una disminución del apoyo a la democracia por parte de los ciudadanos y ciudadanas. En 1997, el promedio regional de apoyo a la democracia era de 63%; para 2008, este apoyo era de 58%[2]. La satisfacción con la democracia, por su parte, fue tan sólo del 37% en 2008, mostrando importantes diferencias entre los países, que van desde niveles del 71% de satisfacción en Uruguay, al 16% en Perú.[3]

Cuadro N° 1: Destitución y renuncias de Presidentes. Crisis políticas y tensiones internacionales graves. 1990-2009

País / Año	90	91	92	93	94	95	96	97	98	99	00	01	02	03	04	05	06	07	08	09
Argentina	L											D						T		
Belice																				
Bolivia														D I		D			C	
Brasil			D																	
Chile	L			L		L														
Colombia							L												T	T
Costa Rica																				
Cuba							T													
Ecuador						T		D			D					D			T	T
El Salvador	L	L	L																	
Guatemala	L	L	L	G	L	L	L	L												C
Haití		G				L						L			D					
Honduras		L						L												G
México																	C			
Nicaragua							L											C		
Panamá						L														
Paraguay						L	L	L		D	L									
Perú			G			T					D I									
Surinam	G																			
Uruguay																		T		
Venezuela			L										G						T	T

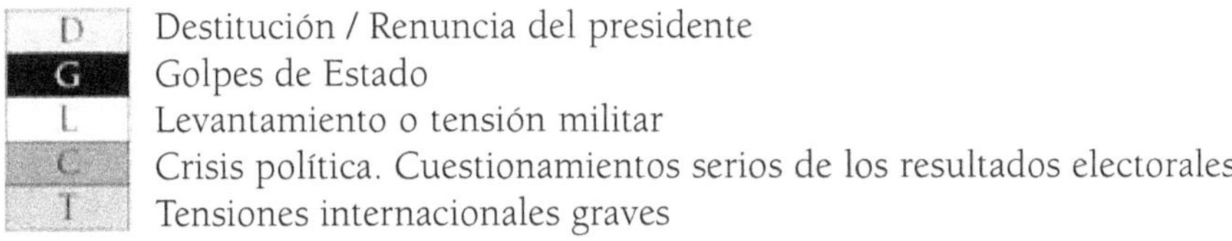

D	Destitución / Renuncia del presidente
G	Golpes de Estado
L	Levantamiento o tensión militar
C	Crisis política. Cuestionamientos serios de los resultados electorales
T	Tensiones internacionales graves

Fuente: Elaboración propia

---

[2] Corporación Latinobarómetro *Informe Latinobarómetro 2008.* http://www.latinobarometro.org/docs/INFORME_LATINOBAROMETRO_2008.pdf

[3] Corporación Latinobarómetro *Informe Latinobarómetro 2008.*

Si bien la democracia ha sido la regla en las últimas dos décadas, no debe olvidarse que los países latinoamericanos han sufrido una cincuentena de situaciones ligadas a crisis políticas o institucionales desde 1990.

El golpe de Estado en Honduras al presidente Manuel Zelaya, la madrugada del 28 de junio de 2009, muestra una situación atípica que ha sido condenada de forma unánime por todos los países de la región[4], y puede constituir un grave precedente en las relaciones civiles-militares y en la estabilidad democrática en la región.

El período electoral que se avecina en los años 2009-2010 (cuando diez países latinoamericanos realizarán elecciones presidenciales), obliga a la región a buscar aumentar su confianza y satisfacción con la democracia, y a trabajar sobre los niveles de abstención (que en países como Colombia y Guatemala alcanzaron el 55% y el 51,9%, respectivamente, en las últimas elecciones presidenciales).[5]

· *Una región inequitativa con grandes masas marginadas:* En América Latina el 33,2% de la población vive en situación de pobreza, y de ellos el 12,9% se encuentra en situación de indigencia.[6] Pese a la coyuntura económica favorable, de crecimiento sostenido durante el período 2003-2007, y a los avances logrados en el ámbito social, en los países latinoamericanos se mantienen en situación de pobreza aproximadamente 182 millones de personas; que se ven en la actualidad más vulnerables dada la situación económica adversa que enfrenta el planeta como producto de la crisis financiera global.

---

[4] OEA, *Situación Actual en Honduras CP/RES. 953 (1700/09)*, 28 de junio, 2009, http://www.oas.org/consejo/sp/resoluciones/res953.asp; ALBA, "Proclama del Consejo Presidencial Extraordinario", 29 de junio, 2009. SICA, "Declaración de los Jefes de Estado del SICA", 29 de junio, 2009; "Declaración de los Jefes de Estado y de Gobierno del Grupo de Río en favor de la Restitución del Orden Constitucional, el Estado de Derecho y las Autoridades Legalmente Constituidas, en la República de Honduras", 29 de junio, 2009; "Comunicado de la Presidencia Pro Tempore de UNASUR sobre intento de golpe de estado en Honduras", 28 de junio, 2009; "Comunicado del MERCOSUR y Estados Asociados sobre golpe de Estado en Honduras", 28 de junio, 2009; "Secretario General de la CAN rechaza ruptura de orden constitucional en Honduras". 28 de junio, 2009.
[5] IDEA. Vote Turnout. www.idea.int
[6] CEPAL, *Panorama Social de América Latina. 2008* (CEPAL, Diciembre, 2008). http://www.eclac.org/publicaciones/

América Latina es la región más inequitativa del mundo, con grandes masas de población marginadas, situación que incrementa la conflictividad en las distintas sociedades: muchas de ellas evidencian profundas crisis de integración social nacional, y una fractura en la cohesión social, lo que se refleja en un debilitamiento de los sistemas políticos y, en muchos casos, en un creciente desapego y frustración con la democracia.

Gráfico N° 1: América Latina: distribución del ingreso en el quintil más rico y en el quintil más pobre

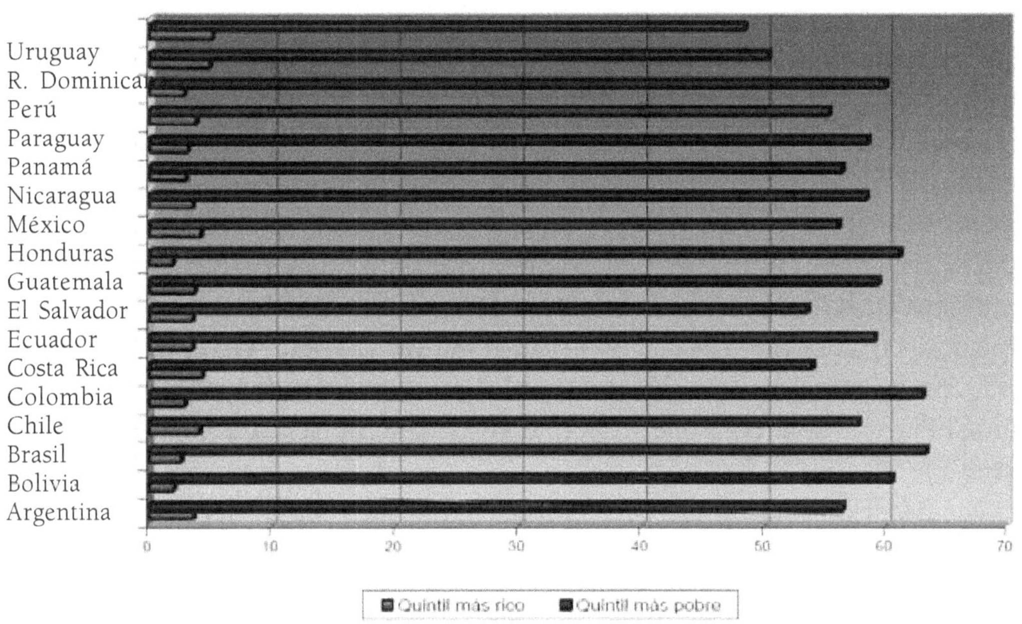

Nota: Los datos corresponden al año en que se realizó la última encuesta en cada país. Los casos de Argentina y Uruguay refieren al área urbana.
Fuente: CEPAL, *Anuario de Estadísticas de América Latina y el Caribe. 2008* (Santiago, Chile, febrero de 2009). Disponible en: http://www.eclac.org/publicaciones/

· *Un área marginal en los temas estratégicos globales:* América Latina aparece fuera de las regiones prioritarias para los principales poderes mundiales, a pesar de que posee cuatro dimensiones estratégicas que podrían ser relevantes en su desarrollo: sus recursos energéticos, sus recursos minerales, la biodiversidad, y el agua. Sin embargo, la falta de coordinación y concertación político-estratégica muchas veces opaca estas potencialidades.

La crisis global ha puesto en evidencia la importancia de reconstruir el orden mundial tomando en cuenta a todos los actores, desde los países desarrollados hasta los países con menos peso en el contexto internacional, como los latinoamericanos. La capacidad de la región de lograr presentar una visión concertada y fuerte en estos nuevos debates es un reto necesario que deben asumir.

· *Una alta heterogeneidad:* América Latina y el Caribe es diversa y heterogénea, al considerar cuestiones fundamentales como las diferencias de los tamaños territoriales y poblacionales; o los niveles de desarrollo económico y social o las capacidades militares. A modo de ejemplo, se puede señalar que Brasil tiene una población que ronda los 199 millones de personas, mientras que países como Panamá no han alcanzado los 3,5 millones de habitantes. El Producto Interno Bruto (PIB) por habitante de México, en 2007, fue de US $ 9.576, mientras que en Haití fue de US $ 650. Se calcula que para 2010 la población analfabeta mayor de 15 años en Chile será de 2,9%, mientras que en Nicaragua será de 30,3%.[7]

· *Modelos de desarrollo diversos:* Otros aspectos que dependen de la voluntad y los proyectos políticos de las naciones, tienden a diferenciar aún más a los países, en temas como las diversas visiones de inserción en el proceso de globalización; y por el modelo de desarrollo político, económico, social, cultural y militar que se busca impulsar. El escenario político actual de la región demuestra esta heterogeneidad. Es crucial evitar la polarización y la hostilidad entre los diversos modelos.

---

[7] CEPAL, *Anuario Estadístico de América Latina y el Caribe, 2008.*

Cuadro N° 2: América Latina: escenario político actual (noviembre de 2009)

Socialismo del Siglo XXI	Venezuela (Hugo Chávez) Nicaragua (Daniel Ortega) Ecuador (Rafael Correa) Bolivia (Evo Morales) Cuba (Raúl Castro) Paraguay (Fernando Lugo)
Pro Mercado	Panamá (Ricardo Martinelli) Perú (Alan García) Colombia (Álvaro Uribe) Costa Rica (Oscar Arias)
Mercado + Políticas Sociales	México (Felipe Calderón) Uruguay (Tabaré Vázquez) El Salvador (Mauricio Funes) Brasil (Luis I. Lula da Silva) R. Dominicana (Leonel Fernández) Chile (Michelle Bachelet)
Otros	Honduras (Manuel Zelaya) Haití (René Préval) Argentina (Cristina Fernández)

· *Sin mecanismos regionales efectivos de resolución de conflictos:* En la práctica la región ha demostrado que carece, tanto a nivel regional como subregional, de institucionalidad reconocida y con alta legitimidad, para la resolución de conflictos que se presentan entre los Estados. Esta situación se refleja en la transferencia de la resolución de los litigios a instancias extra regionales, con mayores costos monetarios, pero principalmente políticos, que evidencia una de las debilidades mayores de los diversos procesos de integración.

Por otra parte, es positivo constatar que en el último tiempo la OEA se ha abocado con gran voluntad a la búsqueda y puesta en marcha de mecanismos de alerta temprana y resolución de controversias que, al menos, permitan avanzar en un sentido propositivo en el mediano plazo. Además, el Grupo de Río ha retomado en los últimos años su papel de instancia de concertación regional e instrumento eficaz para promover la estabilidad y la paz, como se pudo observar en el desescalamiento de las tensiones entre Ecuador y Colombia, a inicios de 2008.

· *Carencia de liderazgos regionales efectivos:* Quizá como resultado de la heterogeneidad y las grandes diferencias en los recursos de poder, no existen liderazgos para el conjunto de la región equivalentes a los que los mandatarios ejercen en sus países, o incluso en el ámbito subregional. Ello dificulta el desarrollar una sola voz y una mirada estratégica compartida.

· *Altos grados de desconfianza recíproca:* El nivel de confianza inter personal es muy bajo, alcanzó en el 2007 un 17%.[8] De igual forma, el grado de confianza recíproca entre los y las Jefes de Estado ha disminuido; con ello se limitan aún más las posibilidades de cooperación efectiva, y se incrementan las áreas de tensión que dificultan una solución directa cuando se presentan problemas. Todo esto se ve reflejado en las percepciones de los y las ciudadanas frente a la integración: una visión positiva para la economía, pero muy amenazante cuando se trata de temas como la libre circulación entre las fronteras y la explotación de los recursos naturales.[9]

· *Una región sin sentido estratégico:* América Latina y el Caribe no poseen una visión común, y por lo tanto no han desarrollado una mirada y un sentido estratégico compartido, que le permita enfrentar a la región en su conjunto los grandes desafíos de la globalización con mayores grados de coordinación y concertación políticas. Tampoco esta mirada se ha desarrollado a nivel subregional.

2. La crisis económica y sus impactos políticos y sociales[10]

La crisis financiera ha impactado a todos los países de la región; sus consecuencias son grandes, graves y diversas. Sus efectos se expresan en la economía real, en la pérdida de oportunidad para la reducción de la pobreza, en las dificultades para continuar con los planes de inversión, y en el desempleo. Y lo más probable es que también se manifieste en el

---

[8] Corporación Latinobarómetro, *Informe Latinobarómetro 2007* (Santiago de Chile, noviembre de 2007), http://Lozada (Bolivia), Carlos Mesa (Bolivia), y Lucio Gutiérrez (Ecuador).
[9] Corporación Latinobarómetro, *América Latina Mira al Mundo. La economía y la política de las relaciones Internacionales* (Santiago de Chile, junio de 2009).
[10] Francisco Rojas Aravena, "Crisis Financiera. Construyendo una respuesta política latinoamericana" *en V Informe del Secretario General* (San José de Costa Rica: FLACSO- Secretaría General, 2009), http://www.flacso.org/fileadmin/usuarios/documentos/FIN_DE_ANO/V%20Informe.pdf

terreno político, generando problemas de gobernabilidad en los países democráticos, en especial aquellos que han mantenido tensiones políticas y sociales en los últimos años.

Todos los países han tomado medidas que buscan mitigar los efectos de la crisis financiera y proteger a sus respectivas economías; sin embargo, cada uno de los planes posee un fuerte sello económico y financiero, dejando de lado medidas equivalentes en el terreno político. Es necesario la búsqueda y el logro de acuerdos nacionales específicos: concertar entre la administración y el Congreso, establecer mesas de diálogo en las cuales puedan participar los diversos actores; y establecer conversaciones con los partidos políticos en la búsqueda de posiciones que vayan más allá de la coyuntura, en una perspectiva de largo plazo.

En la región las vulnerabilidades se manifiestan en las dificultades para concertar políticas que posean un carácter de Estado, es decir, capaces de reflejar el conjunto de voluntades de los diversos actores en el ámbito nacional. Estas dificultades de concertación y coordinación se expresan también a nivel regional, en donde no se ha logrado construir visiones compartidas para enfrentar la crisis. Más aún, en muchos casos han surgido respuestas que apelan antes al proteccionismo que al desarrollo de las acciones concertadas en el ámbito internacional.

Las consecuencias de esta crisis sobre la región son numerosas. Algunas de ellas son: la reducción en los precios y en los volúmenes de las exportaciones, caída del PIB, aumento del desempleo, caída en los intercambios, merma en las remesas, dificultades en el acceso al crédito, menor inversión, reducción en la ayuda para al desarrollo, mayor proteccionismo, y el aumento de las asimetrías entre los países y a lo interno de éstos.

De estas consecuencias se desprenden una serie de impactos previsibles, que representan un reto para cada uno de los países y para la región en su conjunto. En el ámbito social, se perciben nuevas dificultades en la reducción de la pobreza, obstaculizando los avances que los países latinoamericanos habían logrado en los últimos años –período 2002-2008– como reducir la pobreza de 44% a 33,2%.[11] Más allá de la incidencia en la pobreza, la región debe prestar especial atención al tema de la distribución del ingreso. Los altos índices de desigualdad característicos de América Latina debilitan las capacidades de los estados democráticos para

---

[11] CEPAL, *Panorama Social de América Latina. 2008.*

gestionar participación y acceso de toda la población a sus derechos fundamentales. Si no se resuelve el tema del acceso, con políticas amplias, fundadas en procesos de consensos nacionales, la inequidad se perpetuará, limitando las capacidades de acceso del conjunto de la población a los bienes públicos que debe proveer el Estado. No se lograrían efectivizar los derechos de los y las ciudadanas. Si no se reduce la brecha entre ricos y pobres, las vulnerabilidades continuarán expresando una falla estructural en todas nuestras sociedades, lo que afecta su cohesión social y política.

Es previsible que, de igual forma, se tensionen los sistemas políticos, se polaricen las sociedades, se dificulte la aplicación de la ley, y se incremente la violencia, a la vez que se reduzca la legitimidad de las instituciones democráticas. Ello mermará el apoyo a la democracia e incrementará la insatisfacción con ella.

En el contexto de la crisis financiera las demandas sobre los sistemas gubernamentales democráticos se incrementan. Los gobiernos y los Estados en general poseen grandes dificultades para responder ante estas nuevas demandas. La carencia de respuestas genera frustración, desapego e insatisfacción con los gobiernos, en especial con los democráticos. Todo ello, en algunos casos, es un detonante de la "democracia de la calle". Esta forma particular de protesta ha incidido en la estabilidad de los sistemas políticos de la región, e incluso ha obligado a la renuncia anticipada de once mandatarios desde 1990.[12]

El aumento en las demandas al Estado, y la escasa efectividad de éste para responder a ellas, llevan a otro impacto previsible relacionado con la tensión y polarización de los sistemas políticos. Una de las mayores debilidades que muestran los sistemas políticos de la región, se refiere al bajo grado de confianza que poseen los ciudadanos en los partidos políticos, en la institución parlamentaria e incluso en la institución judicial. La falta de apoyo y de confianza en las instituciones básicas de la democracia debilita la gobernabilidad, y con ello se produce un círculo vicioso negativo que refuerza las oportunidades para la corrupción y los actos políticos ilícitos desde el poder. Esta situación conlleva un incremento

---

[12] Han renunciado anticipadamente Fernando Collor de Mello (Brasil), Jorge Serrano Elías (Guatemala), Carlos Andrés Pérez (Venezuela), Abdalá Bucaram (Ecuador), Raúl Cubas Grau (Paraguay), Jamil Mahuad (Ecuador), Alberto Fujimori (Perú), Fernando de la Rúa (Argentina), Gonzalo Sánchez de Lozada (Bolivia), Carlos Mesa (Bolivia), y Lucio Gutiérrez (Ecuador).

de las tensiones, lo cual genera incertidumbre sobre el conjunto del sistema político, afectándolo gravemente. Estas situaciones se transfieren al ámbito subregional y regional.

Por último, partiendo de que el respeto al Estado de Derecho y el monopolio en el ejercicio de la violencia por parte del Estado son débiles en la región; las dificultades en la gobernabilidad democrática pueden destacarse como otro impacto previsible.

Los estudios efectuados por diversas entidades, en especial la Organización Mundial de la Salud (OMS), muestran que la inequidad es el mejor predictor para la violencia. Situaciones de inequidad, conjuntamente con un fácil acceso a las armas livianas, a las drogas y al alcohol, inciden directamente en el incremento en las tasas de homicidios dolosos, lo que repercute en las percepciones de la seguridad ciudadana y en las demandas sobre el Estado.[13]

En el actual contexto, los impactos de la crisis financiera global sobre las personas y sobre las demandas al Estado en materia de seguridad, se han incrementado. La respuesta es débil dada la carencia de recursos, es equívoca en cuanto al aumento automático de las penas, y es contraproducente con la aplicación de "políticas de mano dura". Es necesario mejorar las formas de coordinación entre las instituciones nacionales y, a su vez, en el ámbito regional, para enfrentar las crecientes demandas en el terreno de la seguridad y la convivencia sin temor, en los barrios, ciudades y el campo en América Latina y el Caribe.

La crisis debe ser vista como una oportunidad para que la región pueda concordar posiciones y establecer propuestas sobre la arquitectura internacional, la cooperación financiera, y el desarrollo de formas de comercio más justas y equilibradas. La mayoría de los problemas globales son parte de los problemas nacionales y locales de la región latinoamericana; a su vez, muchos de los problemas y consecuencias locales que genera la crisis están referidos o ligados a dimensiones hemisféricas y globales. Ello lleva a pensar alternativas que se aboquen simultáneamente a abordar estas distintas esferas. Demanda más integración, mayor cooperación, y la construcción de visiones conjuntas.

---

[13] Francisco Rojas Aravena, "Globalización y violencia en América Latina. Debilidad estatal, inequidad y crimen organizado inhiben el desarrollo humano", *Revista Pensamiento Iberoamericano, (In) Seguridad y violencia en América Latina: Un reto para la democracia*, No. 2, Segunda época, (2008/1) http://www.pensamientoiberoamericano.org/xnumeros/ PensamientoIbero2.pdf

América Latina puede generar una nueva aproximación, un nuevo estilo y una nueva actitud que permita operacionalizar lo que han señalado los distintos líderes de la región: la integración es la mejor alternativa para enfrentar la crisis. Ello requerirá reforzar los vínculos entre las distintas instancias de integración regional. Pero también, y de manera muy importante, una voluntad política efectiva para encauzar con una nueva actitud y un nuevo estilo los problemas que enfrenta la región.

3. Tendencias al mantenimiento de conflictos

Los conflictos tradicionales mantienen su presencia. En efecto, existe una cantidad muy importante de contenciosos ligados al eje soberano territorial. En todas las subregiones se detectan más de cuarenta situaciones de contenciosos limítrofes, con reivindicaciones territoriales y/o problemas de delimitación tanto marítimas como terrestres. La diferencia radica, actualmente, en que la resolución de este tipo de disputas ya no se produce mediante el uso de la fuerza, como sucedía todavía en la década de los 90, cuando en más de veinticinco oportunidades hubo demostraciones de uso de la fuerza por medio del despliegue militar efectivo, y la disposición para usarla.[14] En el caso de Ecuador-Perú, en 1995, hubo una corta guerra, que requirió de una activa mediación internacional para detenerla. Esta involucró, por medio de la MOMEP (Misión de Observadores Militares Ecuador-Perú), a Estados Unidos, la Argentina, Brasil y Chile. En la actualidad, se ha pasado de una geopolítica autorreferente a una judicialización de los diferendos limítrofes. Los principales contenciosos históricos, y los que han emergido en el siglo XXI, han sido llevados a la Corte Internacional de La Haya.

Por otro lado, cabe consignar que uno de los instrumentos de cooperación mayormente utilizados ha sido la activación, o reactivación, de los mecanismos de "2+2", como el que mantienen Chile y Argentina; Argentina y Brasil; y Ecuador y Perú, para evaluar proyectos de confianza mutua; o el "3+1" de seguridad que mantienen Argentina, Brasil y Paraguay, respecto de la frontera que comparten.

---

[14] David Mares, "Conflictos limítrofes en el Hemisferio Occidental: Análisis de su relación con las estabilidad democrática, la integración económica y el bienestar social", en *Conflictos territoriales y democracia en América Latina*, ed. Jorge Domínguez (Buenos Aires: Universidad de Belgrano, FLACSO- Chile, editorial siglo XXI, 2003).

Como se señalara anteriormente, el nuevo contexto latinoamericano y caribeño ha generado también procesos de fragmentación, derivados principalmente de visiones y propuestas políticas diferentes entre los distintos países, así como un conjunto de nuevas contenciones bilaterales. Los distintos modelos de desarrollo han llevado al deterioro de las relaciones entre países como Perú y Bolivia.

Las disputas territoriales o por recursos se mantienen con diferentes grados de intensidad entre algunas naciones.[15] De las trece disputas entre los países de la región, once tienen relación con temas territoriales y marítimos. Tres de ellos se ven exacerbados por los temas de explotación de recursos, tensiones migratorias y trasiegos ilegales de una frontera a otra. La Corte Internacional de Justicia ha resuelto sobre tres de estas disputas: Honduras-El Salvador; Honduras-Nicaragua, y Costa Rica-Nicaragua. Se encuentra resolviendo cuatro contenciosos, dos por delimitación de fronteras y dos por recursos ambientales: Ecuador-Colombia; Argentina-Uruguay; Nicaragua-Colombia; y Perú-Chile.

A estas disputas entre los países latinoamericanos, debe sumarse el vulnerable estado de la frontera entre Venezuela y Brasil, producto de las controversias por el tema de la explotación minera. En términos de disputas con países fuera de la región, deben sumarse las disputas entre Argentina-Gran Bretaña, y Estados Unidos-Cuba.

Cuadro N° 3: América Latina y el Caribe: disputas entre los Estados

Países	Motivo	Estado de la disputa
Guatemala - Belice	Disputa territorial y marítima de Guatemala por la mitad del territorio al sur del Río Sibun en Belice, y por el acceso al Caribe cerrado por el mar territorial de Belice y Honduras. En 2002 se acordó en la OEA la realización de un referéndum para decidir sobre el asunto, pero aún no se ha realizado.	En proceso de implementación.
Honduras - Belice	Disputa marítima y territorial por los Cayos Sapodilla, a la espera de la resolución de la disputa entre Belice y Guatemala, que propuso un parque marino internacional. Los Estados acordaron en las negociaciones en la OEA un corredor marítimo para Guatemala, que separe las fronteras imaginarias como parte del referéndum Guatemala - Belice.	Inactiva, pendiente de la resolución Guatemala-Belice.

---

[15] Gonzalo Álvarez, y Claudio Fuentes, "Statu Quo: Paradigmas tradicionales de seguridad en América Latina" (*Paper* presentado en la Reunión de RESDAL "La Situación de la Seguridad y la Defensa en América Latina", Bolivia, Julio, 2009).

Países	Motivo	Estado de la disputa
Guatemala - Honduras	Belice y Honduras están de acuerdo en compartir un corredor marítimo con Guatemala bajo los términos de un acuerdo de referéndum negociado en la OEA. Guatemala impugna el reclamo hondureño de los Cayos Sapodilla, también reclamados y administrados por Belice.	Inactiva, pendiente de la resolución Guatemala-Belice.
Honduras - Nicaragua	Disputa resuelta en 2007 por la Corte de La Haya por los Cayos Bobel, Savanna, Puerto Real y del Sur. Se establecieron además los límites marítimos.	Implementación de la resolución de la CIJ.
Honduras - El Salvador	Frontera resuelta y aceptada por las autoridades políticas sobre la base del fallo de la CIJ. Situaciones no resueltas sobre propiedad de la tierra. Tensiones por explotación de recursos. Tensiones por presión migratoria.	Implementación de la resolución de la CIJ.
Costa Rica - Nicaragua	Disputa por los derechos de navegación en el Río San Juan.	En proceso final en la CIJ(2005).
Colombia - Nicaragua	Disputa marítima y territorial por las Islas San Andrés, Providencia y Santa Catalina.	En proceso en la CIJ(2001).
Colombia - Venezuela	Disputa marítima y territorial por las islas Los Monjes. Problemas fronterizos relacionados con el paso de ilegal por la frontera, migraciones, trasiego de armas y drogas.	Activación intermitente/ Diálogo directo.
Dominica - Venezuela	Dominica protesta por el reclamo de Venezuela de la Isla de Aves como punto para reclamar la Zona Económica Exclusiva (ZEE). Además, objeta por los tratados firmados por Francia, Holanda, y Estados Unidos, que reconocen el reclamo venezolano.	Inactiva.
Guyana - Venezuela	Disputa territorial y fronteriza por la zona del Río Essequibo, que a su vez no ha permitido acordar una frontera marítima.	Inactiva.
Bolivia - Chile	Reivindicación boliviana sobre su enclaustramiento y necesidad de salida al Pacífico.	Diálogo directo
Ecuador - Colombia	Fumigaciones áreas en zona fronteriza.	En proceso en la CIJ(2008).
Argentina - Uruguay	Plantas de celulosa sobre el Río Uruguay.	En proceso en la CIJ(2006).
Chile - Perú	Delimitación de la frontera marítima.	En proceso inicial en la CIJ(2008).
Colombia - Ecuador	Uso del territorio por grupos irregulares.	Hostilidad.
Argentina - G. Bretaña	Reclamo de las islas Malvinas, Georgias y Sándwich Sur.	Activa en forma permanente.
EE. UU - Cuba	Ausencia de una frontera marítima definida.	Inactiva.

Crisis entre los gobiernos de Ecuador y Colombia

La situación de tensión política más grave en la región ha sido el incidente en la frontera de Ecuador y Colombia, que ha mantenido su conflictividad en el casi año y medio desde su ocurrencia. Esta situación involucró a todos los países de la región, que analizaron y tomaron posición en las reuniones de la OEA y en la Cumbre del Grupo de Río.

El sábado 1 de marzo de 2008, el Ministerio de Defensa de Colombia anunció la muerte del líder guerrillero Raúl Reyes, tras un enfrentamiento entre el ejército colombiano y las FARC en territorio ecuatoriano, ocasionando una crisis entre los gobiernos de Ecuador y Colombia. En sus primeras declaraciones, el Presidente de Ecuador, Rafael Correa, expresó que la incursión de las fuerzas armadas colombianas en su país había sido una violación al derecho internacional, y que constituía la "peor agresión que ha sufrido Ecuador por parte de Colombia". Tras las declaraciones del Presidente Correa, el Ministerio de Defensa colombiano emitió, el 2 de marzo, un Comunicado en el que señalaba que Colombia no había violado la soberanía ecuatoriana, ya que había actuado de acuerdo con el principio de legítima defensa. Insatisfecho por la respuesta colombiana, el Presidente Correa anunció la inmediata retirada de su embajador en Bogotá, la expulsión del embajador colombiano en Quito, y declaró en alerta a las fuerzas armadas de ese país. Asimismo, solicitó una reunión de emergencia en la Organización de Estados Americanos (OEA) y de la Comunidad Andina de Naciones (CAN). El domingo 4 de marzo, en rueda de prensa, el General y Director de la Policía colombiana, Oscar Naranjo, reveló que en las computadoras de Raúl Reyes se había encontrado información respecto a supuestos vínculos del gobierno de Rafael Correa con las FARC. Ante estas declaraciones, el gobierno ecuatoriano expresó que se trataba de una búsqueda de justificación por parte de Colombia a la incursión militar en el territorio del Ecuador.

Por su parte, el Presidente de Venezuela, Hugo Chávez, advirtió al gobierno de Colombia que una incursión similar en su territorio llevaría a ambas naciones a una guerra. Asimismo, ordenó el cierre de la Embajada de Venezuela en Colombia, y el retiro de todo el personal diplomático. Nicaragua adoptó una decisión similar.

Ante la escalada de la crisis, los días 4 y 5 de marzo se llevó a cabo una sesión de emergencia del Consejo Permanente de la OEA, en la que se acordó repudiar la acción militar colombiana en territorio ecuatoriano, establecer una Comisión encabezada por el Secretario General de la OEA, José Miguel Insulza, y convocar a una Reunión de Consulta de Ministros de Relaciones Exteriores, el 17 de marzo de 2008, para examinar los hechos, presentar el informe de la Comisión, y formular las recomendaciones pertinentes. El Presidente de Colombia, Álvaro Uribe, declaró que su gobierno aceptaba la resolución del Consejo Permanente de la OEA, y que asumía la responsabilidad.

El 7 de marzo de 2008 se realizó en República Dominicana la XX Cumbre Presidencial del Grupo de Río. Dadas las circunstancias, los temas que en un inicio se habían programado para el encuentro no pudieron ser abarcados por los presidentes. Las fuertes declaraciones, las decisiones de la ruptura de relaciones diplomáticas, los anuncios de movilizaciones de tropas, y las acusaciones entre los presidentes, marcaron el comienzo de la Cumbre. El Presidente Uribe expresó que su país había recibido, desde 2004, cuarenta ataques provenientes de territorio ecuatoriano, y denunció que durante la campaña electoral en la que triunfó el Presidente Correa, se había recibido dinero de las FARC. Por su parte, Rafael Correa calificó de infames estas declaraciones, señaló como mentiroso a Uribe, y lo calificó como la única fuente de conflictos regionales. La confianza entre los mandatarios había desaparecido.

Gracias a intervenciones de los y las mandatarias, en especial de la Presidenta de la Argentina, Cristina Fernández, y el mandatario mexicano, Felipe Calderón, así como del discurso mucho más conciliador del mandatario Hugo Chávez, las tensiones fueron disminuyendo, al punto de que el anfitrión, el Presidente Leonel Fernández, propuso para finalizar la sesión un abrazo conciliador entre los presidentes Uribe, Ortega, Correa y Chávez. Fueron las gestiones realizadas en el marco de la Cumbre del Grupo de Río las que finalmente lograron reducir las tensiones entre los gobiernos involucrados. Ello posibilitó el éxito de la Reunión de Consulta de la OEA. El 17 de marzo de 2008 se realizó la XXV Reunión del Consejo de Ministros de Relaciones Exteriores de la OEA, que resolvió rechazar la acción militar de Colombia en territorio ecuatoriano; sin embargo, no emitió condena alguna a Colombia. El Presidente Correa anunció que con la Resolución de los Cancilleres en la OEA daba por superada la crisis con Colombia, aunque, señaló que no habría una reanudación de los nexos políticos y diplomáticos.

Las relaciones entre ambos países son tensas, y aunque no han llegado a una conflictividad tan alta como la generada por el incidente, continúan repitiéndose las acusaciones y declaraciones, que en ocasiones hacen escalar el conflicto. El resultado —a más de un año y medio de la incursión militar colombiana en territorio ecuatoriano— es que las relaciones entre ambas naciones no se han reanudado, y las recriminaciones mutuas continúan. Los esfuerzos efectuados han dado como resultado pequeños avances, pero hasta fines de 2009 no se habían restablecido relaciones diplomáticas. Las reuniones de los Cancilleres de ambos países han bajado la tensión, permitiendo reanudar un diálogo que debería llevar a que, a inicios de 2010, ambos países desarrollen y mantengan relaciones diplomáticas plenas.

Armas pequeñas y livianas[16]

El tráfico de armas, dada su alta demanda, se ha convertido en un negocio altamente rentable. Es por esto que un tema de especial importancia es el de las armas que circulan por la región. América Latina es la región con mayor número de muertes por armas de fuego en situaciones no asociadas a conflictos armados, y en subregiones como la centroamericana, el 70% de la población muere por armas de fuego, donde la mayor parte corresponde a la población joven. De las trece ciudades con mayores tasas de homicidio de este tipo en el mundo, diez de ellas corresponden a América Latina y el Caribe.[17]

---

[16] Los académicos de América Latina han perdido una de las figuras jóvenes más relevantes en el estudio de las armas pequeñas y livianas con la muerte de Pablo Dreyfus. Es una pérdida que lamentamos y sentiremos.

[17] Antonio Rangel Bandeira, y Josephine Bourgois, *Armas de fuego ¿Protección? ¿O Riesgo?* (Rio Janeiro: Foro Parlamentario sobre Armas Pequeñas y Ligeras, 2006), http:// www.parliamentaryforum.org; también en Pablo Dreyfus, y Antonio Rangel, "Armas de Fuego en Brasil", en *Armas Pequeñas y Livianas: Una amenaza a la Seguridad Hemisférica*, ed. Stella Saenz (San José, Costa Rica: FLACSO-Secretaría General. 2007), http://www.flacso.org.

Países con las mayores tadas registradas por arma de fuego (por 100.000 habitantes) en el mundo*

Ranking	País	Año	Total muertes por arma de fuego (mínimo)	Tasa total muertes por arma de fuego (mínimo)	Tasa de homicidios por arma de fuego	Tasa de suicidio por arma de fuego	Tasa de muertes accidentales por arma de fuego	Tasa de muertes no determinadas por arma de fuego	Porcentaje de homicidios por arma de fuego	Porcentaje de muertes por arma de fuego que son homicidios
1	Colombia	2002	22.827	55,7	51,8				86	93
2	Venezuela	2000	5689	34,3	22,15	1,16	0,42	10,57	67	95
3	Sudáfrica	2002	11.709	26,8	26,1				54	97
4	El Salvador	2001	1641	25,8	25,3				71	98
5	Brasil	2002	38.088	21,72	19,54	0,78	0,18	1,22	64	97
6	Puerto Rico	2001	734	19,12	17,36	1,17	0,49	0,1	91	91
7	Jamaica	1997	450	18,6	18,2	0,37			58	98
8	Guatemala	2000	2109	18,5						
9	Honduras	1999	1677	16,2	16,2					
10	Uruguay	2000	104	13,91	3,11	7,18	3,53	0,09	63	22
11	Ecuador	2000	1321	13,39	10,73	0,77	0,25	1,63	68	80
12	Argentina	2001	371	11,49	4,34	2,88	0,64	3,63	70	38
13	USA	2001	29.753	10,27	3,98	5,92	0,28	0,08	64	38

* Tasa de muerte por arma de fuego considerando 112 países

Fuente: Global Firearms Deaths (Toronto: Small Arms / Firearms Education and Research Network, 2005

Fuente: Pablo Dreyfus, y Antonio Rangel, "Armas de Fuego en Brasil", en *Armas Pequeñas y Livianas: Una amenaza a la Seguridad Hemisférica* (San José, Costa Rica: FLACSO-Secretaría General. 2007), 118

Si bien la proliferación de armas y su tenencia en manos de civiles tienen que ver con los grupos que se encargan de su comercialización ilícita, lo cierto es que existe además un traspaso ilegal entre militares/ policías y la población. La desviación de arsenales es uno de los recursos más importantes que tienen los criminales y otros grupos para armarse. El control de estas "fugas" es más complejo en los territorios post- conflicto, como es el de la mayoría de los países centroamericanos; o en el área andina, por el derrame del conflicto colombiano y los remanentes en el caso peruano.

El control y la regulación de armas en América Latina muestra algunas deficiencias[18]: existe poca confiabilidad de los datos en todos los países, y concurre una urgencia por vincular las instituciones de control intraestatales, mediante la definición de políticas que establezcan entidades de coordinación con capacidad decisoria. La vinculación institucional debe hacerse también a nivel subregional, armonizando procedimientos y mecanismos. Por último, se debe tener claro que los esfuerzos en el diseño de políticas, a nivel regional, requieren partir de un análisis con-

---

[18] Francisco Rojas Aravena, "Globalización y violencia en América Latina. Debilidad estatal, inequidad y crimen organizado inhiben el desarrollo humano".

textual, en donde el conflicto colombiano resulta un factor fundamental a comprender..

Un amplio estudio organizado por la FLACSO[19] señala que respecto a esta problemática se deben tomar en cuenta seis ejes de intervención necesaria: un marco normativo adecuado tanto a nivel nacional como regional, por el cual se pase de la ratificación de convenios internacionales a su implementación real; el fortalecimiento de las capacidades institucionales que implica un mejor manejo y sistematización de la información y los registros sobre el tema; y mejorar y actualizar la implementación de las obligaciones relacionadas con la seguridad privada, que cada vez toma más fuerza.

Un cuarto eje de intervención se refiere a la necesidad de la formulación de políticas públicas desde lo nacional y lo regional. Un quinto elemento es la importancia y efectividad que ha demostrado el abordaje desde lo local, como forma importante de dar sostenibilidad y coherencia a las acciones de corte más nacional y regional. Por último, deben tomarse en cuenta la concertación de iniciativas entre los distintos actores, cuyos aportes han resultado ser de suma importancia.

Es importante tomar en cuenta el tema de las empresas de seguridad privada, en la medida en que son cada vez más numerosas en la región. La diferencia entre agentes de seguridad privada y de seguridad pública es, en algunos países centroamericanos, muy considerable.[20] Es por ello que estas empresas han sido motivo de múltiples debates en los últimos tiempos, pues no sólo implican la pérdida del monopolio de la fuerza por parte de los Estados (y con esto una cierta privatización del tema de la seguridad ciudadana,que debe ser entendida como un bien público), sino que además han sido identificadas como uno de los principales espacios desde donde se desvían y rotan las armas al ámbito de la ilegalidad.

---

[19] Stella Saenz, ed., *Armas Pequeñas y Livianas: Una amenaza a la Seguridad Hemisférica* (San José, Costa Rica: FLACSO-Secretaría General. 2007), http://www.flacso.org

[20] Gabriel Aguilera, "Enfrentar la violencia criminal con `mano dura´: políticas de contención en C.A", *Revista Pensamiento Iberoamericano*, No. 2., Segunda época. (2008/1).

4. Medidas de confianza mutua

La Comisión de Seguridad Hemisférica del Consejo Permanente de la OEA, junto a la Junta Interamericana de Defensa, han realizado tres Conferencias sobre Medidas de Fomento de la Confianza y Seguridad (Chile, 1995; El Salvador, 1998; y Miami, 2003), en las que recomendaron aplicar veinte medidas de confianza mutua. El 29 de septiembre de 2008, esta Comisión creó un Grupo de Trabajo informal, cuya tarea fue unificar los criterios para notificar sobre las medidas de fomento de la confianza y de la seguridad. El Grupo de Trabajo presentó un documento a la Comisión, el cual fue aprobado el 15 de enero de 2009, que contiene la lista consolidada de las treinta y seis medidas de fomento de la confianza y de la seguridad.

La Asamblea General de la OEA solicita a los países miembros que envíen informes anuales sobre la aplicación de estas medidas. Sin embargo, en la actualidad, sólo tres países entregan sus informes. En el período 2002-2005, la cantidad de informes entregados fue muy pequeña; en 2005 la cifra ascendió a nueve informes, y en 2007 volvió a bajar a tres. Cabe señalar que la OEA reconoce que, si bien la mayoría de los Estados no entregan sus informes anuales, esto no quiere decir que no apliquen medidas de confianza de fomento de la confianza y de la seguridad. En todo caso, señala la falta de prioridad que los países de la región están otorgando a los temas de defensa; así como a las medidas preventivas frente a eventuales situaciones de tensión.

Las medidas de carácter bilateral son las que mayoritariamente aplican los Estados, y tienen que ver generalmente con intercambios profesionales entre las fuerzas armadas; invitación y participación en maniobras militares, intercambio profesional de formación, perfeccionamiento y capacitación en los diferentes institutos de formación y capacitación profesional militar, y la ejecución de tareas compartidas en áreas de interés común, entre otras.[21] No obstante, en muchos casos las medidas de confianza mutua ejecutadas son de un carácter formal que construye confianza; y por el contrario, puede tender a desprestigiar el mecanismo.

---

[21] Comisión de Seguridad Hemisférica, (OEA) *II Foro sobre Medidas de Fomento de la Confianza y de la Seguridad, Actualización del Inventario de las Medidas de Fomento de la Confianza y la Seguridad (MFCS) (Informe presentado por la Junta Interamericana de Defensa)*, (31 de octubre, 2006), http://scm.oas.org/doc_public/SPANISH/HIST_06/CP17157S04.doc

Cuadro N° 4: Países que han entregado informes sobre la aplicación de medidas de fomento de la confianza y la seguridad, 1995-2007

País	95	96	97	98	99	00	01	02	03	04	05	06	07
Argentina		X				X				X		X	
Brasil		X				X						X	
Bolivia		X											
Canadá			X	X	X								
Caribe*			X		X			X					
Chile		X		X				X				X	
Colombia						X						X	
Costa Rica													
Ecuador		X				X							
El Salvador		X		X		X				X			
Estados Unidos	X	X	X	X	X					X	X		
Guatemala		X							X				
Guyana				X									
Honduras		X				X	X						
México		X				X		X		X		X	
Nicaragua							X	X			X		
Panamá													
Paraguay													X
Perú		X		X		X		X					
R. Dominicana													
Trinidad y Tobago					X								
Uruguay											X		
Venezuela				X									
TOTAL	1	11	3	7	4	8	6	6	2	4	3	9	3

* Incluye Antigua y Barbuda, Dominica, Grenada, Saint Kitts y Nevis, Santa Lucía y San Vicente, y las Granadinas.

Fuente: Comisión de Seguridad Hemisférica, (OEA), *III Foro sobre medidas de Fomento de la Confianza y la Seguridad, Cuadro Resumido de los Informes de los Estados Miembros sobre la Aplicación de Medidas de Fomento de la Confianza y la Seguridad, correspondientes al período 1995-2007*, (15 de abril, 2008), http://scm.oas.org/doc_public/SPANISH/HIST_08/CP19999S07.doc

Los avances en las relaciones de seguridad y defensa en América Latina y el Caribe, en la década de los 90, fueron el resultado de la resolución de los principales contenciosos fronterizos interestatales (Argentina-Chile, Perú-Ecuador, El Salvador-Honduras), o de la finalización de la competencia militar estratégica entre los principales actores; en especial la nuclear, entre la Argentina y Brasil. Los acuerdos y la cooperación consolidaron una situación de estabilidad interestatal amplia, posibilitando que la región se declarase como una Zona de Paz.

Las situaciones de tensión político-diplomática e incluso militar generadas en la "Gran Colombia", a lo largo del año 2009, se han agravado al finalizar dicho año. UNASUR y el Consejo de Defensa, en su reunión del 15 de septiembre, fracasaron en lograr concordar un set de medidas de confianza mutua y un proceso progresivo de distensión y de apertura de diálogos conducentes y efectivos. Esfuerzos posteriores se han visto paralizados. Antes bien, las declaraciones de los presidentes y altos funcionarios de gobierno referentes a las situaciones de conflictividad y frente a la emergencia de contenciosos, elevó los niveles de tensión entre los países suramericanos. Las medidas de distensión no han logrado ser puestas en práctica, agravando los niveles de desconfianza mutua.

Recuperar la confianza recíproca es un aspecto central para que la región reafirme de manera efectiva que es una Zona de Paz, con capacidad para procesar sus diferencias, aplicar medidas de confianza mutua y de seguridad, y dar uso a la institucionalidad creada para el efecto.

5. Un nuevo contexto de relación hemisférica. La 5° Cumbre

A partir de los atentados del 11 de septiembre de 2001, la relación entre Estados Unidos y el mundo, incluida nuestra región, se transformó. Su política exterior, durante la administración del Presidente George W. Bush, se ocupó por consolidar su hegemonía, y establecer una distancia de poder material –*hard power*– de tal magnitud que no tuviera contrapeso.[22] Esto debilitó sus posibilidades de ocupar un instrumento esencial de poder tal como es la influencia –*soft power*–.[23] Esta re-jerarquización global se efectuó desde fuera de los mecanismos institucionales tradicionales de carácter multilateral. Estados Unidos impulsó una capacidad de control global desinstitucionalizada, sobre la base de "coaliciones *ad hoc*", lo cual se tradujo en el desarrollo de una política de *unilateralismo radical* cuyo instrumento fue la intervención y ataques anticipatorios.[24]

---

[22] Philip Bobbit, "Better than Empire", *FT Magazine*, 13 de marzo, 2004.

[23] Joseph S. Nye, *Soft Power: The Means to Success in World Politics* (New York: Public Affairs, 2004)

[24] Francisco Rojas Aravena, "Seguridad Humana: concepto emergente de la seguridad del siglo XXI", en *Seguridad Humana, Prevención de Conflictos y Paz*, ed. Francisco Rojas Aravena, Moufida Goucha (Santiago: FLACSO- Chile- París: UNESCO, 2002)

El sistema internacional –incluida América Latina y el Caribe– a través del Consejo de Seguridad de Naciones Unidas, le otorgó amplios poderes a la más grande coalición estatal, liderada por los Estados Unidos, en contra del terrorismo, para lo cual autorizó la intervención en Afganistán. Sin embargo, para la administración Bush Jr. no fue suficiente. Su obsesión con Irak lo llevó a romper la coalición y a ejercer su poder unilateral, con graves consecuencias para la cooperación multilateral, la estabilidad en la zona e incluso para la estabilidad de los valores del petróleo a nivel internacional. A varios años de la intervención en Irak se ha demostrado de manera efectiva que, por muy grande que sea el *hard power,* Estados Unidos requiere de legitimidad, surgida del multilateralismo institucionalizado, e incluso apoyo material para poder alcanzar la paz y la estabilidad tanto política, económica como social en Irak y Afganistán, como en cualquier otro conflicto.

Igualmente, en las Américas es insuficiente la voluntad de América Latina de preservar la estabilidad y la paz, se necesita también la de los Estados Unidos. El cambio de orientación en la política estadounidense hacia la conformación de un "multilateralismo a la carta" y un proceso de intervención unilateral fuera de los marcos de la legitimidad de la ONU, durante la Administración Bush, puso en tensión las oportunidades para la cooperación para la paz. Asimismo, las políticas de los Estados Unidos hacia la región fueron percibidas como un impulso a la militarización de los conflictos y la "securitización" de la agenda.[25]

Afortunadamente el gobierno del Presidente estadounidense Barack Obama ha dejado en claro sus intenciones de retomar la vía del multilateralismo, de la legitimidad de las instituciones globales y la cooperación, antes que la imposición y el unilateralismo. Muestra de ello han sido las declaraciones del mandatario en sus acercamientos con América Latina y con el Medio Oriente. También con la Unión Europea, y de igual forma con Rusia.

En el caso del Hemisferio, la 5° Cumbre de las Américas, realizada en Trinidad y Tobago los días 17 al 19 de abril de 2009, cambió las tendencias en las relaciones en las Américas. Fue un gran éxito que superó las herencias negativas y recogió las lecciones de la Cumbre de Mar del Plata, y mostró el nuevo escenario en las relaciones de Estados Unidos con la

---

[25] Claudio Fuentes, *Paz, crisis regional y política exterior de Estados Unidos. Informe Regional: América Latina* (Santiago: FLACSO- Chile, 2004).

región y con el sistema internacional. La declaración final no fue suscrita, pero se encontró una fórmula para dejar el testimonio de los debates y los acuerdos, al suscribir el documento el Primer Ministro trinitario en representación de los diferentes mandatarios.[26] La principal lección, que constituye a la vez el principal éxito de esta Cumbre, es la nueva actitud colectiva de respeto, de escucharse mutuamente, así como retomar un diálogo abierto y plural entre los distintos Jefes de Estado y de Gobierno.

En la 5° Cumbre primó el respeto y la voluntad de escuchar y de dialogar. De consultar antes de actuar. Más que políticas *para/hacia* América Latina y el Caribe, se trata de construir políticas *con* la región. Establecer una asociación sobre una agenda concreta. En Trinidad y Tobago se ha reconocido esta oportunidad, y se ha iniciado un diálogo constructivo capaz de afrontar los grandes desafíos de forma mancomunada. Es un nuevo comienzo para reconstruir la confianza y el multilateralismo regional. Las aspiraciones compartidas requieren concretarse en políticas asociativas, fundadas en la igualdad y el respeto mutuo, como bases de colaboración.

El factor Obama[27]

Sin duda, el clima positivo se vincula directamente con la llegada del Presidente Barack Obama a la Casa Blanca. En efecto, el cambio llegó y se instaló en la Casa Blanca. En menos de cien días se transformaron las tendencias centrales del sistema internacional. Las declaraciones y las acciones del Presidente de los Estados Unidos cambiaron sustancialmente el panorama internacional. Se abre paso a un nuevo multilateralismo y a una nueva forma de relacionamiento de Estados Unidos con el mundo y con el Hemisferio. Las cuestiones referidas a la relación América Latina-EE.UU. se ligan a la adopción de medidas específicas tendientes a superar la desconfianza. Es preciso construir medidas de confianza recíprocas, esencialmente políticas, en particular con Bolivia, Venezuela, Ecua-

---

[26] Francisco Rojas Aravena, "La V Cumbre de las Américas", *Nombres Propios - Fundación Carolina*, (2009), http://www.fundacioncarolina.es; Francisco Rojas Aravena, "La V Cumbre de las Américas Parte II. El Documento que no fue", *Nombres Propios - Fundación Carolina*, (2009), http://www.fundacioncarolina.es

[27] Abraham F. Lowenthal, Theodore J. Piccone, Laurance Whitehead, ed., *The Obama Administration and the Americas. Agenda for Change* (Washington D.C:.Brooklings Institution Press, 2009).

dor y Cuba. Lo que no es seguro, y es una pregunta abierta, es cuánta será la atención que la administración Obama podrá otorgar a América Latina y el Caribe.

La responsabilidad primordial recaerá en la Secretaria de Estado, Hillary Clinton, y su equipo para la región, en particular sobre Arturo Valenzuela, nuevo responsable para América Latina y el Caribe.

Cuba

El consenso hemisférico logró un cambio histórico. Cuba dejó de estar marginada, y con ello se cierra una larga etapa de la Guerra Fría en el continente. Es un cambio mayor en las relaciones hemisféricas, en especial en las relaciones de América Latina y el Caribe con los Estados Unidos. La XXXIX Asamblea General de la OEA tomó una decisión que marca la historia política del Hemisferio: la exclusión de Cuba, que se mantuvo por cuerenta y sieta años, fue eliminada. La resolución adoptada por la VIII Reunión de Consulta de Ministros de Relaciones Exteriores, el 31 de enero de 1962, quedó sin efecto. Esta situación anacrónica terminó, se cerró una etapa discriminatoria e injusta. Junto a ello, se reafirmó el espacio de diálogo, de nuevo trato, de promoción del multilateralismo en las relaciones hemisféricas.

Cuba ha manifestado que no está interesada en retornar a la OEA. En el actual contexto político cubano, y dada la situación regional y hemisférica, Cuba no requiere –por el momento– plantearse esta decisión, de por sí compleja. Cuba prefiere mirar cómo avanza el diálogo bilateral con la Administración Obama.

Los espacios y los tiempos para las decisiones del Presidente Obama son breves. Pese a que posee mayoría en el Congreso, algunos senadores y representantes del Partido Demócrata, en especial del Estado de Florida, están en contra. Para Cuba, el debate también es intenso en las altas esferas del gobierno y el partido. En las decisiones que se requiere tomar –en el contexto del mayor cambio de políticas de EE.UU en cuatro décadas– es preciso mantener el clima pragmático y plural alcanzado en el Hemisferio luego de la llegada de la Administración Obama. El diálogo bilateral directo cubano-estadounidense demandará de sus diplomacias y dirigencia tacto, madurez, confiabilidad, las reservas del caso, y, sobre todo, persistencia. Ellas han demostrado que poseen estas cualidades.

6. Integración regional y defensa

Tendencias e iniciativas de integración

El nuevo contexto latinoamericano y caribeño, su nuevo mapa político, genera procesos simultáneos que tienden a la integración y a la fragmentación. Expresión de las tendencias de cooperación e integración son la importante cantidad de iniciativas y propuestas de integración de carácter subregional amplio.

Cuadro N° 5: América Latina: Iniciativas de integración regional y seguridad

	N° Países	Fecha de creación	Focos principales	Propuesta en defensa y seguridad
Proyecto Mesoamérica	9	15 junio, 2001-PPP 28 junio, 2008-PM	Infraestructura, interconectividad y desarrollo social.	Plan Mérida
UNASUR	12	8 diciembre, 2004 CSN 17 abril, 2007 UNASUR	Identidad y ciudadanía sudamericana; espacio regional integrado en lo político, económico, social, cultural, ambiental, energético y de infraestructura.	Consejo Suramericano de Defensa
ALBA	9	14 diciembre, 2004	Petróleo y energía; comunicación y transporte; FF.AA.; deuda externa; economía y finanzas; industrias básicas y ligeras; recursos naturales; tierra, soberanía alimentaria y reforma agraria; y educación.	Comité Permanente de Soberanía y Defensa
Grupo de Río	22	18 diciembre, 1986	Conjunto sólido de principios compartidos. Construir consensos para atender los desafíos de la región, en especial en el terreno de la paz, la democracia y el desarrollo.	Resolución de conflictos y mecanismo 2x9 (Haití)

	N° Países	Fecha de creación	Focos principales	Propuesta en defensa y seguridad
Arco del Pacífico	11	30 enero, 2007	Espacio informal de coordinación y concertación de alto nivel para la identificación e implementación de acciones conjuntas dirigidas a generar sinergias entre los países en materia económica y comercial, teniendo en cuenta su interés común de fortalecer sus relaciones con las economías del Asia Pacífico.	
SICA	7	16 diciembre, 1960 MCCA 13 diciembre, 1991		Conferencia de FFAA Tratado Marco de Seguridad Democrática
CARICOM	15	4 julio, 1973		Regional Security System
CAN	4	10 marzo, 1996		Política de Seguridad
MERCOSUR	4*	26 marzo, 1991		MERCOSUR de la defensa

* La incorporación de Venezuela como miembro pleno ya fue aprobada, pero falta su ratificación por parte de los gobiernos de Brasil y Paraguay.

Asimismo, el Grupo de Río ha retomado su rol de espacio de concertación entre las naciones latinoamericanas, con una importante mediación en la desescalada de las tensiones entre Ecuador y Colombia a inicios de 2008.

Es importante señalar que, producto de las nuevas demandas y amenazas del contexto internacional, las agendas de cooperación entre los países de la región se han ampliado, incorporando temáticas como la seguridad alimentaria, el cambio climático, y la energía.

Tendencias de cooperación en defensa

El Consejo de Seguridad de las Naciones Unidas debió establecer una misión de imposición de la paz en Haití, primero en 1994 y luego en 2004, para evitar una guerra civil y su desborde a países vecinos. En Centroamérica se incrementan los muertos diariamente por combates entre pandillas rivales –*maras*–, las que poseen un carácter transnacional. En México, las luchas entre los carteles de droga y contra éstos han dejado miles de muertos; sumado a los escándalos de las vinculaciones entre autoridades y estos carteles, se continúa erosionando la legitimidad democrática. En Guatemala, los asesinatos de un empresario y de su abogado (que dejó formulada una acusación al Presidente Álvaro Colom) han conducido a ese país a una crisis política y de credibilidad. La alta presencia de narcotraficantes y contrabandistas en la Triple Frontera entre la Argentina, Brasil y Paraguay, ha llevado al gobierno de Brasil a anunciar la creación de una tropa de élite para patrullar la zona; por otra parte, las fuerzas armadas están desarrollando acciones en las favelas de Río. Costa Rica y los países centroamericanos encuentran cada vez más dificultades para evitar el tránsito de droga por su territorio. El desplazamiento masivo de colombianos a Ecuador, y los conflictos que se desarrollan en la frontera de ambos países, mantienen tensionadas las relaciones entre ambas naciones al punto de que las autoridades ecuatorianas han expresado que su país limita al norte con las FARC.[28] En Bolivia, las fuertes divisiones políticas entre el gobierno y sus opositores provocaron una matanza de campesinos en la provincia de Pando que fue investigada por la OEA y la UNASUR. Las relaciones entre Perú y Bolivia han experimentado un fuerte deterioro. Estados Unidos, por primera vez, reconoce su corresponsabilidad en el tema de drogas por el alto consumo, y el desarrollo del crimen organizado por la facilidad e impunidad en la venta de armas a los carteles mexicanos.

La situación descrita muestra cómo en las Américas, con sus treinta y cinco países, se entrecruzan las agendas de seguridad y gobernabilidad, defensa y desarrollo, impulsadas por un amplio abanico de actores y en un contexto de fuerte relacionamiento de variables internacionales y domésticas. El foco de atención latinoamericano y caribeño es el ámbito hemisférico y subregional. Sólo Brasil se percibe como actor global y regional; de allí que, en julio de 2007, sellara su asociación estratégica con la Unión Europea[29], y que promueva iniciativas como G-3/BISA (Brasil, India y Sudáfrica),[30] el BRIC (Brasil, Rusia, India y China) y la del espacio estratégico sudamericano (UNASUR). Venezuela por su parte, aun-

---

[28] "Álvaro Uribe llamó a Presidente de Ecuador para conversar sobre seguridad en frontera", *El Tiempo*, 8 de febrero, 2008, Sección Política, http://www.eltiempo.com/archivo/documento/CMS-3951061

[29] Infolatam, "Cumbre Brasil/UE: Lula defenderá desbloqueo de Doha" *Infolatam*, 3 de julio, 2007 http://www.infolatam.com/entrada/cumbre_brasilue_lula_defendera_desbloque-4403.html

[30] "Brasil, India y Sudáfrica se unen", *BBC Mundo*, 31 de marzo, 2006, http://news.bbc.co.uk/hi/spanish/business/newsid_4865000/4865386.stm

que es un actor regional importante mediante sus iniciativas del ALBA[31] y Petrocaribe, no ha logrado un peso importante a nivel mundial. En todo caso el ALBA –luego de su VI Cumbre– reúne a nueve países y se ha transformado en un referente ideológico, como quedó en evidencia en la V Cumbre de las Américas y la XXXIX Asamblea General de la OEA.

La cooperación en defensa entre los países de la región frente a las nuevas y viejas amenazas aún es muy débil. En términos generales se pueden nombrar algunas grandes alianzas, que responden a su vez a las iniciativas macro de integración regional.

Por un lado están los países de Norte y Centroamérica, junto a Colombia, que unidos bajo el Proyecto Mesoamérica han venido realizando esfuerzos para combatir de forma conjunta los fenómenos del narcotráfico y el crimen organizado, entre otros. Centroamérica y México tradicionalmente han estado muy ligados a la ayuda y demandas de Estados Unidos, y comparten la Iniciativa Mérida, plan ideado por los Gobiernos de México y Estados Unidos para combatir el narcotráfico y el crimen organizado. Los fondos aprobados para el primer año (2009) fueron de US$ 465 millones; de ellos US$ 400 millones fueron destinados para México, y US$ 65 millones se distribuirán entre Belice, Costa Rica, El Salvador, Guatemala, Honduras, Nicaragua, Panamá, República Dominicana y Haití. Este dinero incluye la dotación de equipo de inspección, *scanners* de ion, unidades caninas de intercepción, tecnologías de comunicación, asesoría técnica y entrenamiento para las instituciones de justicia, programas de protección de testigos, helicópteros y aviones de vigilancia para que haya una reacción rápida en la intercepción.[32] Los principales detractores de esta Iniciativa señalan que la ayuda económica de Estados Unidos para combatir este flagelo será muy limitada, en tanto tiene una visión principalmente punitiva del flagelo y deja de lado componentes indispensables, como el fortalecimiento de las instituciones civiles de seguridad pública, y reformas en los sistemas institucionales en la policía y los sistemas de justicia de los países centroamericanos y México. Esta visión plantea además la preocupación por una creciente milita-

---

[31] Jossette Altmann, ed., "Dossier Alba. Alternativa Bolivariana para América Latina", en *Cuadernos de Integración en América Latina* (San José, Costa Rica: FLACSO - Secretaría General, 2008), http://www.flacso.org/fileadmin/usuarios/documentos/Integracion/Dossier_ALBA.pdf

[32] Raúl Benítez Manaut, "La Iniciativa Mérida: desafíos del combate al crimen y el narcotráfico en México", en *ARI*, No. 129/2007, 10 de diciembre, 2007, http://www.realinstitutoelcano.org/analisis/ARI2007/ARI130-2007_Benitez_Plan_Merida.pdf

rización de las respuestas en el combate al crimen organizado, y por tanto, de posibles violaciones a los derechos humanos.[33]

Por su parte, la ayuda estadounidense a Colombia para combatir el narcotráfico se otorga mediante el Plan Colombia. Este Plan ha sido el centro de críticas de grupos y países, que consideran que esta ayuda económica por parte de Estados Unidos tiende a una militarización de Colombia (en efecto, el Plan Colombia ha resultado en una importante concentración de la adquisición de material militar proveniente de Estados Unidos[34]), y al aumento de la presencia militar y el poderío estadounidense.

Cabe señalar que, en el caso centroamericano, existe además la Conferencia de las Fuerzas Armadas de Centroamérica (CFAC), creada desde 1997, por los gobiernos de Guatemala, El Salvador, Honduras y Nicaragua, y que incluye actividades como el Plan de la CFAC de cooperación integral para prevenir y contrarrestar el terrorismo, crimen organizado y actividades conexas; la Unidad Humanitaria y de Rescate de la CFAC (UHR-CFAC); el programa anual de medidas de fomento de la confianza de carácter militar; intercambios de oficiales en el área educativa entre las fuerzas armadas y ejércitos; el desarrollo de convenios de cooperación y actividades conjuntas con la Corte Centroamericana de Justicia, Comité Internacional de la Cruz Roja, Iniciativa de Derechos Humanos, Instituto Interamericano de Derechos Humanos, Organización de las Naciones Unidas para la Educación y la Cultura (UNESCO) y otras instituciones; una comunicación permanente con la Secretaria General del SICA, la Conferencia de Ejércitos Americanos, y la Junta Interamericana de Defensa, entre otros.[35]

Otra iniciativa de cooperación en defensa, de la cual se profundizará más adelante, tiene que ver con la creación del Consejo Suramericano de Defensa, al cual pertenecen los países miembros de la Unión de Naciones Sudamericanas (UNASUR), y cuyo objetivo es ser una instancia de

---

[33] WOLA, "El Plan Mérida y la seguridad ciudadana en México y Centroamérica", 19 de marzo, 2008, https://www.wola.org/index.php?option=com_content&task=viewp&id=668&Itemid=2&LANG=sp; Raúl Benítez Manaut, "La Iniciativa Mérida: desafíos del combate al crimen y el narcotráfico en México".

[34] Carlos Malamud, "¿Rearme o renovación del equipamiento militar en América Latina?", Real Instituto Elcano Documento de Trabajo, No. 31, 15 de diciembre, 2006, http://www.realinstitutoelcano.org/documentos/278/278_Malamud_Garcia_Encina_America_Latina.pdf

[35] www.ejercito.mil.ni/rmi_cfac.html

consulta, cooperación y coordinación en materia de defensa en dicha región.

Un último proyecto de integración en defensa es el que podría ser impulsado por los países de la Alianza Bolivariana de las Américas (ALBA). La cooperación en materia de defensa entre los países del ALBA se ha centrado en el discurso de preparase y protegerse frente a una amenaza externa, materializada principalmente en una posible invasión estadounidense. A nivel bilateral, Venezuela ha impulsado su ayuda militar a los países miembros del ALBA mediante la firma de convenios de cooperación y recursos económicos. Por ejemplo, en el caso de Cuba y Venezuela, desde 1999 hasta 2008 y desde el punto de vista de la cooperación militar, se han desarrollado varias ayudas humanitarias y más de siete visitas de delegaciones oficiales y grupos de estudio militares venezolanos a Cuba.[36] Por su parte, la relación entre Venezuela y Bolivia los ha llevado a firmar varios acuerdos en el tema de cooperación en defensa, uno de los cuales fue firmado en agosto de 2006, causando gran controversia en Bolivia pues su contenido no se hizo público. Y en septiembre de ese mismo año, el Presidente Morales anunció que parte de los acuerdos firmados involucraban el financiamiento, por parte de Venezuela, de la construcción de instalaciones militares en zonas fronterizas en Bolivia. Los países vecinos de Bolivia comenzaron a hacer públicas sus preocupaciones respecto a una posible militarización de la frontera boliviana financiada desde Venezuela. El gobierno paraguayo en su oportunidad externalizó sus preocupaciones. La relación militar entre Bolivia y Venezuela se encuentra rodeada de suposiciones acerca de importantes cantidades de armamento y dinero que estaría siendo entregado por parte del Gobierno de Venezuela a Bolivia. Algunos estiman que la ayuda económica del Presidente Chávez al sector de defensa de Bolivia ronda los US$ cincuenta millones.

En septiembre de 2008 la relación entre Venezuela y los países del ALBA se convirtió nuevamente en tema de gran interés internacional cuando el Presidente Chávez expresó que "Si la oligarquía y los 'pitiyanquis' financiados por el imperio derrocaran algún Gobierno nuestro, tendríamos luz verde para iniciar operaciones de cualquier tipo para restituir el poder popular"[37], haciendo referencia a la crisis política que se vivía en Bolivia, y a la cual acusaba de ser financiada por Estados Unidos.

---

[36] Carlos Romero, "Venezuela y Cuba. `Una seguridad diferente´, *Nuevo Mundo - Mundos Nuevos*, Revues, 27 de marzo, 2009, http://nuevomundo.revues.org/55550

[37] "Preocupación sudamericana", *BBC Mundo*, 12 de septiembre, 2008, http://news.bbc.co.uk/hi/spanish/latin_america/newsid_7611000/7611648.stm

El presidente boliviano agradeció el gesto, pero abogó por la ayuda diplomática en lugar de la militar. Esta situación llevó a que ambos países rompieran sus relaciones diplomáticas con Estados Unidos.

Sin embargo, fue hasta enero de 2008 cuando el Presidente Chávez expresó en su programa dominical *Aló Presidente* sus intenciones de crear un Consejo de Defensa Militar del ALBA, y acusó a Estados Unidos de utilizar a Colombia para ir contra los países del ALBA y Venezuela. El mandatario venezolano señaló que los países del ALBA debían trabajar para conformar una estrategia de defensa conjunta e ir articulando las fuerzas armadas, aéreas, el Ejército, la Marina, la Guardia Nacional, las fuerzas de cooperación, y los cuerpos de inteligencia, pues el enemigo era el mismo: Estados Unidos.[38] Por su parte, el Presidente de Nicaragua, Daniel Ortega (quien se encontraba de visita en Caracas), expresó que "El que se meta con uno de nosotros, tendrá que meterse con todos porque actuaremos como uno solo".[39]

En la VII Cumbre Presidencial del ALBA, realizada el 17 de octubre de 2009, el Presidente Chávez planteó la propuesta de firmar una alianza militar. Sin embargo, los mandatarios de los países miembros del mecanismo expresaron que una decisión en este sentido requería de mayor discusión y análisis, por lo que acordaron crear un Comité Permanente de Soberanía y Defensa, instancia que tendrá la tarea de definir una "estrategia de defensa integral popular conjunta".[40]

Por último, respecto al Caribe, en julio de 2006 los Jefes de Estado y de Gobiernos de los países miembros de CARICOM establecieron la Agencia de Implementación para el Crimen y la Seguridad (IMPACS por sus siglas en inglés), para servir de instrumento de aplicación de la nueva arquitectura regional para el desarrollo y manejo de la agenda de acción regional en los temas de seguridad y delito de la Comunidad del Caribe. IMPACS tiene a su cargo dos sub-agencias: el Centro Regional de Comunicaciones Conjuntas, y el Centro Regional de Fusión de la Inteligencia

---

[38] ABN, "Chávez propone crear Consejo de Defensa Militar del ALBA ante agresiones extranjeras", *ABN*, 28 de enero, 2008, http://www.alternativabolivariana.org/modules.php?file=article&name=News&sid=2670#4

[39] "Tocar a Venezuela es Incendiar la Región: Declaraciones de Daniel Ortega", *ABN*, 28 de enero, 2008.

[40] Mery Vaca, "ALBA: sucre sí, alianza militar no", *BBC Mundo,* 17 de octubre, 2009, http://www.bbc.co.uk/mundo/america_latina/2009/10/091017_2012_alba_final_jrg.shtml; "Países de la ALBA acuerdan crear una ´alianza militar y defensiva´", *El Universal*, Venezuela, 18 de octubre, 2009, http://www.eluniversal.com/2009/10/18/pol_art_paises-de-la-alba-ac_1617104.shtml.

(ambos creados inicialmente como parte de la estrategia de seguridad implementada para el Mundial de Cricket y que más adelante decidió establecer como permanentes). Asimismo, en la XIII Cumbre Extraordinaria de CARICOM, los Jefes de Estado y de Gobierno aceptaron analizar la propuesta de establecer una Fuerza Conjunta Regional de Despliegue Rápido.

7. Las conferencias de Ministros de Defensa

Con el fin de la Guerra Fría el contexto económico, político y social de América tuvo un cambio drástico, pasando de la desconfianza y la confrontación a la construcción de una nueva agenda hemisférica basada en la democracia, el libre mercado, y la necesidad de fortalecer el multilateralismo en la región. Es así como surgen las Cumbres de las Américas, cuya primera reunión se realizó del 9 al 11 de diciembre de 1994, en Miami, con el objetivo de reorganizar las relaciones entres los países americanos, adecuando las discusiones a las nuevas condiciones regionales y mundiales. Es en este contexto, y gracias a los consensos acordados en la Cumbre de Miami, que surge y se concreta la idea de realizar una reunión de Ministros de Defensa de las Américas, como un mecanismo que facilitaría el propósito de organizar y vincular de forma efectiva democracia, desarrollo económico y seguridad internacional.

Otros elementos de peso fueron las crisis generadas por el conflicto entre Ecuador y Perú, la crisis política en Haití, y el tema migratorio, entre otros. A estos factores se deben sumar las amenazas emergentes en la región, tales como el potencial peligro en la proliferación de armas, el tráfico internacional de drogas, los temas ambientales, y los relacionados con el vínculo civil-militar y su impacto sobre los derechos humanos y la democracia.[41]

Del 24 al 26 de julio de 1995 se realizó en Williamsburg, Virginia, la I Conferencia de Ministros de Defensa de las Américas, constituyéndose en la primera reunión de este tipo del hemisferio occidental; su promesa fue "Ningún Estado por sí solo podrá tener éxito, unidos no podremos fallar. Esa es la promesa de la asociación que hoy día tienen los líderes de las Américas".[42]

---

[41] Francisco Rojas Aravena, "Williamsburg: ¿Un giro definitivo en las relaciones hemisféricas de seguridad?", *Revista Ser en el 2000*, Argentina, www.ser2000.org.ar

[42] Francisco Rojas Aravena, "Williamsburg: ¿Un giro definitivo en las relaciones hemisféricas de seguridad?".

La finalidad de las Conferencias es "promover el conocimiento recíproco, el análisis, debate e intercambio de ideas y experiencias en el campo de la defensa y la seguridad, o cualquier otro mecanismo de interacción que permita el logro de la misma".[43]

Desde sus inicios, las reuniones ministeriales de defensa se han constituido en un significativo avance en las relaciones regionales, en búsqueda de la confianza mutua para la construcción de la paz en el Hemisferio. Los principios de Williamsburg establecieron las bases de los debates y políticas futuras, afirmando que la seguridad mutua reposa en la preservación de la democracia, y que las fuerzas armadas deben estar subordinadas a las autoridades democráticamente electas.

A la fecha se han realizado ocho reuniones ministeriales de defensa. Las agendas temáticas de las reuniones han ido ampliándose, con temas como el sistema de seguridad hemisférico, transparencia y medidas de fomento de la confianza, modernización de las fuerzas armadas, operaciones de paz, desastres naturales, desminado, cooperación para enfrentar el terrorismo y narcotráfico, migración, entre otros.

Cuadro N° 6: Las agendas de las Reuniones Ministeriales de Defensa de las Américas. 1995-2008

Williamsburg 1995	**1. Transparencia y medidas de confianza mutua.** a) MCM, ejemplos, lecciones aprendidas, valor de ellas; b) Intercambio de información de defensa. Registro de ONU, políticas de defensa, presupuestos.**2. Cooperación en defensa.** a) Operaciones de paz. Intercambio de experiencias, lecciones aprendidas, interoperatividad; b) Desminado. Reconocimiento del problema, entrenamiento conjunto; c) Otras actividades de cooperación en defensa: i) Búsqueda y rescate. ii) Desastres. iii) Antinarcóticos.**3. Democracia y fuerzas armadas en el siglo XXI.** Educación y entrenamiento civil y militar en democracia. a) Las fuerzas armadas y el desarrollo; b) Adaptación de las fuerzas armadas para el futuro.
Bariloche 1996	**1. Nuevas dimensiones de la seguridad internacional.** a) Defensa en el siglo XXI/ Perfil de las FF.AA; b) Riesgos, amenazas y oportunidades: compatibilización de las diferentes realidades en materia de defensa y seguridad del continente; c) Defensa, FF.AA. e integración; d) Cooperación militar.**2. Nuevos roles y perfiles.** a) Cooperación multilateral en la preservación de la paz: operaciones de mantenimiento de la paz y coaliciones multinacionales; b) Medio ambiente, desastres naturales, búsqueda y rescate; c) Educación de civiles militares; d) Ciencia y tecnología: posibles campos de cooperación e intercambio de información; e) Desminado.**3. Institucionalización del sistema de defensa.** a) Medidas de fomento de la confianza y transparencia; b) Democracia y modernización de las FF.AA; d) Ministerios de Defensa.

---

[43] VII Conferencia de Ministros de Defensa de las Américas, *Reglamento de la Conferencia de Ministros de Defensa de las Américas* (Managua: 2006), http://www.resdal.org.ar/

Cartagena 1998	**1. El sistema de seguridad hemisférica y sus mecanismos para el desarrollo de la región.** a) Análisis del sistema interamericano de seguridad y defensa; b) La seguridad de los Estados del Caribe; c) Medidas de fomento de confianza, Transparencia y seguridad para la paz hemisférica: i) Conferencia de las Fuerzas Armadas Centroamericanas; ii) Avances y desarrollo de las medidas de confianza mutua en el Hemisferio. **2.Funciones complementarias de las fuerzas militares en sociedades democráticas.**a) Apoyo de las fuerzas militares en el desarrollo económico y social de las Naciones.b) Promoción de los derechos humanos y observancia de las normas de derecho internacional humanitario; c) Nuevos desarrollos de las relaciones civiles-militares en sociedades democráticas; d) Informe sobre operaciones de mantenimiento de la paz, desastres naturales, medio ambiente y desminado en Centroamérica. **3. Cooperación hemisférica en materia de enfrentamiento al terrorismo, drogas ilícitas, tráfico ilícito de armas, municiones y explosivos, y medio ambiente.** a) Fortalecimiento de la cooperación interamericana para enfrentar todas las formas de terrorismo. Mecanismos de cooperación hemisférica; b) Cooperación hemisférica en la lucha contra el fenómeno de las drogas ilícitas; c) Cooperación en el control de tráfico ilícito de armas, municiones, explosivos y desechos tóxicos; d) Informe sobre el tema de la migración ilegal.
Manaos 2000	**1. Seguridad hemisférica a inicios del siglo XXI.** a) El cuadro político estratégico en el ámbito mundial y regional: nuevas amenazas y operaciones de paz; b) Conceptos de seguridad y defensa; c) El actual sistema de seguridad hemisférica: validez y perfeccionamiento.**2. Confianza mutua en el continente americano, su situación y proyección en la próxima década;** a) Validez del proceso de medidas de fomento de la confianza mutua en los ámbitos continental, regional y bilateral; b) El papel de los libros blancos de defensa como medida de confianza mutua; c) Perspectivas del proceso de fortalecimiento de la confianza mutua de forma continua y consensual.**3. Defensa y desarrollo: posibilidades de cooperación regional.** a) Desastres naturales: lecciones aprendidas y posibilidades de cooperación; b) Fortalecimiento de las relaciones entre civiles y militares; c) Propuesta de una red de aprendizaje a distancia, vinculando a las Escuelas Superiores de Defensa, en el Hemisferio; d) Amenazas transnacionales: experiencias nacionales y oportunidades de cooperación.
Santiago 2002	**1. La seguridad regional al inicio del siglo XXI.** a) Nuevas amenazas a la seguridad regional; b) Estructuras y mecanismos para afrontar las nuevas amenazas.**2. La confianza mutua en el continente americano.** a) Método de homologación en gastos de defensa; b) El papel del libro de defensa como medida de confianza mutua; c) Fuerzas armadas combinadas en operaciones de paz.**3. Defensa y sociedad: posibilidades de cooperación regional.** a) Formación de civiles en la defensa; b) Experiencias en los procesos de desminado; c) Contribución de las fuerzas armadas al desarrollo social.

Quito 2004	**1. La nueva arquitectura de la seguridad hemisférica.** a) Nuevas concepciones de la seguridad y defensa y sus implicaciones para la estructura de seguridad hemisférica: evaluación y perspectivas de los instrumentos interamericanos, b) La cooperación para la seguridad y defensa hemisférica del siglo XXI:mecanismos para enfrentar las nuevas amenazas, preocupaciones y otros desafíos; c) Análisis y evaluación de mecanismos e instituciones de nivel subregional para la cooperación en materia de seguridad. **2. La confianza mutua y seguridad en el sistema de seguridad hemisférico.** a) Profundización y ampliación de las medidas de fomento de la confianza y seguridad mutua; b) Cooperación hemisférica en operaciones de mantenimiento de paz; c) Homologación y estandarización de los sistemas de medición de los gastos de defensa; d) Cooperación e integración regional en investigación, entrenamiento, ciencia y tecnología e industria de defensa. **3. La defensa, desarrollo y sociedad: posibilidades de cooperación regional.** a) Las fuerzas armadas en operaciones de apoyo ante los desastres naturales: lecciones aprendidas y convenios de cooperación regional ante situaciones de desastres; b) Políticas a seguir para alcanzar zonas libres de minas terrestres: acción contra minas; c) Políticas de preservación de los patrimonios naturales, culturales, bienes estratégicos y de las grandes cuencas hidrográficas de la región.
Managua 2006	**1. El sistema de seguridad hemisférica, escenarios y regímenes subregionales: Fortaleciendo la cooperación y la institucionalidad en las Américas.** a) Nuevas concepciones de seguridad y defensa, y desafíos institucionales del sistema de seguridad hemisférica: complementariedad y cooperación en un contexto de arquitectura flexible; b) Políticas de seguridad y defensa, y formas de cooperación para el enfrentamiento de las amenazas no tradicionales: entre la dimensión hemisférica y las realidades y experiencias subregionales; c) Las conferencias de ministros de defensa de las Américas: lecciones aprendidas para la gestión de la defensa y la seguridad hemisférica. **2. Medidas de fomento de la confianza y la seguridad, y cooperación en operaciones multinacionales en las Américas.** a) Evolución de las medidas de fomento de la confianza y la seguridad: acciones a seguir para su profundización en el Hemisferio y subregiones; b) Transparencia y confianza en las Américas: Libros blancos de defensa, medición estandarizada de gastos de defensa y mecanismos de prevención de conflictos; c) Misiones de paz y operaciones combinadas: experiencias y perspectivas en el Hemisferio; d) Política de acción integral contra minas: lecciones aprendidas y colaboración en las Américas; e) Fuerzas armadas y misiones humanitarias de apoyo ante desastres naturales: lecciones aprendidas y convenios de cooperación regional. **3. Modernización y transformación de las instituciones de la defensa.** a) Fortalecimiento institucional de los ministerios de defensa: gestión civil y cooperación interministerial a nivel regional y subregional; b) Coordinación y cooperación interinstitucional en cada estado para la modernización y transformación de las instituciones de la defensa; c) Modernización de las fuerzas armadas: Fundamentos, lecciones aprendidas, experiencias en curso y desafíos pendientes; d) Actividades de las fuerzas armadas que contribuyen a las políticas de desarrollo Nacional.

Banff 2008	1. Participación de las fuerzas armadas y de seguridad en las áreas de mantenimiento de paz (ejemplo Haití).2. Participación de las fuerzas armadas y de seguridad en las áreas de asistencia durante desastres naturales.3. Participación de las fuerzas armadas y de seguridad en las áreas de asistencia en grandes eventos de envergadura nacional o regional para los cuales sea sede el país.

En la VIII Conferencia, realizada en Banff, Canadá, el 5 de septiembre de 2008, con el tema "Mejoramiento de la Defensa y la Seguridad Hemisférica, Regional y Subregional: Fomento de la Confianza a través de la Cooperación y la Colaboración", los Ministros de Defensa de las Américas reconocieron la diversidad regional en el campo de la defensa y la seguridad, lo cual significa aceptar la existencia de métodos, normas jurídicas e instrumentos empleados por los diversos Estados de la región que se ajustan a la realidad particular de cada país. Asimismo, expresaron su apoyo a las medidas que fortalecen la cooperación en materia de defensa y seguridad, su rechazo al terrorismo y a la presencia o acción de grupos armados al margen de la ley, y su compromiso de combatir la delincuencia organizada transnacional; entre otros.

En la XXXIX Asamblea General de la OEA, realizada en junio de 2009, los países miembros aprobaron encomendar a la Junta Interamericana de Defensa (JID) la responsabilidad de conservar la memoria institucional de la Conferencia de Ministros de Defensa. Sin embargo el gobierno de Nicaragua declaró su reserva a esta resolución, considerando que esta memoria puede ser llevada directamente por la Conferencia de Ministros.[44]

8. Nuevos y viejos mecanismos de cooperación en defensa

En los últimos catorce años, desde 1995, se han desarrollado y ejecutado medidas de confianza mutua y de seguridad, principalmente de carácter bilateral entre países vecinos. También se han desarrollado actividades que permiten desarrollar la confianza recíproca de forma multilateral, como los ejercicios combinados internacionales entre diversas fuerzas armadas, y en particular el desarrollo de operaciones de mantenimiento de la paz, como lo en el caso de la MINUSTAH, en Haití.

---

[44] OEA, *Apoyo a la Conferencia de Ministros de Defensa de las Américas para Almacenar su Memoria Institucional*, AG/RES 2446 (XXXIX-O/09), (4 de junio, 2009), http://www.oas.org/ dil/esp/AG-RES_2446-2009.doc.

América Latina es una zona de paz.[45] Sin embargo aún no se ha constituido en un área de cooperación efectiva en asuntos de defensa y seguridad. Éste es un paso esencial para lograr una mayor estabilidad y para proyectarla al sistema internacional.[46] El desarrollo de una gestión de la defensa –es decir, la coordinación de los diferentes recursos humanos y materiales para lograr los objetivos propuestos– requiere, en primer término, de una visión que proyecte de forma clara los objetivos del sector en el marco del desarrollo democrático constitucional. En la actualidad, la cooperación internacional ocupa espacios cada vez más importantes, por lo que la visualización de metas y las misiones, de ellas derivadas, poseen una dimensión internacional muy importante en todas las políticas de defensa. Esto refuerza la necesaria vinculación con la política exterior. La gestión eficiente del sector defensa con este carácter "interméstico", contribuye de una manera esencial a viabilizar y desarrollar las capacidades nacionales para alcanzar las metas que define el liderazgo civil democrático.

La cooperación y la coordinación de políticas son fundamentales para enfrentar los nuevos desafíos y las vulnerabilidades en el ámbito de la defensa y la seguridad en el hemisferio occidental. Ellas poseen un carácter esencialmente no militar, pero el uso de la fuerza está presente y, además, será necesario, buscar soluciones en forma paralela a la agenda del desarrollo, la cual se liga e incide en las materias de seguridad. De allí la importancia de establecer las áreas de acción de las instituciones encargadas de la defensa, y de aquellas responsables de la seguridad pública.

La gestión de la defensa y de la seguridad, en el actual contexto global y dadas las características de fuerte transnacionalización de los diferentes procesos, requiere otorgar mayor peso a las variables internacionales. Ello implicará que se incrementen las coordinaciones entre la política de defensa y las políticas externas; situación que conlleva la construcción de

---

[45] En el caso del Cono Sur con la suscripción del Protocolo de Ushuaia sobre Compromiso Democrático en el MERCOSUR, la República de Bolivia y la República de Chile, 24 de julio, 1998; para los países andinos a partir de la Declaración de Galápagos: Compromiso Andino de Paz, Seguridad y Cooperación, suscrita el 18 de diciembre de 1989; y en el caso de Centroamérica a partir de la creación de la Alianza para el Desarrollo Sostenible de Centroamérica en 1994, y "Los Compromisos sobre Paz y Desarrollo en Centroamérica" acordados por los mandatarios del SICA en el Seminario Internacional sobre Paz y Desarrollo en Centroamérica realizado en Tegucigalpa, Honduras el 25 de octubre de 1995.

[46] Luigi R. Einaudi, "Trans- American Security: What´s Missing?", *Strategic Forum*, No. 228, septiembre, 2007.

consensos fundamentales entre dos burocracias diferentes, cuestión nada simple.

El cambio originado con la emergencia del terrorismo de alcance global, y la respuesta de carácter unilateral de los Estados Unidos cerraron muchas de las oportunidades que se abrieron en el período 1989-2001. En ese contexto de fuerte unilateralismo se limitaron las oportunidades, y los costos negativos afloraron sin dificultad.[47]

Ello brindó otras oportunidades para las opciones de colaboración y cooperación entre los países latinoamericanos. Surgieron oportunidades que permitieron brindar respuestas conjuntas, como lo evidencia el caso haitiano. La MINUSTAH muestra como todos los temas de la interoperatividad y la acción conjunta de las fuerzas pueden ser resueltos en la práctica. También, no sin dificultades, registra grados de concertación y cooperación política decisivos, en el mecanismo 2x9. Es decir, la conducción política de la operación, a cargo de los ministerios de la Defensa y de Relaciones Exteriores, de los nueve países participantes: Argentina, Bolivia, Brasil, Chile, Ecuador, Guatemala, Paraguay, Perú, y Uruguay. El 60% de las tropas de la MINUSTAH son de origen latinoamericano.[48] De allí derivan muchas lecciones, que aún no hemos formulado.[49]

Ésta es una experiencia que muestra las potencialidades de cooperación militar, bajo liderazgo civil, y que refuerza los lazos en materia de defensa. Un reto particular al respecto refiere a cómo mejorar la coordinación en el ámbito subregional, entre los ministerios de la defensa de los países miembros de cada sub-esquema.

Los diseños iniciales, referidos a la creación de mecanismos de confianza, posibilitaron el desarrollo de acciones efectivas y la elaboración de un listado de medidas que deben ser fomentadas en el Hemisferio.[50] No obstante, el seguimiento efectivo y sistemático que los países de la región están efectuando en la materia muestra grandes déficit. Ello pue-

---

[47] Claudio Fuentes, ed. *Bajo la mirada del halcón, Estados Unidos-América Latina post 11-9-2001* (FLACSO-Chile, Biblos, 2004); Jairo Hernández, y Ana Cristina Lizano, ed., *América Latina y la segunda administración Bush: un debate sobre migración* (San José, Costa Tica: FLACSO- Secretaría General, Editorial Juricentro, 2008), http://www.flacso.org/uploads/media/migracion_bush.pdf

[48] Entrevista con el Embajador de la Argentina en Haití, Ernesto López. San José, Costa Rica, Noviembre de 2007.

[49] Gabriel Aguilera, "Las misiones militares. Pasado, presente y futuro" (*Paper* presentado en la Reunión de RESDAL "La Situación de la Seguridad y la Defensa en América Latina", Bolivia, Julio, 2009)

[50] www.oas.org

de redundar en un menor nivel de actividad, y en transformar algunas actividades en una mera formalidad lejana a los aspectos sustantivos que se busca desarrollar. Como se señalara anteriormente, la continuidad y densidad de las MCMyS es una tarea pendiente en las relaciones hemisféricas.

Otro desarrollo importante ha correspondido a la explicitación de las políticas de defensa, por medio de la publicación de documentos de defensa o de "libros blancos" sobre la defensa. Es así como, desde 1996 a la fecha, se han publicado dieciocho libros de defensa. En el caso de Chile, Ecuador, Guatemala, Argentina, Brasil y Colombia se han publicado en dos o más oportunidades documentos que explicitan la política de defensa.[51] También se ha incrementado la transparencia sobre el gasto militar, sobre la base de fuentes nacionales con una metodología estandarizada.[52] Una iniciativa argentino-chilena que contó con el apoyo de CEPAL, permite generar un marco comparativo del gasto militar. Esta es un área en la cual las posibilidades de expansión a nivel regional son muy grandes. Perú ha manifestado interés y se han realizado intercambios con Chile. Un mejor conocimiento reduce las desconfianzas originadas en torno al gasto militar y los procesos de adquisiciones.

Consejo Sudamericano de Defensa

A inicios de 2008 el Ministro de Defensa de Brasil, Nelson Jobim, realizó una gira por los países miembros de la Unión de Naciones Sudamericanas para promover la iniciativa brasileña de crear un Consejo Sudamericano de Defensa. Éste se constituiría en un mecanismo de integración que permitiría discutir las realidades y necesidades de defensa de los países sudamericanos, reducir los conflictos y desconfianzas, y sentar las bases para la futura formulación de una política común en esta área.[53]

A pesar de que las negociaciones realizadas por el ministro Jobim resultaron positivas, en la Cumbre Extraordinaria de la UNASUR llevada a cabo en Brasilia el 23 de mayo de 2008 (reunión en la que se suponía

---

[51] Marcela Donadio y María de la Paz Tibiletti, *Atlas Comparativo de la Defensa en América Latina*, (Buenos Aires: RESDAL, 2008), http://www.resdal.org.ar/

[52] CEPAL, *Metodología estandarizada común para la medición de los Gastos de Defensa.*(Santiago: CEPAL, 2001), http://www.resdal.org/Archivo/cepal-metodologia.pdf

[53] Comunidad Andina, "Presidentes de Unasur crean grupo de trabajo para definir Consejo de Defensa", *Comunidad Andina Artículos Periodísticos*, 23 de mayo, 2008, http://www.comunidadandina.org/prensa/articulos/efe23-5-08b.htm

que los mandatarios aprobarían la creación de este Consejo), Colombia se opuso a la creación de este mecanismo, proponiendo que preliminarmente se creara un Grupo de Trabajo que definiera y analizara el tema. Cabe señalar que el veto colombiano se derivó de la entonces reciente disputa que mantenía con Ecuador, por la incursión militar colombiana en territorio ecuatoriano donde murió uno de los jefes de las FARC, "Raúl Reyes".

Luego de nuevas negociaciones y medidas para mejorar las relaciones entre las dos naciones andinas, el 16 de diciembre de 2008, en una Cumbre Extraordinaria de UNASUR, los Jefes y Jefas de Estado sudamericanos aprobaron la creación del Consejo Sudamericano de Defensa. Fue definido como una "instancia de consulta, cooperación y coordinación en materia de defensa en armonía con las disposiciones del Tratado Constitutivo de UNASUR". Este Consejo está regido por los principios y propósitos establecidos en las Cartas de las Naciones Unidas y de la OEA, así como en los mandatos y decisiones del Consejo de Jefes y Jefas de Estado y de Gobierno de la UNASUR[54].

La creación del Consejo Sudamericano de Defensa es otra muestra del liderazgo de Brasil en la región, más aún si se toma en cuenta que en 2003 el Presidente de Venezuela, Hugo Chávez, había propuesto crear una Organización del Tratado del Atlántico Sur (OTAS), una especie de OTAN sudamericana que no prosperó. Asimismo, este Consejo refleja la apuesta de Brasil por un sistema colectivo de defensa y subregionalizar la cooperación militar, ante un escaso y limitado nivel de cooperación hemisférica.[55]

Los días 9 y 10 de marzo de 2009 se realizó en Santiago, Chile, la primera reunión de Ministros y Ministras de Defensa Sudamericanos. La Ejecución del Plan de Acción 2009-2010 surgido de esa reunión plantea cuatro ejes principales:

---

[54] Consejo de Defensa Suramericano,"Decisão Para O Estabelecimento Do Conselho De Defesa Sul-Americano Da Unasul", 16 de diciembre, 2008, http://www.cdsunasur.org/:

[55] Susanne Gratius, "Hacia una OTAN Sudamericana? Brasil y un Consejo de Defensa Sudamericano", *FRIDE,* 10 de abril, 2008.

Cuadro N° 7: Plan de acción 2009-2010, ejes principales

1. Políticas de defensa	a. Crear una red para intercambiar información sobre políticas de defensa.b. Realizar un seminario sobre modernización de los Ministerios de Defensa.c. Transparentar la información sobre gastos e indicadores económicos de la defensa.d. Propiciar la definición de enfoques conceptuales. Se propone seminario.e. Identificar los factores de riesgo y amenazas que puedan afectar la paz regional y mundial. Seminario.f. Crear un mecanismo para contribuir a la articulación de posiciones conjuntas de la región en foros multilaterales sobre defensa.
2. Cooperación militar, acciones humanitarias y operaciones de paz	a. Planificar un ejercicio combinado de asistencia en caso de catástrofe o desastres naturales.b. Organizar una conferencia sobre lecciones aprendidas en operaciones de paz, tanto en el ámbito interno como multilateral.c. Elaborar un inventario de las capacidades de defensa que los países ofrecen para apoyar las acciones humanitarias.d. Intercambiar experiencias en el campo de las acciones humanitarias, a fin de establecer mecanismos de respuesta inmediata para la activación de acciones humanitarias frente a situaciones de desastres naturales.
3. Industria y tecnología de la defensa	a. Elaborar un diagnostico de la industria de defensa de los países miembros: Taller para marco conceptual.b. Promover iniciativas bilaterales y multilaterales de cooperación y producción de la industria para la defensa; taller de trabajo.
4. Formación y capacitación	a. Elaborar un registro de las academias y centros de estudio en defensa, de sus programas, y crear una red sudamericana de capacitación y formación en defensa, que permita el intercambio de experiencias y el desarrollo de programas conjuntos.b. Proponer programas de intercambio docente y estudiantil, homologación, evaluación y acreditación de estudios, reconocimiento de títulos y becas entre las instituciones existentes.c. Crear un centro Suramericano de Estudios Estratégicos de Defensa (CSEED). Establecer un grupo de trabajo a tal efecto coordinado por Argentina.d. Realizar durante noviembre de 2009, en Rio de Janeiro, el Primer Encuentro Suramericano de Estudios Estratégicos.

Fuente: Consejo de Defensa Suramericano de la UNASUR, *Plan de Acción 2009- 2010*, http://www.cdsunasur.org/

El 28 de agosto de 2009 se realizó en Bariloche, Argentina, una cumbre Extraordinaria de UNASUR. Allí afloraron importantes discrepancias. La reunión, que debía acercar posiciones, más bien generó más distancia y mostró las mayores diferencias –dado que fue transmitida por

TV–. Como resultado de la Cumbre, los mandatarios y mandatarias instruyeron a sus Ministros de Relaciones Exteriores y de Defensa a realizar una reunión extraordinaria para diseñar medidas de fomento de la confianza y de la seguridad, de manera complementaria a los instrumentos existentes en el marco de la OEA. Además, acordaron instruir al Consejo Suramericano de Defensa para que analizara el texto sobre "Estrategia Suramericana. Libro Blanco, Comando de Movilidad Aérea (AMC)", y realizara una verificación de la situación en las fronteras.

El 15 de septiembre de 2009 los Ministros de Defensa de la UNASUR se reunieron en Quito, Ecuador, para definir medidas de confianza sobre seguridad. Sin embargo, debido a las diferencias entre los países, la Cumbre finalizó sin lograr consenso para firmar una Declaración Final.

El pacto militar que en ese momento negociaba Colombia con Estados Unidos, para que militares de ese país operen en siete bases colombianas, acaparó la atención de la Cumbre, al tiempo que el Gobierno colombiano rechazó informar del acuerdo hasta que éste hubiese sido firmado. Para Colombia, el problema radicaba en que la información exigida a Colombia no estaba siendo recíprocamente requerida para al resto de países de la región. El Acuerdo fue suscrito finalmente por ambos gobiernos el 30 de octubre de 2009. Esta presencia de EE.UU. genera desconfianza en los países suramericanos acerca del uso que se dará a dichas bases en lo referido a la región en su conjunto. Ésta es una presencia de "nuevo" tipo en la región, de allí que incluso en la reunión de UNASUR el Presidente de Brasil sugiriera que se dialogara directamente con el Presidente Obama sobre su significado y consecuencias. Éste será un tema que mantendrá las diferencias entre los países suramericanos.

La Organización de Estados Americanos y la Junta Interamericana de Defensa

Previo a la XXXIX Asamblea General de la OEA el organismo se vio rodeado de fuertes críticas por parte de países como Venezuela y Ecuador, que hicieron pública su insatisfacción con el funcionamiento de la OEA y su interés en trabajar en la creación de una nueva organización en la que no esté presente Estados Unidos. El Presidente Chávez expresó que "o hay una transformación de la OEA o hay que salirse", mientras que el mandatario Correa señaló que "la OEA tiene que desaparecer y mientras más rápido, mejor, (ya que) perdió su razón de ser o nunca la tuvo (porque) no es posible que los problemas de Latinoamérica se discutan en Washington".[56]

A estas críticas se unió la inconformidad de mandatarios y mandatarias latinoamericanos, que hicieron saber previo a la Asamblea General su interés por debatir el regreso de Cuba al organismo, a pesar de que el Gobierno cubano había reiterado en varias ocasiones su negativa a reincorporarse a la OEA y su interés –por el contrario– de terminar con esa institución. Sin embargo, la resolución positiva en torno al tema de Cuba al finalizar la Asamblea General provocó que se suavizaran las críticas al organismo.

Por su parte, la Junta Interamericana de Defensa no ha tenido capacidad para renovarse de manera importante y significativa.

9. Una carrera de armamentos o un reemplazo

El gasto militar en América Latina es muy bajo en comparación con otras regiones del mundo, representando el 3,1% del global. La subregión latinoamericana con mayor gasto militar es Sudamérica. El 88,3% del gasto militar latinoamericano en el año 2008 se produjo en esa zona, gasto que además creció en un 50% en los últimos diez años.

Tradicionalmente el presupuesto en defensa de los países latinoamericanos tiende a destinarse mayoritariamente a los gastos de personal antes que al reequipamiento militar: en 2008, el 66,55% del presupuesto latinoamericano se destinó a gastos en personal.[57] Sin embargo, debe tenerse presente que los gastos en las adquisiciones de equipo muchas veces no están incluidos entre los rubros de los presupuestos de defensa, sino en partidas diferentes de los presupuestos nacionales, como por ejemplo las de gastos en infraestructura.[58]

---

[56] "Chávez y Correa trabajan en una nueva OEA sin EE.UU", *Infolatam*, 2 de junio, 2009, http://www.infolatam.com/entrada/chavez_y_correa_trabajan_en_una_nueva_oe-14194.html

[57] Marcela Donadio y María de la Paz Tibiletti, *Atlas Comparativo de la Defensa en América Latina*.

[58] Carlos Malamud, "¿Rearme o renovación del equipamiento militar en América Latina?".

Cuadro N° 8: Gasto militar por regiones. 2008

(US$ billones a precios constantes de 2005)

Región	2008	Crecimiento 1998-2008
México y Centroamérica	4,5	21
Sur América	34,1	50
Caribe	-	-
AL	**38,6**	**35,5**
EE.UU y Canadá	564,0	66
África	20,4	40
Asia y Oceanía	206,0	52
Europa	320,0	14
Medio Oriente	75,6	56
Mundo	**1226,0**	**45**

Nota: Las cifras entre ( ) son estimaciones hechas por SIPRI
Fuente: SIPRI. SIPRI Yearbook. 2009. En: www.sipri.org

Cuadro N° 9: Gasto militar en América Latina y el Caribe por regiones

(US$ billones a precios constantes de 2005)

	1990	1995	2000	2001	2002	2003	2004	2005	2006	2007	2008
México y Centroamérica	2,6	3,3	3,9	3,7	3,6	3,6	3,4	3,4	3,5	4,0	4,5
Sur América	(17,7)	23,4	23,9	26,7	27,5	24,6	25,8	28,1	30,1	32,0	34,1
Caribe	-	-	-	-	-	-	-	-	-	-	-
América Latina	20,3	26,7	27,8	30,4	31,1	28,2	29,2	31,5	33,6	36,0	38,6

Nota: Las cifras entre ( ) son estimaciones hechas por SIPRI
Fuente: SIPRI. The SIPRI Military Expenditure Database. En: www.sipri.org

El rearme de la zona sudamericana se debe a distintas razones.[59] En el caso de Venezuela, su confrontación con Estados Unidos y el embargo de armas que dicho país ha impuesto a la nación andina llevó a que el Presidente Chávez buscara renovar su armamento militar, mediante la asociación con Rusia, China y otros proveedores alternativos. Ello, bajo la excusa de tratarse de un proceso de reposición y actualización de

---

[59] Carlos Malamud, *Ibidem.*

material antiguo, para luchar contra los problemas de narcotráfico y la violencia ejercida por los grupos de paramilitares en la frontera con Colombia; así como también para estar preparados ante una posible intervención estadounidense. Chile, por su parte, inició desde la década pasada un programa de compras de nuevo equipamiento militar, con el objetivo de reemplazar el material obsoleto y dotarse de la tecnología más avanzada. Ante esta situación, el gobierno de Perú anunció su preocupación por el rearme chileno, y ante la ausencia de respuestas que consideraran satisfactorias por parte del gobierno de ese país, las fuerzas armadas peruanas iniciaron un proceso de reorganización y de adquisiciones. Brasil ha venido aumentando su equipamiento militar, con la cooperación de Francia y en menor medida Rusia, alegando que busca asegurar el control de la zona del Amazonas y lograr mantener la frontera con Colombia libre de la presencia de grupos de las FARC y narcotraficantes, y ejercer el control marítimo que le corresponde. El acuerdo con Francia significó una inversión de US$ 12.300 millones. En el año 2008 Brasil dedicó a su aparato defensivo US$ 23.000 millones. Con estas inversiones busca modernizar el equipamiento de sus fuerzas armadas y producir una transferencia de tecnología de uso dual.[60] Por su parte Colombia, como se señaló anteriormente, ha visto aumentar su material militar gracias a la ayuda estadounidense para combatir el narcotráfico, principalmente mediante el Plan Colombia. Situación similar está ocurriendo en México con la Iniciativa Mérida.

---

[60] Marcel Fortuna Biato, "El reto suramericano: armas para la paz" (Original no publicado y entrevista con el autor, República Dominicana, octubre, 2009).

Cuadro 10: Gasto militar en América Latina. 1990-2008

(Millones de US$ a precios constantes de 2005, y porcentaje del PIB)

	1990		1995		2000		2003	
	US$	%	US$	%	US$	%	US$	%
México y Centroamérica								
México	(2033)	(0,4)	2807	0,5	3344	0,5	3191	0,4
Costa Rica	-	-	-	-	-	-	-	-
El Salvador	227	2,3	138	1,0	132	0,9	116	0,7
Guatemala	(268)	(1,5)	227	1,0	229	0,8	217	0,8
Honduras	-	-	-	-	41	0,5	57,4	0,6
Nicaragua	-	-	37,7	1,1	32,5	0,8	38,1	0,9
R. Dominicana	69,6	0,6	6,6	0,4	218	0,7	186	0,6
Países andinos								
Bolivia	(143)	(2,7)	(142)	(2,2)	144	1,9	187	2,2
Colombia	(1906)	(2,2)	(2551)	(2,5)	(3431)	(3,3)	4687	4,3
Ecuador	373	1,9	803	2,4	314	1,7	777	2,6
Perú	(37,8)	(0,1)	(1050)	(1,9)	(1078)	(1,7)	988	1,5
Venezuela	-	-	1512	1,5	1484	1,5	1072	1,2
Cono Sur								
Argentina	(1832)	(1,2)	2273	1,6	2082	1,3	1748	1,2
Brasil	(8031)	(1,9)	11720	1,9	12910	1,8	12089	1,5
Chile	(1994)	(4,3)	(2258)	(3,1)	3048	3,7	3241	3,4
Paraguay	(66,1)	(1,2)	(75,9)	(1,3)	67,7	1,1	53,0	0,8
Uruguay	(421)	(2,9)	(304)	(2,0)	(243)	(1,5)	232	1,6

Nota: Las cifras entre ( ) son estimaciones hechas por SIPRI
Fuente: SIPRI. The SIPRI Military Expenditure Database. En: www.sipri.org

2005		2006		2007		2008	
US$	%	US$	%	US$	%	US$	%
México y Centroamérica							
3123	0,4	2929	0,3	3931	0,4	3938	-
-	-	-	-	-	-	-	-
109	0,6	112	0,6	112	0,6	101	-
104	0,4	127	0,4	125	0,4	149	-
53,3	0,5	52,4	0,5	75,2	0,7	77,1	-
33,9	0,7	33,4	0,7	35,2	0,7	33,0	-
220	0,7	194	0,5	219	0,6	(240)	-
Países andinos							
175	1,8	177	1,6	197	1,7	175	-
4782	3,9	5422	4,1	5579	4,0	6568	-
954	2,6	922	2,3	1243	2,9	1364	-
1159	1,5	1193	1,3	1145	1,2	1301	-
2054	1,4	2709	1,6	2262	1,3	1987	-
Cono Sur							
1912	1,0	1776	0,9	1738	0,8	(2077)	-
13381	1,5	12720	1,4	14737	1,5	15477	-
4397	3,7	4851	3,6	4821	3,7	4778	-
56,2	0,8	63,7	0,8	65,0	0,8	71,8	-
233	1,4	237	1,3	242	1,3	273	-

Gráfico2: América Latina: Presupuesto de defensa como porcentaje del presupuesto de Estado. 2006 y 2008

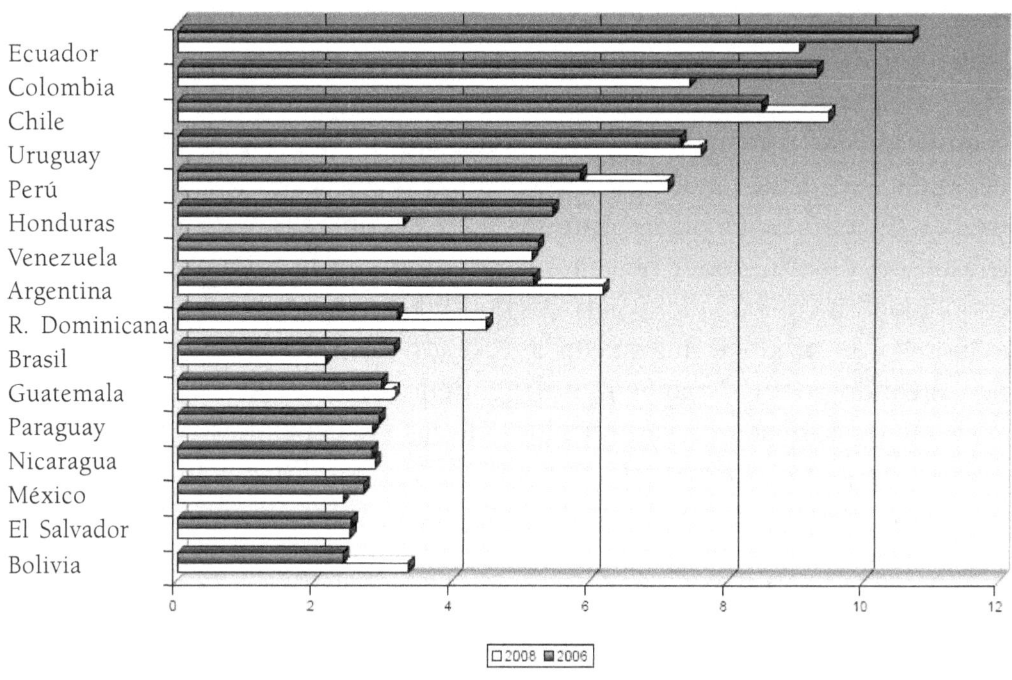

Fuente: Marcela Donadio y María de la Paz Tibiletti, *Atlas Comparativo de la Defensa en América Latina.*

Un último factor importante a mencionar tiene que ver con la relación que se ha venido planteando entre la protección de los recursos naturales y el rearme de los países latinoamericanos. Bajo la idea de un escenario internacional en donde se intentará tomar posesión de los recursos naturales, ya sea por la vía de la paz o mediante movilizaciones armadas, algunos países han justificado el incremento de sus compras y adquisiciones militares. A ello se suma el considerable aumento en los precios de algunos de ellos, como el petróleo, los minerales (cobre, uranio, etc.), y la soja entre otros[61], lo que permite estas compras.

---

[61] Fabián Calle, "El Impacto de los recursos Naturales y Leyes Especiales en el Rearme en Sudamérica", *Nueva Mayoría,* 20 de mayo, 2009, http://www.nuevamayoria.com/index.php?option=com_content&task=view&id=1445&Itemid=38

10. La compleja relación entre defensa y seguridad

Con el fin de la Guerra Fría el orden internacional se transformó, poniendo fin también a la era del enemigo sistémico, introduciendo un nuevo cuadro estratégico-militar. Sumado a esto, la globalización puso fin a la diferencia interno-externa creando un gran mercado planetario, cambiando las dimensiones de espacio y tiempo. Se crea entonces la necesidad de pensar y actuar globalmente. Estos cambios introdujeron nuevas relaciones de poder, que resultan en un régimen internacional jerárquico, con un poder hegemónico definido en lo militar, pero no así en lo económico. Aunado a esto, los conflictos vecinales comienzan a ser menores y se produce una mayor asociación entre los países y las regiones, creando además mayor interdependencia entre ellos.

Estas trasformaciones en términos de las concepciones de seguridad llevan a desplazar al actor estatal como único actor. En la actualidad debe compartir espacios de poder y de cooperación con actores no estatales, organizaciones de la sociedad civil, empresas multi y transnacionales, e incluso con el individuo. Éste es un cambio fundamental en los relacionamientos tanto regionales como globales.

Tradicionalmente, la seguridad del Estado estaba radicada en torno a dos aspectos fundamentales: a) la cohesión interna para organizar las relaciones de poder domésticas, con la conformación de un gobierno capaz de darle imperio a la ley, en un territorio determinado y sobre el conjunto de la población; b) relaciones entre Estados soberanos, tanto de competencia como de cooperación. Estos dos aspectos han cambiado de manera sustantiva en el mundo y en América Latina. En muchos casos, en un mismo territorio se encuentran en competencia distintos actores que fragmentan la sociedad; tal es el caso de Haití y Colombia. También, las demandas de los pueblos y sociedades que no son satisfechas por la acción estatal generan vulnerabilidades sobre la seguridad domestica y en las capacidades de gobernabilidad; las situaciones en el área andina y Centroamérica ejemplifican este punto.

Por otra parte, el foco de atención principal en las relaciones interestatales se vincula con las capacidades de decisión soberana y con la plena integridad territorial. En este último aspecto tradicionalmente el foco fue colocado en la atención a las percepciones de amenazas en seguridad. En América Latina la paz interestatal es su mayor capital, el cual debe ser preservado y consolidado. En la región, las vulnerabilidades domésticas constituyen la principal amenaza a la seguridad del Estado.

Con la aparición de nuevos actores y nuevas amenazas que van más allá de la seguridad estatal, sumado a un proceso de globalización que crea sociedades cada vez más interdependientes y más interconectadas, el factor transnacional se constituye en un elemento central; las amenazas afectan simultáneamente a más de un Estado, y estas amenazas no pueden ser resultas dentro de las fronteras nacionales. El crimen organizado es un actor fundamental en la emergencia de las nuevas amenazas.[62] Las tensiones *intra* estatales, las fracturas societales, en un contexto de incremento en el acceso a armas livianas, facilita el terreno para que distintos actores no estatales; en especial el crimen organizado con vínculos transnacionales, pongan en cuestión el monopolio legítimo de la fuerza del Estado.

El reconocimiento de estos cambios y de la aparición de nuevos actores y amenazas llevó a que, en octubre de 2003, se realizara en México la Conferencia Especial de Seguridad en las Américas. De ella se desprende una nueva y amplia conceptualización de la seguridad, basada en un concepto articulador: la multidimensionalidad. Este factor conlleva ampliar el concepto y enfoques tradicionales para abarcar nuevas y no tradicionales amenazas que incluyen aspectos políticos, económicos, sociales, de salud y ambientales.

Los cuatro pilares básicos del sistema de seguridad colectiva reconocen que: i) las amenazas actuales no respetan fronteras nacionales; ii) éstas se encuentran relacionadas entre sí; iii) deben ser enfrentadas en los niveles global, regional y nacional; y iv)que ningún Estado puede asumirlas por sí solo.

La nueva conceptualización de la seguridad tiene consecuencias sobre la gestión de la defensa y la seguridad en los países latinoamericanos, que muestran viejas y nuevas complejidades. Los avances en la conducción civil democrática de la defensa han sido importantes, pero existen aún inercias por romper. Muchas de ellas se originaron en etapas en las que la autonomía militar posibilitaba una gestión "delegada", entre otros aspectos, por la falta de interés de las élites civiles y por la herencia que generó la "doctrina de la seguridad nacional" al ampliar los roles y misiones de las fuerzas armadas. La principal tendencia que es necesario detener es la creciente superposición y ampliación de funciones de las fuer-

---

[62] Francisco Rojas Aravena, "El Crimen Organizado Internacional: Una grave amenaza a la democracia en América Latina y el Caribe", en *II Informe del Secretario General* (San José, Costa Rica, FLACSO - Secretaría General, 2006), http://www.flacso.org/uploads/media/II-informeSG.pdf.

zas armadas en el terreno de la seguridad ciudadana. Una gestión moderna y eficiente del sector defensa debe concentrarse en las tareas que le son propias y características: proveer el bien público seguridad en el área que le corresponde, especialmente ligada la defensa de la soberanía y los intereses nacionales. El proveer el bien público seguridad a la ciudadanía le corresponde a la policía; de manera extraordinaria y subsidiaria, con un claro mandato civil democrático, pueden desarrollarse ciertas funciones de apoyo de las FF.AA. a estas tareas. En el actual cuadro político regional, la gestión en estas materias se ha complejizado.

Las fuerzas armadas de América Latina y el Caribe dejaron de estar en la primera plana de los medios de comunicación en cuestiones referidas a estabilidad política o amenazas a la democracia; con la excepción del caso hondureño por el derrocamiento del Presidente Manuel Zelaya. En general, las informaciones sobre las fuerzas armadas varían de país en país, de subregión en subregión. El panorama es muy diverso. La comunalidad más importante es que las fuerzas armadas, como producto de los errores del pasado, de los cambios en las tendencias globales y regionales, así como en la legislación hemisférica y nacional, desarrollan políticas que no amenazan a la democracia. Lo anterior no significa que no tengan incidencia, derivada del accionar de distintas fuerzas principalmente civiles, y del mantenimiento de importantes grados de autonomía institucional y profesional. El principal desafío, desde la perspectiva de los regímenes democráticos y de las políticas de defensa, es la superposición de funciones de las fuerzas armadas y de la policía, en un contexto de una aún débil conducción civil democrática.

En efecto, es así como en México las informaciones de los medios las hacen aparecer vinculadas a las decisiones de las autoridades civiles referidas a su participación en tareas de lucha en contra del narcotráfico. En Centroamérica, en particular en el triángulo del norte –Guatemala, El Salvador y Honduras– se expresan fuertes demandas para involucrar crecientemente a las fuerzas armadas en tareas represivas ligadas a la lucha en contra de las maras, y en general, en materias referidas a seguridad ciudadana. Las tareas de las fuerzas armadas en control y patrullaje son parte de la realidad cotidiana. En el área andina, un aspecto característico es la constante participación en tareas del desarrollo. El Presidente Correa decidió que las fuerzas armadas patrullen algunos de los principales municipios. En Perú actúan junto a la policía en actividades y operaciones antidrogas. En el caso de Venezuela, esta misión se vincula a la actual gestión política del país. En Brasil se produce una situación parecida a la mexicana, en la cual se ha involucrado a las fuerzas armadas en la lucha contra el crimen organizado en las principales ciudades del país. En el Cono Sur –Uruguay, Argentina y Chile– las fuerzas armadas desarrollan tareas más propiamente de la defensa. En estos países existe una clara delimitación entre las tareas policiales y militares.

Tanto en Chile como en la Argentina, al igual que en Perú, se encuentran desarrollando procesos de reforma en la legislación de los Ministerios de Defensa, y en los tribunales de justicia se desarrollan los juicios vinculados a las violaciones de los derechos humanos de las décadas anteriores.

11. Tendencias de futuro

Del análisis contenido en este trabajo y de las proyecciones de cada una de las secciones surgen algunas tendencias de futuro, que señalo a continuación. Estas tendencias marcarán el escenario en el cual se desenvolverán las relaciones de defensa y seguridad de los países de la región:

1. La globalización continuará manifestándose en sus más diversas formas, en un contexto de preeminencia estadounidense en la región, manifestada a través de un mayor multilateralismo.

2. Una región latinoamericana diversa y heterogénea en todos los ámbitos, con crecientes diferenciaciones político ideológicas.

3. Mantenimiento y persistencia de conflictos interestatales tanto tradicionales como no tradicionales, en un contexto de débiles mecanismos de prevención y alerta temprana.

a. Conflictos tradicionales vinculados a temas fronterizos

b. Conflictos no tradicionales, relacionados principalmente con recursos.

4. Mantenimiento de situaciones de conflictividad con derrame vecinal.

5. Crecimiento y permanencia de nuevos actores armados vinculados al tráfico de drogas y de otros ilícitos transnacionales. Incremento de los espacios sin ley o fuera del alcance del Estado de Derecho.

6. Incremento de la violencia y creciente incapacidad del Estado de Derecho para ponerle fin. Dificultades para la gobernabilidad democrática.

7. Mayor dificultad para separar la defensa de la seguridad. La superposición de roles entre defensa y seguridad desprofesionaliza las instituciones y dificulta las tareas de acción humanitaria y las de coordinación policial.

8. Continuidad en la débil institucionalidad en materias de defensa y seguridad, y falta de voluntad política para modernizarlas y reforzarlas.

9. Capacidades intelectuales sin masa crítica en temas de defensa y seguridad, y una creciente carencia de recursos para la construcción de bases de datos y análisis de tendencias.

Statu-quo: Paradigmas tradicionales de seguridad en América Latina

Gonzalo Álvarez y Claudio Fuentes*

El inicio de la década de los 90 estuvo marcado por la creencia en un devenir armónico en las relaciones interamericanas, denotado por el fin de la Guerra Fría, la existencia de regímenes democráticos en la casi totalidad de los países de América Latina y el Caribe, y la paulatina superación de los descalabros económicos ocurridos en los años 80. No obstante, transcurridas casi dos décadas y salvo situaciones específicas, no parecen observarse avances significativos en la reducción de las percepciones de amenaza entre los países de la región. A finales de la primera década del siglo XXI, es posible advertir tanto la vigencia de conflictos y rivalidades de larga data, como la emergencia de nuevas amenazas que podrían poner en riesgo la seguridad y estabilidad regional ¿Qué factores explican la vigencia de las percepciones de amenaza a inicios de siglo?

El contexto de América Latina

A pesar de que América Latina se erige como la zona del mundo con menores niveles de conflictos interestatales, los gobiernos de la región mantienen numerosas amenazas y percepción de ellas. Tensiones y situaciones de crisis internas, sumadas a rivalidades históricas entre Estados

---

* Gonzalo Álvarez magíster en ciencia política (Pontificia Universidad Católica de Chile) y licenciado en ciencia política de la Universidad Academia de Humanismo Cristiano. Actualmente es profesor en la carrera de Estudios Internacionales en la Universidad de Santiago de Chile. Claudio Fuentes es Ph.D. en ciencia política de la Universidad de Carolina del Norte (Chapel Hill) y es el actual director del Instituto de Investigación en Ciencias Sociales, ICSO de la Universidad Diego Portales.

que se han revitalizado en los últimos años, han propiciado un panorama menos alentador que el de inicios de los años 90.

Cinco variables interrelacionadas influyen en la percepción de amenazas de los países de América Latina e impiden avanzar en acciones concertadas para transformar los tradicionales paradigmas de seguridad.

Condiciones socioeconómicas

Una serie de determinantes socioeconómicas dificultan el buen desempeño de los gobiernos y agudizan los conflictos internos. Los altos niveles de desigualdad que presenta la región en la distribución del ingreso, un importante segmento de la población viviendo en condiciones de pobreza y extrema pobreza, y la falta de expectativas de movilidad social, entre otros factores, repercuten de manera directa en el aumento de los índices de criminalidad y violencia que asolan a la región. Adicionalmente, la falta de protección por parte del Estado hacia la población, vinculado al subdesarrollo, la dependencia histórica de América Latina y, la vulnerabilidad a las crisis externas, incrementan la falta de programas gubernamentales destinados al tratamiento social de los conflictos internos.

Esta situación se ve agravada por la actual crisis de la economía mundial. La recesión en los países desarrollados disminuye los flujos de exportación de los países latinoamericanos, y también los valores de las materias primas, afectando directamente a los países con economías fundamentalmente productoras de estas materias.[1] Aunque no es posible aún medir empíricamente los efectos reales de la crisis, su impacto negativo podría tensionar las relaciones interamericanas a través de la agudización de conflictos internos, la revitalización de los nacionalismos, y la menor atención a los problemas de seguridad ante las urgencias económicas inmediatas. En síntesis, los contextos socioeconómicos domésticos actúan generalmente en contra de una lógica cooperativa regional.

Déficit institucionales

Los procesos de reforma al sector de seguridad en la región han sido lentos. En muchos casos, nuevas disposiciones aprobadas no se han plas-

---

[1] Antonio Ocampo, "La crisis financiera mundial y su impacto sobre América Latina", en *Estado, democracia y mercado: Informe regional sobre la democracia en América Latina* (PNUD, 2009).

mado en el ámbito interno por una serie de factores. Por un lado, no se cuenta con capacidad técnica y económica para implementar reformas en función del tratamiento de los conflictos internos, por ejemplo, a través de una mayor eficacia de las policías, acompañada por programas sociales que impidan la agudización de la criminalidad y disminuyan los niveles de violencia. Por otra parte, la falta de respuesta gubernamental a la conflictividad intraestatal genera un sentimiento de rechazo hacia las autoridades, las cuales responden mediante la militarización de los temas de seguridad. Esto provoca un círculo vicioso que pone el acento en la militarización de conflictos internos. Varios estudios han ya demostrado las limitaciones institucionales que existen en la región en cuanto a la insuficiencia de un control democrático de las instituciones de seguridad –policiales y de las fuerzas armadas– en la región.[2]

El factor Estados Unidos

Históricamente las relaciones de América Latina han estado permeadas por la influencia de los Estados Unidos. Particularmente en el ámbito de la seguridad y la defensa, los distintos gobiernos estadounidenses han influido de manera más o menos significativa en los países del sur del hemisferio. Si en el período de Guerra Fría la atención estuvo centrada en el combate al comunismo, ya a partir de la administración Reagan (1985-1989) se produjeron cambios sustanciales en el manejo de la política exterior norteamericana, basada en una redefinición de la seguridad nacional, en función de la creciente democratización de América Latina y la apertura de la URSS.[3] De esta manera, con el gobierno de George Bush (1989-1993) se le asignó un nuevo papel a la política exterior hacia América Latina, fundamentado en la cooperación y coordinación militar en atención al problema de la producción, tráfico y consumo de drogas, entre otras "amenazas emergentes".[4] Posteriormente, pese a que en el gobierno de Clinton (1993-2001) no se advierte mayor injerencia en los

---

[2] Lucía Dammert, coord. *Reporte del Sector de Seguridad en América Latina y el Caribe* (Santiago: FLACSO-Chile, agosto de 2007) y Claudio Fuentes, "Fronteras Calientes", *Foreign Affairs Latinoamérica,* Vol. 8, No. 3, (2008): 12-21.

[3] David Scott Palmer, "La actual formulación de la política exterior estadounidense hacia América Latina", *Cono Sur*, FLACSO-Chile, Vol. 9, No. 5, (1990): 13-25.

[4] Robert Borosage, "Inventing the Threat. Clinton's Defense Budget", *World Policy Journal*, Vol. 10, No. 4, (1994): 7-15.

asuntos hemisféricos[5], la llegada de George W. Bush (2001-2008) a la Casa Blanca y la promulgación de una Nueva Estrategia de Seguridad Nacional (2002), como respuesta a los ataques del 11/09, significaron un evidente giro en la política exterior de EE.UU. centrada en la lucha contra el terrorismo. Aunque estos cambios no se centraron en América Latina, manteniendo una relación de "baja intensidad"[6]; el Gobierno de Bush impulsó importantes programas militares hacia la región.[7]

Con la asunción de Barack Obama, existen altas expectativas respecto de la preeminencia del *soft power* en lugar del *hard power* impulsado por su predecesor. Algunos gestos del nuevo presidente, como el desmantelamiento de la cárcel de Guantánamo o la mayor predisposición al diálogo con países como Cuba y Venezuela, dan cuenta del nuevo carácter en la conducción de la política exterior de los EE.UU. No obstante, el balance de poder en el Congreso hace prever que subsistirá una visión securitizada de los problemas del narcotráfico y migraciones.

Viejas y nuevas amenazas

América Latina, comparada con otras regiones, posee un bajo nivel de conflictos interestatales. Sin embargo, esta realidad coexiste con una serie de diferendos pendientes –conflictos tradicionales– y la emergencia de amenazas no convencionales en términos militares.

Desde la perspectiva tradicional, numerosos conflictos fronterizos han resurgido en el último tiempo. A pesar de ello, éstos no han traspasado el ámbito de la tensión entre los países involucrados, y han sido tratados mediante mecanismos políticos o a través de instancias supranacionales, sin llegar a producirse acciones bélicas u hostilidades. La naturaleza de

---

[5] La política exterior de Clinton puede ser definida como *Internacionalismo Práctico*, lo cual implica "colaborar siempre que sea posible con otras naciones, en el marco de instituciones regionales y mundiales, para satisfacer los intereses comunes en la paz, el desarrollo económico y los derechos humanos", Richard N. Gardner, "La política exterior de la administración Clinton", *Política Exterior*, No. 38, (1994): 76

[6] Claudio Fuentes, ed., *Bajo la mirada del halcón, Estados Unidos-América Latina post 11-9-2001* (FLACSO-Chile, Biblos, 2004).

[7] De acuerdo con *The Washington Office on Latin America (WOLA)*, el año 2004 varios países de la región no recibieron ningún tipo de ayuda de EEUU para sus planes sociales, sin embargo, todos recibieron algún tipo de ayuda militar, además de que entre 2002 y 2003 la cantidad de efectivos militares sud y centro americanos entrenados por EEUU aumentó en un 50%, David Álvarez, *Transparencia y ayuda norteamericana hacia América Latina: las prioridades que refleja el presupuesto*, Observatorio No. 2, FLACSO-Chile, (mayo, 2005).

estos diferendos radica en conflictos de larga data, pero que en los últimos años han cobrado vigencia por una serie de factores interrelacionados. Lo anterior estimula la manutención de una visión geopolítica tradicional en la región, que impacta en la compra de armas y en la configuración de hipótesis de conflictos vecinales.[8]

Las amenazas no tradicionales adquieren protagonismo a partir de finales de la década de los 80, pero no es hasta después de 2001 (ataques 11/09) que cobran una particular relevancia. La Declaración sobre Seguridad en las Américas[9] creó un nuevo concepto en seguridad hemisférica, al incorporar a las nuevas amenazas en su sentido amplio (amenazas políticas, económicas, medio ambientales, o la pobreza), como problemas o potenciales amenazas para la seguridad de los países. Esto es preocupante en vista de una eventual securitización de los problemas de la región, y de la potencial consecuencia de un aumento de la militarización de los conflictos no tradicionales en términos de defensa. Si bien esta perspectiva multidimensional de las nuevas amenazas puede generar una agudización de los conflictos de carácter intraestatal mediante su militarización, también es cierto que la región enfrenta numerosos conflictos internos caracterizados por altos índices de violencia y que muchas veces trascienden las fronteras nacionales. El crimen organizado y el narcotráfico representan al menos dos ejemplos de esta situación, que el Estado no es capaz de resolver mediante la utilización de mecanismos de seguridad policial o de prevención.

Otros elementos que han cobrado relevancia en las últimas décadas, y confieren mayor sustento al carácter multidimensional de las nuevas amenazas, se relacionan con la escasez de recursos, la ocurrencia de desastres naturales y las catástrofes humanitarias que pueden acarrear. Factores como la degradación medioambiental a escala global, y la mayor vulnerabilidad de los Estados a estos procesos como producto de la globalización y la interdependencia, generan un escenario más riesgoso para la seguridad, que en el caso de América Latina resulta de vital importancia si consideramos el rol clave que juegan los recursos naturales en la economía y desarrollo de la región.[10] Así, la degradación medioambiental

---

[8] Claudio Fuentes, "Fronteras Calientes", *Foreign Affairs en Español*, Vol. 8. No 3 (2008): 12-21.

[9] OEA, Declaración Sobre Seguridad en las Américas (OEA, octubre, 2003), http://www.oas.org/documents/spa/DeclaracionSecurity_102803.asp

[10] Lloyd Pettiford, "Changing Conceptions of Security in the Third World", *Third World Quarterly*, Vol. 17, No. 2, (1996): 289-306.

y la escasez de recursos naturales, pueden contribuir a generar situaciones de tensión y disputa, tanto al interior de los Estados como entre ellos.

Mecanismos e instancias regionales de seguridad y defensa

La mayoría de las instancias regionales relacionadas con la seguridad y la defensa se organizan a partir del contexto de Guerra Fría, así como también los tratados vigentes sobre la materia. No obstante, en los últimos años se han incorporado paulatinamente algunas reformas acotadas a la realidad actual, y se han generado instancias y mecanismos tanto en el ámbito regional como en el nivel subregional y bilateral.

En el plano regional, la Comisión de Seguridad Hemisférica de la Organización de Estado Americanos (OEA) ha modificado algunas de sus definiciones primordiales en el ámbito de la seguridad y la defensa, destacando entre ellas la mencionada Declaración sobre Seguridad (2003). Sin embargo, pese a este intento por actualizar la visión estratégica del continente frente a las nuevas amenazas, los principales mecanismos efectivos de acción concertada (TIAR, Pacto de Bogotá) se sostienen en una visión que no da cuenta de los requerimientos actuales.

Los cambios más sustanciales en orden de los actuales desafíos, se han producido en el ámbito subregional, suscribiéndose numerosos acuerdos en función de la cooperación y la confianza mutua. Adicionalmente, encontramos otras instancias regionales como las reuniones de Ministros de Defensa de las Américas, que han servido como lugar de encuentro y debate de las distintas visiones que priman en el continente sobre la seguridad hemisférica. También es preciso destacar la reciente creación del Consejo de Defensa de la UNASUR, que podría generar una mayor acción concertada en Sudamérica y el fortalecimiento de la cooperación y la confianza mutua; el hecho de que EE.UU. no participe de esta instancia podría abrir oportunidades para una mayor armonía de intereses que sustenten políticas más cooperativas en América Latina. Otro elemento que ha estrechado los lazos de los sectores seguridad y defensa en la región, se relaciona con el fortalecimiento y aumento de la participación de los países latinoamericanos en operaciones de paz, propiciando la realización de ejercicios combinados e intercambio de experiencias para mejorar las capacidades operativas de manera conjunta.

Finalmente, la existencia de mecanismos en el ámbito bilateral da cuenta de la tendencia hacia la búsqueda de soluciones por medios políticos antes que coercitivos, produciendo un campo auspicioso para el fortalecimiento de la cooperación. Sin embargo, esta realidad es muchas veces opacada por la existencia de conflictos intra e interestatales, que merman las oportunidades para un mayor desarrollo armónico de las relaciones interamericanas.

Relaciones interamericanas a inicios del siglo XXI

América Latina enfrenta una serie conflictos interestatales e intraestatales que dificultan el buen entendimiento entre países, y que a la vez sugieren importantes desafíos para los gobiernos de la región. La actual crisis financiera, la influencia de EE.UU., la existencia de nuevas y tradicionales amenazas, sumado a diversas debilidades de tipo estructural-institucional, y la existencia de visiones tradicionales en el ámbito de la seguridad y la defensa, generan un panorama poco alentador para el establecimiento de relaciones armónicas en el continente.

En cuanto a los conflictos interestatales, a 2009 se registran diez disputas entre los países de la región:

Cuadro Nº 1: Conflictos interestatales vigentes en América Latina

Países Involucrados	Temática	Año de inicio	Intensidad[11]	Tratamiento
Bolivia – Chile	Acceso al mar (territorio- recursos)	1904	1	Político
Colombia - Ecuador	Poder internacional	2008	2	Político
Colombia – Venezuela (a)	Islas Monjes (territorio-recursos)	s.XIX (1952 reactivación)	1	Político
Colombia – Venezuela	Poder internacional	2004-2008	2	Político
Costa Rica – Nicaragua	Rio San Juan (territorio)	1858 (1998 reactivación)	1	Jurídico internacional (CIJ , 2005)
Ecuador-Colombia	Fumigaciones aéreas (recursos, ambiental)	2008	2	Jurídico internacional (CIJ, 2008)
Guatemala – Belice	Territorio	s. XVIII (1981 reactivación)	1	Político (posibilidad CIJ)
Nicaragua – Colombia	Frontera marítima (territorio-recursos)	1928	2	Jurídico internacional (CIJ, 2001)
Perú – Chile	Frontera marítima (territorio-recursos)	1929 (1986 reactivación)	2	Jurídico internacional (CIJ, 2008)
Uruguay-Argentina	Río Uruguay (recursos, ambiental)	2006	1	Jurídico internacional (CIJ, 2006)

---

[11] Según las categoría planteadas por el HIIK, la intensidad de los conflictos varía entre 1 y 5, siendo los números 1 (latente) y 2 (manifiesto) conflictos no violentos. Los conflictos violentos son representados por los números 3 (crisis), 4 (crisis severa) y 5 (guerra).

De las disputas interestatales observadas en 2008, la mayoría obedece a problemas territoriales que involucran el acceso a recursos naturales, con un origen ubicado en décadas remotas (Bolivia-Chile; Colombia-Venezuela; Costa Rica-Nicaragua; Guatemala-Belice; Nicaragua-Colombia; Perú-Chile). En todos estos casos, la intensidad del conflicto no ha pasado del nivel 2, lo cual implica que han sido resueltos mediante mecanismos de carácter político o bien no han alcanzado niveles de violencia significativas. En varios de ellos, se ha optado por acudir a la Corte Internacional de Justicia (CIJ), haciendo el conflicto manifiesto (nivel 2); salvo en los conflictos entre Bolivia y Chile, y Colombia-Venezuela, donde las disputas se han mantenido en el ámbito político, en un estado latente (nivel 1). En el caso de Guatemala-Belice, se espera la aprobación de un plebiscito interno en ambos países para llevar el caso ante la CIJ de La Haya.

Además de estos diferendos de carácter tradicional, llaman la atención los conflictos recientemente ocurridos entre Colombia y Ecuador (con causas relacionadas a la violación de la soberanía ecuatoriana en virtud de la acción del gobierno colombiano en su combate al conflicto interno con la guerrilla de las FARC), y entre Colombia y Venezuela, que se ajusta a las diferencias ideológicas entre los gobiernos y las diferentes posiciones respecto de la acción de las FARC, situación que quedó manifiesta en el envío de tropas a la frontera por parte del mandatario venezolano Hugo Chávez en respuesta a la violación del territorio ecuatoriano por parte de Colombia. Sin embargo, en ambos casos las diferencias fueron, en alguna medida, subsanadas en la cita del Grupo de Río, en marzo de 2008, no sobrepasando el nivel de conflicto manifiesto de tipo no violento y de baja intensidad.

Otro tipo de conflicto interestatal de los últimos años se relaciona con el acceso a recursos y el impacto medioambiental en zonas fronterizas. Entre ellos, la tensión ocurrida entre la Argentina y Uruguay, por la supuesta contaminación de una empresa de este último país a un río colindante con el territorio argentino, condujo al Gobierno de Néstor Kirchner a llevar el diferendo ante la CIJ y a desatar una escalada de tensiones entre países que históricamente han mantenido buenas relaciones. Otro ejemplo, es el reclamo interpuesto ante la CIJ por Ecuador contra Colombia, por la contaminación derivada de los plaguicidas aéreos utilizados en el combate a las plantaciones ilegales de droga. También trajo controversias durante años (1996-2008) la denuncia de Bolivia por la utilización supuestamente ilegal de Chile del río Silala; sin embargo, a inicios de 2009, los gobiernos de Evo Morales y Michelle Bachelet suscribieron un acuerdo que daría por superado el diferendo.

Una serie de conflictos de carácter interno pueden asimismo representar una amenaza o tensionar las relaciones entre los países de Latinoamérica. Pueden observarse al menos cuatro tipos de conflicto intraestatal:

- Grupos nacionales que se enfrentan al gobierno central por algún tipo de reivindicación, acceso a recursos, o por diferencias ideológicas importantes o irreconciliables. En este caso, se constata la existencia de conflictos de baja intensidad no violentos, aunque en años anteriores sí han alcanzado importantes grados de violencia; en Brasil (Movimiento de los Sin Tierra), Colombia (Ejército de Liberación Nacional); México (Asamblea Popular de los Pueblos de Oaxaca, Ejército Zapatista de Liberación Nacional, Ejército Popular Revolucionario). También se observan situaciones de conflicto con mayores niveles de violencia, aunque no sistemática, en Chile (mapuches), Colombia (AUC, grupos indígenas), y Perú (Sendero Luminoso). El ejemplo más significativo de este tipo de conflicto intraestatal, con mayor nivel de violencia y que ha trascendido hacia la esfera interestatal, se refiere al enfrentamiento entre el gobierno colombiano y la guerrilla de las FARC.

- Situaciones de tensión entre el gobierno y la oposición: uno de los ejemplos más recientes es el caso de Bolivia, cuando el conflicto adquirió en 2008 un grado importante de violencia y polarización, peligrando la continuidad del gobierno e incorporando incluso la mediación a nivel regional mediante la UNASUR. Similares hechos, con distintos matices, han tenido lugar en los últimos años en Ecuador, Guatemala, Nicaragua Panamá, Paraguay, Perú y Venezuela. Punto aparte merece la crítica situación de Haití, que ha propiciado la intervención de la comunidad internacional. Es preciso también mencionar que, en los casos de Bolivia y Venezuela, se ha acusado en varias ocasiones a EE.UU. de intervenir a favor de la oposición al gobierno. Estos ejemplos advierten sobre la trascendencia internacional del conflicto interno.

- Los problemas asociados al narcotráfico y el crimen organizado: esta situación ha tenido una larga duración en países como Colombia, pero también ha adquirido ribetes serios de crisis en los últimos años en México. En ambos casos, se ha optado por el combate a los carteles mediante la utilización del aparato militar en el conflicto interno, lo cual puede acrecentar el clima de violencia y llevar a una escalada del conflicto. Situaciones con algunas características similares se han registrado en varios países centroamericanos, como en el caso de El Salvador y la acción del gobierno contra las pandillas o "maras", fenómeno que se ha repetido también en Guatemala y Honduras. Las redes de crimen organizado y narcotráfico se extienden en varias zonas de América Latina, lo cual dificulta la acción eficaz de los gobiernos nacionales y trasciende la esfera intraestatal.

-   El cuarto tipo de conflicto interno latinoamericano trata elementos estructurales que se han mantenido como constante histórica. Los altos niveles de pobreza y desigualdad existentes, sumados a la vulnerabilidad a las crisis externas, aumenta las probabilidades de crecimiento de la conflictibilidad interna a través de la generación de mayores focos de delincuencia, narcotráfico y crimen organizado. La incapacidad estatal para resolver estos conflictos genera muchas veces una mayor securitización en la órbita interna y también hacia la esfera externa, que en definitiva no hace más que tensionar las ya frágiles relaciones interamericanas.

Conclusiones

Las condiciones globales han propiciado un cambio favorable para el entendimiento pacífico entre países, disminuyendo las probabilidades de enfrentamientos violentos. Los regímenes internacionales y las normas y principios compartidos en el sistema internacional, han reducido la ocurrencia de conflictos interestatales en términos de guerra, trasladando la solución de los diferendos hacia la órbita de lo político. Esto ha sido propiciado, además, por un continuo proceso de democratización que ha afectado a una importante cantidad de países, facilitando la resolución pacífica de controversias. Adicionalmente, las relaciones de interdependencia generan una serie de vulnerabilidades y mayor sensibilidad a los procesos globales, afectando la acción de los países. En el caso de la seguridad, las amenazas adquieren niveles más complejos y trascienden desde la esfera intra hacia la interestatal, además de incluir una serie de nuevos elementos que cambian su naturaleza estrictamente militar por una multidimensional, la cual coexiste con elementos tradicionales de poder.

La realidad de América Latina presenta estas dos dimensiones. Por un lado, observamos la existencia de numerosos conflictos de carácter interestatal, que no han trascendido la esfera jurídico internacional y política. Por otro, se advierte la presencia de numerosas amenazas no tradicionales que dificultan el accionar de los gobiernos y socavan las relaciones de armonía en la región. La vulnerabilidad económica, la debilidad de las instituciones regionales y la preeminencia de enfoques tradicionales no coadyuvan a mejorar las condiciones de seguridad y las relaciones entre estados; a pesar de la existencia de una serie de iniciativas a nivel subregional y bilateral. Si bien estas iniciativas podrían ser percibidas como instancias para generar una mayor concertación, lo cierto es que en muchos casos no han producido los resultados esperados, predominando la vigencia de amenazas en función de los distintos factores estructurales y debilidades que América Latina no ha podido resolver.

Las misiones militares. Pasado, presente y futuro

Gabriel Aguilera*

Este trabajo discute los cambios en las misiones militares "heroicas", o sea las atribuidas a las fuerzas armadas en la época moderna, con las que se generan por efecto del paso a la postmodernidad y la globalización. Se sostiene que las misiones militares han experimentado cambios importantes en materia de las definiciones fundacionales de lo militar, del para qué existen los ejércitos, el rol de la guerra, la naturaleza de la ocupación militar, los condicionantes para su ejercicio, el tema de género en lo militar, y la diferencia entre los aparatos militares y civiles.

El término de *misión militar* (MM) puede ser entendido desde dos visiones.

Técnicamente, MM es una maniobra operacional, generalmente en situación de combate, para alcanza un objetivo táctico en el marco de una operación militar de mayor envergadura.

Conceptualmente, MM se puede emplear como sinónimo de función militar, haciendo referencia al papel que desempeñan las fuerzas armadas en un marco histórico y societario dado.

El entendimiento clásico sobre misión militar proviene del surgimiento de los ejércitos modernos con la constitución de los Estados. Las fuerzas armadas se organizan como instituciones dedicadas a defender al Estado ante sus adversarios, y/o para ejecutar objetivos de política estatal por

---

* Master en Ciencia Política. Embajador de Guatemala en Alemania. Ha sido profesor e investigador de principales centros académicos, Viceministro de Relaciones Exteriores de Guatemala, y Secretario Presidencial para la Paz. Miembro de la Junta Directiva de RESDAL.

medio de la fuerza armada. Esta concepción presupone una visión propia del realismo político de las relaciones internacionales y de órdenes autoritarios, en la medida que se acepta el uso de la fuerza por razón de Estado.

Sin embargo, es importante destacar que los ejércitos de la era moderna, a diferencia de los *condotieri* de épocas anteriores, los cuales combatían por pago, desarrollan un sentido de misión. Es por ello propio de los militares, especialmente a partir de la Revolución Francesa, el sentido de vocación que diferenciará esencialmente a la institución militar de otros aparatos de Estado.

Es el desarrollo de una profesión que implica afrontar durezas, penalidades y eventualmente la muerte en aras del servicio a la Patria y sus símbolos. Se designa a esa vocación como "heroica".

La especificidad de lo militar conlleva también la separación y diferenciación de la vida civil y la socialización hacia adentro de la institución. Con diferencias en el tiempo, se puede decir que la característica y función militar moderna concluye con las dos guerras mundiales del siglo XX.

La exaltación de la vocación y sus valores, podía ir acompañada de una visión muy conservadora y antidemocrática, y la preferencia por regímenes autoritarios, con la institución armada desempeñando un rol central, inclusive ejerciendo el clásico "golpe de Estado", como sucedió en diversas experiencias de dictaduras con apoyo militar.

Después de la segunda conflagración mundial, se consolida un orden internacional que tiene como paradigma la Carta de Naciones Unidas y la Declaración Universal de los Derechos Humanos. Es esencial la abolición del derecho a la guerra por razón de Estado, limitándose su empleo a lo estipulado en el capítulo VII, es decir en legítima defensa y bajo decisión del organismo internacional para el restablecimiento o establecimiento de la paz y la seguridad internacionales. Por otra parte, la Declaración Universal de los Derechos Humanos reivindica la primacía de la persona humana y sus derechos fundamentales.

El paradigma de Naciones Unidas ha sido incorporado en otras normativas regionales tales como la Carta de la Organización de los Estados Americanos, o ha sido inclusive elaborado con mayor intensidad y alcance dentro de ideologías tales como la de la Unión Europea.

Es sabido que el paradigma en mención, propio de la postmodernidad, en ningún momento ha sido aplicado universalmente, ni durante la Guerra Fría ni al concluir la misma, cuando se pensaba que terminada la competencia de superpotencias se iban a dar las condiciones para la efectiva realización de los postulados de la Carta.

Los Estados han seguido recurriendo a la guerra y se han sucedido terribles violaciones a los derechos humanos. Empero, el paradigma de Naciones Unidas no es desafiado ideológicamente, sino en los hechos, y paulatinamente ha ido ganando espacios de realización, tal como el Tratado de Roma.

La deslegitimación del recurso a las armas por Razón de Estado no elimina la función central de los ejércitos, pero sí la limita a la autodefensa y a la defensa colectiva.

Este segundo elemento implica un cambio central en la función. Si antes lo militar se identificaba con la defensa de los intereses nacionales, de la Patria, la defensa colectiva implica asumir la posibilidad de ir al combate por intereses colectivos y por una bandera que no es la propia. La participación en misiones de paz de Naciones Unidas, por ejemplo, implica que unidades militares pueden encontrarse en misiones en países de otros continentes, implicados en operaciones relacionadas con conflictos totalmente ajenos a los intereses nacionales inmediatos.

Este cambio no es ligero. El sentido heroico de pelear y morir por la Patria de las misiones tradicionales no cabe en esta dimensión postmoderna. Es sustituida por el sentimiento de deber nacional hacia misiones internacionales en pro de la paz mundial, en el marco de organizaciones internacionales o regionales tales como la NATO, el Consejo de Defensa Suramericano, o el Tratado Marco de Seguridad Democrática en Centroamérica.

Por otra parte, las sociedades democráticas tienden a ser reluctantes al empleo de la fuerza. Lejos de la aceptación que el realismo político hacía de ese recurso, la postmodernidad democrática reduce el uso de los medios armados al último recurso, y en muchos casos a emplearlo dentro de límites desconocidos en épocas anteriores. Un ejemplo de ello es la dificultad que confrontan un conjunto de naciones con poderosas fuerzas armadas, para controlar la piratería en las costas de Somalia.

El cambio mencionado tiene lugar en el marco de uno de igual significación: la expansión del paradigma democrático en el mundo de hoy. Ciertamente esa expansión no es total ni irreversible, al contrario de lo que en algún momento se sostuvo, abarca sin embargo a un buen número de países. Especialmente en América y Europa, el *ethos* democrático implica el reconocimiento de los derechos humanos y de la primacía de la persona humana sobre el Estado.

La consolidación de la democracia y de la legitimidad electoral excluye también la posibilidad de expansión de influencia de los ejércitos fuera de su ámbito profesional. La formación militar incorpora los valores democráticos, de los derechos humanos y la plena sujeción al poder civil constitucional.

El ciudadano que sirve en las armas no pierde su calidad de tal ni sus derechos, es el concepto del ciudadano en uniforme de la *Bundeswehr* en Alemania, nación que es paradigma de lo post heroico, especialmente si se recuerda la dureza de la antigua tradición militar prusiana. En las sociedades globalizadas y democráticas, no se supone que las personas tienen la obligación de ofrendar su vida por el Estado; antes bien, el enfoque es el de riesgos inherentes a una profesión específica, que deben minimizarse al máximo. De allí, siguiendo con el ejemplo alemán, la limitación de la *Bundeswher* a exponer a sus soldados a situaciones de combate en Afganistán, lo que habría sido anómalo en la tradición heroica.[1]

La oposición entre la figura del militar de la tradición heroica y la del militar post moderno es lo que Moskos denominó la alternativa vocacional-profesional. El militar de las sociedades democráticas de nuestro tiempo es un profesional especializado. Su profesión se distingue por implicar mayor riesgo que otras, pero es en su esencia una opción para el trabajo.[2]

Desde luego, el cambio del desempeño militar de la vocación a la profesión va acompañado de la disminución de las diferencias entre los ambientes sociales de militares y civiles, y en el caso de países de democracias avanzadas, por el hecho de que la profesión militar debe competir con otras profesiones propias de la vida civil, en cuanto a atractivos corporativos.

Se escogerá la milicia ya no como un servicio obligado a la bandera, sino como una alternativa laboral cuyos atractivos deben ponderarse en comparación con otras posibilidades. Es igualmente importante que, progresivamente, el ejercicio de las armas (tradicionalmente dominio masculino), se amplía a la participación de la mujer.

---

[1] Gerhard Kümmel y Nina Leonhard, *Death, the Military and Society Casualties and Military Relations in Germany* (Strausberg: Sozialwissenschaftliches Institut der Bundeswehr, 2005), Working Paper 40.

[2] Charles Moskos, *The Postmodern Military: Armed Forces after the Cold War* (New York: Oxford University Press, 2000).

Parte de la discusión es analizar cuál de las dos alternativas produce militares más efectivos, es decir con mayor capacidad de alcanzar sus objetivos. El tema es relevante cuando se enfrentan en situación de combate militares de vocación heroica contra los de definición profesional.

Las actuales guerras en el Asia Central, en especial la que confronta a los talibanes con contingentes de Estados Unidos y Europa merecen por ello cuidadosa atención. La tecnología militar más avanzada resulta insuficiente para enfrentar a guerreros que buscan deliberadamente la muerte.

La misión militar igualmente se define por los instrumentos materiales de que dispone para su ejercicio. La tradición heroica por excelencia es la del combate cuerpo a cuerpo. Pero la tecnología militar se va alejando de ese imaginario. Basta el ejemplo de los aviones sin piloto que matan a distancia, o el uso de otras armas robóticas.[3] El requerimiento central para el militar de hoy ya no es en todos los casos la capacidad física, sino la intelectual, y ello se refleja en los contenidos de la educación militar. El papel de la cibernética es central. Hay escenarios de guerras que ubican a especialistas combatiendo a distancia mediante el manejo de sus computadoras. Desde luego, las armas nucleares son la negación del heroísmo personal.

Es de analizar, en igual forma, el cambiante carácter de los conflictos bélicos. Los ejércitos de la era moderna se consolidaron como instrumento de confrontación de intereses nacionales en guerras interestatales. Las guerras mundiales fueron su mayor expresión. Pero los contenciosos armados de esta época pocas veces enfrentan a Estados entre sí.

En el escenario que Lind[4] llamó de las guerras de "cuarta generación", los actores que participan suelen ser no estatales, y su forma de combate es propia de las guerras pequeñas, aparte de que no se distingue fácilmente a los combatientes de la población civil.

Entre otros efectos esas guerras asimétricas reducen la superioridad tecnológica de que puede disponer un contendiente[5], y hace difícil la observancia del Derecho Internacional Humanitario, como le sucedió a Israel en la reciente guerra de Gaza.

---

[3] Ver Alvin Toffler y Heidi Toffler, *Las Guerras del Futuro* (Barcelona: Plaza y Janes Editores, 1995).

[4] William Lin, "Comprendiendo la guerra de cuarta generación", *Military Review*, (enero-febrero 2005).

[5] Herfried Münkler, *Die Neue Kriege* (Remhek bei Hamburg: Rowohlt, 2002).

En este tipo de guerras, puede modificarse también la naturaleza de los contendientes. Las amenazas a la seguridad del Estado representada por actores en armas, puede provenir del crimen organizado, en especial de los carteles de las drogas. Estos actores pueden eventualmente actuar en alianza con organizaciones proto-guerrilleras, o bien desarrollar sus propios aparatos armados, como sería el caso de los "Zetas" creados por el Cartel del Golfo en México.

Aunque el mantenimiento de la seguridad interna en relación a actividades criminales corresponde a las instituciones policíacas, existen casos en que la capacidad de los entes delincuenciales es mayor que la de las policías, y el Estado debe recurrir a sus fuerzas militares para enfrentarlas.

Si bien es conocido el argumento de que la organización, preparación, entrenamiento y equipamiento militar es diferente al policíaco, y que por lo tanto el empleo de ejércitos en seguridad interna no es efectivo, en los hechos ese involucramiento se ha extendido en situaciones en que la falta de capacidad de la seguridad policíaca para contener la expansión del crimen organizado puede conducir a estados fallidos.

El caso es que esas manifestaciones extremas de crimen organizado es lo que ha dado origen al concepto de las amenazas "intermésticas", a la vez internas y externas, que provienen de actores cuya motivación no es política sino de generación de lucro ilícito, y que al mismo tiempo que actúan al interior de un Estado forman parte de sus propias redes internacionales. Y que por sus dimensiones llegan a afectar la seguridad del Estado en la misma forma que podría hacerlo un ejército extranjero o una guerrilla interna. Desde esta perspectiva, la separación estricta de funciones entre lo militar para las amenazas externas provenientes de Estados y lo policíaco para confrontar el crimen interior, no es sostenible.[6]

Una síntesis de los cambios en misiones militares producidas por la postmodernidad y la globalización, serían las siguientes:

---

[6] Sundelius Bengt, *A Brief on Embedded Societal Security* (Bulgaria: Information and Security an International Journal, 2005), Vol. 17.

Cuadro 1. Cambios en las misiones militares

Moderna	Posmoderna
Defensa de los intereses nacionales. La Patria, el Estado.	Defensa de lo nacional, así como de intereses globales en el marco de organizaciones internacionales.
Definición de vocación heroica. Centralidad de los valores éticos y el espíritu de sacrificio.	Ejercicio de una profesión. Atención a los atractivos corporativos.
La guerra como opción de Estado.	La guerra como último recurso bajo validación de Naciones Unidas o por autodefensa.
Posibilidad de expansión militarista.	Incorporación de los valores democráticos y primacía del poder civil.
Preparación para la exposición personal, demandas físicas personales.	Importancia de la capacidad científica y tecnológica.
La obediencia y el acatamiento de las órdenes.	El ciudadano soldado. Preservación de los derechos individuales y observación de los derechos humanos.
Socialización propia del mundo militar.	Socialización compartida.
Misión propia de lo masculino.	Profesión abierta a ambos sexos.
Función de defensa frente a amenazas militares al Estado, principalmente de otros Estados.	Función de defensa frente a amenazas al Estado provenientes de otros Estados y de actores híbridos. Defensa frente a amenazas al orden internacional.

Pese a las tendencias de cambio analizadas, no es posible prever en un futuro inmediato la supresión de los ejércitos nacionales ni de los conflictos bélicos. Aunque es un Imaginario apreciado por el pacifismo, que esperaría un orden mundial en que la seguridad mundial fuera garantizada por Naciones Unidas, y los Estados nacionales requirieran progresivamente solamente de fuerzas para cuidado de la seguridad ciudadana, no hay indicios de que la guerra, que existe desde que se conoce la historia y por consiguiente de que los Estados deban contar con recursos para ejercer la misión militar, vaya a desaparecer.

Pero sí puede esperarse un esfuerzo sostenido en el marco de Naciones Unidas y los países democráticos, para limitar y controlar los conflictos bélicos, enmarcarlos en el Derechos Internacional Humanitario, y particularmente evitar la expansión y de ser posible eliminar las armas de destrucción masiva.

Hacia un Cero global: ¿Realidad o ficción?

Rodrigo Álvarez Valdés*

1. Introducción

El llamado hacia la eliminación total del arsenal nuclear mundial realizado en Praga, el 5 de abril de 2009,[1] por el presidente de los Estados Unidos de América, Barack Obama, abre un potente y esperanzador futuro. Sin duda este momento es aquel que el mundo –desde 1945– estaba esperando. Esta convocatoria se suma a otras claras señales dadas en el camino hacia un "Cero global".[2] Así, por un lado, el discurso de Obama no hace más que imprimir un mayor apoyo a las conversaciones que su país y Rusia están desarrollando, para alcanzar –en la víspera de que expire el Tratado para la Reducción y Limitación de Armas Ofensivas Estratégicas (START)– un nuevo acuerdo que mantenga la tendencia hacia la disminución de armas nucleares observada desde fines de la década de los 80. Por el otro, da una clara señal al sistema internacional para que aquellos Estados parte del Tratado de No-Proliferación Nuclear (TPN), no den por muerta esta instancia antes de la conferencia de revisión programada para 2010. Se han sumado otras propuestas: la iniciativa presentada por el Ministro de Relaciones Exteriores de Japón, Hirofumi

---

* Coordinador de los Proyectos No-Proliferación y Desarme de Armas Nucleares y Consorcio Global para la Transformación de la Seguridad del Programa Seguridad y Ciudadanía de FLACSO-Chile.

[1] White House, *Remarks by President Barack Obama* (Praga: Office of the Press Secretary, 5 de abril, 2009), http://www.whitehouse.gov/the_press_office/Remarks-By-President-Barack-Obama-In-Prague-As-Delivered/

[2] Esto implica la eliminación total del arsenal nuclear mundial.

Nakasone, el 27 de abril de 2009 conocida como "Condiciones hacia Cero. Once puntos para el desarme nuclear global[3], o la invitación que el Grupo de Río hizo el 16 de abril del mismo año en la Conferencia de Desarme de la Organización de las Naciones Unidas (ONU), para establecer un comité que inicie negociaciones cuanto antes para que, por fases y dentro de plazos definidos, se concrete la eliminación de las armas nucleares. El último de los llamados ha sido la resolución 1887[4] del Consejo de Seguridad de la ONU, del 24 de septiembre de 2009, que hace ver la urgente necesidad de que aquellas naciones que aún no son parte del TNP se integren a él.

Desde esta perspectiva, el actual momento puede ser visto como la necesaria coyuntura para avanzar en la concreción del artículo VI del TNP[5]. Efectivamente, por alguna razón los últimos dos años han visto una serie de iniciativas diseñadas para convencer a los líderes internacionales que ha llegado el tiempo para hacer serios esfuerzos en la eliminación del arsenal nuclear.[6] Así lo confirma la iniciativa de *Ploughshares Found*[7], quienes desde diciembre de 2008, apoyan el proyecto "Cero global" donde líderes políticos, militares, empresariales y cívicos del mundo se unen para alentar la eliminación global de las armas nucleares y combatir la amenaza de la proliferación y el terrorismo nuclear.

Sin embargo, paradójicamente, la posibilidad cierta de desarrollar los pilares necesarios para concretar el artículo VI del Tratado, podría enfrentar un nuevo punto de inflexión. Como ya ocurrió entre 1945 y 1965 con la conocida "proliferación nuclear estratégica", y luego entre 1967 y 1998 con la "proliferación nuclear paralela", hoy podríamos ser testigos

---

[3] Ministerio de Relaciones Exteriores de Japón, *Statement by Mr. Hirofumi Nakasone Minister for Foreign Affairs of Japan - Conditions towards Zero- "11 Benchmarks for Global Nuclear Disarmament"*, (Tokyo: Foreign Policy, 27 de abril, 2009), http://www.mofa.go.jp/POLICY/un/disarmament/arms/state0904.html

[4] Consejo de Seguridad, *Resolución 1887 del Consejo de Seguridad, S/RES/1887* (New York, ONU, 24 de septiembre de 2009).

[5] Según el Tratado de No-Proliferación "*cada parte en el Tratado se compromete a celebrar negociaciones de buena fe sobre medidas eficaces relativas a la cesación de la carrera de armamentos nucleares en fecha cercana y al desarme nuclear, y sobre un tratado de desarme general y completo bajo estricto y eficaz control internacional*".

[6] Lawrence Freedman, "A new theory for nuclear disarmament", *Bulletin of the Atomic Scientists*, Vol. 65, No. 4, July/August (2009): 15

[7] Global Zero, "Lanzamiento en París de Global Zero", *Global Zero* Últimas noticias, 10 de diciembre, 2008, http://www.globalzero.org/es/Lanzamiento

del surgimiento de nuevos procesos de proliferación potencial y latente,[8] o que, si no existe la posibilidad de efectivamente contener una nueva ola de proliferación, nuevos actores estatales[9] y no estatales[10] lleguen a poseer armamento nuclear. No menos desafiante, dado el actual escenario de crisis energética, es la posibilidad de que se sume como un nuevo punto de tensión el desarrollo de lo que se denomina "proliferación o dispersión nuclear pacífica".

2. Evolución del arsenal nuclear

La relación entre no-proliferación y desarme de armas nucleares ha pasado por tres etapas. La primera, entre 1945 y 1960, donde se observa una relación entre el aumento de la proliferación[11] y el incremento del arsenal nuclear. Este período incrementó la capacidad destructiva desde 6 a 22.069 unidades (Figura 1). Para entonces, veintitrés Estados estaban directa o indirectamente relacionados con el desarrollo nuclear[12]. La segunda etapa se desarrolló entre 1961 y mediados de la década de los 80, cuando se experimentó un nuevo aumento del número de países con capacidad nuclear militar. Para entonces, a los ya existentes se sumaron Israel[13], China e India[14]. La incertidumbre generada por este cambio, más

---

[8] La idea de la proliferación potencial se sustenta en datos que sostienen que ya existen alrededor de cuarenta naciones que poseen una capacidad nuclear civil suficientemente desarrollada para, rápidamente, ser convertida en programas militares.

[9] En esta situación se encuentra el caso de Irán.

[10] Esto involucra la posibilidad cierta de que grupos terroristas tengan acceso a material o desecho radioactivo que les permita elaborar una bomba sucia.

[11] Según Cirincione, esta condición se entiende a aquellos países que llegaron a poseer armas nucleares, más aquellas naciones que dieron señales de estar desarrollando programas conducentes a intentar poseerlas. Joseph Cirincione, Jon Wolfsthal y Miriam Rajkumar, *Deadly Arsenals: Nuclear, Biological and Chemical Threats* (Washington DC: Carnegie Endowment for International Peace, 2005), 20.

[12] Sin distinguir –pero sabiendo que para 1960 cuatro naciones ya poseían armas nucleares– Cirincione sostiene que veintitrés naciones estaban conduciendo investigación relacionada con armamento nuclear, discutiendo para desarrollarla o ya la poseían: Argentina, Australia, Brasil, Canadá, China, Egipto, Francia, India, Israel, Italia, Japón, Noruega, Rumania, África del Sur, España, Suecia, Suiza, Taiwán, Inglaterra, Estados Unidos, Rusia (ex Unión Soviética), Alemania Occidental y Yugoslavia. Joseph Cirincione, Jon Wolfsthal y Miriam Rajkumar, *Deadly Arsenal: Nuclear, Biological and Chemical Threats.*

[13] Israel al no confirmar o negar la posesión de armas nucleares, históricamente, ha mantenido al mundo en una permanente incertidumbre respecto de su capacidad nuclear.

[14] El caso de India también posee una fuerte carga de contradicciones y desconfianzas para el TNP y el sistema internacional. A este respecto, este país declaró su ensayo nuclear de 1974 como un ejercicio con fines de investigación pacífica, y no fue hasta el ensayo de 1998 que reconoció que estaba en posesión de armamento nuclear.

el hecho de encontrarse en el *peak* de la Guerra Fría, motivó que el arsenal nuclear siguiera creciendo para llegar en 1986 –según datos del *Stockholm International Peace Research Institute* (SIPRI)–, a las 65.056 cabezas nucleares (Figura 1). Durante esta fase, si bien diez naciones[15] se auto excluyeron de seguir desarrollando procesos de nuclearización con fines militares, al mismo tiempo otros seis Estados se sumaron a la carrera: Irán, Irak, Libia, Corea del Norte, Corea del Sur y Pakistán. Esta situación sólo permitió disminuir de 23 a 19 el número total de países que estaban interesados en alcanzar tal condición.

El tercer período muestra una clara dicotomía cuando, entre 1980 y comienzos del siglo XXI, se observa una clara contradicción en cuanto a la idea de la no-proliferación y el desarme nuclear. Por un lado, se producía la más fuerte disminución en el número total de bombas atómicas (Figura 1) y, al mismo tiempo, otras nueve naciones[16] renunciaban abiertamente a concretar y/o proseguir con objetivos militares sus programas nucleares. Por el otro, sin embargo, la década de los 90, elevando los temores, vería a Pakistán[17] concretar su proyecto de llegar a ser una potencia militar en esta área.

---

[15] Ya no demostraban interés o habían desechado este camino: Australia, Egipto, Italia, Japón, Noruega, Rumania, España, Suecia, Suiza y Alemania Occidental.

[16] Cirincione también durante este período África del Sur, Argentina, Brasil, Canadá, Corea del Sur, Irak (luego del la invasión de EUA), Libia, Taiwán y Yugoslavia. Joseph Cirincione, Jon Wolfsthal y Miriam Rajkumar, *Deadly Arsenals: Nuclear, Biological and Chemical Threats.*

[17] Tanto Pakistán, como los otros dos *holdout states*, comparte un historial de poca transparencia sobre su desarrollo nuclear. A mediados de la década de los 70 inició su camino hacia el desarrollo nuclear con fines militares. Una década más tarde había, clandestinamente, desarrollado la infraestructura necesaria para el enriquecimiento de uranio y sólo esperó a que India –en mayo de 1998– hiciera pública su capacidad nuclear para reconocer la propia.

Gráfico N° 1: Relación entre no-proliferación y desarme de armas nucleares

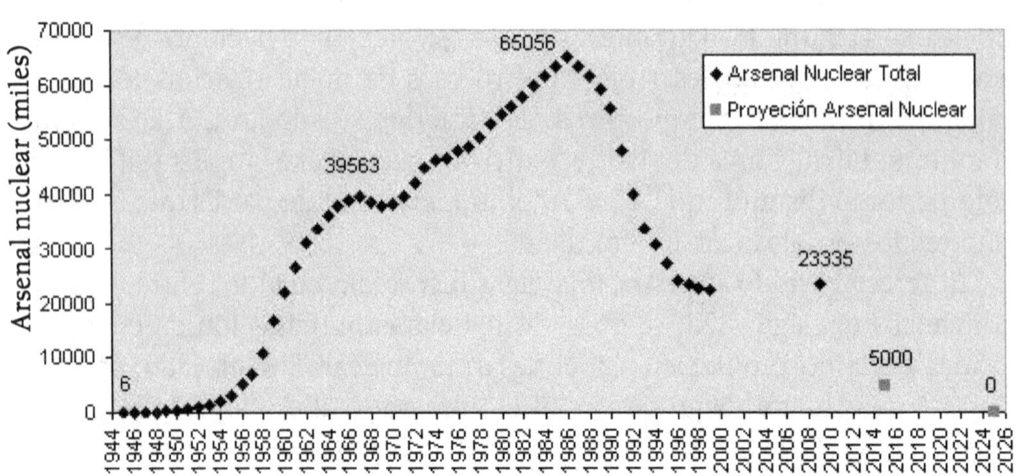

Fuente: Elaboración propia en base a datos de SIPRI, Natural Resources Defense Council (NRDC), *Plougshares Found* y *The Bulletin*.

3. El mundo: ¿listos para el Cero global?

Desde la década de los 40 del siglo pasado, EE.UU. y Rusia (ex Unión Soviética) han sido las dos potencias que han llevado la delantera en cuanto al desarrollo y crecimiento de la problemática nuclear. Según Norris y Kristensen, desde 1945 EE.UU. ha producido un número estimado de 66.500 bombas y cabezas nucleares de cien tipos diferentes, así como modificaciones de ellas para su sistema militar operacional.[18] Ambas naciones, entre 1950 y 1988, fueron las que dieron vida a la Guerra Fría y, con ello, a un aumento del número y letalidad del arsenal atómico que se basó –y aún lo hace– en la disuasión, ello en perspectiva de la destrucción mutua asegurada, el pilar del sustento teórico y práctico de su utilización.

A pesar de la carrera nuclear experimentada entre estos dos países, ha sido factible distinguir una permanente preocupación mundial sobre cómo

---

[18] Robert Norrisy Hans Kristensen, "U.S Nuclear Warheads, 1945-2009", *Bulletin of the atomic Scientist*, Vol. 65, No. 4, July/August (2009): 72.

y cuándo se podría avanzar en la eliminación total de las armas de este tipo. De esta forma, el discurso de Barack Obama en Praga pareciera ser una propuesta alentadora. Y lo es. Sin embargo, ésta es sólo la reafirmación de un proceso iniciado luego de las bombas de Hiroshima y Nagasaki.

Efectivamente, desde entonces se ha vivido una permanente aspiración global, pero donde el realismo de los intereses geopolíticos y los problemas derivados de relaciones multilaterales en el sistema internacional han detenido, una y otra vez, su concreción. Primero fue el programa Átomos por la Paz (1953) y la creación de la Organización Internacional de Energía Atómica, OIEA (1957). Luego se sumarían los tratados Antártico (1959), Pelindaba (propuesto en 1964), Espacio Exterior (1976), Tlatelolco (1969), TNP (1970), Prohibición de Emplazar Armas Nucleares y otras Armas de Destrucción Masiva en los Fondos Marinos y Oceánicos y su Subsuelo (1972), Rarotonga (1985), Prohibición Completa de los Ensayos Nucleares (1996), Bangkok (1997), Mongolia (2000) y Semipalatinsk (propuesto en 2006). También durante estos sesenta y cuatro años han existido renombrados actores políticos que han tratado de multilateralizar y/o globalizar la bandera del desarme nuclear. De acuerdo a Henry A. Kissinger, George P. Shultz, William J. Perry y Sam Nunn, quienes en 2007 hicieron un llamado en esta dirección con su famosa carta "Un mundo libre de armas nucleares" (reiterado en 2008); ya habían sido voceros en este tema Dwight D. Eisenhower, John F. Kennedy, Mahatma Gandhi y Ronald Reagan. Sin embargo, no caben dudas de que estas iniciativas han sido fundamentales para la contención de la proliferación nuclear.

Según Krepon[19], es posible distinguir cuatro "olas" que han promovido, con mayor o menos intensidad, el desarme nuclear. La primera, definida como la más significativa, fue entre 1945 y 1950, la que fracasó por la clara división ideológica entre EE.UU. y Rusia. La segunda, entre 1981 y 1989, enfrentó la paradoja de la abolición: "cuando la abolición parece un imperativo, ésta es más difícil de alcanzar; y cuando la abolición parece posible, el interés público decrece". La tercera, la más débil según Krepon, se desarrolló inmediatamente posterior a la disolución de la ex Unión Soviética en 1991 hasta 2001; análisis que se opondría a la fuerte

---

[19] Michael Krepon, *Better Safe than Sorry: The Ironies of Living with the Bomb* (California: Stanford University Press, 2009), 156-159.

reducción experimentada durante ese período. Hoy estaríamos siendo testigos de la cuarta "ola". Es precisamente en este último intento[20] por avanzar en la concreción del artículo VI del TNP (sobre el cual se ha ido desarrollando un marcado escepticismo). No cabe duda que las intenciones en esta línea enfrentarán tensiones tan medulares como aquellas que imposibilitaron que las anteriores iniciativas terminaran siendo exitosas.

Al mismo tiempo, derivada de la última reunión bilateral celebrada en Moscú el 6 de julio de este año entre EE.UU. y Rusia –que se tradujo en la firma de un "acuerdo de común entendimiento"– una clara señal de ambigüedad se desprende del discurso sobre un "Cero global nuclear". Efectivamente, el acuerdo de los presidentes Obama y Medvédev ha generado un alto grado de crítica entre los especialistas. Queda claro que no existe la real posibilidad de avanzar –en el corto plazo– hacia una eliminación total, sino más bien hacia un "mínimo estratégico". Esto se debe a que la nueva iniciativa no avanza sustantivamente mucho más allá de lo que se propuso como resultado del Tratado de Moscú firmado por los presidentes George W. Bush y Vladímir Putin en 2002.

El compromiso Obama-Medvédev (Figura 2), comparado con los números previstos de los anteriores acuerdos START y el Tratado de Reducciones Estratégicas Ofensivas (SORT), sólo reduce el máximo de unidades de bombas estratégicas en 325 (de 2.000 a 1.675) y el mínimo en 200 (de 1.700 a 1.500). Sin embargo, también hay cuestiones de fondo aún más preocupantes. Primero, no hay una definición sobre cómo y en qué lapso de tiempo serán reducidas las armas nucleares no-estratégicas. Segundo, el nuevo acuerdo alarga el proceso de reducción en cuatro años. De esta forma, la nueva fecha para alcanzar en objetivos similares a los propuestos por el START deberían ser logrados recién en 2016.[21] Y tercero, este proceso estará condicionado por la capacidad de contención que se logre sobre las experiencias de Irán y Corea del Norte.

---

[20] Su comienzo, cronológicamente, podría ser ubicado en 2007, con la carta de Kissinger, Shultz, Perry y Nunn.

[21] N. del E.: el compromiso fue corroborado por ambos países en marzo de 2010.

Gráfico N° 2: Propuesta de disminución nuclear de Bush-Putin y Obama-Medvédev

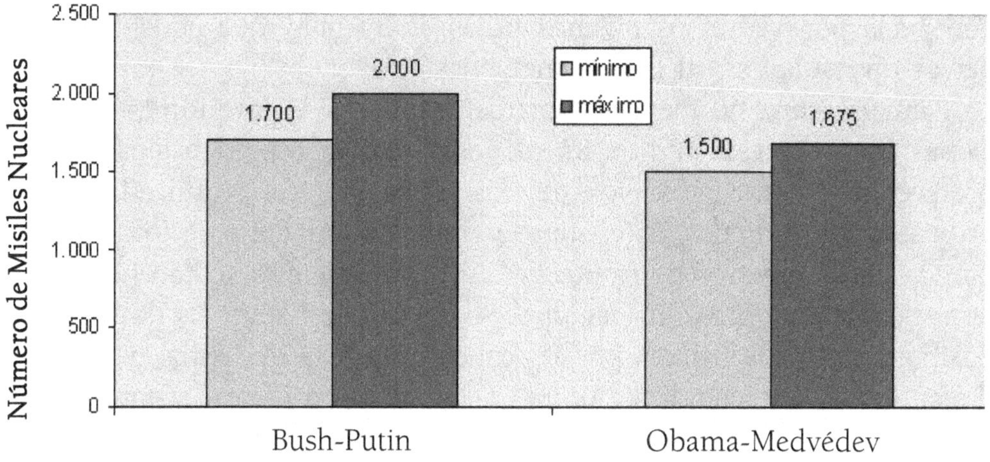

Fuente: Elaboración propia

En América Latina y el Caribe es posible distinguir, como en el resto del mundo, tres etapas: aquella que se extiende a lo largo de la guerra fría, la que se observó en la década de los 90 y la que se observa desde 2004, la cual tiene su génesis en la crisis energética.

Entre 1950 y fines de los 80 la región demostró con distintos grados de intensidad, siempre dominada por los principios de la postura realista de las relaciones internacionales y la división generada por la guerra fría, que existían países que demostraban tener interés por desarrollar la tecnología necesaria, no sólo para acceder a la energía nuclear sino para llegar a ser parte de aquellas naciones con poderío militar atómico.

Frente a esta situación se redoblaron y promovieron los esfuerzos por controlar la proliferación. Con este fin fueron creados y promovidos acuerdos que apuntaron a la contención. Del mismo modo, un fuerte proceso para la incorporación a tratados sobre No-Proliferación y Desarme de Armas Nucleares fue impulsado. Desde los 90, Latinoamérica y el Caribe resolvieron evitar toda posibilidad de experimentar un proceso de proliferación de armas nucleares, siendo suspendidos aquellos proyectos que intentaban el desarrollo de la tecnología nuclear con fines bélicos.

Sin embargo, como consecuencia de la crisis de energía mundial a inicios del siglo XXI, la región ha reiniciado los estudios que apuntan hacia una expansión de fuentes energéticas, lo cual incluye la energía nuclear como una de las alternativas. Este último escenario ha reabierto las aprensiones sobre los temas de seguridad global. A las plantas existentes en la Argentina y Brasil, ahora se suma el real interés de Chile y Venezuela por seguir los mismos pasos, y Uruguay que considera una mayor diversidad de su matriz energética.

Paralelamente, no menos preocupantes, han sido las últimas declaraciones del vicepresidente de Brasil, José Alencar, quien en alusión a la protección fronteriza sostuvo[22] que las "armas nucleares utilizadas como un instrumento de disuasión son de gran importancia para un país con quince mil kilómetros de fronteras". Al mismo tiempo se han hecho internacionalmente presente, según el Ministerio de Exteriores de Israel, la posibilidad no confirmada por Venezuela y Bolivia que estos países pudieran estar abasteciendo de uranio al programa nuclear de Irán.[23]

Todo lo anterior no hace sino que cuestionarse la verdadera posibilidad de concretar un "Cero global", por lo que no caben dudas que el presente momento requiere un análisis sobre la base de cuatro variables:

1. Sincerar el discurso. Está claro que la factibilidad de una eliminación total rápida y efectiva parece, a toda luz, inverosímil e incluso *naive.* Así, más que hablar de un "Cero global" en el corto (2012) y/o mediano plazo (2025), lo que realmente se discutirá es la idea de promover un "mínimo global".

2. El problema de la asimetría militar convencional. Es un hecho irrefutable que EE.UU. cuenta hoy con una tecnología militar superior a cualquier otra nación en el mundo. Según Kepron, si el desarme nuclear total fuera alcanzado, la más fuerte amenaza para la seguridad de EUA sería eliminada y la superioridad convencional llegaría a ser aún más pronunciada. Una similar visión es la que tiene Viktor Kremeniuk, director del Instituto de Estudios EE.UU.-Canadá en Moscú; respecto a un posible desbalance de poder: "Rusia no está interesada en una rápida reducción de su poder nuclear derivado de su relativa debilidad en la relación de fuerzas convencionales comparado con EE.UU.".

---

[22] Raúl Sohr, "Vientos nucleares en América Latina", La Nación, 4 de octubre, 2009, http://www.lanacion.cl/vientos-nucleares-en-america-latina/noticias/2009-10-03/233352.html
[23] "Venezuela y Bolivia venden uranio a Irán, según un informe israelí", El Espectador, 26 de mayo, 2009, http://www.elespectador.com/articulo142487-venezuela-y-bolivia-venden-uranio-iran-segun-un-informe-israeli

Desde esta perspectiva, en el corto y mediano plazo, un proceso real de un "Cero global" sería casi imposible; por lo cual una nueva tendencia que intenta contrarrestar el actual desbalance comienza a convertirse en una realidad militar: la ciber guerra o *iWar*.

3. *¿Nueva etapa de proliferación?* Pareciera, como ya ha ocurrido desde 1945, que si fracasa el actual intento por posicionar el tema del desarme de armas nucleares como una real y creíble opción, una nueva ola de proliferación será difícil de detener. Por ejemplo, Corea del Norte e Irán siguen tensionando al sistema internacional; en este sentido, mientras Corea del Norte (que se retiró del TNP en 2003), pareciera contar actualmente con algún tipo de bomba nuclear de tecnología primitiva; a Irán (que pertenece al TNP desde 1970), no ha podido demostrársele su real intención de llegar a ser un actor con capacidad militar nuclear.

Al mismo tiempo, en busca de diversificar sus matrices energéticas, y amparados en el artículo IV del TNP, los últimos cinco años han visto cómo un importante número de naciones han demostrado su interés por acceder a la tecnología nuclear. Efectivamente, para 2030 se prevé que el número de reactores nucleares aumente desde los 436 a un número cercano a 800. Sin embargo, existen sospechas que algunas de las naciones interesadas en ingresar al grupo de países que cuentan con plantas nucleares, estarían tomando esta decisión al comprobar el incumplimiento de las potencias con armamento atómico por avanzar en el artículo VI del mismo tratado, más que por una real intención de acceder a la energía nuclear.

4. *Incertidumbre del TNP-2010.* Escépticos o no, pareciera ser no casualidad el momento en el cual se ha anunciado una política global pro no-proliferación y desarme de armas nucleares. La proclamación unilateral del presidente Obama y la búsqueda de la renovación del acuerdo START de 1991 se presentan justo a meses de la nueva realización de la reunión del TNP de 2010. A este respecto, parece ser urgente lograr un consenso que permita a esta reunión de revisión no tener un nuevo fracaso como el sucedido en 2005. Las variables (analizadas a lo largo de este trabajo) que presionan hacia un nuevo fracaso son múltiples y de difícil manejo, y el efecto de un escenario de estas características altamente alarmantes.

4. Perspectivas de análisis hacia el 2010

-   El actual momento es una iniciativa que no es nueva y que –más allá del apoyo de la sociedad, organizaciones y grupos pro paz– ha contado con figuras de peso político mundial que han sido incapaces de avanzar en una solución total.

-   La tensión de los últimos ocho años en el contexto internacional pareciera no tener grandes cambios. La idea de un proceso pacificador gracias a la globalización se derrumbó junto a las Torres Gemelas. Esta realidad ha dado paso a un proceso de un mundo multipolar donde, a diferencia del bipolar, las posibilidades de choque entre actores estatales y no estatales han demostrado ser mayores.

-   Es precisamente lo anterior lo que ha facilitado el que una nueva ola de proliferación de actores estatales y no estatales pueda llegar a ser realidad. Las experiencias de Irán, Corea del Norte, por el principio de cascada, y la posibilidad que nuevas naciones se vean tentadas a seguir sus pasos es hoy un hecho concreto. El mismo fenómeno se estaría dando entre aquellos actores no-estatales.

-   La disuasión basada en la destrucción mutua asegurada pareciera ser todavía la base de la contención entre naciones que tienen la categoría de "poder nuclear". Desde esta perspectiva, aún es notoria la brecha que existe entre la tecnología militar de EE.UU. en armas convencionales y el resto de las naciones del mundo. Así, para que un acuerdo de este tipo prospere, se debería experimentar un cierre en esta brecha.

-   De esta manera, como ya venían proponiendo académicos y científicos, más que estar *ad-portas* de presenciar la eliminación total de las armas nucleares, de lo que seríamos testigos es de un "mínimo-global". De modo que la actual situación debe ser analizada con el mismo realismo que ha dominado el tema desde 1945.

En tiempos de cambio. Las relaciones hemisféricas, el multilateralismo, y el papel de América Latina y el Caribe

Continente de esperanza, continente de peligros: el marco regional de defensa y seguridad

Hal Klepak[*]

El argumento de este ensayo será que algo bastante extraordinario está sucediendo hoy en América Latina, algo que aloja en sí mismo el potencial de sacudir a la región hasta sus cimientos, y que representa desafíos para los cuales hasta ahora las respuestas han sido difíciles de encontrar. Este "algo" excepcional es una combinación de nuevos y viejos elementos de la vida y herencia histórica de la región que están encontrando un nuevo contexto para su manifestación.

Se demostrará, a grandes rasgos, que dos duras explosiones simultáneas en el escenario regional han modificado la forma en que miramos las esperanzas para la democracia y la necesidad de seguridad con respecto a décadas recientes, y que bien pueden resultar en conmociones de importancia para el progreso alcanzado en el afianzamiento de las normas democráticas e, incluso, de la paz en la región. El primero ha sido objeto de análisis de analistas en materia de defensa y seguridad desde el fin de la guerra fría.

Nos referimos aquí a la explosión de las que se denominan "nuevas" o "no tradicionales" amenazas o desafíos, que comenzaron a ser percibidos cuando finalizaba la década de los 80 y comenzaban los 90. Incluyen el aumento y la mayor intensidad de los golpes de efecto que emergen del

[*] Profesor Emérito del Royal Military College de Canadá. Doctor en Historia Latinoamericana por la Universidad de Londres. Miembro de la Junta Directiva de RESDAL. Original en inglés. Traducción del editor.

tráfico ilegal de drogas en la escala mundial (pero especialmente en el nivel interamericano); la creciente dimensión de seguridad que los Estados ven en la extendida migración ilegal; la propagación a niveles antes desconocidos del crimen internacional organizado –o no tan organizado–; la problemática llegada y actividades de las "maras" o "pandillas" en las ciudades de Centroamérica; las dimensiones de seguridad de las epidemias, y mucho más. Estrechamente relacionado con esto, se encuentra el siempre creciente fenómeno de actores no estatales involucrados en tales actividades, así como de otros que se relacionan con la esfera de la defensa y la seguridad.

La segunda explosión es la política, y el término refiere a la "ola rosa" que impactó en América Latina en los últimos diez o doce años, y que eventualmente trajo al poder por medio de elecciones a gobiernos con tendencias de izquierda, en varios de los países de la región. Dejando bien atrás las viejas épocas en las que se decía que el socialismo nunca sería capaz de ganar elecciones en la región, esta tendencia ha sido poco menos que sorprendente para todos.

En la mayoría de los países latinoamericanos conviven pequeñas pero extremadamente ricas clases altas, con masivas clases bajas y clases medias de diferentes tamaños según el país. La historia de la región ha estado signada, salvo honrosas excepciones, por la explotación de las masas, elites impermeables, inestabilidad política, fallidos intentos de reforma, y durante décadas, la infame *"non sancta* alianza" entre la Iglesia, la oligarquía, las fuerzas armadas y la embajada de Estados Unidos, todos ellos determinados a frenar cualquier tipo de cambio significativo, y con un récord casi siempre exitoso al hacer, justamente, eso.

El "regreso" de la democracia luego de la época de dictaduras militares que dominaron la región en los 70 y los 80 fue acompañado por discursos que aseguraban a las masas que, con la democracia, vendría el progreso, que aliviaría tanto la pobreza como las enormes desigualdades que asolaban la región desde por lo menos la época de la conquista.[1] En algunos casos, tal progreso acompañó efectivamente el restablecimiento de la democracia, pero no fue esto lo que sucedió en la generalidad de los casos.

---

[1] Ver el excelente serie de estudio de casos en Richard Millett y Michael Gold-Bliss eds., *Beyond Praetorianismo: the Latin American Military in Transition* (Miami: North-South Center Press, 1995).

Lo que sí pudo observarse fue el empoderamiento de los grupos de izquierda y otros reformistas en muchos de los países de la región en los cuales esa posibilidad nunca había sido tenida en cuenta. Con la debilidad crónica de los partidos políticos, unida a las tentaciones del populismo (de derecha o de izquierda), la política en la mayoría de los países parecía haber regresado, por un tiempo, a los días pre-dictatoriales; la izquierda continuaría tan marginada como siempre. La derecha continuaba dominando la prensa y el resto de los medios masivos de comunicación, los partidos de derecha y demagogos se mostraban como imprecisas pero generalmente exitosas amalgamas de intereses clientelistas, agrupados alrededor de la figura de otro "salvador", y el público parecía contento de continuar como hasta entonces.

Pero esta manera de ver las cosas no juzgó adecuadamente la situación. De hecho, la creciente frustración con la democracia, no como un sistema al cual se debe aspirar, sino como la realidad cotidiana, vívida, iba en aumento en casi todos los países. El hecho fue que "el voto" era una realidad, y que la habilidad de la clase dominante y sus aliados para controlar el público electoral iba en disminución.[2] También fue cierto que no podía contarse con la Iglesia ni con las fuerzas armadas para ser meros instrumentos de los sectores conservadores.

Mientras que la jerarquía de la Iglesia parecía satisfecha con mantenerse mayormente conservadora, el clero local estaba a menudo más que inclinado a impulsar reformas del *status quo* político, social y económico. Las fuerzas armadas mostraban tendencias aún más interesantes.

Por supuesto, es muy simplista hablar de las fuerzas armadas latinoamericanas como simples instrumentos históricamente ligados a los sectores oligarcas y conservadores. Ha habido demasiados oficiales militares que han servido en los rincones más alejados de la nación, que han visto la difícil realidad de la población más pobre (viniendo ellos de esas mismas filas), imbuidos de los más altos valores de servicio a la nación y a su pueblo, y que deciden apoyar reformas profundas. Las fuerzas armadas de varias naciones han llegado al punto de propiciar programas profundamente reformistas, y hasta de escenificar golpes para que los gobiernos implementen esos programas.

---

[2] Ver Cynthia Arnson et al, *The "New Left" and Democratic Governance in Latin America* (Washington: Woodrow Wilson Center for International Scholars, 2007).

Algunos de estos programas venían desde arriba, pues provenían de elementos incluso inclinados a lo jerárquico, ansiosos por reformarse a sí mismos antes que tener a la extrema izquierda imponiendo cambios luego de una revolución violenta (en otras palabras, esperaban bloquear la revolución a través de la reforma). Pero en realidad, también había otros que se veían a sí mismos como los instrumentos idóneos de un gran cambio, pendiente, para la nación. Vienen aquí a la mente Guatemala en los 40 y comienzos de los 50; El Salvador antes de su guerra civil de los 80; en la administración de Velasco en Perú; la administración de Torrijos (padre) en Panamá; e incluso con matices, en el comienzo de los gobiernos militares en México luego de la Revolución, para no mencionar otros momentos en la historia de la Argentina, Brasil y Chile.

Esa "tradición" –o al menos la otra cara de la historia militar en América Latina– no ha estado ausente en los años recientes.[3] Tal vez haya sido igual de importante; cuando los militares de la región regresaron a sus cuarteles en los 80, lo hicieron con mayor placer que lo que usualmente se interpreta. El gobierno no había sido necesariamente bueno para las instituciones militares, que se encontraron a sí mismas poco queridas o hasta odiadas, involucradas en toda clase de actividades represivas que dañaron profundamente la ética militar, expuestas (y hasta sucumbiendo) a muchas formas de tentaciones de corrupción y –quizás lo más drástico– profundamente divididas institucionalmente. Excepto en la Argentina, estas fuerzas fueron capaces de "pactar" su retorno a los cuarteles en formas que redujeron el daño, aseguraron una relativa inmunidad para los delitos cometidos, y retuvieron una considerable influencia para la institución dentro del restablecido régimen civil. Y dadas las condiciones de crisis que la mayoría de los Estados latinoamericanos enfrentaban en ese momento, estar fuera del gobierno era incluso visto como algo bueno.

Estas instituciones, firmemente nacionalistas y recelosas de los Estados Unidos (al tiempo que a menudo estaban estrechamente vinculadas con las fuerzas armadas de la superpotencia), no se dejaron en general impresionar por la nueva agenda "neoliberal" que pregonaba Washington. Para ellas esa agenda representaba un "gobierno mínimo" cuando la mayor parte lo quería grande; una menor intervención estatal en temas de

---

[3] Ver la serie de volúmenes emitidos o por emitir de *Le Monde Diplomatique* de Buenos Aires, titulado *Otros Militares*, editado por Ernesto López, que presenta una docena de ejemplos de oficiales militares de esta tradición.

desarrollo cuando la consideraban esencial para el progreso nacional; unas fuerzas armadas más pequeñas con roles más vinculados con lo policial, cuando veían tales ideas como el anatema de la *weltanschaung*[4] militar. Representaba reducir la importancia de la soberanía nacional, cuando la mayoría sentía que ella aún debía ser el cimiento de la política exterior; o ver a la política electoral como el único mecanismo legitimador para acceder al gobierno, cuando observaban que la habitual *politiquería*[5] regresaba para acuciar e irritar a la nación como en el pasado; y una influencia mucho más reducida para lo militar en la nación y en la sociedad.[6]

Difícilmente pueda entonces sorprendernos que, bajo estas circunstancias, las instituciones militares no hayan estado felices durante aquellos años. Esto significaría que, cuando los movimientos de izquierda llegaron al poder en gran parte de la región luego de 1998, no necesariamente se encontraron con fuerzas armadas que las observaban con el horror de los tiempos pasados, ni encontraron tampoco un contexto de oposición por parte de esas fuerzas. El respeto a la democracia y a las normas constitucionales probablemente no se haya arraigado completamente en las fuerzas armadas, pero es innegable que en términos latinoamericanos el progreso ha sido notable entre los 80 y los 90.[7] Incluso cuando las autoridades civiles trataron de usar a los militares como peones de sus propias maniobras, encontraron que en los cuarteles no estaban nada dispuestos a involucrarse en política, y sí extremadamente ansiosos por ser vistos como respetuosos de las directivas constitucionales, en lo que refiere a su propio rol en general, y especialmente en tiempos de crisis. Desde Serrano en Guatemala hasta Duhalde en la Argentina, se mostró que las fuerzas armadas le escapaban a un papel demasiado abierto y poderoso en la política, especialmente cuando había muchas posibilidades de que quedaran con el problema entre las manos si las cosas salían mal.

---

[4] Cosmovisión. En alemán en el original (N del T).

[5] En español en el original (N del T).

[6] Para ver la más feroz encarnación de este argumento contra la influencia estadounidense y de las tendencias que impulsa, ver Gretchen and Dennis Small, *El Complot para aniquilar a las fuerzas armadas y a las naciones de Iberoamérica* (Washington: EIR, 1993).

[7] Ver Rut Diamint, *Control Civil y fuerzas armadas en las nuevas democracias latinoamericanas* (Buenos Aires: Grupo Editor Latinoamericano, 1998).

Incluso la oligarquía ya no era lo que solía ser. En la Argentina, Brasil, Chile, Colombia, El Salvador, México, Uruguay y Venezuela, el crecimiento de una gran e influyente clase media venía, por supuesto, gestándose desde al menos las últimas décadas del siglo XIX.[8] Pero aun en muchos otros países, la oligarquía tradicional tendría al menos que hacer algún lugar a los nuevos actores políticos y económicos, aunque en varios casos éstos estuvieran estrecha y desagradablemente ligados al narcotráfico. Aun cuando sólo algunas de las oligarquías en América Latina podían calificarse como permeables, en muchos casos se percibía un sutil progreso en la incorporación de estos otros actores en la vida política nacional. Y si bien esto no garantizaba un incremento en la calidad democrática, sí colaboraba a la democratización de fuerzas en varios países, y de varias formas.

Los Estados Unidos tampoco eran el viejo "guardián de la dinastía" que alguna vez fueron. La guerra fría quedó bien atrás, y la amenaza del comunismo ya no hace temblar a Washington, ni lo obliga a trabajar codo a codo con cualquier tipo de gobierno de derecha en Latinoamérica –de la calaña que sea–.[9] La victoria en la guerra fría estuvo acompañada por un giro dramático en el enfoque estadounidense hacia la democracia en la región, no sólo desde la perspectiva de tener gobiernos amigables y estables con los cuales Washington pudiera trabajar (y a su vez liderar), sino también para canalizar el disenso hacia foros más manejables que la violencia reinante durante décadas. Los Estados Unidos insistieron en el "regreso" de la democracia en América Central como parte de los procesos de paz en la subregión, y provocaron a los países del sur a hacer lo mismo.[10] Al Departamento de Estado tampoco se le escapó que la relativa efectividad de este proceso podría continuar, al menos parcialmente, aislando a Cuba.[11]

Aunque los Estados Unidos no regresaron a la *Política del Buen Vecino* de 1934-1954, sí colocaron a la democracia en uno de los primeros puestos en la lista de prioridades en la región, antes de la administración de

---

[8] Bradford E. Burns y Thomas E. Skidmore, *Elites, Masses and Modernization in Latina America 1850-1930*, (Austin: University of Texas Press, 1979).

[9] Ver Stephen G. Rabe, *Eisenhower and Latin America: the Foreign Policy of Anticommunism* (Raleigh, University of North Carolina Press, 1988).

[10] Ver Jack Child, *The Central American Peace Process, 1983-1991: Sheathing Swords, Building Confidence* (Boulder, Lynne Rienner, 1992).

[11] Para esto remitirse a Alain Rouquié, *Guerras y paz en América Central* (México: Fondo de Cultura Económica, 1994).

124

George W. Bush. Sin embargo, cuando se demostró el apoyo estadounidense al golpe contra Hugo Chávez en 2002, saltó a la luz que Washington regularmente apoyaba las democracias que favorecían su liderazgo y su concepción del mundo. Este hecho también significó el fin de una década y media en que se miró con descrédito los golpes, aun los de derecha.

El nuevo gobierno de Barack Obama, al cual nos remitiremos más adelante, pareció volver a insistir en colocar a la democracia en un lugar prioritario en la política estadounidense para la región. Y aún cuando este enfoque ha sufrido un revés con la decisión de Estados Unidos de mediar en el golpe en Honduras a fines de julio de 2009, antes que tomar una postura firmemente anti golpista, no es menos cierto que en general los Estados Unidos ven a la democracia como algo positivo en América Latina, y tratan de ser cuidadosos de no deteriorar la ya de por sí débil *performance* en esa área.

Así, la embajada de Estados Unidos ya no representa la fuente casi automática de apoyo para golpes de derecha en la región. El viejo dicho de que la única capital en las Américas que no había sufrido golpes de estado era Washington porque allí no hay embajada estadounidense, ya no se aplica. Y esto, a pesar de Honduras, significa que todos aquellos ansiosos por modificar las disposiciones electorales y constitucionales para su propia conveniencia *manu militari*, encontrarán a un Estados Unidos indiferente, hastiado, o hasta hostil, en lugar del tradicionalmente dispuesto cómplice en el asunto.

Y si no puede decirse todavía que las fuerzas armadas de América Latina son decididamente demócratas, sí puede afirmarse que están menos tentadas a orquestar golpes y a jugar un papel directo en el gobierno que en cualquier otro momento de la historia independiente de la región. Y si tampoco puede decirse todavía que han sido limados los dientes de la oligarquía, es sin embargo cierto que su mordida es en general mucho menos poderosa y decisiva de lo que solía ser en el pasado. Si bien el rol de los Estados Unidos no puede ser descripto como abiertamente democrático en todos los sentidos de la palabra, Washington está más ansioso que en el pasado de ver florecer a la democracia. Finalmente, si bien la Iglesia ya no es bastión de la teología de la revolución, tampoco es pro-oligárquica ni anti-reformista como alguna vez lo fue.

Es en este contexto donde explotó la tendencia de gobierno de tendencias de izquierdas que hemos visto en los últimos diez años. Gobiernos profundamente comprometidos con el cambio (por lo menos a nivel declarativo) asumieron el poder en Bolivia, El Salvador, Ecuador, Nicaragua y Venezuela. Gobiernos menos radicales, aunque sí orientados a la reforma, fueron elegidos también en la Argentina, Brasil, Chile, Guatemala, Paraguay y Uruguay. De los países latinoamericanos más importantes, sólo Colombia, México y Perú escaparon a esta "ola rosa". Precisamente en los dos últimos, los gobiernos más conservadores que llegaron al poder lo hicieron por muy pequeños márgenes electorales, y sólo porque los candidatos de izquierda podían ser tildados como extremadamente radicales y se recurrió a "tácticas de terror" dramáticas para vencerlos. Incluso en la apacible Honduras el candidato original de la oligarquía, Manuel Zelaya, cambió de idea y también –aunque brevemente– se unió a la cohorte de izquierda.

Por primera vez en la historia de América Latina (y a pesar del poder que en general detentan las clases altas y especialmente su monopolio de los medios masivos de comunicación, la casi total oposición de la Iglesia, la falta de experiencia de los partidos de izquierda y similares agrupaciones, el tedio de las fuerzas armadas, el descreimiento de los Estados Unidos), la izquierda, moderada o radical, está en el poder en la mayoría de los países de la región. Ninguno de los analistas políticos principales previó semejante sucesos cuando la corriente del retorno a la democracia se inició a finales de los 70.

Debe decirse, sin embargo, que esto se debe muy probablemente a una falta de un análisis acabado acorde con (y casi en la línea de) la ausencia de analistas que previeran el colapso del imperio soviético y hasta de la Unión Soviética en sí misma antes de 1989. En el último caso, sólo Hélène Carrère d'Encausse puede ser acreditada como quien en realidad previó lo que se vendría para la URSS, y en cierto punto para el resto de Europa del Este.[12] Pero en América Latina ningún analista parece haberlo previsto: ¿cuáles serían las chances de que una poderosa masa electoral en las condiciones de las naciones latinoamericanas optara por más de lo mismo, luego de siglos de exclusión del poder o de hasta un rol electoral efectivo?

En efecto, no lo han hecho, y seguramente no podía esperarse que retengan el servicio de las elites y de gobiernos que han demostrado ser incapaces, o que por lo menos no tienen interés en incrementar el estándar de vida en general de las masas. A partir de las reacciones generalizadas a las políticas denominadas "neoliberales" entre los partidos que no son derecha en la región, los gobiernos que optaron por ese camino se

---

¹² Hélène Carrère d'Encausse, *L'Empire éclaté* (París: Flammarion, 1978).

encontraron a sí mismos expulsados del poder por la población, dispuesta a darle una oportunidad a la opción de izquierda, por primera vez.

¡Un largo camino desde Miami!

Vale la pena recordarnos que hace apenas década y media las Américas estaban embanderadas bajo el Consenso de Miami, y que al menos en términos declarativos, estaban trabajando en conjunto para construir un mercado unido desde Canadá hasta Tierra del Fuego; un mercado donde las políticas liberales del libre mercado y el libre comercio fueran la regla, y donde los países sin democracias liberales según el modelo occidental se encontrarían aisladas. En la Cumbre de las Américas de Miami en diciembre de 1994 se había aceptado un modelo de futuro; francamente valiente era aquel líder que no aceptara (en público) alinearse al llamado brillante e irresistible del inevitable futuro liberal.[13]

Quince años después, existen varios proyectos que compiten por el futuro de las Américas, la mayoría con un foco regional, y ninguno ostenta un mayor atractivo fuera de ese contexto regional. Mientras que el Acuerdo Norteamericano de Libre Comercio (NAFTA por sus siglas en inglés) se ha convertido en el imán para muchos en el Caribe y América Central desde el éxito de la vinculación exitosa con los Estados Unidos, Canadá y México en 1994, la expansión de ese magnetismo hacia el sur se ha visto limitada a Chile y Colombia, y en una forma reducida. Aunque los acuerdos del Mercosur impulsados por Brasil en un intento de agruparse con la Argentina, Paraguay y Uruguay (y con Bolivia y Chile como Estados asociados) han sido una fuerza muy poderosa en el Cono Sur, hasta el momento sólo han interesado —más al norte— a Venezuela. La propuesta alternativa del ALBA Bolivariana, que incluye varios grados de adhesiones al "socialismo del siglo 21", ha seducido a unos pocos Estados de Centroamérica, la zona andina y el Caribe, pero hasta la fecha ha sido mucho ruido y pocas nueces excepto en el área clave de los subsidios venezolanos. Por supuesto, aún se pueden percibir intentos de zonas de libre comercio y similares en el Caribe (CARICOM), los Andes (la Comunidad Andina) y América Central (el Mercado Común de América Central).

---

[13] Peter H. Smith, *Talons of the Eagle; Dynamics of U.S.-Latin American Relations* (New York, Oxford University Press, 1996), 260-262.

Entonces, este tipo de proyectos, ampliamente contradictorios, abundan y tienen sus altibajos. El modelo NAFTA, ligado al Consenso de Miami, no pudo sobrevivir dada la estocada de la oposición doméstica en los Estados Unidos con la que posteriormente confrontó. El Mercosur desaceleró dramáticamente con el paso de los años. CARICOM tiene limitaciones estructurales a una mayor expansión. ALBA lleva consigo una enorme presión política que la mayoría de los países no pretende cargar sobre sus hombros. El grupo andino no sale de una crisis sin entrar a otra. Y el Mercado Común de América Central prospera en algunos aspectos, mientras en otros sigue flaqueando.

Como sea, el rango de propuestas no deja duda de que el Hemisferio se encuentra profundamente dividido en cuanto al curso a tomar en el futuro, dado que ya no existe un liderazgo incuestionable en el camino a dicho futuro, y que la cooperación en ciertas esferas se enfrentará no sólo a grupos de Estados que sospechan unos de otros en el nivel hemisférico, sino incluso a una total falta de unidad en América Latina, aún cuando todos invoquen y alaben las ventajas de la integración económica y la cooperación política.

Esta división ideológica, aunque se presente a diferentes ritmos, es sumamente amenazante en un continente que hasta hace tan poco estaba destrozado por insurrecciones rurales, terrorismo urbano y continuo malestar social. La derecha asiduamente acusa injustamente a los nuevos gobiernos de izquierda de llevar a cabo procedimientos antidemocráticos, demagógicos y populistas, de "tendencias comunistas" y de polarizar la nación, además de todo un léxico de nuevas y viejas acusaciones. Elementos de la izquierda siguen la misma ruta al denunciar a la oposición de la derecha como simplemente oligárquica, anti-nacional o aun traidora, desestabilizadora, contraria a los deseos expresos del pueblo, "neo-fascistas", "imperialistas", "vende patria", y todo un propio léxico de contra-acusaciones. El extremismo levanta su fea cabeza y a menudo se hace el día.

La dimensión internacional de esta situación es bien clara y creciente. Ambos bandos acusan a sus oponentes de estar al servicio de Estados Unidos, Venezuela, y hasta Cuba, también con acusaciones cruzadas de que sus países son realmente víctimas de agresiones por parte de esos actores, cuando una u otra parte recibe ayuda electoral o de otro tipo de un tercer actor. La temperatura en lo que a esto se refiere parece estar bajando recientemente, en tanto y en cuanto Washington y Caracas están disfrutando de cierta "luna de miel diplomática", hasta que el golpe de Honduras restituyó el discurso a un nivel más alto de estridencia.

Cuando las "nuevas" amenazas se encuentran con el nuevo contexto

América Latina, y particularmente el Hemisferio, no estaban particularmente bien preparados para encarar las "nuevas" o "no-tradicionales" amenazas a las cuales nos referimos previamente, antes de que tuviera lugar el actual viraje hacia una división interamericana. Si bien las Américas ostentan el instrumento más antiguo de cooperación multilateral para la defensa (la Junta Interamericana de Defensa, de 1942), esa institución está en camino hacia la muerte y no encuentra su papel, incluso luego de haber sido incorporada bajo el ala formal de la OEA como un órgano de ese cuerpo internacional. Otra plétora de tratados e instituciones conforman lo que corrientemente se denomina "sistema interamericano de seguridad".[14]

Contiene un Colegio Interamericano de Defensa y reuniones periódicas de coordinación de comandantes de los ejércitos, las armadas y las fuerzas aéreas, una cantidad importante de ejercicios multilaterales para practicar la cooperación entre las fuerzas armadas nacionales, nuevos acuerdos conjuntos contra el comercio ilegal de narcóticos en el Caribe, encuentros de ministros de defensa en un proceso de construcción de confianza que se remonta a 1995, y varias escuelas y centros de entrenamiento acordaron en general formar parte del sistema, aunque todos pertenecen a las fuerzas armadas de Estados Unidos.[15]

La verdadera columna vertebral del sistema, sin embargo, es usualmente identificada con los Pactos de Asistencia Mutua firmados bilateralmente entre la mayoría de los países latinoamericanos y los Estados Unidos, durante o después de la Guerra de Corea.[16] Esto facilitó en gran parte la continuación, luego de la Segunda Guerra Mundial, de los arreglos que beneficiaban la adquisición de armas, provisiones y el acceso a cursos de entrenamiento y otros servicios, a cambio del acceso a minerales estratégicos y productos agrícolas en tiempos de guerra; y de cooperación militar en tiempo de paz y conflicto.[17]

---

[14] Para una mirada formal del "sistema" ver de Rodolfo Garrié Faget, *Organismos militares interamericanos* (Buenos Aires: Editorial Depalma, 1968).

[15] Hugo Luis Cargnelutti, *Seguridad interamericana: ¿un subsistema del sistema interamericano?* (Buenos Aires: Círculo Militar, 1993).

[16] Para apreciar su impacto en la firma de cada nación ver los capítulos nacionales de Adrian English, *The Armed Forces of Latin America* (London: Jane's, 1984).

[17] Ver John Child, *Unequal Alliance; the Inter-American Military System, 1938-1978* (Boulder, Westview, 1980).

También existe una cantidad de arreglos bilaterales o subregionales que van desde el *Regional Security System* (que involucra a los pequeños Estados insulares del Caribe Oriental) y el Tratado Marco de Seguridad Democrática de Centroamérica en el norte de la región, a las instituciones bilaterales y multilaterales y prácticas de las naciones del Mercosur, especialmente la Argentina y Chile, y la Argentina y Brasil. Entre estos dos extremos geográficos se encuentran acuerdos subregionales en el Amazonas y la Región Andina, así como prácticas bilaterales de construcción de confianza e intercambio de inteligencia que se remontan a las conferencias de Ayacucho de mediados de los 70.[18] Adicionalmente –por supuesto– las Américas cuentan con un sistema de seguridad colectivo, el Tratado Interamericano de Asistencia Recíproca (TIAR), que data de 1947 aunque fue denunciado por México a principios de septiembre de 2001, y que volvió al ruedo cuando Brasil lo propuso como instrumento propicio para coordinar una ayuda hemisférica que diera respuesta a los ataques terroristas en los Estados Unidos, el día 11 de ese mismo mes.

Ésta es la rugosa panoplia de instrumentos con que cuenta el Hemisferio para dar respuesta de forma cooperativa a sus necesidades de seguridad y defensa. En la práctica, sin embargo, ha habido muy poca cooperación, incluso en los días en que imperaba la defensa tradicional, con excepción de la percibida amenaza de una posible agresión comunista, que mantuvo el sistema a lo largo de la guerra fría.[19] Ese mismo esfuerzo, no obstante, ha dejado a su paso un rastro de sangre y resentimiento del cual algunos de los países de la región aun se están recuperando.[20] En América Latina, durante décadas, a los métodos terroristas urbanos y hasta rurales de la izquierda los acompañó un salvaje terrorismo de Estado por parte de la derecha, y el sistema interamericano (especialmente en sus elementos de defensa) salió de esa experiencia carente de legitimidad y de potencial influencia.

Con el final de la guerra fría y la creciente atención y desarrollo de la nueva agenda de defensa y seguridad, el sistema se vio simplemente incapaz de enfrentarlo. Las viejas estructuras, especialmente cuando se com-

---

[18] Para la imagen completa ver Héctor Faundez-Ledesma, "El Marco jurídico-institucional para la solución de conflictos en el sistema interamericano", en *Paz, seguridad y desarrollo en América Latina*, ed. José Silva Michelena (Caracas: Nueva Sociedad, 1987), 239-270.

[19] Ver David Mares, *Violent Peace: Militarized Interstate Bargaining in Latin America,* (New York: Columbia University Press, 2001).

[20] Ver Horacio Veneroni, *Los Estados Unidos y las fuerzas armadas de América Latina,* (Buenos Aires: Periferia, 1973).

binaron con la falta de confianza entre los Estados hemisféricos y también usualmente hacia el liderazgo hemisférico, no fueron capaces de orquestar un enfoque cooperativo a los numerosos nuevos aspectos que demandaban atención.

En primer lugar, la misma novedad o al menos la naturaleza no tradicional de la nueva agenda, desafiaron al sistema. Burocráticamente las cosas no encajaban. Las operaciones y políticas antinarcóticos fueron crecientemente una responsabilidad primaria de defensa para los Estados Unidos, algunos de los países andinos y México, pero otros países, por una variedad de circunstancias, se resistieron a colocarlo en la agenda de defensa. Los países del Cono Sur y Canadá estaban particularmente desinteresados en dar mayor prioridad de respuesta desde las fuerzas armadas.[21]

Adicionalmente, la inmigración ilegal podría ser vista con un enfoque similar. Si los puntos de vista de los Estados Unidos acerca de la contribución desde la defensa a la lucha contra tales movimientos evolucionaban, los canadienses no lo hacían, y por supuesto los Estados latinoamericanos no tendían para nada a compartir las posturas de Washington.[22] El SIDA y otras epidemias que han saltado las fronteras y han acabado con la vida de muchas personas podían ser vistos también en función de su dimensión de defensa y seguridad, pero cómo los ministerios de defensa y las fuerzas armadas debían asistir estaba lejos de quedar claro. Lidiar con los desastres naturales, aparentemente en aumento, siempre ha tenido un componente de defensa y al principio no aparentaba importar mayor cooperación interamericana de que la que ya existía en Centroamérica y el Caribe, extendida sobre bases *ad hoc*, aunque esto pronto iba a cambiar.

Los ministros de defensa enseguida comenzaron a buscar una guía por parte de sus colegas del ministerio del exterior. Los temas de agenda raramente eran de un estricto carácter militar o de defensa, y su combate

---

[21] Canadá percibe el tema mayormente como un problema de salud pública y educación. Ver Victor Malarek, *Merchants of Misery: Inside Canada's Illegal Drug Scene* (Toronto: McClelland and Stewart, 1990). Las naciones del Cono Sur están hastiadas de adjudicar roles de seguridad interna a sus fuerzas armadas, en virtud de las recientes dificultades políticas al respecto. Ver los capítulos nacionales y regionales de Peter Smith, *Drug Policy in the Americas* (Boulder: Westview, 1992).

[22] Ver por ejemplo el caso de México en Jorge Bustamante, "México-EU: migración indocumentada y seguridad nacional", en *En Busca de la seguridad perdida*, ed. Sergio Aguayo Quezada y Bruce Bagley (México: Siglo XXI, 1990).

incluía claramente a otros ministerios, fuera como contrapartes con defensa o incluso como actores principales en el tema. Desde la Conferencia de Ministros de Defensa en Williamsburg en 1995 hasta la de Santiago de Chile en 2002, se hizo claro que se necesitaban estrategias nacionales coordinadas sobre los temas en boga, y no acuerdos entre ministerios de defensa sobre asuntos que a menudo ni siquiera eran de su responsabilidad.

Característico del desorden de la seguridad hemisférica fue, sin embargo, que cuando el llamado para llevar a cabo una reunión sobre el futuro de la seguridad interamericana con la Conferencia de la Ciudad de México en 2003, fracasara rotundamente en su tarea de construir una agenda efectiva de acción conjunta para el futuro, o siquiera una hoja de ruta diciendo hacia dónde se quería ir en materia de defensa hemisférica. Los ministros de defensa no estaban realmente mucho más allá de lo que habían estado antes de esa conferencia.

Esos ministros de defensa del Hemisferio podían acordar con cierta facilidad acerca de la lista de nuevos desafíos, pero no sobre las prioridades a asignar a esos problemas, o sobre el enfoque a asumir para lidiar con ellos.[23] Cuando esto se suma a una falta de dirección estratégica superior, y la ausencia de responsabilidad compartida en los temas pertinentes, quedaron poco sorpresivamente bloqueados para producir una acción conjunta, aún cuando tal clase de acuerdos era sumamente necesaria.

En lo que se refiere a una aproximación común al confuso tema del narcotráfico, ha habido escasos avances significativos. Existe una plétora de políticas nacionales, y algunas se relacionan con las que desarrollan otros Estados. Pero aún restan demasiadas cuentas pendientes con los otros como para permitir una cooperación completa. La opinión pública latinoamericana mantiene aún la tendencia de creer que de alguna manera es un problema de los Estados Unidos, al tiempo que ese país tiende a sentir que es la culpa de los latinoamericanos que la producción no haya cesado. Mexicanos, colombianos, peruanos y bolivianos están sólo unidos por la creencia en común de que los Estados Unidos los subestima y no aprecia sus esfuerzos por combatir el tráfico. Los Estados Unidos, a su vez, se frustran con lo que percibe como falta de voluntad de

---

[23] Ver las ocho declaraciones ministeriales finales las listas de acuerdos, Williamsburg 1995, Bariloche 1996, Cartagena de Indias 1998, Manaus 2000, Santiago 2002, Quito 2004, Managua 2006 y Banff 2008.

América Latina para enfrentar el problema correctamente, y para actuar en conjunto y de forma efectiva para eliminarlo.[24]

Lo mismo se aplica para otros aspectos, pero posiblemente sea en el área del terrorismo donde la falta de voluntad común se manifiesta con mayor notoriedad. Las cosas habían comenzado bien. Cuando tuvieron lugar los ataques del 11 de septiembre de 2001, América Latina reaccionó, como gran parte del resto del mundo, con una inusitada unidad en apoyo a los Estados Unidos. Como se mencionó anteriormente, hasta Brasil planteó que se utilizara la aparentemente muerta letra del Pacto de Río, y a lo largo del Hemisferio el llamado a la acción fue respondido.

Esto no duró mucho. La administración Bush fue perdiendo legitimidad gradualmente, tanto en el resto del mundo como en América Latina, y al momento de la invasión a Irak a principios de 2003 el consenso estaba muerto, y la cooperación no había avanzado más allá el intercambio de niveles bajos de inteligencia entre algunos socios seleccionados. Parte de esto se relaciona con el hecho de que el terrorismo islámico extremista no está presente en la región, excepto por su menor grado de conexión con la Argentina y una vinculación financiera importante en el área de la triple frontera entre Brasil, Argentina y Paraguay.[25] México y Canadá han sido obligados a participar en el esfuerzo norteamericano por la protección de las fronteras estadounidenses, pero los esfuerzos más allá de eso han sido pocos, y espaciados. Tres Estados de América Central sí mandaron contingentes (compañías) a Irak en 2003 como parte de la "guerra contra el terrorismo"; aunque puede ser cínicamente visto como parte de su estatus dependiente *vis-à-vis* de los Estados Unidos, el hecho es que es la primera vez desde Corea que tropas latinoamericanas sirven fuera del Hemisferio al lado de sus contrapartes estadounidenses, y bajo su comando.

Los esfuerzos estadounidenses por propiciar una mayor cooperación, o al menos el potencial para la interoperabilidad entre las naciones de las Américas, han quedado en su mayor parte en *lettre morte*. El proyecto de la flota interamericana liderada por Estados Unidos en el sur del Caribe, para interceptar narcotraficantes que se trasladan hacia el norte, no llegó a buen puerto en la mayor parte de las naciones latinoamericanas y de la Comunidad del Caribe. Operaciones conjuntas en los Andes, luego de

---

[24] Peter Smith, *Talons of the Eagle; Dynamics of U.S.-Latin American Relations*, 264-270.

[25] Francisco Rojas Aravena, *Terrorismo de alcance global: impacto y mecanismos de prevención en América Latina y el Caribe* (Santiago: FLACSO, 2003).

las desastrosas iniciativas boliviano-americanas de mediados de los 90, han terminado. México sigue reticente a una cooperación bilateral altamente visible, aunque sí recibe ayuda de Estados Unidos para sus mayores esfuerzos actuales en el campo antinarcóticos.[26] A pesar de muchas conversaciones, la cooperación en defensa para este tema en el Caribe, está limitada esencialmente a esfuerzos de pequeña escala. En realidad, es probablemente Cuba (excluida de arreglos formales en este campo) la que de hecho coopera más de cerca con los Estados Unidos en esta área, así como en muchas otras.[27]

Se incorpora la ideología y la división

Si éste era el contexto sin divisiones ideológicas o de otro tipo en las Américas, se puede fácilmente imaginar el impacto de estos nuevos elementos en la escena de la cooperación en defensa. Los Estados Unidos han demostrado una profunda suspicacia por el viraje hacia la izquierda en la región, a pesar del fin del posible impacto global, como resultado de la victoria en la guerra fría.

Desde el comienzo del gobierno de Chávez en Venezuela en 1998, Washington no se sintió a gusto. Temiendo por sus intereses estratégicos en el petróleo venezolano, y por sus inversiones generales más ahora ante el desafío de un nacionalismo de izquierda, Washington intentó desacreditar y aislar al nuevo régimen. Para 2002 había decidido removerlo si se podía, y la oportunidad no tardó en presentarse dado que la creciente polarización de la sociedad venezolana produjo un intento de golpe en abril de ese año. El regocijo de los Estados Unidos con los sucesos era difícil de ocultar, y ahora ya se sabe hubo algún limitado involucramiento de personal de ese país en los sucesos de esos días[28].

---

[26] El record de México es bastante bueno ya que desplegó gran parte de su ejército en operaciones anti-narcóticos desde 1970 y compartió públicamente la postura estadounidense de que el problema es visto apropiadamente como de defensa y seguridad. Ver Raúl Benítez Manaut, "Seguridad y relaciones cívico-militares en México y América Central: escenarios a inicios del siglo XXI", en *Las relaciones cívico-militares en el nuevo orden internacional*, ed. Athanasios Hristoulas (México: Porrúa, 2002).

[27] Ver Melanie M. Ziegler, *United States and Cuban Cooperation Past, Present and Future*, (Gainesville Florida: University Press of Florida, 2007). Ver también el capítulo de Estados Unidos en Hal Klepak, *Cuba's Military 1990-2005, Revolutionary Soldiers in Counter-revolutionary Times,* (New York, Palgrave/Macmillan, 2005).

[28] Ver Eva Golinger, *El Código Chávez* (Habana: Ciencias Sociales, 2005), para la historia completa, que usa documentos oficiales de Estados Unidos relacionados con este *affair.*

Como sea que haya sido, el resultado fue una brecha aún mayor entre Caracas y Washington una vez que el golpe fue neutralizado, y Chávez se posicionó en el poder más firmemente que antes.[29] Cuando la asistencia venezolana comenzó a llegar a otros movimientos de izquierda, y especialmente si después ganaban elecciones nacionales, el gobierno de Bush se frustró aún más. Las críticas de ambos lados se hicieron más estridentes e ideológicas. Pero como hemos visto, los gobiernos de izquierda ganaron elecciones y asumieron el poder en varios países, y el "sueño bolivariano" de Chávez ganó credibilidad, influencia, adeptos y respeto, especialmente entre los pobres de la región. Las remesas de petróleo venezolano proveían el combustible que alimentaba esa influencia.

La capacidad de Estados Unidos de actuar contra esta tendencia también estaba muy limitada. La guerra en Irak y Afganistán, el colapso de la credibilidad estadounidense en la mayor parte del mundo y la región bajo la administración Bush, la creciente deuda, y el crecimiento de otros polos de influencia que desafiaban el mundo unipolar de los 90, se combinaron para asegurar que aunque los Estados Unidos estuvieran irritados con las tendencias de izquierda en el Hemisferio, no pudieran hacer nada al respecto.[30]

Las cosas paulatinamente se pusieron peor. Si ya en el 2000, en la Conferencia de Ministros de Defensa en Manaos, Venezuela producía un plan para orquestar un sistema interamericano de seguridad a dos bandas, donde Sudamérica sería la primera banda, y la pata interamericana sólo intervendría si aquella no podía manejar sola un tema, para 2006 Caracas había ido mucho más allá.[31] Chávez, percibiendo una amenaza creciente desde los Estados Unidos, llamaba a una alianza anti-Estados Unidos, que podría detener las ambiciones de Washington de detener la reforma en la región por la vía militar.

A pesar de que todos sus amigos –excepto Nicaragua– rechazaron la invitación, ésta sí produjo un chispazo de interés acerca de una relación de defensa sólo sudamericana, lo cual ha desde entonces allanado el

---

[29] Ver Marta Harnecker, *Militares junto al pueblo* (Caracas: Editorial Vadell Hermanos, 2003).
[30] Para la era unipolar ver Charles Krauthammer, "The Unipolar Moment", en *Foreign Affairs* 70, N° 1 (1990/1991): 32-33.
[31] Entrevistas con oficiales retirados del ministerio de defensa de Venezuela, Manaus, Septiembre de 2000.

camino para el Consejo Sudamericano de Defensa y otras iniciativas similares.[32] Esto nos conduce a una discusión acerca del contexto diplomático más general en los 2000.

En realidad, ante un sistema interamericano totalmente dividido e incapaz de actuar, las regiones simplemente han seguido su propio camino. Esto es normal hasta cierto punto, en un contexto donde la mayoría de los problemas de defensa y seguridad en las Américas han sido y aún son bilaterales o subregionales.[33] Pero a esta situación ya de larga data se suma la división a la cual tan seguido hemos hecho aquí referencia. Si se tenían las iniciativas regionales de RSS, NORAD, Andina, Centroamericana, Cono Sur y otras similares antes del nuevo siglo, todas ellas eran vistas en general como parte de un todo mayor. En el contexto actual, se han tejido muchas especulaciones sobre el significado de estas iniciativas, especialmente cuando la presencia en foros interamericanos como las reuniones bianuales de ministros de defensa, decae notoriamente.

El Consejo de Defensa Sudamericano, por ejemplo, no admite miembros por fuera del continente sudamericano, incluso de otros países de América Latina.[34] En un Hemisferio donde ya existe un bloque sudamericano y no justamente uno latinoamericano, y donde aquél parece estar en primer plano, no es sorprendente que se cuestione lo que esto significa. ¿América del Sur está volviendo la espalda a América Latina? ¿El distanciamiento de México de la región es respondido ahora por otros haciendo lo mismo? ¿Estamos siendo testigos de la ruptura del orden general, con el Caribe, México, Centroamérica y quizás Colombia moviéndose hacia el norte, mientras el resto se ancla firmemente en el sur? ¿Dónde encaja el ALBA en este abanico, el Mercosur, los Andes, el Caribe y Centroamérica? Estas son preguntas de enorme alcance, y que aunque no pueden ser respondidas en este artículo, apuntan a la división regional, la incertidumbre de los tiempos que corren, y particularmente al hecho de que ante la división hemisférica y la inefectividad, los países

---

[32] Greg Morsbach, "Venezuela trains for Guerrilla War", *BBC News*, 6 de marzo, 2006, http://news.bbc.co.uk/2/hi/americas/4777972.stm. Ver también "Chávez dice que seguirá ejemplo cubano para defenderse de EEUU", *El Nuevo Herald*, 17 de enero,2006.

[33] Ver la colección de ensayos de Francisco Rojas Aravena, *Balance estratégico y medidas de confianza mutua* (Santiago: FLACSO, 1996).

[34] Sin embargo sí permite observadores del resto de la región, pero no por fuera de América Latina. Ver la Declaración de Santiago, Primera Reunión de Ministras y Ministros de Defensa del Consejo de Defensa Sudamericano (CDS) de la UNASUR. 10 de marzo de 2009.

están encontrando otros recursos regionales para manejar sus asuntos de defensa (y otros más amplios).

Esto nos incumbe aún más debido a la división ideológica. El Secretario General Insulza está posiblemente en lo correcto cuando aduce que este no es el momento para frenar las discusiones entre las partes, sino de promoverlas más que nunca.[35] Las agrupaciones competitivas pueden ser bastante peligrosas, pero los acuerdos competitivos en materia de defensa son una novedad en el Hemisferio y envían un mensaje preocupante acerca de si vamos a trabajar juntos o separadamente en la atención de los temas en cuestión, o incluso en desacuerdo.

La escena interna

Con todo esto en mente, debemos retomar la discusión sobre el efecto de estas tendencias en la escena doméstica de las naciones de la región. La división ideológica en el Hemisferio tiene también su correlato en el ámbito doméstico. Fuerzas poderosas están en juego, y las apuestas son altas. Las elites no tienen intención, luego de siglos de control, de ceder el poder real a otros actores, y menos a la izquierda. Las fuerzas de izquierda en el poder, frustradas luego de las largas, sangrientas e injustas luchas que necesitaron para llegar adonde llegaron, están apuradas por instrumentar cambios profundos. Al mismo tiempo, les falta experiencia, alojan resentimientos y perciben su debilidad y sus propias divisiones interiores. Esto no es necesariamente la receta para el feliz desarrollo de las instituciones democráticas, como nos demuestran tan frecuentemente los eventos que suceden a través de la región.

Si la izquierda no es capaz de evitar una mayor polarización de la sociedad, y no puede contener las violentas protestas contra su paquete de reformas, hay posibilidades de serios problemas en el futuro. Y si la derecha no es capaz de resistir la tentación de utilizar medios extra constitucionales para librarse de los reformistas fastidiosos, como hicieron en el pasado, la misma posibilidad de problemas existe.

Esto puede recordar a los lectores a aquellos teóricos cíclicos que usualmente alegan que América Latina atraviesa ciclos de reforma y de conservadurismo autoritario. Como sea, actualmente es necesario llamar a la calma y a la reducción del extremismo, y no de impulsar el apoyo

---

[35] Ver por ejemplo, Max Manwaring, *Latin America's New Security Reality: Irregular Asymmetric Conflict and Hugo Chavez* (Washington: Strategic Studies Institute, 2007).

popular (o no popular) a través de la demagogia y de llamados dramáticos y soluciones inmediatas a problemas serios y de largo plazo.

La izquierda no entiende necesariamente que ser gobierno requiere intentar encontrar el consenso antes que causar mayores divisiones en el cuerpo político. La derecha tampoco logra a menudo entender qué está en juego (además de los peligros de las pérdidas financieras directas si las reformas de la izquierda se afianzan), parece no haber comprendido las lecciones de las décadas recientes.

Parece inevitable concluir, en este punto, que no solemos ponernos a nosotros mismos en el contexto histórico en que vivimos, suficientemente. Éste no es el primer período de lucha por el poder entre fuerzas conservadoras y reformistas en la región. La "alianza diabólica" fue invocada por razones que eran reales en ese momento para los conservadores, temerosos del cambio que podría amenazar sus propios intereses y quizás incluso sus valores.[36] Las alianzas de izquierda con fuerzas extra-regionales y la adopción de teorías que poco tenían que ver con sus respectivas realidades nacionales, también permitieron y fomentaron la exageración de la derecha sobre la amenaza que la reforma representaba.

El desafío amplio y radical que enfrentan las democracias latinoamericanas, de derecha o de izquierda, es cómo dirigir la discordia entre los reclamos por el cambio y la resistencia a ellos, por canales pacíficos. Los esfuerzos por la reforma, que parecieron tan prometedores durante los años de la Política del Buen Vecino, dieron por tierra de una forma violenta y sangrienta con la guerra fría y la aplicación de la doctrina de seguridad nacional en muchos países. La democracia parece ofrecer la posibilidad hoy de evitar esta vez tal derramamiento de sangre y conflicto, si de hecho permite que el debate sobre la reforma se desarrolle en un ambiente civilizado, y de mutuo respeto y moderación en el discurso y en la acción.

Tampoco debe escaparse el hecho de que si la discusión entre reforma y *status quo* no puede encontrar un centro moderado, y no puede mantenerse dentro de los límites del debate y proceso democráticos, es improbable que la izquierda retorne calmadamente a su esquina del ring y no salga otra vez. Es mucho más factible que, como en el pasado, se remita a formas violentas de expresarse e insista en revertir las injusticias, que

---

[36] Para la historia de este tema en el norte de la región ver Lester D. Langley, *The Banana Wars: United States Interventions in the Caribbean 1898-1934* (Wilmington,:Scholarly Resources Press, 2002).

para la derecha suceden hoy, y que la izquierda siente que están presentes desde hace tanto tiempo.

Es virtualmente imposible imaginar a la izquierda latinoamericana aceptando, por ejemplo, el *coup d'état* de estilo oligárquico que se desarrolló en Honduras, sin utilizar la violencia contra los perpetradores del fin de la democracia y del imperio de la constitución. Pero, ¿qué significaría esto realmente en una era post-2001 de globalización de la violencia?

En el pasado, el golpe guatemalteco de 1954 y el alineamiento de fuerzas conservadoras que representó, obligó a la izquierda latinoamericana a optar entre la ausencia de cambio o el camino de la lucha armada. Esto produjo primero insurrecciones rurales y ante su fracaso, el terrorismo urbano, que también colapsó.[37] Medio siglo más tarde, aquellos tentados por el terrorismo podrían ser los únicos escuchados, dado el crecimiento de fuerzas en las fuerzas armadas modernas y su habilidad para aplastar las insurrecciones rurales.

Las lecciones de la historia del terrorismo son muy debatidas. No obstante, los teóricos están de acuerdo particularmente en una: es el arma de los débiles y es elegida usualmente sólo cuando las opciones electorales o de insurrección tradicional no son factibles. Si la lección del debate actual fuese que el camino de la democracia no puede conducir a la reforma y que la insurrección no es posible, es probablemente muy optimista pensar pueda de alguna forma evitarse. Una izquierda débil sin otra opción encontrará a algunos de sus miembros seguramente dispuestos a devolver el golpe de aquellos que impidieron el proceso democrático con el objetivo de frenar las reformas de las injusticias percibidas como opresivas y masivas. Una derecha que sintió que la izquierda había abandonado la democracia real podría sentir bien justificado el uso de métodos terroristas para frenar la fermentación que para ellos se estaba desarrollando.

Como se ha ya mencionado, las apuestas son demasiado altas. Las cualidades de estadista y la responsabilidad política son poco comunes. Cuando se agrega la lista de inquietudes en materia de seguridad que agobian a América Latina, la escena se vuelve más oscura. Los pueblos de la región quieren la democracia pero también requieren orden y seguridad en las calles. Encuesta tras encuesta se ha demostrado que la región

---

[37] Ver Piero Gleijeses, *Shattered Hope: the Guatemalan Revolution and the United States, 1944-1954*, (Princeton, Princeton University Press, 1991).

considera altamente prioritario dar respuesta al problema de la seguridad en las ciudades, y en algunos casos también en las zonas rurales. Y el número de aquellos encuestados que aceptarían el regreso de un gobierno autoritario si éste les garantizaba mayor seguridad es creciente y perturbador.

Existen pocos signos de que el tema de la seguridad local para los ciudadanos esté siendo canalizado de forma exitosa en alguna nación latinoamericana. En algunos países la inseguridad ya se ha vuelto crónica. Es tan probable que la democracia no prosperará sin seguridad como que el desarrollo ocurrirá sin ella. Todos estos elementos están íntimamente relacionados. Igualmente, la historia latinoamericana nos muestra claramente que el orden doméstico y la paz internacional están también poderosamente conectados.

Conclusión

La combinación de nuevas amenazas a las cuales aún no se ha encontrado respuesta y de un nuevo contexto político de división y desconfianza mutua es profundamente preocupante para el futuro de la región. El hecho de que aquellas amenazas no sólo pesan sobre el pueblo sino que también amenazan a la democracia, así como lo hacen la inequidad social y la exclusión, alimentan la seriedad de la situación. Los medios para enfrentar esas amenazas no son ni impresionantes ni obvios, y esto se aplica a los niveles de análisis interestatales y domésticos.

El golpe de estado en Honduras, en julio de 2009, ha servido para mostrarnos cuán imprudentes fuimos al pensar que la democracia ya estaba anclada sólidamente en la región. Lamentablemente no es el caso. Nuestros partidos políticos, constituciones, prácticas y tradiciones democráticas, sociedades civiles, y el resto de las experiencias que apuntalan nuestras democracias, son vulnerables y aún no han sido probadas en momentos difíciles. Nuestras instituciones multilaterales han demostrado ser tan débiles como la voluntad política de trabajar conjuntamente que vemos en tantas áreas de la vida interamericana hoy.

El golpe debería servir como una señal de alarma, que dé cuenta de la urgencia con que la región debería estar trabajando para entender las amenazas, y así evitar totalmente las tentaciones del extremismo. Debe haber medidas de autocontrol del lenguaje político y objetivos, con una visión que muestre un entendimiento de los asuntos vitales que están en juego en esta coyuntura de la historia de la región. Los poderes externos deben asistir en este relevamiento y en la necesidad de moderación en el enfoque. Una región de desconfianza, divisiones clasistas e ideológicas, extremismo, movilizaciones y despliegues militares cada vez que se aproxima una crisis, una región donde cada lado de disputa tema que las consecuencias del compromiso sean peores que aquellas de la confrontación, no está en los intereses de nadie.

Las observaciones finales serían tres. El Presidente Obama puede hacer mucho si así lo elige, y la influencia de los Estados Unidos, para bien o para mal, sigue siendo grande en la región. Hasta ahora, América Latina parece tener poca prioridad en Washington, pero esto podría cambiar en el futuro. En segundo lugar, el optimismo no está tan fuera de lugar si se puede desviar la atención a los problemas inmediatos. Históricamente América Latina ha parecido estar al límite, y siempre se las arregló para volver atrás. No obstante, por desgracia, en ocasiones sí ha caído. En tercer lugar, la recesión actual podría ser menos extensa en su duración, e incluso menos dramática de lo que aparenta actualmente, y si tal es el caso uno podría evitar los graves disturbios a la paz interna y externa que la última Gran Depresión trajo a la región. Podría ser insensato, sin embargo, olvidar hasta qué punto ese período conllevó dolores y dificultades a la región.

¿Hay "América del Sur"? ¡Ay América!

Héctor Luis Saint-Pierre[*]

El futuro en América del Sur: ¿destino, oportunidad o decisión?

¿Existe una predestinación para América del Sur, o los sudamericanos tienen en sus manos el futuro sub-regional? La cuestión es si el hombre puede ser artífice de su propio futuro y responsable de las decisiones –que originarán cadenas causales hacia un futuro deseado, deliberado y premeditado–, o si es apenas una marioneta en las manos de un inapelable destino. En términos históricos, ¿el hombre puede "colocar su mano en la rueda de la historia" para provocar un rumbo decidido o es sólo una víctima inerte y atropellada por el andar errático e independiente de esa rueda?

Colocada filosóficamente, es la dicotomía entre contingencia y necesidad. Si la historia es necesaria, el destino es inexorable, y nada puede ser hecho para alterarlo. De ahí las dificultades de Agustín ("el africano" o simplemente "San Agustín") para justificar el pecado y fundamentar la gracia (¿Cómo podemos pecar si no es posible hacer otra cosa que lo que Dios determinó?). Por otro lado, el fundamento de la política exige la contingencia de la historia y la causalidad emergente de la libertad de voluntad. Ésta es la perspectiva en la que se encuentra el hombre de

[*] Profesor Doctor Adjunto, investigador del Consejo Nacional de Investigaciones (CNPq). Coordinador del área de "Paz, Defensa y Seguridad Internacional" del Programa UNESP/ UNICAMP/PUC-SP de Post-Graduación en Relaciones Internacionales "San Tiago Dantas". Miembro de la Junta Directiva de RESDAL. Líder del Grupo de Estudios de la Defensa y Seguridad Internacional (GEDES).

acción, y que Max Weber atribuía al verdadero hombre político, aquel "hombre histórico que quiere y toma posición, el cual jamás 'actuaría' si su propia acción se le apareciese como 'necesaria' y no como meramente 'posible'" [1].

Este dilema tiene un sentido eminentemente práctico: si la tendencia de América del Sur hacia su integración obedece al destino, o es el resultado consciente y deliberado de sus líderes políticos. La respuesta indicará la posibilidad de imputar responsabilidades e identificar los obstáculos, los elementos aceleradores, y los retardatarios.

Los griegos atribuían el destino a la inexorable naturaleza humana; mientras los medievales lo divinizaban en el proyecto absoluto de Dios, y Kant lo asociaba a un oculto plano de la naturaleza. Wright Mills lo diluye en una ecuación sociológica: "Decir que un acontecimiento histórico es provocado por el destino quiere decir que es el resultado sumario y no premeditado de innúmeras decisiones de innúmeros hombres".[2] Esas decisiones coinciden, colisionan, concurren, se potencian y se anulan, tornando el resultado incierto y el acontecimiento autónomo. En esos casos ninguna decisión puede ser imputada causalmente sobre las consecuencias. El proceso parece responder a un orden externo e independiente de decisiones humanas. Pero, aún así, no hay manos invisibles ni predeterminaciones trascendentes: "el destino es una característica de estructura social".[3] La dinámica histórica del destino (en el sentido de Mills) no depende de la naturaleza humana, ni de los designios divinos, ni de las leyes de la naturaleza, mas está íntimamente ligada al poder. La relación entre destino y poder, para Mills, obedece a la siguiente fórmula: a mayor distribución de poder más incidencia del destino; la concentración absoluta del poder es el reino de la decisión.[4]

Actualmente, en América del Sur, o más precisamente en la Unión de Naciones de América del Sur (UNASUR), el poder se presenta concentrado en trece polos decisorios, correspondientes a los países que la conforman. El llamado "destino" al que se le puede atribuir injerencia en la causalidad de la política regional es, en realidad, la resultante de la dialéctica de las voluntades de los dirigentes que representan a esos trece Estados. Así, la tendencia hacia la integración subregional no depende

---

[1] Max Weber, *Ensayos sobre metodología sociológica* (Buenos Aires: Amorrortu, 1982), 151-152.

[2] Wright Mills, *The Causes of World War Three* (New York: Ballantine Books, 1960), Parts II y III.

[3] Wright Mills, ob. cit., Part III.

[4] Wright Mills, *Ibidem.*

de los vientos del acaso, sino de la actitud deliberativa de sus dirigentes. La densidad política de la subregión corresponde a la voluntad política de los países que componen la UNASUR. Las circunstancias actuales ofrecen una oportunidad inédita para la expresión de esas voluntades políticas, y su aprovechamiento dependerá de la virtud de sus dirigentes y de la presión de las sociedades sobre ellos.

Los griegos pintaban a la oportunidad como una mujer desnuda y pelada, con cabellos sobre el rostro y alas en los pies. Las alas en los pies la llevan raudamente, los cabellos en su rostro le impiden ver por dónde va, y su zigzagueante andar es dictado por el azar; pelada como es y desnuda como está no permite ser aprehendida una vez que pasó. Por eso la oportunidad no existe para quien no la espera y se prepara para tomarla a su paso. Maquiavelo la llamó "fortuna" y por "*virtú*" entendía la preparación y la sabia espera para el aprovechamiento de las circunstancias (en el florentino la "fortuna" también puede ser entendida como "circunstancias").

La contención de los juegos políticos nacionales dentro de los márgenes democráticos y la estabilidad institucional constituyó uno de los componentes de la oportunidad para los países de la sub-región. No es despreciable tampoco la valorización de los *commodities* en el mercado internacional (de los cuales la región es productora y exportadora), que permitió, aunque todavía insatisfactoriamente, una mayor distribución de los bienes y con ello una relativa estabilidad social. Otro de los factores fue la atención dispensada por los Estados Unidos a otras regiones del mundo, más "calientes" o críticas para sus intereses, que liberó el espacio de acción y, consecuentemente, oxigenó las estrategias subregionales. Por otra parte, en cuanto a la voluntad política de las élites gobernantes para imprimir un rumbo a la historia regional, nunca hubo en la subregión una estabilidad y continuidad política como la actual. Con líderes frecuentemente plebiscitados, muchos gozando de períodos de reelección, partidos o articulaciones políticas que se mantienen en el poder por períodos consecutivos, reinstitucionalización constitucional en varios países, líderes con amplio apoyo social, indican una concentración de poder legítimo que viabilizaría la preeminencia de la voluntad sobre el destino como artífice del futuro regional. Por otro lado, no obstante la existencia de posiciones más radicales del espectro político, el subsistema político de América del Sur es bastante homogéneo, lo que en principio facilita las decisiones consensuadas. Las circunstancias y las voluntades ofrecen una oportunidad única para que la subregión diseñe un futuro que, como nunca, está en las manos de sus dirigentes.

Percepciones y política subregional: ¿hacia una política externa de la subregión?

Porque la materia empírica de la política internacional son las percepciones, es a éstas que las unidades decisorias dirigen la lógica de sus políticas externas con sus dos gramáticas: la diplomacia y la estrategia (en la conceptualización aroniana[5]). La eficacia para influenciar las percepciones depende, entre otras cosas, de la sintonía de las dos gramáticas, y ésta, a su vez, de la fuerza y coherencia con que la política imponga su lógica sobre aquéllas. Caracterizo la "política externa" como el producto de dos embates: uno positivo, en el seno del proceso decisorio del Ejecutivo, y otro negativo, caracterizado por el juego de los contrapesos de poderes, entre el Ejecutivo y el Legislativo. Este último embate tiene dos aspectos: lo "inercial", que comprende los actos legislativos de ratificación de pactos y tratados internacionales y, por otro lado, el ejercicio de la "política negativa" (en sentido weberiano[6]), de la actividad de la oposición política en el Legislativo que, por medio de comisiones parlamentarias y de la práctica de procesos reglamentarios, intenta retrasar, inhibir o impedir el ejercicio de la política positiva de la situación en el gobierno.[7] El embate positivo, aquel que se traba dentro del proceso decisorio del Ejecutivo, se modela como resultado de la dialéctica entre la voluntad del Ejecutivo y las de sus burocracias específicas (la diplomacia y las fuerzas armadas) en la lucha por imprimir una determinada dirección a la proyección del país en la política internacional.

Sin embargo, y es lo que aquí interesa, las características del ambiente al cual se dirige esa política (un sistema o subsistema internacional definido) la condicionan. Aun así, no pocas veces la política externa de un país es la proyección de su política interna, que no pocas veces es una reacción al estímulo internacional; después de todo, el límite entre lo interno y lo externo es tenue.

Las percepciones sobre la subregión, en cuanto fenómeno subjetivo, no son necesariamente inferencias objetivas y hasta pueden ser contradictorias, pero algunas constituyen consensos más o menos consolidados:

---

[5] Ver Raymond ARON, *Paix Et Guerre entre les Nations* (Paris: Éditions Calmann-Lévy, 1962), Parte I, Capítulo I.

[6] Max Weber, *Parlamento y Gobierno* (México: Folio Ediciones, 1992), Escritos Políticos, Vol. I.

[7] Por ejemplo, el bloqueo actual de partidos de la oposición contra la aprobación del ingreso de Venezuela al MERCOSUR, como es el deseo del gobierno brasileño.

- *La idea de Sudamérica*: Una de las percepciones compartidas, y bastante consolidada en América del Sur, es en relación a su especificidad, que la recorta del sistema hemisférico como una unidad subsistémica sin contradicción ni exclusión de aquél. En alguna medida la idea francesa de "Latinoamérica" se fue diluyendo ante las percepciones y perspectivas desencontradas, en las diversidades de riquezas naturales y culturales, las varias composiciones políticas y, sobre todo, ante el diferente relacionamiento de las subregiones con la potencia hegemónica continental. Sin romper ni negar la pertenencia a ese fenómeno básicamente cultural de la "latinoamericanidad", sin abdicar ni renunciar a los foros hemisféricos, esa especificidad fue emergiendo, empujada por la aproximación de percepciones nacionales construidas sobre una geopolítica, una cultura, una historia y una perspectiva económica, energética e infraestructural subregional.

- *Los arcos de la estabilidad:* entre los analistas políticos del fenómeno sudamericano hay cierto consenso en caracterizar la actual coyuntura como el resultado del peso de dos arcos diferentes y encontrados en el corazón de la subregión. Por un lado un *arco de la inestabilidad*, que desde Venezuela y Colombia, pasaría por Ecuador, Perú y Bolivia. Por motivos económicos, sociales, políticos e institucionales esta región, que más o menos coincide con la andina, habría estado sujeta a constante inestabilidad por la convulsión interna de los países que la componen. Paralelamente, habría otro arco, pero de la estabilidad, que saliendo de Brasil pasaría por Uruguay y Argentina para llegar a Chile. Con fuertes instituciones y sistemas políticos consolidados, son países que consiguieron arreglar sus economías y en alguna medida consiguieron satisfacer las demandas sociales generando un *arco de estabilidad*. Este arco, para estos analistas, no solamente es más estable, sino que también funciona como estabilizador subregional, equilibrando inclusive al otro arco. Citan como ejemplos para sostener esa hipótesis la aplicación de la cláusula democrática en Paraguay, el intento golpista en Venezuela develado por la construcción del grupo "Amigos de Venezuela", el apoyo a Bolivia en la crisis institucional, las gestiones en la crisis entre Colombia y Ecuador y la gestión de UNASUR en la crisis política de Bolivia.

- *Multilateralidad puesta a prueba:* dentro de la organización política de América del Sur conviven algunos movimientos y actitudes unilaterales que constituyen un desafío a la integración subregional. La característica personalista de algunos líderes regionales, basada en su popularidad interna, los lleva a asumir, en ciertas circunstancias, posiciones individualistas o diplomáticamente radicales, dirigidas al escenario político nacional antes que al internacional, pero que pueden afectar el buen funcionamiento de la multilateralidad. Los países nucleados por los valores del ALBA, Bolivia y Ecuador, liderados por Venezuela, asumen políticas internacionales propias que, algunas veces, no serían apoyadas por todos los países de UNASUR y que, en determinados momentos, pueden comprometer el diseño diplomático de la subregión. Por otro lado, algunas relaciones unilaterales de miembros de la UNASUR con relación al Tratado de Libre Comercio, pueden dificultar el establecimiento de un mercado común del sur. En este sentido, no dejan de ser un desafío los eternos desacuerdos entre Brasil y Argentina, dentro del MERCOSUR, por cuestiones arancelarias para proteger sus respectivos mercados, mientras éstos son invadidos por productos *made in China*.

- *La posibilidad de una defensa sub-regional:* después del malogrado proyecto norteamericano de imponer una agenda hemisférica de seguridad y del andar de las Conferencias Hemisféricas de Ministros de la Defensa, pareció clara la divergencia conceptual y metodológica continental con relación a los temas de la defensa y de la seguridad internacional y, particularmente, las diferentes percepciones acerca de las "nuevas amenazas", que ya no se pensaban hemisféricamente sino subregionalmente.[8] La historia de la participación de los países sudamericanos en aquellas conferencias hemisféricas parece describir la ruta de un divorcio anunciado, de la búsqueda de una identidad continental encontrada subregionalmente, que parece culminar políticamente en la UNASUR y, en el ámbito de la defensa, con la creación del Consejo de Defensa Suramericano (CDS). Sin embargo, como recorte subregional de seguridad esta construcción no fue totalmente original: los centroamericanos y caribeños llegaron antes a una ingeniería de seguridad subregional, aunque en ese caso no suscitó las suspicacias ni las desconfianzas que levantó su congénere del sur.

- *Conducción política de la defensa:* otro consenso entre los analistas habla de la diversidad de relaciones entre civiles y militares en la región. Los diferentes formas y ritmos de los procesos de transición condicionó tam-

---

[8] Discutimos esta idea en: Héctor Saint-Pierre "Una reconceptualización de las 'nuevas amenazas': de la subjetividad de la percepción a la seguridad cooperativa", en *Nuevas Amenazas Dimensiones y perspectivas. Dilemas y desafíos para la Argentina y el Brasil*, Ernesto López y Marcelo Sain, (Bernal: Universidad Nacional de Quilmes, 2004).

bién relaciones políticas entre civiles y militares muy heterogéneas.[9] Hoy conviven en la subregión formas variadas de relacionamiento político con las fuerzas armadas: países en los que está clara una conducción política de la defensa bien consolidada; situaciones en las cuales las fuerzas armadas son empleadas políticamente; otras en las que los militares aún gozan de amplias prerrogativas constitucionales y de autonomía política; ministerios de defensa aún muy frágiles como para funcionar sobre el comando del gobierno legalmente electo u otros cuyos cuadros funcionales continúan ocupados por militares. La heterogénea relación política de conducción de la defensa en la subregión atenta contra la integración. No obstante ello, creo que algunos mecanismos sub-regionales, como el CDS, ayudarán a superar esa situación.

- Brasil, el incómodo liderazgo: existe una percepción generalizada en la región sudamericana sobre la creciente prominencia del Brasil como actor internacional, basada en una mayor visibilidad del país que ha sido en parte producto de la fuerte actividad diplomática por parte del presidente Luis Inacio Lula da Silva, pero también, de la reconocida calidad de los servicios diplomáticos de su burocracia. Ante esta emergencia internacional, reinan dos sentimientos encontrados sobre el Brasil. Por un lado, algunos actores sudamericanos consideran que el Brasil, por sus condiciones de potencia, por la calidad de su diplomacia, por su situación geopolítica haciendo frontera con la mayoría de los países de la subregión (menos con Chile y Ecuador), y hasta por el carisma de Lula, debería tener mayor protagonismo en el panorama sudamericano y asumir el liderazgo subregional. Por otro lado, también existe cierta prevención y hasta temor ante los movimientos del gobierno brasileño, considerados, por algunos, como "imperiales" en relación a los países o, por otros, como resultado de la insaciable búsqueda de una sub-hegemonía subregional y hasta de simple sustitución de los Estados Unidos en los "trabajos sucios" en esta parte del mundo.

---

[9] Análisis sobre algunas transiciones, inclusive comparativas, como la que realizamos en colaboración con Érica Winand, "El legado de la transición en la agenda democrática par la Defensa: Los casos brasilero y argentino" fueron compiladas por Ernesto López, *Control civil sobre los militares y política de defensa en Argentina, Brasil, Chile y Uruguay* (Buenos Aires: Altamira, 2007).

La Política externa brasileña para la subregión

Tal vez el Brasil nunca antes haya pasado por un testeo tan claro para mostrar el funcionamiento de la dialéctica entre el ejecutivo y sus instrumentos de poder como en el momento actual. Después de mucho insistir en sus discursos sobre la prioridad del escenario sudamericano para la política externa y objetivo primordial de la estrategia de inserción internacional del Brasil, el gobierno de Lula promovió la UNASUR y lideró la creación, dentro de esa institución, del CDS mostrando, con esos gestos, su determinación con relación al escenario subregional sudamericano. Ambas propuestas, pero particularmente el CDS, exigen la sintonía de las gramáticas militar y diplomática en su adecuación a la lógica de la política externa. En efecto, ambos instrumentos deben potenciarse en la tarea de modelar las percepciones subregionales, reduciendo las desconfianzas para crear el ambiente propicio para la cooperación multilateral. No obstante, faltaba la trasparencia de las intenciones estratégicas brasileñas para la región, que hubiese podido ser expresada en un Libro Blanco de la Defensa aún inexistente. Por eso, quizás, el documento *Estrategia de Defensa Nacional* (END) haya despertado tanto interés internacional: por primera vez el Brasil tornaba pública su visión del mundo y de la región, sus percepciones de las amenazas y desafíos a sus intereses, así como la organización, disposición y preparo de la fuerza para develarlos.

El CDS y la multilateralidad de la defensa sub-regional

El CDS no se propone establecer una alianza militar, ni ser un órgano operacional de carácter militar para la resolución de los conflictos. Parece ser una tentativa de integración del pensamiento de defensa subregional, para discutir las necesidades de comunes de defensa. Defiende como principios generales la consolidación de la democracia y la paz, la no intervención en los asuntos internos y el respeto a la soberanía de los países de la sub-región, la autodeterminación de los pueblos y la integridad territorial. La pretensión de esta iniciativa es tratar de reunir las estructuras existentes en América del Sur en un Consejo integral de defensa, bajo decisiones no vinculantes. Pretende lograr una mayor transparencia, confianza y previsión entre los países; interpretar las percepciones sub-regionales de las amenazas y los desafíos para articular las políticas de defensa buscando una sintonía que permita proyecciones compartidas sobre la seguridad sub-regional. Es posible atribuirle los siguientes objetivos:

- Intercambio de percepciones y elaboración de análisis compartidos sobre los escenarios mundiales de defensa.

- Intensificación del intercambio de personal militar en materia de educación militar bajo la óptica e interés de los gobiernos y no sólo de fuerzas singulares.

- Intensificación de la participación común en misiones de manutención de la paz bajo criterios y doctrinas compartidas.

- Auxilio humanitario de emergencia a regiones afectadas por desastres naturales.

- Incentivo al aumento de la realización de ejercicios militares conjuntos buscando la optimización de la interoperabilidad.

- Integración cooperativa de las bases industriales de defensa de la subregión para aumentar la autonomía con capacitación tecnológica y compras a escala.

- Búsqueda de posiciones regionales consensuadas dentro de foros multilaterales como la JID y la OEA.

Las preocupaciones que pueden ser mantenidas sobre este Consejo son:
- La percepción subregional acerca de la forma "impositiva" en que Brasil coloca la cuestión a sus vecinos.

- El papel de los equipos técnicos, así como de las cúpulas gobernantes, que será fundamental para el futuro del Consejo. Tememos que acabe siendo sólo un organismo técnico militar: una Junta Interamericana de Defensa del Sur, es decir, un nuevo foro privilegiado para que se reúnan las fuerzas armadas de la subregión.

- El éxito de la propuesta, que parece depender de dos condiciones necesarias: 1) la coherencia de las políticas externas que propicie la convergencia entre las fuerzas armadas y la diplomacia de los países de la subregión; y, 2) el control político consolidado tanto sobre la diplomacia como sobre las fuerzas armadas, por parte de los representantes políticos.

En realidad, estas dos últimas condiciones necesarias para el éxito de la propuesta, en la coyuntura actual de la sub-región parecen deficitarias, cuando no ausentes, y en muchos casos en vías de claro retroceso. Sin embargo, y en vista de que algunos países tienen alguna o ambas de aquellas condiciones resueltas o en vías de clara mejoría, no descartamos la posibilidad de que la reunión del mecanismo "2 x n", más una estrecha colaboración de la comunidad sudamericana de defensa, puedan facilitar la consolidación o mismo el logro de las condiciones en aquellos países (aquí incluyo al proponente) que no la tienen.

De todos modos, la constitución de esta institución multilateral de ámbito subregional en el área de la defensa es de extrema importancia. Los acuerdos y consensos sobre las cuestiones políticas no constituyen el techo de la integración, sino los cimientos y vigas que le darán perennidad. Construir la casa sudamericana sobre los pilares comerciales es entregarla a los cambiantes humores de Hermes. Los intereses que darán la dirección solida a esa construcción no pueden ser los comerciales, siempre sujetos a los vaivenes del lucro. Solamente el convencimiento de que la seguridad de las naciones sudamericanas estará en buenas manos si éstas fuesen sudamericanas, fraguado en la confianza mutua y la disuasión que brinda la trasparencia, dará la solidez necesaria a aquellos cimientos y vigas para soportar la construcción de la integración subregional.

La END y el ambiente internacional

No obstante el presidente Lula prometió varias veces en sus discursos un documento sobre la defensa brasileña, es posible especular sobre los motivos que probablemente precipitaron la promulgación de la END. Brasil precisaba, con relativa urgencia, de algún documento que pudiese presentar para cubrir la ausencia de un Libro Blanco o documento oficial que presentase los principios, fundamentos y objetivos de la defensa así como la proyección estratégica del Brasil. El visible contraste con sus vecinos sudamericanos, casi todos ellos contando con sus Libros Blancos, acabaron destacando el déficit brasileño en ese aspecto. Por otro lado, los viajes emprendidos por el ministro de la Defensa, Nelson Jobim, buscando mercados donde reequipar el deteriorado parque bélico de las fuerzas armadas brasileñas, mostraron la necesidad de contar con un documento que abriese la caja de la defensa y dejase claras las intenciones brasileñas. En efecto, algunos gobiernos, especialmente europeos, no obstante ávidos por realizar ventas que ayudarían a sus países en medio de la crisis económica, condicionaron las negociaciones a una perspectiva más clara acerca de la política de defensa brasileña.

También incidió en la promulgación la búsqueda de coherencia en la política regional. Al final, Brasil había propuesto la creación del Consejo de Defensa Suramericano e, inclusive, sugerido la elaboración de un "Libro Blanco Regional de Defensa" que el propio Brasil aún no poseía. Finalmente, era notoria la necesidad de completar o avanzar en el fortalecimiento de la conducción política en los asuntos de la defensa, aún muy dependiente del monopolio que los militares ejercen sobre esos temas. Un paso fundamental en esa dirección fue dado en 1999, durante el gobierno de Fernando Henrique Cardoso, con la creación del Ministerio de Defensa. Sin embargo, la creación formal de ese ministerio no garantizó la conducción política de las fuerzas armadas. Tal vez por falta de funcionarios civiles capacitados para la función, el ministerio acabó siendo "amueblado" (para usar la metáfora del ex ministro, José Viegas) básicamente con personal militar. El reflujo de las fuerzas armadas para ocupar los espacios políticos del ministerio fue posible por otro aspecto que no había sido atendido: la reorganización de las fuerzas armadas institucionalizando su conducción política mediante una clara cadena de comando.

Finalmente la END fue presentada al presidente y a la nación brasileña tardíamente y sorprendiendo a la incipiente comunidad de defensa brasileña que esperaba por el anunciado debate que, a pesar de que Nelson Jobim haya declarado que "el tema comenzó a estar presente en los medios, en el Congreso, en los cuarteles, en las reuniones empresariales, en las Universidades",[10] de hecho nunca ocurrió. Si hubo algún debate, si el tema rondó el ambiente académico, fue producto de la iniciativa de los propios académicos en la esperanza de que en algún momento la comunidad fuese convocada para discutir el tema nacionalmente.[11]

Sin espacio para analizarla detalladamente, puedo decir que la END avanza en relación a los dos Documentos de Política Nacional de Defensa (DPDN) que la precedieron. Ella se atreve a diseñar la definición de lo que podríamos llamar "Gran Estrategia" en el sentido que le da a la expresión Liddel Hart.[12] Involucra aspectos que derraman en las playas de la educación, la ciencia y tecnología, la economía, la infraestructura, la movilización nacional, etc. Avanza sobre temas nunca antes tratados, como la organización de las fuerzas armadas, su composición organizacional y sus prácticas operacionales, así como sobre las capacidades y los medios necesarios para la letalidad de su eficiencia. No fue ignorada tampoco la exigencia de la independencia tecnológica para suplir esos medios, que se asentaría en la articulación con una industria nacional reforzada con

---

[10] Nelson Jobim, "La defensa de la prosperidad sudamericana", *Revista DEF*, Año 4, 43 (marzo 2009), 77.

[11] No puedo considerar la convocatoria de uno u otro académico para "conversar" con el ministro Mangabeira Hunger como la realización del "gran debate".

[12] Liddel Hart, *Strategy* (New York: Praeger Paperbacks, 1954).

protección y auxilio económico para la producción de materiales de la defensa de manera autónoma. Explícitamente menciona el desarrollo en áreas que considera esenciales para articular la defensa, como el desenvolvimiento científico-tecnológico en las áreas de la cibernética, la aeroespacial y, especialmente, la nuclear.

La preocupación brasileña con el ambiente internacional y especialmente el subregional se manifiesta en prácticamente todos los aspectos estratégicos que trata la END. Propone estimular la integración de América del Sur como forma de contribuir para la defensa del Brasil, además de fomentar la cooperación militar regional y la integración de las bases industriales de la defensa. Admite que la cooperación es fundamental para disminuir las posibilidades de conflictos tradicionales en la región y preparar el ambiente para el funcionamiento del CDS. Reconoce la importancia de éste para aumentar la escala del mercado regional y compensar la inversión que permitiría la autonomía estratégica, "posibilitando el desarrollo de la producción de defensa en conjunto con otros países de la región"[13]. Con relación al ambiente internacional propone la preparación de las fuerzas armadas para una mayor participación en misiones de paz bajo mandato de las Naciones Unidas o en apoyo a organizaciones multilaterales de la región.

La importancia del documento que tornó publica la END reside en su propia existencia: por primera vez Brasil expone para el mundo su pensamiento estratégico; sus percepciones regionales, hemisféricas y mundiales; sus hipótesis de empleo de las fuerzas y los planos de activación de los medios; sus preocupaciones con el desarrollo científico-tecnológico autónomo y de industria para la defensa. Sin embargo, su implementación dependerá de decisiones políticas del Ejecutivo, de aprobaciones técnico-presupuestarias del Legislativo y de la articulación del Ministerio de la Defensa con las fuerzas armadas; y, sobre todo, de la motivación o encuadramiento de los militares para quebrar la inercia corporativa y asumir el proyecto. Y no resta duda de que la efectividad de la propuesta dependerá de la aplicación de los medios económicos.

Retomando la hipótesis teórica colocada en el inicio de estas páginas, el juego de "la dialéctica de las voluntades" está lanzado y la prosecución del CDS como del documento de la END dependerá de su resultado. El

---

[13] Misterio de Defensa, "Estrategia Nacional de Defensa", (Gobierno de Brasil, Ministerio de Defensa, 2008), 13, https://www.defesa.gov.br/eventos_temporarios/2009/estrategia/arquivos/estrategia_defesa_nacional_espanhol.pdf.

sistema nervioso del gobierno, es decir, el ajuste entre el presidente y los ministerios encargados de la propuesta (Ministerio de la Defensa y Secretaria de Asuntos Estratégicos) funcionó ante la demanda de Lula, fortalecido por un extenso apoyo popular y reconocimiento internacional. No obstante, cuando la ejecución del plan se encarrile por los oscuros laberintos de la rutina y la falsa imparcialidad normativa de los procedimientos, sospecho que la aplicación de la END pueda sufrir resistencias y/o alteraciones por parte de la burocracia militar. El test crucial de la dialéctica de las voluntades será la puesta en funcionamiento del Comando Conjunto y, sobre todo, la elección de los comandantes por el ministro, particularmente si éstos no fuesen de la preferencia militar. Pero el gobierno Lula está llegando al fin de su mandato sin pronóstico de secuencia, recordándonos que los gobiernos pasan y las instituciones permanecen.

Consideraciones sobre el futuro

Tratando de evitar la tentación fatal que los intelectuales tenemos por la futurología, consciente de que la ciencia evita conjugar en el futuro, pero apelando al "conocimiento de experiencia" y a lo que "cabe esperar"[14], percibo para la región lo siguiente:

- Es posible que la crisis económica que se abate sobre el mundo pase a un segundo plano en la subregión a partir del año 2010 y que se fortalezca un mercado subregional que empuje las economías nacionales, fortaleciendo los lazos en la UNASUR.

- Podrán surgir algunos problemas políticos desestabilizadores, tal vez en la Argentina electoralmente, en Chile socialmente, y en Perú por la pérdida de apoyo del gobierno. En este país pueden aumentar los conflictos internos con características étnicas.

- El conflicto colombiano interno, fuente de inestabilidad regional, tiende a agotarse militar y políticamente. Independientemente de la sucesión presidencial, inclusive en el caso de que Uribe conquiste la reelección por tercera vez o aunque haya un sucesor, la política de combate militar a las FARC tiende a perder terreno

---

[14] Ver la descripción epistemológica de la "posibilidad objetiva" en Max Weber, *Ensayos sobre metodología sociológica*, 156-165. También: Héctor Saint-Pierre, *Max Weber: entre la paixão e a razão* (Campinas: Ed. Unicamp, 1999 1ª Ed.), Cap. 6.

para una política negociadora, posiblemente en el ámbito y con la garantía de UNASUR subsidiada por el CDS.

- Parece consolidarse la tendencia a solucionar las controversias subregionales diplomáticamente; esto será reforzado con el funcionamiento de UNASUR. Es posible que el CDS pueda funcionar como una sensibilidad estratégica anticipatoria y preventiva de la conflictividad subregional.

- El CDS ya es un instrumento importantísimo que obedece a las especificidades de la subregión y que podrá desempeñar un papel cada vez más protagónico en la búsqueda de posiciones concertadas y en la anticipación y resolución de conflictos regionales. La formalización institucional de este valiosísimo instrumento indica un camino inédito en los procesos de integración, diferente del europeo, y que puede ser eficaz.

- Aumentará la interacción de las instituciones nacionales de la seguridad pública para disminuir y controlar los crímenes transnacionales, como el tráfico de armas, drogas, el crimen organizado, y el lavado de dinero. Entrenamiento, planeamiento y operaciones conjuntas serán más frecuentes. La búsqueda de coherencia jurídica entre los países de América del Sur ayudaría en el combate al crimen.

- Mejorarán considerablemente los niveles de transparencia en el área de la defensa con el desarrollo de nomenclaturas, normas y procedimientos de medición de gastos. Se extenderá e intensificará la consolidación de la confianza mutua entre todos los países de la subregión, fortaleciendo al CDS.

Pensando en la región andina

Dolores Bermeo Lara y Nathalie Pabón Ayala[*]

1. Una caracterización

Las divergencias entre los países de la región andina se han visto enmarcadas durante la última década, principalmente por los modelos económicos y políticos de los gobiernos que conforman la región. Los problemas internos, las convulsiones sociales, el ascenso de gobiernos de izquierda, el impacto del conflicto interno colombiano en la región y los problemas económicos que se incrementan con la crisis mundial están generando en la región andina distanciamientos que a su vez se convierten en oportunidades de búsqueda de cooperación e integración.

Las dificultades en la región andina se dan inicialmente en el ámbito interno. En Bolivia, factores como el racismo, la inequidad social y la distribución de la riqueza generan inestabilidad para el gobierno de Evo Morales. Estos factores se desenvuelven en un marco de diferencias económicas y culturales, que divide a la sociedad boliviana en los llamados blancos terratenientes del oriente y los indígenas del altiplano. Las principales contradicciones se dan a nivel económico, por el rechazo de los

---

[*] Dolores Bermeo Lara es Abogada por la Universidad de Guayaquil con un Posgrado en Prevención y Gestión de Crisis Internacionales (Instituto Universitario de Estudios Internacionales y Europeos "Francisco de Vitoria", Universidad Carlos III). Nathalie Pabón Ayala es Politóloga por la Universidad Nacional de Colombia. Maestría (en curso) en Asuntos Internacionales en la Universidad Externado de Colombia. Miembro del Grupo de Investigación Seguridad y Defensa de la Universidad Nacional de Colombia. Ambas fueron parte del programa de pasantías de RESDAL.

gobiernos departamentales de la llanura oriental, quienes critican los beneficios producidos por los hidrocarburos. El principal argumento lo sustentan en que las regiones del llano es donde se encuentran las mayores reservas de gas y petróleo; sin embargo es en la Paz donde se encuentran los indígenas del altiplano, quienes sufren la concentración de los beneficios y la riqueza. Este conflicto a su vez se ve exacerbado por el proyecto político del Presidente Evo Morales quien con la nueva constitución vislumbra un carácter centralista de La Paz.

En Ecuador, con la refrendación del mandato de Rafael Correa, se reafirma el apoyo de las mayorías al proyecto político de Alianza País, que ha logrado mantener la estabilidad política frente a la inestabilidad que había afectado al país por la imposibilidad de los gobernantes de terminar sus periodos presidenciales. Correa ha buscado la estabilidad del sistema político, la justicia, y un papel más activo del Estado frente a la economía, lo cual se ve expresado en la nueva constitución. Sin embargo, la crisis diplomática con Colombia, la preocupación por la economía dolarizada que se puede ver afectada seriamente por la crisis mundial, y la apertura de espacios para la participación de las organizaciones sociales, generan factores de incertidumbre frente al futuro político y económico de Ecuador.

En Perú, las condiciones de seguridad enfrentan la incertidumbre del posible resurgimiento de Sendero Luminoso, a lo cual se ha respondido con una importante inversión en las fuerzas militares. Pero esto contrasta a su vez con el ascenso favorable de la política económica desde 2004, que ha permitido que la inversión extranjera y las tasas de empleo aumenten. A su vez, las continuas divergencias con Chile y la poca proyección internacional del Presidente Alan García generan otros factores de incertidumbre en la región, ya que no es clara su política exterior.

Venezuela, bajo el liderazgo de Hugo Chávez, muestra un sistema político caracterizado por una economía mixta Estado–mercado, desplazamiento de las élites tradicionales, una alta centralización del poder en manos del presidente con tendencias al autoritarismo, continuos enfrentamientos con la oposición y los medios de comunicación venezolanos, polarización social, el antiimperialismo, una marcada abstención de la población al momento de los sufragios, y una gran dependencia pública de los ingresos petroleros. Los cambios internos en el sistema político venezolano van a tener trascendencia en la manera en que maneja las relaciones exteriores. Los movimientos de las élites que tradicionalmente manejaban el poder, las consecuencias en el manejo de la economía (principalmente los aspectos que giran en torno al petróleo), la reestructuración de las relaciones entre el Estado y la sociedad, la nueva constitución política, el impulso de la economía protegida, entre otros, han generado impactos determinantes en el manejo de la política exterior.

Por último, se encuentra Colombia, que con el desarrollo y consecuencias del conflicto armado interno no sólo genera inestabilidad política y económica a nivel interno, sino que desestabiliza las relaciones pacíficas por el desbordamiento del conflicto en las fronteras. Internamente, la deslegitimidad de las instituciones por procesos como la parapolítica, la corrupción en las instituciones, el aumento en las cifras de desempleo, la violación de derechos humanos, la polarización social frente a las políticas gubernamentales, las relaciones con Estados Unidos y el distanciamiento de los países de la región, y los factores que se desprenden del conflicto armado interno, son factores que a su vez afectan la posibilidad de integración y cooperación en la región.

Sin duda alguna, el suceso que produjo la visibilidad de tensiones y alianzas entre los gobiernos de la subregión, tiene que ver con los hechos de Angostura. Con ellos se rompieron hasta la fecha las relaciones diplomáticas entre Colombia y Ecuador, y se manifestaron los desacuerdos que ya se veían entre Colombia y Venezuela, lo cual es un reflejo no sólo de la ideología y modelo político de los gobiernos de la región, sino de los intereses económicos. Esto último, se demuestra con la pérdida de oportunidad de negociar en bloque un TLC con la Unión Europea, que llevó al proceso de descomposición de la CAN dados los acuerdos de Perú y Colombia con la Unión.

Así, la pertinencia de mecanismos de cooperación se ha visto afectada por los componentes políticos, ideológicos y económicos de los gobiernos de la región, y sus coyunturas internas. La entrada de gobiernos de izquierda, su permanencia en el poder y el acercamiento entre ellos, se opone a gobiernos más cercanos a Estados Unidos, con tendencias ideológicas de derecha y que se distancian en su política exterior de la región.

Los modelos políticos y económicos disímiles demandan mecanismos de cooperación e integración efectivos, y los existentes principalmente la CAN debe reformarse en el sentido de lograr la confluencia de una agenda regional más allá de las voluntades y personalidades de gobiernos. Sin embargo, a pesar de las diferencias los gobiernos de la región han podido adelantar otros procesos de integración que aunque están en un marco más amplio de países, permiten el acercamiento, diálogo, confluencia de acciones conjuntas, cooperación y construcción de agendas comunes, como es el caso de UNASUR y el Consejo de Defensa Suramericano.

Observamos así un retroceso en el proceso de integración subregional en seguridad. La Zona de Paz Andina y su Política Externa de Seguridad Común no fueron suficientes para prevenir la crisis diplomática entre Ecuador y Colombia, y evitar su escalamiento hasta la ruptura de relaciones.

Los países andinos han pasado por crisis de gobernabilidad que reflejan desequilibrios internos, una democracia precaria, y la presencia de actores generadores de inseguridad y violencia, relacionados con actividades del crimen organizado, que han dado paso a una red de violencia transnacional sin nombre ni bandera, pero que circula y se mueve en todos los ámbitos de las sociedades.

La existencia en la zona andina de un conflicto endémico ha afectado el proceso de integración y ha tenido inminentes consecuencias bilaterales, como la paralización de instrumentos de confianza mutua entre Colombia y Ecuador. A partir de marzo de 2008 quedaron suspendidos la COMBIBRON (Comisión Binacional Fronteriza establecida desde 1996, mecanismo de entendimiento y supervisión del cumplimiento de los compromisos militares y policiales), y la Comisión de Vecindad e Integración Colombiana-Ecuatoriana (CVICE), instancia de diálogo que impulsaba acciones para promover la cooperación y el desarrollo binacional, privilegiando las acciones en el área fronteriza[1]. A pedido de las fuerzas militares de los dos países sigue vigente la Cartilla de Seguridad para Unidades Militares y de Policía Fronterizas de Ecuador y Colombia.

Uno de los cuestionamientos al proceso de integración subregional, como fuera ya mencionado, tiene que ver con los acercamientos entre el Perú y Colombia para negociar bilateralmente un Tratado de Libre Comercio con la Unión Europea. Ello cual causó que los otros dos socios de la Comunidad Andina, Ecuador y Bolivia, expresaran sus reclamos, aunque enfrentan de distinta forma la negociación. Ecuador plantea una negociación bilateral distinta, en tanto Bolivia exige revisar el sistema de toma de decisiones de la CAN, para evitar que se ponga en riesgo la soberanía de los países andinos, e insiste en que se continúe el proceso bloque a bloque.

A pesar de los obstáculos que la subregión ha afrontado en su proceso evolutivo, se prevé que el distanciamiento de Ecuador y Bolivia, y la proximidad de Perú y Colombia, no afecten el trabajo bilateral en temas

---

[1] Para mayo de 2008, se había programado firmar un Acuerdo Bilateral para el Desarrollo de la Zona de Integración Fronteriza de los dos países, pero no se llevó a cabo por la crisis diplomática.

que son comunes, como por ejemplo el Plan Binacional entre Ecuador y Perú creado a partir de la firma de Paz en 1998.

El objetivo del Plan Binacional es impulsar la integración y la cooperación entre los dos países, y mejorar el nivel de las poblaciones del Sur y Oriente del Ecuador y Norte y Noreste del Perú. Cuenta con una estructura orgánica conformada por la Asamblea (órgano integrado por miembros de la Comisión de Vecindad), un Directorio Ejecutivo Binacional, los Capítulos Nacionales, y un Comité Asesor Internacional. Aunque no forma parte del Plan Binacional, los dos países han coordinado acciones en las tareas del desminado en las zonas de frontera, lo que ha permitido un acercamiento en el ámbito militar a través de reuniones y documentos de entendimiento.

2. Situación actual

Miramos que la región andina no ha logrado consolidar la defensa como política pública, y que la democracia tiene sus propias limitaciones para alcanzar un sistema democrático efectivo. No presenciamos una participación ciudadana en defensa; existe aún el poco interés de la población y desconfianza en las instituciones.

La creación del Consejo de Defensa Suramericano en el marco de la UNASUR, es una iniciativa positiva de involucramiento de los decisores políticos en los temas de defensa, y ocasión de mirar individualmente el funcionamiento de las instituciones, sus deficiencias y fortalezas. Tal vez la acción más relevante que los países plantean impulsar dentro del Consejo, sea la Creación de un Centro Suramericano de Estudios Estratégicos de Defensa.

Algunas de las variables principales de la situación de la defensa en la región andina son:
- El desbordamiento del conflicto interno de Colombia, que evidenció a la región la necesidad de impulsar mecanismos de confianza mutua que fortalezcan la integración y cooperación.

- La ausencia de un mecanismo de alerta temprana y prevención de conflictos en el marco de la Comunidad Andina de Naciones, y la escasa influencia que han tenido los instrumentos comunitarios en el acercamiento y retorno de confianza.

- El desbalance militar y el incremento de compra de equipo y armamento bélico, para cumplir con las necesidades de seguridad, y la militarización de las fronteras.

Escenarios probables

- Que la intención de institucionalizar la defensa en la región a través del Consejo de Defensa Suramericano, no se efectivice.

- Que las actividades del crimen organizado se desborden y las instituciones no logren alcanzar un nivel sólido de cooperación para combatirlas.

- Que en cumplimiento de la seguridad ciudadana o seguridad pública se haga necesaria la actuación militar para enfrentar grupos organizados generadores de violencia.

Escenarios alternos

- Que exista la voluntad política para gestionar la defensa de forma adecuada y aprovechar la instancia de diálogo y trabajo conjunto que impulsa el Consejo de Defensa.

- Que los centros de estudios en defensa adquieran relevancia en la región por la necesidad de que se integren especialistas en los ámbitos de decisiones políticas.

- Que la participación ciudadana, considerada como uno de los objetivos específicos de la UNASUR, sea promovida desde el Consejo de Defensa.

- Que la región andina a través de un nuevo diseño estratégico logre alcanzar un nivel de cooperación amplio, e institucionalizar subregionalmente mecanismos de confianza, con el fin de alcanzar la instituida Zona de Paz Andina.

3. A modo de conclusión

Con el fin de alcanzar un escenario positivo, se debe trabajar en la subregión en el impulso de iniciativas que busquen acercar a los países, y el primer paso debe estar enfocado en algo que interesa a todos, y más en el actual contexto mundial: lo económico. Los intereses económicos permiten las alianzas políticas, la cooperación y el acercamiento. Como hemos visto, las mayores tensiones se dan en lo político, como por ejemplo entre los presidentes Chávez y Uribe; pero la necesidad económica ha logrado acercarlos. Así, es necesario dinamizar las relaciones comerciales. También entre Ecuador y Colombia, a pesar de la ruptura de relaciones diplomáticas, no se observan cambios significativos en lo que refiere a la relación comercial. Esta necesidad de acercamiento, a pesar de los modelos políticos y económicos internos disímiles, es efecto directo de la globalización.

Esto lleva a otro aspecto que, potencialmente, permitiría el acercamiento entre los países de la subregión: la atención al problema emergente de las redes de traficantes, no sólo de drogas sino de armas y personas, entre otros. Estos fenómenos demandan el trabajo conjunto, por su carácter trasnacional para enfrentarlos; por tanto, a pesar de lo difícil que ha sido establecer una agenda común en temas de seguridad y la identificación de amenazas, se hace necesario atender cooperativamente los factores que generan el crimen transnacional organizado.

A su vez, debe pensarse en el papel de los movimientos sociales y su incidencia para el acercamiento de la subregión. Asistimos a manifestaciones internas importantes, como el movimiento indígena en Bolivia, los grupos de oposición o apoyo al gobierno en Venezuela, las movilizaciones por temas como rechazo a los grupos ilegales y sus acciones, o a favor del intercambio humanitario, en Colombia. Sin embargo, los movimientos sociales deben hacer uso de las posibilidades que la misma globalización les ofrece, a partir de la construcción de redes que acerquen los intereses de estos movimientos. Y que permitan no sólo ejercer presión en sus gobiernos internamente, sino tener incidencia a nivel regional con una agenda común con temas como la pobreza, la desigualdad social y la seguridad, en espacios como la CAN. En el cual también debe buscarse la negociación y conciliación para la incorporación de Venezuela, ya que su importancia en la subregión es indiscutible.

Por ello, para construir el futuro que queremos, primero debemos observar la realidad en su conjunto, ser flexibles y entender la situación particular de cada sociedad y las necesidades de defensa. Y diseñar estrategias que tengan como primer elemento la cooperación integral para enfrentar factores de riesgo, teniendo en cuenta que este proceso no tendría validez si no lo construyen los actores sociales en su conjunto.

Centroamérica: región de contrastes y asimetrías

Roberto J. Cajina[*]

1. Introducción

Consideramos Centroamérica a los siete países ubicados en el istmo que se extiende de la frontera sur de México hasta el norte de Colombia. Entre Belice, Guatemala, El Salvador, Honduras, Nicaragua, Costa Rica y Panamá suman 523.000 Km, y una población estimada de 39.160.728 habitantes (2009).[1] De norte a sur, Centroamérica limita al este con el mar Caribe y el océano Pacífico al oeste, y sus líneas costeras se alargan 2.830 Km. al oeste y 2.748 Km. al este, siendo ésta una de las rutas principales del narcotráfico entre el sur productor y el norte consumidor.

Centroamérica es una región de contrastes y asimetrías. Las tasas de desempleo abierto lucen aceptables, pero las estadísticas no revelan la verdadera magnitud del problema, en tanto no muestran los niveles de subempleo que ha producido la creciente reducción de la oferta laboral y la consecuente informalización de las economías de la subregión. Una importante cantidad de centroamericanos vive con menos de un dólar

---

[*] Consultor civil en seguridad y defensa. Miembro de la Junta Directiva de RESDAL. Ha sido asesor de los ministerios de Defensa y Gobernación, y de la Presidencia de la Asamblea Nacional de Nicaragua. Autor de *Transición política y reconversión militar en Nicaragua 1990-1995* (Managua: CRIES, 1997).

[1] Secretaría de Integración Económica Centroamericana, "Estadísticas Demográficas y Sociales" http://www.sieca.org.gt/Publico/CA_en_cifras/Serie_33/Poblacion/2008_01-Pob%20Total%20a&o%20calend.pdf.

por día, es decir en estado de pobreza y pobreza extrema.[2] También debe señalarse la vertiginosa metamorfosis de la violencia política a violencia social y violencia criminal.

En el ámbito de la seguridad y la defensa también existen importantes contrastes. Guatemala, El Salvador, Honduras y Nicaragua tienen instituciones militares y suscribieron sin reservas y ratificaron el Tratado Marco de Seguridad Democrática en Centroamérica.[3] Costa Rica y Panamá, países que en la formalidad oficial no tienen fuerzas armadas, lo suscribieron con reservas y sus parlamentos no lo ratificaron, dejándolo mutilado.

2. Relaciones Centroamérica-Estados Unidos de América

Luego de décadas de sostenido apoyo a las dictaduras de la subregión y de las recientes guerras civiles, en las que Washington apostó a la derrota de la insurgencia en El Salvador y a la victoria de los irregulares antisandinistas en Nicaragua, a la vez que mantenía una pretendida distancia del conflicto guatemalteco, y apoyaba financieramente a Costa Rica y Honduras como retaguardia táctica de la Contra nicaragüense, las relaciones entre Centroamérica y los EE.UU. comenzaron a cambiar de rumbo. Ello, en el contexto de la solución política negociada de los conflictos armados, y los concomitantes procesos de transición del autoritarismo a la democracia y de reconversión de la seguridad y defensa. En la actualidad esas relaciones giran alrededor de tres ejes principales: *comercial, defensa y seguridad y política*.[4]

El eje comercial

El componente principal es el Tratado de Libre Comercio Centroamérica, República Dominicana y EE.UU. (DR-CAFTA por sus siglas en in-

---

[2] De acuerdo con el World Development Survey Indicators 2006, el promedio de centroamericanos que viven en situación de pobreza es de 37% y en pobreza extrema 18%. Word Bank Group, "06 Word Development Indicators", http://devdata.worldbank.org/wdi2006/contents/Section5_1.htm.

[3] Aprobado en la XVII Cumbre de Presidentes de la subregión celebrada en San Pedro Sula, Honduras, el 15 de diciembre de 1995.

[4] Aunque importante, no se incluyó el tema migratorio porque cada país negocia individualmente con Washington y no como subregión, y además porque Washington no tiene una política migratoria específica para Centroamérica.

glés).[5] Las negociaciones arrancaron a inicios de 2003. El primero en suscribirlo y/o ratificarlo fue El Salvador y el último Costa Rica. Desde el inicio, el Tratado fue objeto de encendidos debates entre partidarios y detractores. Éstos señalaban que sólo serviría para aumentar el desempleo y la delincuencia en Centroamérica.

Pero el DR-CAFTA está en vigencia y sus resultados, supuestamente beneficiosos para los países de la subregión, aún no se aprecian en la magnitud que ofrecían sus promotores. Frente a esta realidad, algunos países de Centroamérica, especialmente Nicaragua y Honduras, volvieron sus ojos en busca de petróleo y nuevos mercados en la Alternativa Bolivariana de las Américas (ALBA), aunque ésta luce más como un proyecto político-ideológico, antes que como un verdadero tratado comercial entre sus integrantes.

Defensa y Seguridad

- Comando Sur y asistencia militar:

A través del Comando Sur, Washington incide en las agendas y misiones de las instituciones militares y policiales de la subregión, mediante la realización programada de ejercicios de seguridad marítima, mantenimiento de la paz, contraterrorismo, tráfico de drogas, migración ilegal y tráfico de armas y de personas. En términos del propio Comando, el fin último de estos ejercicios es más que claro: *"(…) fortalecer las asociaciones regionales y las capacidades colectivas que consideramos integrales para la seguridad nacional de los Estados Unidos y la estabilidad del hemisferio occidental"*.[6] Entre 1996 y 2009 la asistencia militar y policial en programas del Departamento de Defensa totalizó U\$S 134.289.894. Panamá y Honduras son los más favorecidos; en un nivel medio se ubican Nicaragua, Belice, Guatemala y El Salvador, y Costa Rica en el inferior. Esta distribución de recursos muestra las prioridades de Washington. El caso de Panamá debe entenderse desde una doble dimensión; por un lado, la seguridad estratégica del canal; y por otro, su inmediata cercanía con Colombia que la convierte en la primera frontera terrestre y marítima del tráfico de drogas

---

[5] "Tratado de Libre Comercio entre Estados Unidos, Centroamérica y República Dominicana", http://www.cafta.gob.sv/

[6] Ver www.southcom.mil.

hacia el norte, así como el temor del potencial impacto del "efecto derrame" de la violencia armada de los grupos irregulares y narcotraficantes colombianos. Panamá se ubica levemente sólo por debajo de El Salvador y Honduras, duplicando a Belice y cuadruplicando a Nicaragua y Guatemala. Llama la atención que, sin tener oficialmente fuerzas armadas, Costa Rica se coloque sobre Belice, Guatemala y Nicaragua que sí las tienen.

- Iniciativa Mérida:

El incremento del crimen organizado, el tráfico de drogas y de personas y el contrabando de armas de los EE.UU. hacia México, dejaron en 2008 un poco más de seis mil homicidios relacionados con el narcotráfico y 522 militares y policías muertos, más del doble que el año anterior. En ese año, México produjo cerca de trece toneladas métricas de heroína y más de 15.000 toneladas métricas de marihuana. Se estima que unas 150.000 personas están directamente involucradas en el narcotráfico y 300.000 en el cultivo y procesamiento de opio y marihuana. Las utilidades anuales de los cárteles de las drogas se calculan entre trece mil y veinticinco mil millones de dólares,[7] parte de las cuales se utiliza para corromper a autoridades civiles, militares y policiales.

Las cifras de la subregión son aterradoras: 13.855 homicidios y unos U$S 6.506 millones en costos económicos equivalentes al 7.7% del PIB subregional en 2006, lo que coloca a Centroamérica "(...) *a la cabeza de las subregiones más violentas de América Latina y del mundo*".[8] Ante la incapacidad de los gobiernos para garantizar la seguridad pública, ciudadanos y empresas invirtieron en ese año U$S 1.238 millones en seguridad privada, cifra superior a los 1.137 millones presupuestados para todas las agencias involucradas en la prevención y combate de la violencia criminal en Centroamérica.[9]

Oficialmente denominada "Iniciativa de Cooperación para la Seguridad Regional", el paquete trianual de la Iniciativa Mérida contempla cerca de U$S 1.700 millones, la mayor parte para México y una insuficiente fracción a Centroamérica y el Caribe. Plantea dotar a las fuerzas del or-

---

[7] David T. Johnson, "The Merida Initiative", *Department of State,* 10 de marzo, 2009, Washington: U.S., http://www.state.gov/p/inl/rls/rm/120225.htm.

[8] Carlos Acevedo, *Los costos económicos de la violencia en Centroamérica*, (San Salvador: Consejo Nacional de Seguridad Pública, 2008), www.ocavi.com/docs_files/file_538.pdf.

[9] Carlos Acevedo, ob. cit.

den de equipos de inspección y entrenamiento en el uso táctico de los mismos; establecer, mantener y compartir información en línea sobre narcotraficantes e integrantes de pandillas (maras); establecer y hacer uso compartido de sistemas de registro y control de huellas dactilares, y crear unidades especializadas anti-pandillas en El Salvador, Guatemala y Honduras. Además se refiere, al menos en términos declarativos, a programas comunitarios de prevención, fortalecimiento de los gobiernos locales, asistencia en la lucha contra las condiciones sociales que contribuyen al desarrollo de la criminalidad; fortalecer las instituciones del sector justicia; y mejorar el entrenamiento policial.

Antes de su aprobación, los críticos señalaban que la Iniciativa consideraba "(…) el tráfico de drogas casi exclusivamente como un asunto operativo de aplicación de la ley [y de] equipamiento a unidades policiales y militares para combatir al narcotráfico"[10], y que no estaba cimentada en una concepción estratégica anti-crimen de carácter comprensivo en la que tuviera cabida la prevención. También advertían el posible agravamiento del problema, si el gobierno mexicano lograba reducir significativamente las operaciones de los narcotraficantes en su territorio, ya que los obligaría a mover buena parte de sus operaciones hacia el sur.

Políticas

Se desarrollan en un doble nivel: bilateral y subregional, y en ellas privan los intereses estratégicos de los EE.UU. y los principios esenciales de la Carta Democrática Interamericana: preservación y defensa de la democracia representativa, del estado de derecho, las libertades civiles y los derechos humanos. En las relaciones políticas existen diferencias, ya que Washington tiene más afinidades e intereses en unos países que en otros. Resulta claro que Washington mantendrá una política firme, estable y relativamente uniforme hacia Centroamérica, al menos en lo concerniente a la preservación y defensa de los principios de la Carta Democrática Interamericana. Las muestras más recientes de su posición han sido, por una parte, la condena de la remoción del presidente de Honduras, Manuel Zelaya, el desconocimiento del gobierno surgido del golpe del 28 de junio, calificado como "ilegal" por el presidente Obama, y la

---

[10] Washington Office in Latin America, "The Merida Initiative and Citizen Security in Mexico and Central America", 19 de marzo, 2008, http://www.wola.org/index.php?Itemid=2&id=668&option=com_content&task=viewp.

demanda de Washington de restituir el orden constitucional y democrático en ese país. Por otra, la cancelación de sesenta y dos millones de dólares de la Cuenta Reto del Milenio a Nicaragua en ese mismo mes, como reacción al denunciado fraude electoral en las elecciones municipales de noviembre de 2008 y la falta de respuestas satisfactorias del gobierno del presidente Daniel Ortega. Una medida similar se tomó posteriormente contra el gobierno interino de Honduras.

3. Las reformas institucionales a más de una década de los acuerdos de paz

Las reformas institucionales en Centroamérica en los campos de defensa y seguridad son hijas legítimas del fin de la guerra fría y del enfrentamiento bipolar, y del proceso negociador subregional (Contadora 1983 y Esquipulas II 1987), que condujeron al fin de guerras civiles en Nicaragua (1990), El Salvador (1992) y Guatemala (1996), y desembocaron en inéditos procesos de transición política y construcción democrática. Pero el desenlace de las guerras civiles en esos países no fue idéntico. El de Nicaragua fue producto de un pacto político luego de las elecciones generales de 1990 entre la triunfante Unión Nacional Opositora (UNO), encabezada por Violeta Chamorro, y el derrotado Frente Sandinista de Liberación Nacional (FSLN) liderado por Daniel Ortega. En El Salvador y Guatemala fueron resultado de acuerdos de paz alcanzados luego de dilatados, difíciles y complejos procesos de negociación entre los gobiernos y las fuerzas insurgentes de cada uno de esos países. Si bien Honduras no experimentó un conflicto armado interno, al menos tres elementos esenciales ayudan a comprender su concurrencia en el proceso democratizador centroamericano: la innegable existencia de un régimen autoritario; su participación colateral, pero clave, al igual que la de Costa Rica, en el conflicto armado en Nicaragua como retaguardia táctica de la contra nicaragüense; y la imposibilidad de sustraerse de las poderosas fuerzas centrípetas de la ola democratizadora subregional.[11]

---

[11] Roberto J. Cajina, "Reconversión de la Defensa en Nicaragua: Asimetrías e Incoherencias", (Versión editada de la ponencia presentada en el Seminario La Reforma del Sector Seguridad en democracias precarias. La experiencia del Proyecto "Hacia una Política de Seguridad para la Democracia (POLSEDE) en Guatemala. Antigua, Guatemala, 20-21 de febrero de 2002), www.ndu.edu/chds/journal/PDF/Cajina-Roberto.pdf.

Como parte sustancial de los procesos de transición política, esos países entraron a su vez en concomitantes procesos de reconversión de la seguridad y la defensa. A pesar de los avances logrados, esos procesos aún están en curso y su conclusión no puede preverse siquiera en el mediano plazo.

Guatemala[12] ha procedido a la reforma y modernización del Ministerio de Defensa, la elaboración del Libro Blanco de la Defensa (2003) y a la formulación de una propuesta de Ley de Defensa Nacional (2004), la Doctrina del Ejército (2004) y la Política de Defensa Nacional (2005). Haber dejado fuera temas clave como inteligencia, el liderazgo civil del Ministerio, y la función de las fuerzas armadas en misiones de seguridad pública y orden interior, rasga la delgada línea roja que separa la defensa nacional de la seguridad pública e implica, además, considerables niveles de autonomía funcional de la institución castrense y superposición de funciones de defensa y seguridad. A pesar de su declarada subordinación al poder civil, de la reducción de efectivos y del presupuesto de defensa, de la eliminación del servicio militar obligatorio y que el Ministerio haya adquirido nueva tecnología y equipamiento para las Fuerzas Armadas, así como de la desmovilización de unidades militares acusadas de violación de los derechos humanos, la realidad es que la agenda de las reformas aún está pendiente de cumplirse. Este proceso no ha sido sencillo.

La situación es relativamente diferente en *El Salvador*[13]. Los Acuerdos de Paz establecían la reducción del papel de las fuerzas armadas en el gobierno y la reducción de sus atribuciones constitucionales, así como su reestructuración y depuración; la disolución de los antiguos cuerpos de seguridad pública, y su sustitución por uno nuevo de naturaleza civil. Para dar cumplimiento a los acuerdos era necesario reformar la Constitución Política. Fue así que se definió el nuevo rol de las fuerzas armadas en tiempos de paz; se creó una nueva institucionalidad para la seguridad pública, una nueva institución de inteligencia civil y la Policía Nacional Civil –al igual que en Guatemala y Honduras–, orgánica, funcional y operativamente separada del Ejército. También se creó la Procuraduría para la Defensa de los Derechos Humanos; se disolvieron los cuerpos de seguridad anteriormente adscritos al Ejército. Debe también subrayarse

---

[12] Facultad Latinoamericana de Ciencias Sociales – Chile, *Reporte Reforma al Sector Seguridad,* (Santiago de Chile: FLACSO, 2007), 18-20.
[13] *Ibidem,* 46-47 y 62-63.

la reducción del 70% de los efectivos de la institución armada así como de su presupuesto.

La agenda de las fuerzas armadas de El Salvador –como en todos los países de la subregión– está decisivamente marcada por los intereses estratégicos de los EE.UU., particularmente en la lucha contra el narcotráfico, el terrorismo y las maras. Entre las reformas más importantes sobresalen: la redefinición del rol constitucional de la defensa, de las fuerzas armadas y del Ministerio de Defensa; y el mando constitucional de éstas. Además, las reformas suprimieron la función que desempeñaban los militares en el mantenimiento de la paz, la tranquilidad y la seguridad pública, dejándole exclusivamente la defensa de la integridad del territorio y la soberanía nacional. Si bien se dieron algunos brotes de resistencia de los uniformados en defensa de sus intereses corporativos, nunca hubo intentos de golpe de Estado ni formas excesivas de presión, y el orden constitucional y la subordinación de los militares a las autoridades civiles legítimamente constituidas se preservan con la adecuada formalidad.

Honduras[14] presenta sus propias especificidades. Las reformas del sector defensa no fueron resultado de pactos o acuerdos de paz, sino consecuencia de presiones tanto del contexto nacional como internacional, en especial de los EE.UU. Las transformaciones han sido graduales y, en algunos casos, sustantivas, como la expresa subordinación de las fuerzas armadas al poder civil. En la fase de construcción democrática, que se inicia en 1990, se redefine la relación entre los militares y la sociedad, pero además se produce un importante recorte presupuestario, la eliminación de la Policía de Investigación (antes adscrita a las fuerzas armadas) y del servicio militar obligatorio. Además, la institución militar pierde el poder económico que antes detentaba. En las reformas constitucionales (1998-1999) se elimina la figura de Jefe de las Fuerzas Armadas, las que pasan bajo mando directo del Presidente de la República. Se moderniza la Secretaría de Defensa y a partir de entonces se nombran civiles como secretarios, se procede a la actualización del marco jurídico e institucional del cuerpo castrense y se trabajó en la elaboración del Libro de la Defensa.

---

[14] *Ibidem*, 86-87, 91 y 97. Véase también: Leticia Salomón, "La conducción y control civil de la Defensa: un reto democrático", en *Atlas comparativo de la defensa en América Latina*, Marcela Donadio y María de la Paz Tibiletti (Buenos Aires: RESDAL, 2007), 215-217.

Sin embargo, las funciones y misiones de las fuerzas armadas de Honduras sobrepasan los límites de la competencia profesional de toda institución militar. El artículo 272 de la Constitución Política de 1982 y sus reformas establece que "Las Fuerzas Armadas de Honduras, son una Institución Nacional de carácter permanente, esencialmente profesional, apolítica, obediente y no deliberante. *Se constituyen para defender* la integridad territorial y la soberanía de la República, mantener la paz, el orden público y *el imperio de la Constitución, los principios de libre sufragio y la alternabilidad en el ejercicio de la Presidencia de la República*".[15]. Estas atribuciones y otras establecidas en al art. 274, reiteradas en su Ley Constitutiva[16], hacen del cuerpo castrense hondureño una institución de múltiples espacios de acción, con una presencia casi inevitable en todos los ámbitos de la vida nacional, y con un poder político e institucional indiscutible que las convierten en virtual "poder moderador", como en la mayoría de las democracias imperfectas. Pero lo que más llama la atención es que la Norma Suprema confiere a las fuerzas armadas el rol de "guardianes de la democracia y de la Constitución". Esto revela las debilidades del liderazgo político civil hondureño y su marcada dependencia del poder de los uniformados. Efectivos militares capturaron en 2009 al Presidente Manuel Zelaya en cumplimiento de una orden emitida por la Corte Suprema de Justicia[17], pero no protagonizaron un "golpe de Estado militar". Sin pretender exculpar a las fuerzas armadas, es innegable que el liderazgo político civil hondureño –incluido el mismo Zelaya– las llevó a un dilema de sobrevivencia institucional. Si obedecían la orden de Zelaya de dar "apoyo logístico" a la consulta que éste pretendía realizar, como primer paso para una reforma constitucional que permitiese la reelección presidencial, violaban la Constitución y su propia Ley Constitutiva. Si desacataban la orden de la Corte Suprema de Justicia, también.

Pero los militares no están exentos de culpa. El delito que sí cometieron, reconocido por el principal asesor legal de las fuerzas armadas[18], fue

---

[15] Las cursivas son del autor.

[16] Aprobada por el Congreso Nacional el 16 de abril de 2001, y sancionada por el Presidente de la República y el Secretario de Estado en el Despacho de Defensa Nacional el día 30 de ese mismo mes y año.

[17] Para más detalles ver Roberto Cajina. "¿Quién defiende la democracia en Honduras? ¿Golpe de Estado o sucesión constitucional?", http://www.seguridadregional-fes.org/upload/4793-001_g.pdf

[18] Véase Red de Seguridad y Defensa de América Latina, "Sección Especial sobre crisis política en Honduras", http://www.resdal.org/honduras/.

haber extrañado al depuesto presidente a Costa Rica. El artículo 102 constitucional prescribe que "Ningún hondureño podrá ser expatriado ni entregado por las autoridades a un Estado extranjero". Y por tal delito debe responder la Junta de Comandantes. Hasta poco menos de dos meses de la captura y extrañamiento del presidente Zelaya, la Corte Suprema de Justicia ha acordado dar curso a la denuncia que en este sentido interpuso un grupo de abogados y jueces hondureños.

Nicaragua[19] ha vivido una realidad diferente. En primer lugar, porque se experimenta un proceso de triple transición: de la guerra a la paz, de un régimen autoritario de izquierda a uno democrático, y de una economía centralizada a una de mercado; y en segundo, porque las reformas no tuvieron como base un acuerdo de paz, sino un pacto político. Los "Acuerdos de Transición"[20] establecían: la despartidización ("desandinización") del entonces Ejército Popular Sandinista, la subordinación de éste a la autoridad del poder civil, el redimensionamiento de sus efectivos y la reducción del presupuesto de defensa. En tercer lugar, porque la reforma, si bien demandada por Washington, fue impulsada por los militares. Y finalmente, porque prácticamente no hubo mayor resistencia de los uniformados; antes bien el cuerpo castrense se convirtió en el principal soporte del gobierno de la entonces Presidenta Violeta Chamorro, que sufría los embates de la extrema derecha republicana de los EE.UU. y de las fuerzas antisandinistas que demandaban el desmantelamiento del Ejército y su sustitución por los irregulares de la Resistencia Nicaragüense o contra.

En 1994, se aprueba el Código de Organización, Jurisdicción y Previsión Social Militar, que prescribe la subordinación de los militares a la autoridad civil, y el Ejército Popular Sandinista pasa a llamarse Ejército de Nicaragua. Se pone fin al fuero militar atractivo y el Presidente de la República es reconocido como Jefe Supremo de la institución armada. En septiembre de ese 1995, el Parlamento aprueba un paquete de profundas reformas parciales a la Constitución Política, entre las cuales se define al Ejército de Nicaragua como *"la institución armada para la defensa*

---

[19] Roberto J. Cajina, "Reconversión de la Defensa en Nicaragua: Asimetrías e Incoherencias" y Roberto J. Cajina, *Transición política y reconversión militar en Nicaragua, 1990-1995*, (Managua: CRIES, 1996).

[20] Oficialmente denominado "Protocolo para la Transferencia del Mando Presidencial del Gobierno de la República de Nicaragua" fue firmado en Managua el 27 de marzo de 1990 y suscrito a sólo un mes de haberse celebrado las elecciones generales en las que fue derrotado el Frente Sandinista de Liberación Nacional.

armada de la soberanía, de la independencia y la integridad territorial", sometido *"a la autoridad civil ejercida directamente por el Presidente de la República, en su carácter de Jefe Supremo del Ejército de Nicaragua, o a través del ministerio correspondiente".*

La modernización de la base jurídica del sector defensa es todavía una tarea inconclusa. La legislación vigente, aunque funcional para los parámetros de una democracia imperfecta como la nicaragüense, debe ser reformada y modernizada. Pero para que este esfuerzo sea productivo tendrá necesariamente que darse en un ambiente profesional, informado, despolarizado y desideologizado, de lo contrario los debates público y parlamentario se contaminarán y los resultados serían impredecibles. En su nueva administración, el Presidente Ortega sometió a la Asamblea Nacional un proyecto de reforma a la Ley 290 (Ley de Organización, Competencia y Procedimientos del Poder Ejecutivo), que dejó en ruinas al Ministerio de Defensa al privarle de facultades sustantivas para el real ejercicio del control civil. Al Ejército, en cambio, la reforma le concedió nuevos espacios de autonomía funcional.

4. Cambios políticos y su incidencia

Políticamente Centroamérica es un conjunto heterogéneo de países con una sobredimensionada oferta de partidos políticos que poco o nada abonan a la calidad de las frágiles democracias subregionales, cincuenta y cuatro en total: Guatemala (14), Costa Rica (11), El Salvador (10), Nicaragua (7), Panamá (7) y Honduras (5).[21] Entre 1981 y 1999, se celebraron cincuenta y seis procesos electorales de todo tipo.[22] En términos cuantitativos estas cifras indican que la democracia electoral se ha instalado en la subregión, y si bien la fase de transición del autoritarismo a la democracia ha sido formalmente completada, la consolidación y calidad de ésta es uno de los grandes retos de la Centroamérica del siglo XXI. En algunos países todavía perviven importantes rasgos de la vieja cultura autoritaria.

Los viejos sistemas políticos subregionales han sido redefinidos; pero en estas democracias defectuosas las percepciones de la ciudadanía sobre

---

[21] Corporación Latinobarómetro, *Informe Latinobarómetro 2008* (Santiago de Chile: noviembre de 2008), 10. http://www.latinobarometro.org/docs/INFORME_LATINOBAROMETRO_2008.pdf
[22] Ricardo Córdova y Günther Maihold, *Democracia y ciudadanía en Centroamérica. Perspectivas hacia el 2020* (Hamburg : Institut für Iberoamerika-Kunde, 2000)

las mismas son encontradas. En tal sentido es importante subrayar dos aspectos clave que deben llamar a la reflexión al liderazgo político y la sociedad civil. Uno, que los parlamentos y los partidos políticos, entidades capitales en todo régimen democrático, son las instituciones que tienen el más bajo nivel de credibilidad y legitimidad social; y otro, la creciente tendencia al abstencionismo electoral como manifestación del desencanto de los centroamericanos con la política, los políticos y los partidos políticos.[23] Esto lleva a considerar que se está preparando el terreno para que se desarrolle una suerte de "nostalgia por el autoritarismo del pasado", lo que pondría en riesgo los esfuerzos por construir la democracia y consolidarla en la subregión.

Antes del 15 de marzo de 2009, el mapa político de Centroamérica mostraba una composición heterogénea: dos gobiernos de centro-izquierda (Guatemala y Panamá[24]), uno de derecha (El Salvador), un socialdemócrata (Costa Rica), uno de izquierda (Nicaragua) y otro autodefinido "liberal progresista" (Honduras). Pero con la elección de Mauricio Funes, en El Salvador, candidato del ex guerrillero Frente Farabundo Martí para la Liberación Nacional, y la victoria electoral del empresario panameño Ricardo Martinelli, la cartografía política centroamericana fue redibujada. La Centroamérica de esta primera década del siglo XXI ya no puede más ser considerada, como en el pasado, el "patio trasero" de los EE.UU.

En medio de las inquietudes, expectativas e incertidumbres que generan los cambios del mapa político, los militares centroamericanos, obligados a permanecer sentados en las butacas de los teatros electorales, observan el desarrollo de los acontecimientos sin poder mover ni una sola pieza para inclinar a un lado u otro la balanza electoral. Y se reprimen de hacerlo quizás no por su reciente vocación democrática, sino porque en toda la subregión están expresamente impedidos de participar, siquiera como actores de reparto, en los procesos cívico-políticos que no son de su competencia, salvo apoyando logísticamente los mismos. También es preciso resaltar que la defensa nacional –por muy importante que sea para la existencia de cualquier nación, independiente de su régimen político– ni los temas relacionados con ésta, forman parte

---

[23] Ricardo Córdova y Günther Maihold, *Democracia y ciudadanía en Centroamérica. Perspectivas hacia el 2020.*

[24] Aunque del presidente panameño Martín Torrijos, y por extensión de su partido, el Partido Revolucionario Democrático (PRD), se dice que combina una retórica de tintes izquierdistas con una práctica política de derecha.

del tradicional menú de ofertas electorales que se ofrecen. Usualmente, los resultados de los comicios no conllevan dramáticos cambios en la naturaleza, doctrina, estructura y misiones de las instituciones militares de la subregión; a lo sumo, en uno que otro caso, algunos cambios en las cúpulas castrenses, sin que ello afecte de forma fatal su funcionamiento ni su existencia.

5. Cómo pensar la respuesta del Estado frente a las amenazas vigentes

La década del 80 del siglo pasado fue sangrienta para Centroamérica: cruentas guerras civiles y amagos de inminentes enfrentamientos armados interestatales; pero en el decenio siguiente se comenzaron respirar nuevos aires con los procesos de transición de la guerra a la paz, del autoritarismo a la democracia y de la confrontación a la integración subregional. Desafortunadamente sólo el primero de ellos ha tenido un relativo nivel de avance en tanto cesó la violencia política, pero la subregión comenzó a vivir una acelerada ola de violencia social y violencia criminal. El tránsito a la democracia formalmente ha sido completado, pero su consolidación está fuera aun de los cálculos más optimistas, y la integración centroamericana todavía continúa debatiéndose entre la retórica típica de la diplomacia de cumbres y las ambiciones hegemónicas de líderes políticos que pretenden controlar este proceso.[25]

Independiente de lo acontecido en Honduras, ha sido en el campo de la defensa en donde quizás se han sucedido los avances más significativos. A pesar de los diferendos limítrofes, no existe evidencia de solución de los mismos por la vía de enfrentamientos armados interestatales. Sin embargo, existe un conjunto de amenazas de naturaleza sistémica, compleja y de causas múltiples, en las que se combinan factores estructurales que deben ser enfrentados mediante esfuerzos interinstitucionales estratégicamente concebidos, y armónicamente coordinados y ejecutados, y no por la fuerza militar.

A pesar de ello, El Salvador, Guatemala y Honduras han utilizado este expediente buscando frenar algunas de esas amenazas. El caso más emblemático es el uso de las fuerzas militares contra la violencia juvenil.

---

[25] Roberto Cajina, "Propuestas y realidades de la integración subregional en Defensa: México y Centroámerica", en *Democracia y seguridad en Iberoamérica. Los retos de la gobernabilidad*, ed. Isidro Sepúlveda (Madrid: Instituto Universitario General Gutiérrez Mellado-UNED, 2005), 532.

El éxito de las políticas de "mano dura" y "súper mano dura" se mide por la cantidad de jóvenes muertos en los enfrentamientos con las autoridades, o que son llevados a deficientes centros penitenciarios en donde –antes que rehabilitarse– se perfeccionan en las tácticas criminales y establecen contactos con el crimen transnacional organizado. Pero las causas reales de la violencia juvenil no sólo continúan intactas, sino que cada vez se tornan más incontrolables.

Para enfrentar esta grave situación es preciso partir de reconocer que una de las causas fundamentales de la misma es el hecho de que la clase política y los líderes políticos carecen de genuina sensibilidad social, así como de una visión política estratégica de nación y de subregión.La crisis política en Honduras es el ejemplo más reciente y más grave de las fragilidades del sistema democrático interamericano, pero tan o más importante aún, de cómo líderes políticos, incapaces de resolver los problemas políticos creados por ellos mismos, recurren al expediente más expedito, pero más peligroso: hacer uso de la fuerza militar.

Sin pretender caer en posiciones tutelares, es preciso admitir que la cooperación internacional debe jugar un papel clave y que, por otra parte, los gobiernos tienen que reconocer la utilidad de observar las condicionalidades políticas sustentadas en los más elementales principios democráticos de los países que brindan esa asistencia financiera. No se trata de una imposición antojadiza ni de injerencia en los asuntos internos de los países centroamericanos, sino de un requisito esencial para asegurar el desarrollo exitoso de los programas de cooperación. Asimismo, es preciso que sean capaces de articular alianzas estratégicas con organismos no gubernamentales subregionales que tengan capacidad de ofrecer información y análisis que faciliten los procesos de toma de decisiones.

Pero el cambio de ruta también está en buena medida en las manos de quienes eligen a sus gobernantes, y los electores centroamericanos tienen que hacer uso del derecho y la responsabilidad de elegir a líderes capaces, con visión de nación y de subregión, comprometidos con el futuro de sus países y de Centroamérica, si es que en realidad desean frenar el caos y encaminar sus pueblos hacia el goce de una vida digna, segura y estable.

México. Escenarios de las relaciones civiles-militares y la guerra al narcotráfico

Raúl Benítez Manaut[*]

1. Las transiciones de la seguridad nacional

En los últimos veinte años México ha vivido una serie de amenazas cambiantes a su seguridad nacional. Las clásicas amenazas del Estado mexicano durante la guerra fría se están transformando notablemente: la guerra al comunismo, la crisis centroamericana de los años 80, y la relación con Estados Unidos (vista por los nacionalistas como principal fuente de amenaza) fueron enfrentadas con "éxito", sin provocar rupturas políticas (golpe de Estado). El gobierno mexicano las enfrentó con sus mecanismos de regulación, entre los que se encontraban una combinación de negociación, cooptación y represión (frente a los movimientos armados comunistas y las fuerzas de izquierda), negociación (con Estados Unidos), y promoción de la negociación y diálogo para ayudar a impulsar los procesos de paz en Centroamérica. Esto último, tanto en los 80, a través del Grupo de Contadora (entre 2003 y 2006, en sincronía con Venezuela, Colombia y Panamá), como en los 90, respaldando los esfuerzos de la ONU en El Salvador y Guatemala.

En los 90, fenómenos como el narcotráfico o las migraciones comenzaron a vislumbrarse como asunto de seguridad del país. Además, emergió la crisis de Chiapas en 1994, la cual también fue percibida por el Estado como asunto de seguridad. El crecimiento del narcotráfico en

[*] Presidente del Colectivo de Análisis de la Seguridad con Democracia. Investigador de la Universidad Nacional Autónoma de México. Miembro de la Junta Directiva de RESDAL.

México se debió a muchos factores, pero el principal de ellos fue la política de Estados Unidos en Colombia y el Caribe. En Colombia, el desmembramiento de las dos grandes corporaciones multinacionales de tráfico de cocaína (los carteles de Medellín y Cali), provocó su mutación en "cartelitos", favoreciendo que algunos intermediarios de ellos, mexicanos, pasaran de ser empleados de Pablo Escobar y el "mexicano", a convertirse en los principales dueños del negocio. De igual manera, el cierre de muchas rutas del Caribe, la de Cuba, y el reforzamiento de los cinturones de seguridad en las islas y el golfo de México, llevó a la redirección de las rutas hacia el Pacífico. Mejor circunstancia no podía darse para los dos carteles mexicanos de esa época, los del Pacífico y el naciente Cartel del Golfo. Ello, sumado a un ejército acostumbrado sólo a la destrucción de plantíos de marihuana y amapola (opio) en Sinaloa, Michoacán, Guerrero, Tamaulipas, y otros estados del país. La Armada de México no disponía de unidades para la guerra al narcotráfico, y comenzó a especializarse para la vigilancia del Pacífico sur y las costas de Yucatán y Quintana Roo en el Caribe. A la par, se incrementó también el tráfico de cocaína por Centroamérica, por lo cual se abrieron rutas de desembarco en El Salvador, Guatemala, Nicaragua, Costa Rica, Belice y Honduras. El incremento de la labor del ejército en el nuevo trabajo de interceptar cocaína, sin estar preparado contra ello, llevó al gran escándalo de la detención del militar más importante en toda la historia del ejército mexicano, envuelto en corrupción, en diciembre de 1997.

A inicios del siglo XXI, las amenazas tradicionales han sido superadas. El comunismo y las fuerzas de izquierda ya no representan amenazas para la seguridad del país. En el caso de las guerrillas, fueron desmanteladas por los servicios de inteligencia y el ejército, y las fuerzas políticas de izquierda están asimiladas y participando en el sistema político. El alzamiento zapatista de 1994 dejó muy rápidamente de ser amenaza militar, y representó un desafío político para el gobierno entre 1994 y el año 2000. El EZLN, hoy en día, es un movimiento cívico-político sin impacto importante ni en la gobernabilidad ni en la seguridad del país.

La percepción de Estados Unidos como fuente de amenaza en las élites y la población se ha ido diluyendo, principalmente desde la entrada en vigor del TLCAN en 1994. La relación entre México y Estados Unidos en materia de seguridad fue distante, pero no enfrentada. México cooperó con Estados Unidos durante la segunda guerra mundial, y no necesitó de Estados Unidos para enfrentar a las guerrillas de izquierda. Sin embargo, el narcotráfico es el factor que de forma creciente lleva a relaciones más estrechas en materia militar, policíaca, de justicia y de inteligencia. Desde los atentados terroristas del 11 de septiembre de 2001, la cooperación antiterrorista comenzó a incrementarse entre ambos países, a pesar de que la amenaza terrorista islámica no está presente en México. También, en Estados Unidos, se inició un cambio muy profundo a su doctrina de seguridad nacional, vinculando estrechamente a la migración con la seguridad.

2. El narcotráfico

El narcotráfico, al ser la principal fuente de amenaza al Estado mexicano, se enfrenta principalmente con las fuerzas armadas, debido a la debilidad de parte importante de las estructuras civiles que debieran hacerle frente, como los servicios de inteligencia, los cuerpos policíacos y el aparato de justicia. Es un problema que genera grandes problemas de gobernabilidad en los tres niveles de gobierno: el federal, los estatales y los municipales. Hay estados y municipios con elevados niveles de corrupción y complicidad con el narcotráfico, por parte de autoridades políticas y policíacas. También el narcotráfico es una de las variables que determinan la política exterior de México, principalmente con sus vecinos y los países geográficamente más cercanos, como Estados Unidos, Canadá, Guatemala, Belice, Colombia, Cuba, etc.

Una de las razones que explican el empleo de las fuerzas armadas en la guerra al narcotráfico, es el gran poder de fuego que han acumulado los carteles. Ello lleva a inmovilizar a las fuerzas municipales y estatales, sea por intimidación, cooptación, corrupción, –lo que se denomina en el lenguaje popular mexicano "plata o plomo"–, o simplemente por incapacidad para rivalizar con ellos. El armamento decomisado a los carteles es muestra de ello.

Crecen las grandes empresas comercializadoras de cocaína, y hoy en día se tienen, según la Procuraduría General de la República, siete grandes carteles: dos en Sinaloa (el del Chapo Guzmán y el de la familia Beltrán); el de los Arellano, o Cartel de Tijuana, para introducir cocaína a California; el del Golfo, que controla las rutas desde Guatemala y Belice por tierra, entre Yucatán, Tabasco, Veracruz y Tamaulipas, para introducir cocaína a Texas; el de Juárez, fundado por Amado Carrillo (el señor de los cielos); el de Colima; y La Familia de Michoacán, el más reciente y sanguinario.

Cuadro N° 1: Los principales cárteles en el 2007

Cártel	Centro de Operación	Estructura organizativa
Sinaloa 2 carteles	Sinaloa con influencia en Sonora, Tamaulipas, Nuevo León, Michoacán y Jalisco	1) La estructura criminal más poderosa es dirigida por Joaquín Guzmán Loera (a) "El Chapo Guzmán". 2) Familia Beltrán Leyva; iniciaron la penetración del mercado de drogas en Nuevo León y Tamaulipas, Morelos y el Distrito Federal.
Del Golfo	Tamaulipas con influencia en Michoacán, Guerrero, Veracruz, Tabasco, Campeche, Yucatán y Quintana Roo	Es la organización criminal más violenta y peligrosa del país. Formó el comando armado "Los Zetas" con ex integrantes del ejército mexicano y algunos ex oficiales del ejército guatemalteco, conocidos como Kaibiles. Los líderes visibles son: Ezequiel Cárdenas Guillén (a) "Tony Tormenta"; Heriberto Lazcano Lazcano (a) "El Lazca"; Eduardo Costilla Sánchez (a) "El Coss"; Héctor y Gregorio Sauceda Gamboa; Zeferino Peña Cuellar (a) "Don Zefe"; Carlos Landín Martínez (a) "El Puma", Alfonso Lam Liu (a) "El Gordo Lam"; Jesús Enrique Rejón Aguilar (a) "El Mamito".
Cartel de TijuanaArellano Félix.	Mexicali y Tijuana, Baja California y Ensenada y el Valle de Mexicali. Trabajan con la familia Zarín que tiene su centro de operaciones en Mazatlán, la Noria, y Culiacán, Sinaloa	Ocupa el segundo lugar en el tráfico de drogas: es dirigida por los hermanos Eduardo y Enedina Arellano Félix en la parte financiera y por Manuel Aguirre Galindo (a) "El Caballo" en la operación. Se encarga de la exportción de las drogas a California.
Carrillo Fuentes	Ciudad Juárez, Chihuahua con influencia en Guadalajara, Jalisco, y Cancún, Quintana Roo	Actualmente Vicente Carrillo Fuentes y su hijo Vicente Carrillo Leyva dirigen este cartel. Otros integrantes de la organización son Eduardo González Quirarte, quien opera para el grupo criminal desde Guadalajara, Jalisco, y Clemente Soto Peña, quien representa a la organización en Cancún, Quintana Roo. El principal centro de operación de la estructura se localiza en Ciudad Juárez, Chihuahua.
Amezcua Contreras	Colima, Colima	Esta organización salió a la luz pública por su tráfico de metanfetaminas: Según fuentes oficiales continúan operando bajo las órdenes de Jaime Arturo Ladino Ávila.
La Familia	Morelia, Michoacán	Esta organización es un desprendimiento del Cartel del Golfo, y emplea técnicas de vicariato extremadamente sanguinarias. Es la organización que ha realizado más atentados contra población civil inocente.

Fuente: Información propia, y proporcionada en el libro: Sergio Aguayo Quezada, *México. Todo en Cifras 2008 El Almanaque Mexicano* (México: Editorial Aguilar, 2009), 207.

En la actualidad, las rutas del narcotráfico de los países andinos a Estados Unidos, involucran redes terrestres, navales y aéreas, y la guerra entre estos siete carteles ha hecho que se haya incrementado la violencia en México a niveles espectaculares.

3. Tráfico de drogas, presencia militar y muertes asociadas al narcotráfico en México, 2009

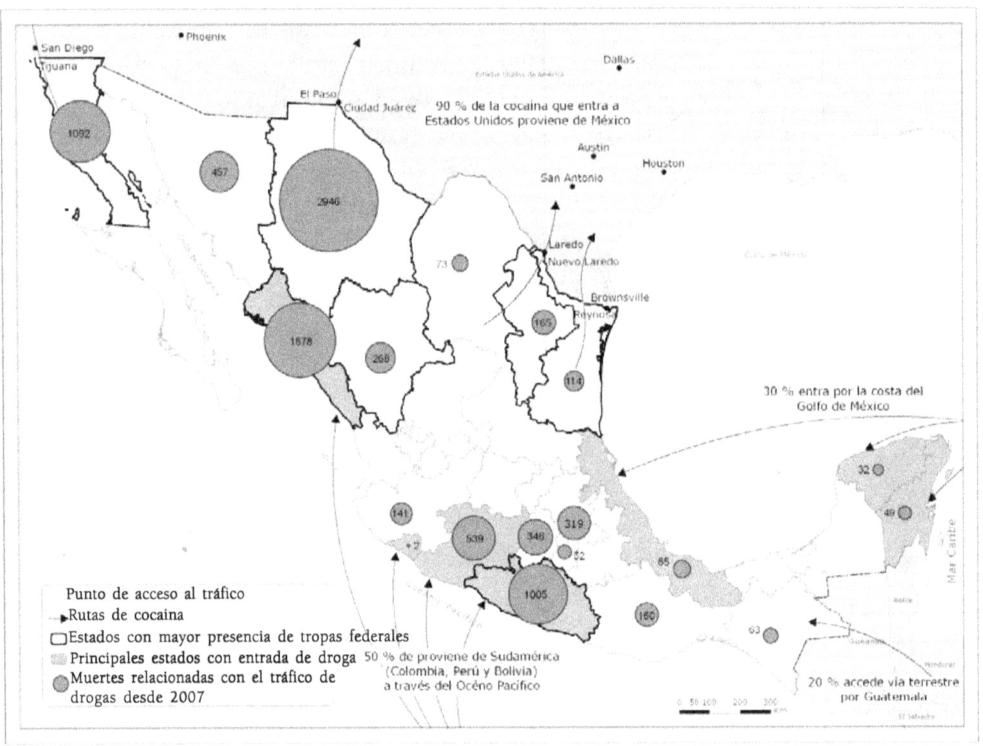

Fuente: Drug Enforcement Administration; Melissa del Pozo y Rafael Lopez de *Milenio*; staff reports.
Fuente: "Mexico at War", *The Washington Post*, http://www.washingtonpost.com/wp-srv/world/interactives/mexico-at-war/

El nivel de la violencia ejercida por los carteles ha ido en aumento. Debido a las rivalidades entre ellos, se ha desatado una guerra a muerte por el control de playas y lugares de desembarco, aeropuertos clandestinos, carreteras y rutas hacia Estados Unidos y bodegas en distintas ciudades. Igualmente, existe una lucha por controlar y corromper funcionarios policíacos, autoridades políticas y militares. Esto determina el ascenso de las ejecuciones, como se muestra en el siguiente cuadro.

Gráfico N° 1: Ejecuciones atribuidas a la delincuencia organizada

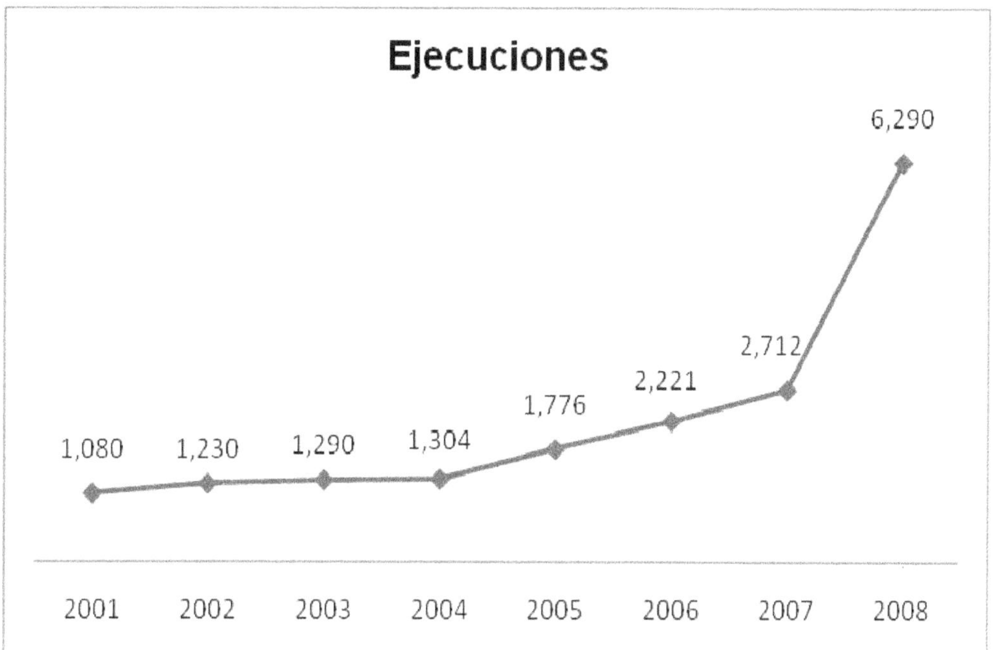

Fuente: Comisión Nacional de Derechos Humanos México, *Segundo Informe Especial de la Comisión Nacional de Derechos Humanos sobre el Ejercicio Efectivo del Derecho Fundamental a la Seguridad Pública en Nuestro País*, (2008), http://www.cndh.org.mx/lacndh/informes/espec/2infSegPublica08/2informeSeguridad08.htm. La cifra de 2008 corresponde a PGR, publicada en el diario *El Economista*, ""Operación Limpieza" ha concluido: Medina Mora", 26 de febrero, 2009, http://eleconomista.com.mx/notas-online/politica/2009/02/26/operacion-limpieza-ha-concluido-medina-mora

Cuadro N° 2: Tipo de Armamento Decomisado por Cartel 2008

Cartel del Golfo-Zetas
Cohetes Antitanque M72 y AT4
Lanza Cohetes RPG-7
Lanza Granadas MGL 37mm
Fusiles Barret calibre 50'
Subametralladora FN Herstal Belga (Matapolicías)
Granadas 37 y 40mm
Granadas de Fragmentación

Cartel Arellano Félix
Lanza Cohetes RPG-7
Fusiles Barret calibre 50'
Subametralladora FN Herstal Belga (Matapolicías)

Carteles del Pacífico
Armas cortas
Fusiles de Asalto
Lanzagranadas
Granadas 37 mm

Fuente: Elaboración propia con base en PGR, "Tráfico de Armas México-USA", *PGR*, *Gobierno Federal*, 27 de noviembre, 2008, http://www.pgr.gob.mx/prensa/2007/docs08/tr%C3%A1fico_d...pdf

4. Militarización de la seguridad pública

Las fuerzas armadas se han transformado en el actor principal de la guerra al narcotráfico, declarada por el presidente Calderón desde el inicio de su gobierno, por varias razones. La más importante de ellas es la debilidad endémica de los cuerpos policíacos del país. Los aproximadamente 450.000 policías que existen en México se dividen en más de 1.600 cuerpos policíacos, que van desde tener cinco hombres en los municipios más pobres y alejados del país –básicamente indígenas–, hasta estructuras que van de veinte mil a cuarenta mil hombres en las ciudades más importantes, como el Distrito Federal, Guadalajara y Monterrey.

A diferencia de las fuerzas armadas, que se integran por 250.000 hombres (185.000 del ejército, 15.000 de la fuerza aérea y 50.000 de la armada), el mando policíaco está descentralizado y no es profesional. Las policías de México carecen de carrera profesional, están diseñadas para una acción "preventiva" del delito, y dependen de las autoridades políticas municipales, en su gran mayoría. Las policías federales centran sus acciones en la llamada Policía Federal, bajo la conducción de la Secretaría de Seguridad Pública (SSP) federal. También el gobierno federal cuenta con policías investigadoras especializadas judiciales, y están conformando, la mayoría de sus estructuras, unidades especiales de inteligencia contra el crimen organizado.

El gobierno federal ha optado por "controlar" algunas de estas estructuras policíacas estatales y municipales con miembros de las fuerzas armadas, sea en calidad individual (en retiro, se contratan de forma particular, pero en convergencia con los mandos militares y policíacos federales), o en situación de "permiso" o "comisión" de servicios, donde perciben un sobresueldo además del ingreso monetario militar. Ello, para facilitar las coordinaciones entre las autoridades municipales, estatales y federales. Lo anterior se debe a que los mandos policíacos provenientes de las fuerzas armadas, generan "confianza" (o sea, son más inmunes a la corrupción del narcotráfico). El factor confianza es fundamental, pues se han registrado muchos enfrentamientos entre destacamentos del ejército y policías locales compradas por los carteles criminales, principalmente en el norte del país. Esto es lo que se llama "la militarización de la seguridad pública y la guerra al narcotráfico en México".

La guerra al narcotráfico y la necesidad del Estado de recurrir a las fuerzas armadas, ha detenido la reforma de la relación cívico-militar, con un contenido democrático. En otras palabras, la transición a la democracia en México, que en los 90 no tuvo como en casi toda América Latina la reforma militar como condición de la democratización, lleva a un contrasentido: para fortalecer la democracia hay que darle poder, recursos y capacidades a las fuerzas armadas. Ello porque el narcotráfico es la principal amenaza no sólo a la seguridad nacional, sino al proceso de democratización en su conjunto. La población en general respalda al gobierno federal en este esfuerzo y las fuerzas armadas, según numerosas encuestas de opinión, encabezan la lista de instituciones con más credibilidad. Por ello, no hay oposición importante a este rol de los militares en la guerra al narcotráfico y en las funciones de seguridad pública, debido al gran desgaste de la imagen de la mayoría de las policías del país.

Sobre este papel sobresaliente de los militares, tanto en la guerra al crimen organizado como roles de seguridad pública, las consecuencias van desde un posible deterioro de los derechos humanos, hasta una mayor influencia política de las fuerzas armadas en la política de seguridad del Estado. Todo lo anterior puede afectar la estabilidad política, y que la gobernabilidad se logre mediante la exposición de la fuerza, y no a través del consenso democrático.

5. Los escenarios de la guerra al narcotráfico y las relaciones cívico-militares

El desarrollo del narcotráfico en México llevó al Estado a fortalecer a las fuerzas armadas, para combatirlo. Es la primera vez que una amenaza interna se combate con las fuerzas armadas como eje central. En el pasado siempre habían sido herramienta de apoyo, o se empleaban temporalmente cuando se rebasaban las estructuras policíacas civiles (como en 1968, para contener las protestas estudiantiles). Esta decisión se acompaña de la declaración del Presidente Calderón, que definió al conflicto como "guerra", con todas las consecuencias que ello tiene: "El crimen organizado busca el control territorial (...), será una guerra sin cuartel porque ya no hay posibilidad de convivir con el narco. No hay regreso; son ellos o nosotros."[1]

La definición de guerra por parte del Estado lleva a suponer que la contraparte, los cárteles, la asumen o no la asumen. Según Karl von Clausewitz, hay una guerra sólo cuando alguien la decreta o emplaza, y la parte agredida responde. El narcotráfico no ha empleado su armamento "estratégico" contra el Estado. Por ello, la violencia y ejecuciones se dan principalmente entre los carteles. En otras palabras, no hay una estrategia de "atacar" al Estado, excepto sólo en respuesta a las múltiples ofensivas que el Estado ha emprendido a nivel operativo. Esto hace que para el gobierno mexicano hay guerra, pero para los carteles no. O, en otras palabras, los carteles no lo han decidido, sabiendo las consecuencias si llegan a emplear su armamento más avanzado, pues la ofensiva del Estado subiría de nivel. Por esto, podemos suponer que la principal herramienta de "ataque" de los carteles al gobierno es corrompiéndolo, pues es mucho más fácil debilitarlo con dinero –en realidad, inmovilizando a las fuerzas de seguridad–, que con armas.

Por ello, el primer escenario, es que la guerra del Estado al narcotráfico, y la guerra entre carteles, continúe con las mismas tendencias que se observan hoy en día.

---

[1] Jorge Zepeda Patterson, "El crimen es la mayor amenaza a los derechos humanos", Diario *El Universal*, México, 27 de febrero, 2009, http://www.eluniversal.com.mx/nacion/166067.html.

El segundo escenario, que es el esperado por el Estado, es que su estrategia comience a mostrar resultados, que se reduzcan las ejecuciones, que se descubran más funcionarios implicados, que se encarcele a más dirigentes de los carteles, y que con eso disminuya la violencia. Es el escenario óptimo para el Estado. Esto se vería en la reducción de la oferta de cocaína en Estados Unidos, y esto es lo que también espera Estados Unidos con la puesta en práctica de la Iniciativa Mérida.

El tercer escenario, el más negativo para el Estado y la sociedad mexicana, sería que se incrementen las ejecuciones y las acciones ofensivas de los carteles entre sí, y que inicien una ofensiva sostenida contra funcionarios. De igual forma, que esta ofensiva de los carteles se focalice en las fuerzas armadas. Esto llevaría a un incremento de presupuestos militares, incremento de la ayuda exterior, y afectaría gravemente la gobernabilidad del país y la legitimidad del presidente como cabeza del gobierno federal. Significaría que, a pesar de la "militarización", la estrategia no funciona.

En los tres escenarios, las fuerzas armadas se verían favorecidas ante el poder civil. En los tres ganan posiciones, y en los tres escenarios, las relaciones civiles-militares son desfavorables para construir instrumentos de balance que lleve al fortalecimiento de los civiles en el proceso de toma de decisiones.

El Caribe: ¿hacia una creciente relación con América Latina en temas de seguridad?

Jorge Rodríguez Beruff[*]

Durante la Segunda Guerra Mundial y la Guerra Fría, la presencia e influencia de Estados Unidos en el plano de la seguridad y las relaciones militares en la región del Caribe (entendida para propósitos de este comentario como el Caribe Insular) operó de forma excluyente con respecto a un papel de la América Latina. Por ejemplo, ante la amenaza de que las metrópolis europeas con colonias caribeñas cayeran en manos de la Alemania Nazi, los países latinoamericanos favorecieron una especie de fideicomiso multilateral de administración de esas colonias. Los Estados Unidos se opusieron a la propuesta latinoamericana y a cualquier idea de una independencia eventual de las colonias europeas. En su lugar, negociaron con el régimen de Vichy para neutralizar cualquier amenaza militar proveniente de las colonias francesas, y establecer una presencia directa en las de Holanda.

Al concluir la guerra, toda la región se ubicó bajo la sombrilla de seguridad de esa potencia. Las debilitadas potencias europeas, convertidas en aliados y eventualmente en miembros de la OTAN, mantuvieron su injerencia en la región en forma subordinada. Los Estados Unidos le otorgaban al Caribe una importancia clave en su seguridad. El ingreso de la Unión Soviética en el Caribe a raíz de la revolución cubana tuvo un

---

[*] Decano de la Facultad de Estudios Generales de la Universidad de Puerto Rico. Doctor en Ciencia Política por la University of York. Ha escrito numerosas publicaciones sobre la cuestión militar en el contexto latinoamericano.

carácter rupturista, y provocó una de las mayores crisis de la Guerra Fría. La principal operación con participación latinoamericana durante ese período fue la llamada Fuerza Interamericana de Paz, que se creó bajo auspicios estadounidenses luego de la intervención militar de 1965 en la República Dominicana. En esa operación, un grupo de países latinoamericanos aportaron fuerzas militares en funciones auxiliares para legitimar, bajo un manto multilateral, la acción militar estadounidense.

Ciertamente, se han producido gradualmente grandes cambios luego del fin la Guerra Fría, en el papel de los Estados Unidos y de otros actores de seguridad en el Caribe. Uno de esos cambios ha sido la tendencia hacia una interacción mayor entre América Latina y el Caribe en el terreno de la seguridad, y una nueva presencia latinoamericana fundamentada en sus propias formulaciones sobre la seguridad regional. Esto ocurre, además, en el contexto de un nuevo acercamiento estadounidense a la región, que ha ido reconociendo una situación más plural, sus limitaciones para controlar los conflictos regionales, y el papel que pueden jugar los países latinoamericanos para controlar los conflictos en la región. El nuevo enfoque del Comando Sur pone énfasis en mejorar la imagen de Estados Unidos, fortalecer las relaciones de colaboración con las fuerzas de seguridad latinoamericanas y desarrollar actividades de *"soft power"*, reconociendo la erosión de su influencia e imagen por los acercamientos unilaterales del período de Bush.

Se debe destacar que el concepto de "seguridad multidimensional" adoptado por la Organización de Estados Americanos (OEA) en la "Declaración sobre la Seguridad en las Américas" de 2003, tuvo orígenes caribeños. Esa concepción más amplia de la seguridad, abarcando factores socioeconómicos, se elaboró en los países de CARICOM como respuesta a las doctrinas estadounidenses sobre la "Guerra contra las Drogas" y al énfasis casi exclusivo en acciones policiales y militares para contrarrestar el narcotráfico. Tuvo como trasfondo también la restructuración de la asistencia a la región, para orientar la mayor parte de los recursos a las acciones de seguridad directamente vinculadas a la agenda antinarcóticos, así como la poca importancia dada a temas comerciales y de desarrollo económico. Ésta fue una instancia de convergencia entre las perspectivas caribeñas sobre seguridad y las latinoamericanas.

Pero, realmente, ha sido la situación haitiana la puerta de entrada de América Latina en el campo de la seguridad en el Caribe. La creación de MINUSTAH por el Consejo de Seguridad de las Naciones Unidas en abril de 2004, en el contexto de la crisis interna que provocó la salida de la presidencia de Jean Bertrand Aristide, creó las condiciones para un involucramiento multilateral de la América Latina en la estabilización y el mantenimiento de la paz en un país caribeño. No es necesario explicar demasiado las implicaciones para la estabilidad regional de un quiebre catastrófico del orden en Haití. Baste mencionar el potencial de violencia interna de la situación y los efectos de una emigración masiva a la República Dominicana y otros países. En MINUSTAH participan efectivos de la Argentina, Bolivia, Brasil, Chile, Ecuador, El Salvador, Guatemala, Paraguay, Perú y Uruguay. Cabe destacar la importante aportación brasileña de 1.282 efectivos de los 9.087 de la misión. Ese país ha anunciado recientemente su interés por aportar al desarrollo de infraestructura a través de sus fuerzas militares. El mandato de MINUSTAH se ha prorrogado varias veces, y no se avizora en el futuro previsible la conclusión de esa misión. Las fuerzas de seguridad latinoamericanas operan en Haití bajo mandos propios.

La experiencia multilateral latinoamericana en Haití ha demostrado el papel positivo que puede jugar la América Latina en un conflicto caribeño. Refleja la disposición a entender la situación caribeña como parte integral de la seguridad regional y a involucrarse en misiones de mantenimiento de la paz y estabilización. Por el lado estadounidense, expresa un interés por viabilizar un papel mayor de instituciones como la ONU y la OEA en el Caribe, en un momento en que enfrenta guerras y potenciales conflictos en otras regiones del mundo, y no cuenta con los recursos económicos ni de poder para mantener el acercamiento excluyente del pasado.

La tendencia en el Caribe parece ser a una injerencia mucho más plural de actores de seguridad, que muy probablemente incluirá una presencia a más largo plazo de los países latinoamericanos. La participación de América Latina se está perfilando en dos importantes temas de seguridad regional: el diferendo Cuba-Estados Unidos y los problemas de seguridad pública y narcotráfico.

Con respecto al primer asunto, América Latina ya está jugando un papel creciente en el plano político y diplomático para reducir las tensiones entre ambos países y lograr una eventual normalización de relaciones. La visita a Cuba de varios jefes de Estado latinoamericanos debe ser interpretada en este contexto, así como las gestiones para incorporar a Cuba en diversas organizaciones regionales como la OEA. Se debe destacar, por ejemplo, la iniciativa brasileña para incluir al país en el Grupo de Rio.

El tema de Cuba surgió en la reunión de mediados de marzo 2009 entre los presidentes Barack Obama y Lula da Silva. Según el Secretario

General de la OEA, José Miguel Insulza, ha sido uno de los asuntos tratados por la Presidenta de Chile, Michelle Bachelet en su reunión de finales de junio 2009 con el Presidente Obama. Todas estas iniciativas indican una estrategia concertada para jugar un papel de mediación en este conflicto crónico y prolongado. Las gestiones de un país como Chile resultan sumamente importantes por las excelentes relaciones que mantiene con Estados Unidos. Asimismo, la participación de Brasil, que tiene una diplomacia sumamente pragmática y ha mantenido prudente distancia de la retórica antiestadounidense a la Chávez, es clave y tendrá aún más importancia en el futuro en un esfuerzo mediador. La reducción de las tensiones entre Cuba y los Estados Unidos, de lograrse, sería una contribución histórica a la paz y estabilidad de la región caribeña en la que América Latina tendría un destacado papel.

Por otro lado, la seguridad pública y el narcotráfico son actualmente temas de seguridad de la mayor relevancia en el Caribe. Los países del CARICOM han desarrollado nuevas formas de colaboración subregional como la *Caricom Implementation Agency for Crime and Security* (IMPACS) para hacerle frente al auge de la delincuencia y la violencia interna. Países como Francia y Canadá también desarrollan diversas iniciativas de asistencia regional en el terreno de la seguridad pública y el control del narcotráfico. El llamado "Pacto de Santo Domingo" de junio de 2009, para ampliar la acción anti-delincuencial a través de la Oficina de la ONU contra la Droga y el Delito (UNODOC), en coordinación con el Sistema de Integración Centroamericana (SICA) y la OEA, será un medio para una mayor participación latinoamericana en este terreno.

Cabe destacar el creciente papel regional de Brasil en el campo de la seguridad pública. Este país, en concordancia con sus visiones geopolíticas y la creciente importancia de su comercio con el Caribe, ha incrementado la concertación y colaboración con la región. Ha incrementado de forma controlada la venta de equipo militar y policial a países del Caribe. Recientemente vendió a la República Dominicana ocho aviones Super Tucano valorados en noventa y tres millones de dólares, que serán usados en operaciones de combate al narcotráfico en la zona de la frontera con Haití.

La participación latinoamericana en Haití ha sido la expresión más visible de una aportación latinoamericana a la resolución de conflictos en la región del Caribe, pero debe verse como parte de una tendencia a más largo plazo caracterizada por el surgimiento de nuevos actores institucionales, como la ONU y la OEA, y nacionales, como Canadá, los países europeos con territorios caribeños y los países latinoamericanos, principalmente Brasil. Más allá de Haití, las relaciones de Cuba y Estados Unidos y la seguridad pública serán campos de acción en los que veremos una presencia latinoamericana cada vez más relevante.

Tercera parte:

Defensa y democracia

Defensa y democracia en América Latina: retos actuales y desafíos futuros

Adrián Bonilla y Claudia Donoso[*]

1. Introducción

El propósito de este trabajo es explorar la relación entre democracia y defensa bajo la dirección de líderes civiles en América Latina, con el objeto de identificar modificaciones a las tendencias tradicionales en los procesos políticos de diseño estratégico, toma de decisiones, y arquitectura institucional, así como en temas de inclusión (como el procesamiento de demandas de género).

Esta investigación hace un acercamiento comparativo de tres países en Sudamérica: Argentina, Chile y Ecuador. Fueron escogidos en la medida en que pueden ser considerados modelos (con cierta facilidad de generalización) de la etapa que se abre con la transición hacia gobiernos civiles, después de las dictaduras que asolaron a la región en los años 70 y 80. La Argentina fue el primer país de la región en iniciar la discusión estratégica sobre el proceso de modernización de la defensa. Chile, por su parte, fue construido como el estereotipo de la impermeabilidad de las fuerzas armadas hacia la dirección de los políticos civiles en los temas de defensa; y Ecuador es el caso de un país con una tradición de autono-

---

[*] Adrián Bonilla es Director de FLACSO-Ecuador; Doctor en Estudios Internacionales y Master en Asuntos Internacionales por la Universidad de Miami. Claudia Donoso es investigadora asociada al Programa de Relaciones Internacionales de FLACSO-Ecuador, y Master en Ciencias Sociales con mención en Relaciones Internacionales por dicha institución.

mía política de las fuerzas armadas e intervención constante en los asuntos de la sociedad política.

2. Procesos de modernización y conducción civil de la defensa en la región

Un primer elemento que atraviesa la retórica de la modernización del sector defensa, es el tránsito del Estado como objetivo de la seguridad nacional hacia la persona como el bien a ser protegido, lo cual se expresa en las distintas tradiciones de la idea de seguridad humana, que han venido informando la discusión de los documentos de defensa en América Latina.[1]

Las transformaciones institucionales, económicas y sociales que sobrevienen luego del final de la Guerra Fría, y la globalización, no dejan de reflejarse en la discusión sobre la defensa en América Latina. Varias perspectivas aparecen, entre ellas de "multidimensionalidad", que finalmente reproducen la antigua lógica omnicomprensiva de la tradición de la seguridad nacional.[2] Que, a su vez, produce efectos de distinta naturaleza en la forma en que los militares se piensan a sí mismos: al mismo tiempo que induce a la imagen de la defensa nacional como un bien

---

[1] Según el Centro de Estudios Internacionales de Barcelona -CIDOB, la expansión del uso de este término pone de manifiesto que los retos en el campo de la seguridad internacional pasan hoy por proteger al individuo de amenazas progresivamente complejas y globales, y no sólo por la defensa militar de los intereses del Estado. Se debe entender que la seguridad humana respeta los derechos humanos de las personas y promueve la inclusión social, acceso a educación y salud, desarrollo económico y lucha contra la pobreza. Véase en: Centro de Estudios Internacionales de Barcelona. "Seguridad humana: conceptos, experiencias y propuestas", http://www.cidob.org/es/publicaciones/revistas/revista_cidob_d_afers_internacionals/num_76_seguridad_humana_conceptos_experiencias_y_propuestas.

[2] La Asamblea General de la OEA adoptó en su reunión en Bridgetown, en 2002, un enfoque multidimensional de la seguridad que implicó la expansión de la definición tradicional a sectores que no sean exclusivamente militares, y que incluye problemáticas políticas, económicas, medio ambientales y de seguridad humana. En: Abraham Stein, "El concepto de seguridad multidimensional." (Ponencia presentada en el segundo foro internacional *Inseguridad, dolor inevitable, acciones para la paz*, llevado a cabo por la Organización Demócrata Cristiana de América , en ciudad Juárez, Chihuahua, el 26 de agosto de 2009): http://www.fundacionpreciado.org.mx/biencomun/bc176-177/A_Stein.pdf. Existen críticas al concepto de seguridad multidimensional por su amplitud y vaguedad, lo cual conlleva una imposibilidad de ejecutar con claridad políticas en los sectores de la seguridad y la defensa, pues todo se tiende a "securitizar".

público y a su democratización, incluye la subordinación a la defensa de la economía, el medio ambiente, y cuanta actividad social exista, a las necesidades de "seguridad" que construyan las agencias gubernamentales.

En este período se inician procesos de rendición de cuenta a la sociedad civil y la elaboración de los libros blancos.[3] La discusión hemisférica se centra en la idea de que es a los civiles a quienes corresponde conducir la defensa, y que éstos deben formarse en temas que les permitan ejercer funciones en el sector. La conducción de la defensa va más allá de la normativa jurídica, que establece responsabilidades de las autoridades políticas y su relación con los mandos militares. La defensa se convierte también en una actividad política permanente, y eventualmente constituye un elemento en la administración del Estado, más allá de la discusión de los mandos militares.[4]

Arquitectura Institucional

Un análisis de la arquitectura institucional del sistema de defensa puede realizarse a partir de:
- las atribuciones del Presidente de la República, del Congreso, y del Ministro de Defensa;
- la función de las fuerzas armadas;
- la existencia de otros órganos de seguridad del Estado;
- los organigramas institucionales.

---

[3] En la Argentina, en octubre de 1996, los estudios preliminares del *Libro Blanco* se intensificaron a partir de la II Conferencia de Ministros de Defensa de las Américas celebrada en Bariloche. Pero para completarlos se prefirió esperar la sanción, por parte del Congreso Nacional, de la Ley de Reestructuración de las Fuerzas Armadas, hecho que ocurrió en marzo de 1998. Finalmente el *Libro Blanco de la Defensa Nacional* fue publicado en 1999. En Chile se han producido dos libros blancos, el primero en 1997 y otro en el 2002. En la Política de Defensa chilena se reitera la vocación de ese país por la paz y la cooperación internacional. En Ecuador, la Política de Defensa fue elaborada en 2002 y actualizada en 2006, proceso impulsado por el Ministerio de Defensa Nacional.

[4] Rodrigo Atria, "Libros de Defensa: una base común para su elaboración", en *Políticas de defensa y elaboración de Libros Blancos experiencias Latinoamericanas*, ed. Guillermo Pacheco, CHDS (Santiago de Chile, Octubre, 2003) La relación cívico-militar recibe un nuevo significado para la generación de la confianza, donde la cooperación militar a la autoridad política civil es posible y necesaria.

Los datos obtenidos a partir de este análisis darán cuenta sobre el grado de influencia de los civiles, y su inclusión en el proceso de toma de decisiones.

En lo que respecta a las atribuciones de los presidentes, en el caso argentino, cuenta con el asesoramiento del Consejo de Defensa Nacional-CODENA, el Ministro de Defensa, el Jefe de Estado Mayor Conjunto y de los Jefes de Estado Mayor Generales. El Presidente tiene la facultad de ejercer la conducción de la guerra.

En Chile, el Presidente de la República es la autoridad máxima en materia de defensa. Puede disponer de las fuerzas de aire, mar y tierra, organizándolas y distribuyéndolas de acuerdo con las necesidades de la seguridad nacional. Además, designa a los Comandantes en Jefe de las instituciones castrenses entre los cinco Oficiales Generales de mayor antigüedad de cada rama, los que permanecen cuatro años en el cargo, pudiendo ser removidos por el Presidente de la República, mediante decreto fundado informando previamente a la Cámara de Diputados y el Senado.

En el caso ecuatoriano, el Presidente de la República es la máxima autoridad de la fuerza pública, ejerce la conducción política de la seguridad y la defensa nacional, y protocoliza los decretos y políticas en este campo.

El Congreso de la Nación en la Argentina ejerce las facultades conferidas por la Constitución Nacional y da seguimiento a las cuestiones vinculadas a la defensa, a través de las Comisiones de Defensa de ambas Cámaras.[5] Tiene la potestad de autorizar al Ejecutivo a declarar la guerra o la paz. De igual forma, autoriza el ingreso de tropas extranjeras a territorio nacional, o la salida de tropas nacionales al extranjero. A diferencia del caso chileno, el nombramiento y ascenso de altos oficiales requiere la aprobación del Congreso. De igual manera, está en capacidad de legislar en asuntos relacionados con las fuerzas armadas, mas no acusar a sus miembros.[6]

---

[5] Marcela Donadio y María de la Paz Tibiletti, *Atlas Comparativo de la Defensa en América Latina,* (Buenos Aires: RESDAL, 2007), 108.

[6] Felipe Ajenjo Martínez, "Informe Nacional Argentina", en *Reporte Sector Seguridad en América Latina y el Caribe 2006,* (Santiago de Chile: FLACSO-Chile, agosto de 2006), 23, http://new.flacso.cl/flacso/biblos.php?code=2138

El Congreso chileno concurre con el Ejecutivo en la aprobación de leyes permanentes para autorizar o denegar el ingreso de tropas extranjeras al territorio, o la salida de tropas nacionales al exterior. A través de las Comisiones de Defensa en ambas Cámaras se analizan los proyectos de ley relativos a la defensa nacional y a las fuerzas armadas.[7] Sólo el ejecutivo tiene la iniciativa para presentar proyectos de leyes en el sector defensa. A diferencia de lo que ocurre en el caso argentino, el Parlamento chileno sí puede acusar a los oficiales de alto rango de las fuerzas armadas.

La función de la Asamblea Nacional en Ecuador, en temas de defensa, es la rendición de cuentas. La Comisión de Relaciones Internacionales y Seguridad da seguimiento a las cuestiones vinculadas con proyectos de ley y temas relativos a la defensa nacional, relaciones internacionales, acuerdos de integración y suscripción de convenios internacionales en materia territorial o límites.

En lo que se refiere a las atribuciones de los Ministros de Defensa, en Argentina el Ministro ejerce la dirección, ordenamiento y coordinación de las actividades propias de la defensa nacional.[8] En Chile, la función del Ministro recae en la planificación y dirección general de las actividades del ministerio; también está a cargo de colaborar directamente con el Presidente en la conducción de la defensa nacional en tiempos de paz y guerra.[9]

En Ecuador, además de la figura del Ministro de Defensa se encuentra la del Ministro Coordinador de la Seguridad Interna y Externa. Ubicado en un nivel institucional superior, coordina la ejecución de las políticas y las acciones que en materia de seguridad interna y externa se adoptan en los ministerios de Gobierno y Policía, Relaciones Exteriores, y Defensa. El Ministro de Defensa cumple por su parte con la función de la conducción política de la defensa. El Gabinete ministerial ecuatoriano, en su mayoría, está compuesto por civiles, y cuenta con el asesoramiento de cuatro oficiales de las distintas ramas de las fuerzas armadas.

---

[7] Felipe Ajenjo Martínez, "Informe Nacional Chile",en ob. cit.
[8] Marcela Donadio y María de la Paz Tibiletti, ob. cit., 108.
[9] Marcela Donadio y María de la Paz Tibiletti, ob. cit., 160.

En la actualidad, el Ministerio de Defensa del Ecuador se rige bajo el marco de la Agenda Política de la Defensa Nacional[10], que marca una actitud estratégica de carácter defensivo y proactivo, basada en prevención y alertas tempranas. Esta agenda contiene cuatro ejes: político, militar, desarrollo, y de cooperación y relaciones internacionales.

En el eje político de la agenda, se promueve el diálogo con actores sociales e institucionales. Se contempla la evaluación y actualización permanente de la política de defensa en función de los nuevos escenarios internacionales.

El eje militar, por su parte, motiva la participación de la ciudadanía en el sector de defensa, desastres naturales, crisis y emergencias. Se impulsa la actualización del Plan Estratégico del Ministerio de Defensa, y el fortalecimiento de la capacidad operativa, logística y administrativa de las fuerzas.

En esta agenda[11], la misión del Ministerio de Defensa radica en la ejecución de la política militar y la conducción administrativa de las fuerzas armadas. De igual forma, se definen sus roles en torno a la conservación de la soberanía nacional, la contribución con la comunidad internacional en el mantenimiento de la paz y seguridad internacional, una economía sostenible para la defensa, la implementación de un siste-

---

[10] La Política de Defensa publicada en 2002 y su actualización de 2006, al igual que el proceso de reestructuración de las fuerzas armadas de 2005, no están vigentes, pero sí la Agenda Política de la Defensa Nacional que rige desde 2008. Por su parte, el proceso político para la reestructuración de las Fuerzas Armadas en el Ecuador surgió como una necesidad a partir de las constantes crisis de inestabilidad política. Este proceso fue impulsado por el entonces Ministro de Defensa, General Oswaldo Jarrín, en 2005, y contemplaba dos objetivos estratégicos: fortalecer la institucionalidad y profesionalidad militar, y sentar las bases legales y doctrinarias para la reestructuración de la defensa nacional. En el proceso de reestructuración de las fuerzas armadas se enfatiza que la cooperación interinstitucional e internacional es decisiva para elevar el nivel profesional y fortalecer su institucionalidad. Oswaldo Jarrin. "El Proceso Político para la Reestructuración de las Fuerzas Armadas de Ecuador"en *Reforma de las fuerzas armadas en América Latina y el impacto de las amenazas irregulares*, ed. Jose Raul Perales (Washington: Woodrow Wilson International Center for Scholars, agosto de 2008), 79, http://www.wilsoncenter.org/topics/pubs/Reforma.pdf

[11] En 2008, el Ministerio Coordinador de Seguridad Interna y Externa elaboró la Agenda Nacional de Seguridad Interna y Externa con las instituciones que conforman el Gabinete de Seguridad: Ministerio de Gobierno, Cultos, Policía y Municipalidades, Ministerio de Relaciones Exteriores, Ministerio de Justicia y Derechos Humanos, Secretaría Nacional Anticorrupción, Plan Ecuador, Secretaría Técnica de Gestión de Riesgos, y el Ministerio de Defensa.

ma integrado de investigación y desarrollo, y finalmente, contar con un talento humano comprometido con los intereses del Estado.

Por su parte, el eje de apoyo al desarrollo promueve la participación de las fuerzas armadas en programas y proyectos a nivel fronterizo, en infraestructura, educación, salud y conservación del medio ambiente. Y el eje de cooperación y relaciones internacionales se sustenta en la creación de un modelo de paz cooperativa regional y hemisférica.

Si observamos la Argentina, la misión de las fuerzas armadas es ser el instrumento militar de la defensa nacional; serán empleadas ante agresiones de origen externo perpetrados por fuerzas armadas pertenecientes a otros Estados (Reglamentación de la Ley de Defensa Nacional N° 23.554, Decreto N° 727/2006, 13/06/2006, Art. 1).[12]

Las fuerzas armadas chilenas tienen como misión fundamental la defensa de la patria y son esenciales para la seguridad nacional. A ellas corresponde también el resguardo del orden público durante los actos electorales y plebiscitarios (Constitución Política, Art. 101 y 18).

Las fuerzas armadas ecuatorianas tienen como misión fundamental la defensa de la soberanía nacional y la integridad territorial (Art. 158 de la Constitución)). Una transformación en proceso radica en la concepción del uso y empleo de operaciones conjuntas. En la nueva Constitución del Ecuador, el voto militar es opcional. Se reitera que las fuerzas armadas no son beligerantes y respetan el orden democrático. Se eliminó la misión de "garantes del ordenamiento jurídico", y en contrapartida se estableció como su misión fundamental, "la defensa de la soberanía y la integridad territorial". Se limitó la participación de las fuerzas armadas en actividades económicas exclusivamente a actividades relacionadas con la defensa nacional. De igual forma, se prohíbe a los miembros de Fuerzas Armadas y Policía Nacional en servicio activo ostentar el cargo de Ministros de Estado.[13]

A partir de las nuevas disposiciones constitucionales, se persigue la actualización del marco legal de las fuerzas armadas armonizándolo con la Constitución. Y se busca la aplicación de un plan integral en la frontera norte a través de una coordinación interinstitucional.

---

[12] Marcela Donadio y María de la Paz Tibiletti, ob. cit., 96

[13] Rosa Mercedes Pérez, Subsecretaria General del Ministerio de Defensa del Ecuador. "Cambios en la Estructura de Defensa Ecuatoriana" (presentación en el marco de la Reunión del Consejo Sudamericano de Defensa 19 de noviembre del 2009, Quito).

Entre otros temas a considerar en la modernización del sector de la defensa, se encuentra la inclusión de los asuntos ambientales e indígenas en la agenda.

En Chile, desde 1997 los temas ambientales son tratados de manera transversal en la agenda de defensa. A partir de 2002, a partir del Libro Blanco, se produce un tratamiento obligatorio en lo que respecta a residuos industriales (explosivos, derrame de líquidos en las operaciones de entrenamiento). Se ha generado una conciencia ecológica.[14]

La atención del tema indígena nunca ha sido un tema en la agenda de defensa. Sin embargo, los indígenas pueden ingresar a las fuerzas armadas. Los Carabineros de Chile no presentan ninguna política de inclusión étnica conocida, situación que tiene relación con la baja población chilena que se reconoce parte de una etnia originaria. La condición racial no se establece como limitante pues sería penado por la Ley, sin embargo, en la práctica, existe discriminación.[15]

Para la Argentina, los temas ambientales son considerados y se pone especial énfasis en el ámbito marítimo y la protección de la Antártida.[16] Al igual que en Chile, los indígenas no son parte de la agenda de defensa, ni existen políticas de inclusión étnica; pese a ello, la condición racial no es una limitante para el ingreso a ninguna institución pública. Si existe discriminación puede funcionar en la selección de cargos, pero no se han registrado denuncias por este tipo de hechos.[17]

En Ecuador, la propuesta de Ley de Seguridad contempla los temas ambientales principalmente en lo que respecta a la protección de parques nacionales y reservas naturales con el apoyo de la Policía Nacional. Esta propuesta fue aprobada por la Asamblea Nacional, y vetada parcialmente por el Presidente de la República en agosto del 2009.[18]

Respecto a los indígenas, éstos no tienen acceso a la definición de políticas para la defensa en Ecuador.

---

[14] Entrevista realizada por Claudia Donoso a Arturo Fuenzalida, analista internacional y de defensa de Chile, 3 de noviembre del 2009.

[15] Felipe Ajenjo Martínez, "Informe Nacional Chile", en ob. cit., 51.

[16] Entrevista realizada por Claudia Donoso a Cecilia Politi, asesora de la Fuerza Área argentina, 3 de noviembre del 2009.

[17] Felipe Ajenjo Martínez, "Informe Nacional Argentina", en ob. cit., 61.

[18] Entrevista realizada por Claudia Donoso a Hernán Moreano, investigador asociado al Programa de Relaciones Internacionales FLACSO-Ecuador, 8 de noviembre 2009.

Presupuestos

Los presupuestos son herramientas esenciales de la gestión pública. La construcción de la transparencia en el sector defensa en América Latina tiene una dimensión nacional e internacional. Nacional como mecanismo de rendición de cuentas a la sociedad civil, e internacional como medida de confianza mutua en la región.

Pese a ello, los presupuestos de defensa y los gastos militares latinoamericanos son ejecutados en general por una cultura del secreto. Resulta imperante conocer los recursos totales con los que se cuenta; caso contrario, no puede decirse que se conduce efectivamente a las fuerzas armadas.

El gasto en salarios del personal es alto en la mayoría de los países suramericanos. Ello resta recursos para equipos, rubro no garantizado en el presupuesto, con excepción del caso chileno como consecuencia de la Ley del Cobre.[19]

Los Congresos y otros órganos de control (tales como los tribunales de cuentas y las contralorías), demandan mayor transparencia en el sector defensa para supervisar de manera efectiva. Sin embargo, estos órganos perciben los gastos de defensa como irrelevantes desde el punto de vista político, y desde el punto de vista técnico, por su menor impacto respecto a las áreas de salud y educación.

El presupuesto dispuesto para las fuerzas armadas en Chile es aprobado anualmente para el Ministerio de Defensa, y traspasado por medio de cada Subsecretaría a cada una de las Fuerzas Armadas y de Orden. Es complementado, con el producto de la Ley reservada del Cobre (N° 13.196, de 1958), modificada durante el gobierno militar-siempre a través de leyes de carácter reservado. Establece un reparto, entre las tres fuerzas, del 10% del ingreso en moneda extranjera por la venta al exterior de la producción de cobre y sus subproductos.[20] Para 2010, el presupuesto es de 932.648.797 de pesos chilenos.[21]

---

[19] Esta Ley se remonta a la dictadura y financia el sistema militar.

[20] Felipe Ajenjo Martínez, "Informe Nacional Chile", en ob. cit., 28.

[21] Ministerio de Defensa Nacional de Chile, "Contenido del Proyecto de Ley de Presupuestos 2010", http://www.dipres.cl/574/articles-50662_doc_pdf.pdf

El presupuesto argentino depende del Ministerio de Economía. Las decisiones sobre el presupuesto de defensa se inscriben en el marco más amplio del presupuesto nacional.[22]

El presupuesto del Ministerio y fuerzas armadas es publicado, clasificado por categoría programática, por objeto de gasto, por clasificación institucional, por finalidad y función, por clasificación geográfica, por clasificación económica y por fuente de financiamiento. El Ministerio de Defensa es uno de los seis órganos autorizados para recibir gastos reservados, los cuales no están incluidos en el presupuesto. De acuerdo a la Política Presupuestaria de la Jurisdicción, el presupuesto de defensa para el 2010 es de 10.191.647.883 de pesos argentinos.[23]

El presupuesto del sector defensa en Ecuador depende del Ministerio de Finanzas. El criterio de distribución presupuestaria considera los proyectos que cada entidad del sector defensa –en particular las fuerzas armadas– tenga definidos para el año.[24]

La Ministra de Finanzas, María Elsa Viteri, postergó la entrega de la proforma presupuestaria para 2010 ante la Asamblea Nacional, que estaba prevista para octubre del 2009.[25] Según la proforma finalmente presentada por el Gobierno a la Asamblea, el presupuesto para las fuerzas armadas en 2010 es de 1.669,8 millones de dólares. De este monto, 1.023 millones se asignan para salarios.[26]

En conclusión, en los casos revisados, el presupuesto se elabora en las instituciones militares y son presentados al Ejecutivo; es luego enviado al Congreso sin la participación de un actor externo o de la sociedad civil, en ninguna de las etapas de su preparación.

---

[22] Felipe Ajenjo Martínez, "Informe Nacional Argentina", en ob. cit., 35.

[23] Ministerio de Economía de Argentina, "Jurisdicción 45 Ministerio de Defensa", http://www.mecon.gov.ar/onp/html/presutexto/proy2010/jurent/docs/P10J45.doc

[24] Felipe Salazar Tobar, "Informe Nacional Ecuador", en *Reporte Sector Seguridad en América Latina y el Caribe 2006* (Santiago de Chile: FLACSO-Chile, agosto de 2006),23

[25] "Se aplaza entrega de proforma presupuestaria para el 2010", *Diario Hoy,* 30 de octubre, 2009, http://www.hoy.com.ec/noticias-ecuador/se-aplaza-entrega-de-pro-forma-presupuestaria-para-el-2010-375647.html

[26] "FF.AA transmiten su preocupación por el presupuesto 2010", *EL Universo*, 15 de diciembre, 2009, http://www.eluniverso.com/2009/12/15/1/1355/ffaa-transmiten-preocupacion-presupuesto.html

La participación civil en el sector defensa

Los Estados democráticos tienen una tarea primordial y aún pendiente: promover la participación de la ciudadanía en materia de formulación, seguimiento y evaluación de las políticas de seguridad y defensa de sus países.

La participación civil en la defensa en la Argentina presenta una mayor formación en planificación, a través de universidades y cursos sobre estrategia y política de defensa. La cantidad de ministros civiles de defensa en ese país ha sido treinta y dos, frente a cuatro militares retirados, desde la creación del Ministerio en 1958. [27] Argentina ha participado en misiones de paz: MINUSTAH en Haití, MINURSO en Sahara Occidental, UNIFICYP en Chipre, UNMIK en Kosovo y UNTSO en Israel y Palestina.

En el caso de Chile, la participación de civiles en la toma de decisiones estratégicas para la defensa es todavía reducida. Los militares, se han retirado de la participación politica contigente, pero tienen "sus niveles de autonomía para la toma de decisiones en prácticamente todos los ámbitos de su accionar son relevantes".[28] Se ha creado una masa crítica activa de la sociedad civil que da opiniones, mas no está involucrada en la toma de decisiones del sector defensa. La toma de decisiones es competencia exclusiva del Ejecutivo.

Según RESDAL, desde la creación del Ministerio de Defensa en 1932, treinta y un civiles han sido ministros, así como dieciseis militares.[29]

El personal civil con altos niveles de conocimiento en el sector no posee espacios permanentes de trabajo en el Ministerio de Defensa chileno. En la actualidad, las fuerzas armadas participan en operaciones de paz y misiones internacionales: MINUSTAH en Haití, UNMIK en Kosovo, UNMOGIP en India y Pakistán, y UNTSO en Israel y Palestina.

En Ecuador, muchos de los temas son reservados o discutidos sin la presencia de la sociedad civil o de los medios de comunicación. Aún resta trabajar en procesos de rendición de cuentas hacia el sector civil y político.

---

[27] Marcela Donadio y María de la Paz Tibiletti, ob. cit., 109.

[28] Lucia Dammert, "Reformas del sector seguridad: el caso de Chile",en *Reforma de las fuerzas armadas en América Latina y el impacto de las amenazas irregulares*, ed. Jose Raul Perales, 100.

[29] Marcela Donadio y María de la Paz Tibiletti, ob. cit., 160.

Los civiles han participado con criterios en el proceso de Libro Blanco del 2002, su actualización en 2006, la reestructuración de las FF.AA en 2005, y en la Agenda Política de la Defensa en 2008. [30] Sin embargo, continúa siendo una fuente de consulta sin injerencia en la toma de decisiones.

Desde la creación del Ministerio de Defensa en 1935, ha habido veinticinco ministros civiles frente a sesenta y cinco militares en retiro. [31]

3. La incorporación de los temas de género a la cuestión militar

Analizar los temas de género en la cuestión militar permite mostrar el grado del nivel democratización de las fuerzas armadas.

En todos los países de la región, las mujeres fueron admitidas en las fuerzas armadas de forma tardía. En la década de 1970 ingresaron las primeras mujeres a los ejércitos sudamericanos, pero exclusivamente a servicios de enfermería o administración.

Las mujeres latinoamericanas han venido ganando espacios en los ministerios de defensa de sus países; prueba de ello es la actual Presidenta chilena, Michelle Bachelet, quien se convirtió en 2002 en la primera Ministra de Defensa latinoamericana, seguida por Nilda Garré (2005) en la Argentina, y las ecuatorianas Guadalupe Larriva y Lorena Escudero en 2007.

A partir del 2000, el tema de equidad de género se vuelve cada vez más importante en las fuerzas armadas latinoamericanas. Uno de los primeros pasos ha sido la incorporación de las mujeres a las misiones de paz como política promovida por la Organización de las Naciones Unidas.[32]

Los países sudamericanos que más han avanzado en la equidad de género (entendiendo por ello el desarrollo de políticas relacionadas con cómo se incorpora la mujer y cómo se adapta la institución militar), son probablemente la Argentina, Chile y Uruguay. Estas políticas consisten en el respeto a la maternidad y a las horas de lactancia de los hijos, sin

---

[30] La composición del diálogo civil-militar en Ecuador ha incluido la participación de académicos nacionales y extranjeros, organizaciones de derechos humanos, movimientos sociales, periodistas y sindicalistas; no se incluye al sector empresarial.

[31] Marcela Donadio y María de la Paz Tibiletti, ob. cit., 172.

[32] Agencia de noticias Inter Press Service, "Mujeres-América Latina: A paso de equidad en las Fuerzas Armadas", http://ipsnoticias.net/print.asp?idnews=92712.

que ello signifique un obstáculo para el ascenso.[33] Sólo Uruguay y Venezuela permiten a las mujeres ingresar en cualquier fuerza y en cualquier cargo. En Uruguay, además, se admite el ingreso de gays y lesbianas declarados.[34] En otros países de la región, como Ecuador, las fuerzas armadas prohíben la participación de las mujeres en misiones de combate en terreno.

La presencia de ministras de defensa mujeres en la Argentina y Chile, impulsaron procesos de inclusión de género en los ministerios a su cargo.[35] En el caso argentino se creó el Observatorio de la Mujer en las Fuerzas Armadas, con dos áreas de acción: 1) la producción y procesamiento de información reglamentaria, estadística y cualitativa sobre la inserción de las mujeres en la profesión militar; y 2) la formulación de pautas para el diseño de políticas tendientes a la institucionalización de las garantías de protección de la igualdad de oportunidades de las mujeres, en todo lo que concierne a su carrera profesional.[36]

El proceso argentino de incorporación de mujeres a las fuerzas armadas inicia con la admisión de las mujeres al Liceo Naval, a partir de 1976. Esta tendencia se ha ampliado gradualmente en el voluntariado y en los cuerpos profesionales. En la actualidad, la tasa de graduación de mujeres de los institutos militares de formación de comandos es, por causas que deberán determinarse, muy baja. En tanto, el universo de mujeres en los escalafones profesionales y comando de oficiales y suboficiales es de 5.6 % en el Ejercito, 5.8 % en la Armada, y 11,9% en la Fuerza Aérea.[37]

En la Argentina, las militares pueden acceder al cargo de agregado de defensa, y decidir nombramientos internos; y las embarazadas o aquellas con hijos ya nacidos, ingresar en las instituciones educativas castrenses. Además, los edecanes (oficiales de la guardia presidencial) de la mandataria Cristina Fernández, son mujeres.[38]

---

[33] Agencia de noticias Inter Press Service, "Mujeres-América Latina: A paso de equidad en las Fuerzas Armadas".

[34] Agencia de noticias Inter Press Service, "Mujeres-América Latina: A paso de equidad en las Fuerzas Armadas".

[35] Agencia de noticias Inter Press Service, "Mujeres-América Latina: A paso de equidad en las Fuerzas Armadas".

[36] Ministerio de Defensa de Argentina, "Observatorio sobre la Integración de la Mujer en las Fuerzas Armadas". http://www.mindef.gov.ar/genero_observatorio.html.

[37] Ministerio de Defensa de Argentina, "Observatorio sobre la Integración de la Mujer en las Fuerzas Armadas".

[38] "Mujeres latinoamericanas buscan espacios en las FF.AA.", *ABC Digital*, 7 de marzo, 2009, Sección Internacionales, http://archivo.abc.com.py/2009-03-07/articulos/501903/mujeres-latinoamericanas-buscan-espacios-en-las-ff-aa-

En Chile, casi el 10% de las fuerzas armadas está compuesto por mujeres; en la aviación la proporción sube al 15%.[39] Chile promueve la participación de las mujeres en las operaciones de paz. Esta iniciativa responde a la Resolución 1325 del Consejo de Seguridad de las Naciones Unidas del 3 de octubre del 2000, que "enfatiza la necesidad de una inclusión integral de la mujer en todos los procesos relativos a las decisiones y acciones en la prevención de conflictos, operaciones de paz y resolución post-conflicto".[40]

En el transcurso de la década de los '70, en Ecuador se abrió la posibilidad del ingreso voluntario de la mujer a la vida militar, inicialmente como oficiales de servicios. Luego de un período de militarización, esas mujeres constituyeron parte de las fuerzas armadas como oficiales de sanidad o de justicia.[41]Las oficiales en estas condiciones tenían obligaciones militares, pero se diferenciaban de los varones, porque no tenían una reglamentación que se ajustara a sus necesidades; simplemente cumplían sus funciones de acuerdo a la especialidad de cada una de ellas, ya sea en hospitales o juzgados. En la actualidad, la ley de personal y el reglamento de disciplina militar contemplan la presencia de la mujer en la vida militar. En el Reglamento Transitorio para garantizar el principio de aplicación directa e inmediata de los derechos del personal militar femenino de las fuerzas armadas, se determinan las normas administrativas, disciplinarías y operativas para establecer los aspectos legales, ocupacionales, de salud integral, e infraestructura; que no están previstos en las leyes y reglamentos militares vigentes dado que hasta que éstos se reformen, se está de alguna manera limitando la real inclusión de las mujeres militares.

En conclusión, los tres países examinados han tenido ministras de defensa mujeres. Contemplan la protección de mujeres en estado gesta-

---

[39]Agencia de noticias Inter Press Service, "Mujeres-América Latina: A paso de equidad en las Fuerzas Armadas".

[40] Enzo Di Nozera y Ricardo Benavente, "Chile: Responding to a Regional Crisis", en *Capacity Building for Peacekeeping. The Case of Hait*", ed. John T. Fishel and Andrés Sáenz (Washington D.C.: Center for Hemispheric Defense Studies, National Defense University Press, 2007), 72.

[41] Gonzalo Meza Hernández, "Rol de la Mujer en las Fuerzas Armadas de Ecuador y su participación en las actividades militares"(tesis del Diplomado de Política, Seguridad y Diplomacia, FLACSO Ecuador, Octubre 2004).

cional y en lactancia. La Argentina muestra un avance considerable, al haber creado el Observatorio de la participación de la mujer en las fuerzas armadas; en la actualidad, brinda apoyo técnico al Ministerio de Defensa del Ecuador en cuestiones de género.

4. Integración regional y nuevos mecanismos multilaterales de cooperación en defensa

Un elemento adicional e importante que sirve como indicador del grado de democratización de la conducción del sector defensa, refiere a las iniciativas regionales de construcción de regímenes cooperativos impulsados por gobiernos elegidos por el voto popular. Estos nuevos regímenes de seguridad aparecen como consecuencia de la obsolescencia de aquellos antiguos (como el TIAR), y son gestados por países que se ven a sí mismos en condiciones de igualdad política. Las resoluciones se toman por consenso y no por votación. El Consejo Suramericano de Defensa (CSD) da cuenta de cuán difícil es discernir una dirección hegemónica, de intereses preeminentes de países sobre otros.

La idea de la Comunidad Sudamericana de Naciones da origen a la UNASUR. En diciembre de 2007, el Presidente Lula respaldó en un encuentro con militares, en Brasil, el planteamiento del país en ocupar un lugar en el Consejo de Seguridad de la Organización de las Naciones Unidas, y propuso la creación de un Consejo de Defensa de América del Sur.[42]

El 24 de febrero de 2008, el Presidente brasileño y el Ministro de Defensa lanzaron oficialmente la idea de creación de un Consejo Suramericano de Defensa, en una visita a la Argentina. En dicha ocasión, Nelson Jobim, dijo que el objetivo sería el "entendimiento con todos los países sudamericanos para que pudiesen tener una misma palabra sobre defensa en los organismos internacionales y resolver por medio de este Consejo las eventuales cuestiones sobre defensa que surjan.[43]

---

[42] Yara Aquino, "Lula critica desaparelhamento das Forças Armadas e promete recuperação", Agencia Brasil, 11 de diciembre, 2007, http://www.agenciabrasil.gov.br/noticias/2007/12/11/materia.2007-12-11.8842290097/view

[43] Mylena Fiori, "Jobim propõe à Argentina criação do Conselho Sul-Americano de Defesa", Agencia Brasil, 24 de febrero, 2008, http://www.agenciabrasil.gov.br/noticias/2008/02/24/materia.2008-02-24.0497370989/view

En Brasilia, el 23 de mayo del 2008, la Reunión constitutiva de la Unión Sudamericana de Naciones (UNASUR)[44] dejó en claro los principios en los cuales se enmarca: el respeto a la soberanía, la integridad e inviolabilidad territorial de los Estados, la autodeterminación de los pueblos, la democracia, los derechos humanos universales indivisibles e interdependientes, y la reducción de asimetrías y armonía con la naturaleza para un desarrollo sostenible.[45] En dicha reunión, se acordó estudiar la propuesta de crear el Consejo de Defensa Sudamericano.

En lo que se refiere al diálogo político, se concordó que los países miembros promoverían la construcción de consensos en los temas de la agenda internacional, y que se profundizaría la identidad regional en las relaciones internacionales.

El Consejo Sudamericano de Defensa, como régimen de seguridad cooperativa, busca resolver los problemas de la agenda trasnacionalizada de defensa. No debe ser visto como un organismo que pretende contrabalancear el poder de Estados Unidos, sino para prevenir una presencia extra-regional. La iniciativa brasileña y el apoyo de los países sudamericanos muestran la importancia que ha asumido la integración regional en materia de defensa, a través de los siguientes acuerdos:[46]

1. "Cooperación en asuntos de defensa con énfasis en investigación y desarrollo, apoyo logístico y adquisición de productos y servicios;

2. Compartir conocimiento y experiencia adquirida en campo de operaciones, en la utilización de equipamiento de origen nacional o extranjero y cumplimento de operaciones internacionales de mantenimiento de paz;

3. Promover acciones conjuntas de entrenamiento e instrucción militar, ejercicios militares combinados e intercambio de información".

En 2009 surgió un nuevo punto de controversia en el marco del Consejo Sudamericano de Defensa, básicamente debido a la postura colombiana que debilita al régimen cooperativo regional. La decisión unilateral de la instalación de militares estadounidenses en siete bases colombianas significó la presencia de una potencia extra-regional.

---

[44] Los países miembros son Argentina, Brasil, Bolivia, Colombia, Chile, Ecuador, Guyana, Paraguay, Perú, Surinam, Uruguay y Venezuela.

[45] Grupo de Trabajo del Consejo de Defensa Suramericano, "Decisión de la Creación del CDS en *Consejo de Defensa Suramericano UNASUR Crónica de su gestación* (Santiago de Chile: Ministerio de Defensa Nacional de Chile, julio 2009),63.

[46] Anela Moreira, "Consejo Sudamericano de Defensa: hacia una integración regional en defensa", (Buenos Aires; RESDAL, UNASUR y el Consejo de Defensa Suramericano, documentos de debate, diciembre 2008), http://www.resdal.org.ar/

La estrategia colombiana fue exitosa, ya que la preocupación inicial de los países miembros del Consejo dio paso a la aceptación, por parte de algunos países, de la decisión soberana de Colombia de implementar soluciones más afines a sus intereses de seguridad nacional.

Sin embargo, se solicitaron garantías sobre el uso militar estadounidense de estas siete bases colombianas. En ese marco, el Subsecretario de Estado norteamericano para el Hemisferio Occidental, Arturo Valenzuela, envió una carta a los Ministros de Defensa y Cancilleres de los países sudamericanos explicando que "las operaciones de militares estadounidenses en las bases colombianas se restringirán a territorio colombiano".[47] El funcionario comenzó posteriormente una gira sudamericana por Brasil, Argentina, Uruguay y Paraguay para aclarar dudas respecto al acuerdo bilateral con Colombia.

5. Conclusiones

Los procesos de modernización de las fuerzas armadas que se abrieron a partir del retorno de los gobiernos a la conducción civil, produjeron transformaciones sustantivas en varias áreas. Probablemente, la más significativa es la decisión de abandonar el logos tradicional del discurso de la seguridad nacional, que hacía del Estado y sus instituciones el objeto mismo de las políticas de seguridad.

En los tres países tomados como casos para la comparación, el proceso de reconstrucción discursiva gira alrededor de la producción de documentos de defensa. Esos procesos abrieron la puerta para diversificar el escenario de actores securitizadores a distintas influencias de la sociedad civil. Los militares, y sus espacios, dejaron de ser ámbitos exclusivos del diseño estratégico y de la generación de pensamiento en seguridad. De alguna manera, la academia participó sistemáticamente, al igual que entidades con agendas arraigadas en objetivos de derechos civiles y humanitarios.

El discurso de la seguridad, sin embargo, no pudo concretarse en América Latina en un paradigma común. Los esfuerzos por ampliar el debate produjeron acercamientos que desafortunadamente tuvieron efectos regresivos. El vago concepto de multidimensionalidad, acogido por la mayor parte de los gobiernos latinoamericanos para la imagen de seguri-

---

[47] "EE.UU. ofrece garantías de no invasión por el uso de bases militares colombianas", El Comercio, 14 de diciembre, 2009, http://ww1.elcomercio.com/solo_texto_search.asp?id_noticia =208055&anio=2009&mes=12&dia=14

dad, volvió a abrir las puertas para que desde las entidades estatales las fuerzas armadas ejecuten misiones que en estricto sentido no son profesionales. El caso ecuatoriano es emblemático para ilustrar su uso, en funciones policiales, de construcción de carreteras, servicios médicos, etc.

La arquitectura institucional que gestiona la defensa tampoco es uniforme en la región. En ninguno de los tres casos estudiados, a pesar del hecho de que haya ministros civiles, se reproduce un mismo esquema de relación entre los mandos militares, su relación con los presidentes y ministros, o su misma disposición interna. Las posibilidades de construir regímenes colectivos de defensa en América Latina son menores, dada la diversidad de dispositivos institucionales.

En lo que respecta a la arquitectura institucional de los países comparados, sólo el Ministerio de Defensa chileno incluye a la Policía, a los carabineros, dentro de la estructura del ministerio. La misión de las FF.AA es similar en los tres países como garantes de la soberanía nacional, integridad territorial, resguardo del orden y defensa nacional frente a amenazas externas. En los tres países revisados el Congreso Nacional da seguimiento a los temas de los sectores de la seguridad y la defensa, y tiene poder de veto o aceptación de leyes y presupuestos originados por mencionado sector. En los tres países se toma en cuenta la opinión de la sociedad civil para la toma de decisiones, pero no tienen injerencia directa en este proceso. La Argentina se destaca al incorporar civiles en la planificación de la defensa. En Ecuador esta tarea sigue siendo competencia de los militares.

Si bien el discurso de la seguridad se democratiza y abre espacios a los intereses de varios actores de la sociedad civil, el proceso de toma de decisiones en materia de defensa sigue siendo muy excluyente en la región. Los canales de mando militares obviamente mantienen restricciones profesionales inevitables, pero la conducción estratégica no ha ampliado espacios de participación que sean concordantes a la retórica de concebir la defensa como política pública. En los tres países las atribuciones fiscalizadoras y controladoras de las entidades estatales sobre este tipo de políticas son todavía limitadas, aunque hay que subrayar el caso de la Argentina como el de un país en donde las posibilidades de discusión y participación son más abiertas que en el de Chile, en donde la institucionalidad preserva legalmente un núcleo cerrado de decisiones, o en el de Ecuador, en donde al contrario, la falta de institucionalidad, deja *by default* las decisiones estratégicas en manos de los mandos militares.

La capacidad de procesamiento de temas democratizadores del conjunto de la sociedad en el seno de las fuerzas armadas, también es muy diverso. Mientras Chile, por ejemplo, tiene una dinámica de inclusión de mujeres muy importante en sus filas, y la Argentina también aunque en un nivel menor, el tema de género les es absolutamente irrelevante a los militares ecuatorianos. De la misma manera, políticas hacia grupos específicos de la población, en concreto pueblos indígenas, no dan cuenta del avance paralelo importante que todas las sociedades latinoamericanas y sus instituciones han hecho a lo largo de estas dos últimas décadas. Las fuerzas armadas en la región permanecen ancladas a visiones de la historia evolutiva e imágenes de las sociedades nacionales como todos homogéneos, articuladas por viejos mitos escatológicos, probablemente el más manido de ellos, el del desarrollo que ha vuelto a ser conjugado con la idea de seguridad a partir de las interpretaciones de la "multidimensionalidad".

La experiencia del Consejo Sudamericano de Defensa, probablemente es el intento regional democratizador más importante a nivel multilateral de las relaciones internacionales en temas de seguridad. Sus dificultades y relativo fracaso han servido, de otro lado, para evidenciar la distancia que existe entre los discursos democráticos y las decisiones de los gobiernos sudamericanos. La posibilidad de consolidar un régimen cooperativo de seguridad regional es muy distante aún por varias razones estructurales e ideológicas. La diversidad de dispositivos de defensa, las diferencias reales en las agendas inmediatas de los países, las asimetrías en términos de recursos económicos, la lógica competitiva impuesta por la inserción latinoamericana al mercado mundial, pertenecen al primer campo; mientras que en el otro coexisten dinámicas autoritarias en unos casos y visiones estratégicas con poca mutación desde la guerra fría.

Los procesos de democratización de la defensa en América Latina siguen siendo un campo de múltiples disputas por sentidos, no han concluido y su horizonte rebasa ahora los ámbitos nacionales. Las pruebas reales del avance no pueden evitar en el futuro medirse en la capacidad de construcción multilateral de políticas, sistemas de control y estrategias comunes.

Anexo: Cuadro comparativo de defensa Argentina, Chile y Ecuador

	Arquitectura Institucional	Comentarios
Chile	Del Ministerio de Defensa dependen las FF.AA. y la Fuerza de orden y seguridad, donde se encuentran los carabineros que son policía de uniforme, la policía de investigación no usa uniforme y son de apoyo.[48] Las competencias de los mandos militares se dan por reglamentos. La Policía tiene su propia Ley Orgánica.	Sólo en el Ministerio de Defensa chileno, la Policía está incorporada a la estructura.
Ecuador	El Ministerio de Defensa tiene una Secretaría de Defensa y una Subsecretaría de Gestión Institucional de Fuerzas Armadas. Actualmente cuenta con una Subsecretaría de Planificación y se encuentra en marcha un proceso de reestructuración del organigrama del Ministerio.	
Argentina	La misión del Ministerio de Defensa de la Argentina busca asistir al Presidente de la Nación en todo lo inherente a la defensa nacional y las relaciones con las FF.AA.[49] Dependen del Ministerio de Defensa dos Secretarías: de Asuntos Militares (con una Subsecretaría de Asuntos Técnicos Militares), y de Planeamiento (con una Subsecretaria de Fortalecimiento Institucional de las FF.AA), y la Subsecretaría de coordinación.[50]	

---

[48] Ministerio de Defensa Nacional de Chile, "Libro de la Defensa Nacional de Chile 2002", http://wexw.defensa.cl/ms/el-estado-de-chile

[49] Marcela Donadio y María de la Paz Tibiletti, ob. cit., 109.

[50] Ministerio de Defensa de Argentina, "Organigrama", http://www.mindef.gov.ar/organigrama.html

	Misión de las FF. AA.	Comentarios
Chile	Existen para la defensa de la patria y son esenciales para la seguridad nacional. El resguardo del orden público durante los actos electorales y plebiscitarios corresponderá a las FF.AA (Constitución Política, Art. 101 y 18)	La misión de las FF.AA es similar en los tres países como garantes de la soberanía nacional, integridad territorial, resguardo del orden y defensa nacional frente a amenazas externas.
Ecuador	Tienen como misión fundamental la defensa de la soberanía nacional y la integridad territorial. (Art. 158 Constitución de la República del Ecuador).	
Argentina	Son el instrumento militar de la defensa nacional y serán empleadas ante agresiones de origen externo perpetrados por Fuerzas Armadas pertenecientes a otros estados (Reglamentación de la Ley de Defensa Nacional No 23.554, Decreto No 727/2006 13/06/ 2006, Art. 1).[51]	

	Rol del Congreso	Comentarios
Chile	El Congreso veta o acepta, pero no modifica leyes ni presupuestos.Sólo el ejecutivo tiene la potestad de crear leyes en el sector defensa.	En los tres países revisados el Congreso Nacional da seguimiento a los temas de los sectores de la seguridad y la defensa y tiene poder de veto o aceptación de leyes y presupuestos originados por mencionado sector.
Ecuador	La función de la Asamblea Nacional o Congreso Nacional es la rendición de cuentas en temas de defensa. La Comisión de Relaciones Internacionales y Seguridad da seguimiento a las cuestiones vinculadas con la defensa.	
Argentina	El Congreso de la Nación ejerce las facultades conferidas por la Constitución Nacional y da seguimiento a las cuestiones vinculadas a la defensa a través de las Comisiones de Defensa de ambas Cámaras.[52]	

---

[51] Marcela Donadio y María de la Paz Tibiletti, ob. cit., 96.
[52] Marcela Donadio y María de la Paz Tibiletti, ob. cit., 108.

	Participación de la sociedad civil	Comentarios
Chile	Se ha creado una masa crítica activa de la sociedad civil que da opiniones mas no está involucrada en la toma de decisiones del sector defensa. La toma de decisiones es competencia exclusiva del ejecutivo. Desde la creación del Ministerio de Defensa en 1932, 31 civiles han sido ministros y 16 militares han ocupado el ministerio.[53]	En los tres países se tiene en cuenta la opinión de la sociedad civil para la toma de decisiones, pero sin injerencia directa en este proceso. La Argentina se destaca al incorporar civiles en la planificación de la defensa. En Ecuador esta tarea sigue siendo competencia de los militares.
Ecuador	Muchos de los temas son reservados o se los discute sin la presencia de la sociedad civil o de los medios de comunicación. En el caso de Ecuador ha sido muy pobre la rendición de cuentas hacia el sector civil y político. La sociedad civil ha participado con criterios en el libro blanco del 2002, la actualización en el 2006, la reestructuración de las FF.AA en el 2005 y en la agenda política de la Defensa en el 2008. Es una fuente de consulta más no tiene injerencia en la toma de decisiones. 25 ministros civiles frente a 65 militares en retiro desde la creación del Ministerio de Defensa en 1935.[54] El actual ministro de Defensa (Javier Ponce) es civil,	Tanto en Chile como en la Argentina existe una efectiva conducción civil de la defensa. La Argentina se destaca frente a Chile. Ecuador aún tiene una desventaja numérica en la conducción política y civil de la defensa.
Argentina	La sociedad civil tiene formación en planificación de la defensa a través de universidades de estrategia y política de defensa. La cantidad de ministros civiles de defensa en la Argentina ha sido de treinta y dos, frente a cuatro militares retirados.	

---

[53] Marcela Donadio y María de la Paz Tibiletti, ob. cit., 160.
[54] Marcela Donadio y María de la Paz Tibiletti, ob. cit., 172.

	Presencia de la mujer en FF. AA.	Comentarios
Chile	La mujer está en todas las ramas y alcanza todos los grados. Las múltiples decisiones del mando que impactan al personal, como la selección para llenar un cargo o la imposición de una sanción se fundamentan en el mérito individual y las circunstancias del asunto, evitando un trato preferencial para las mujeres, o los hombres en su caso.[55]Michelle Bachelet, 2002-2004 y Vivianne Blanlot, 2006-2007 han sido las dos únicas ministras de defensa mujer en Chile.	La presencia de la mujer se ha dado de manera paulatina. Se puede decir que la Argentina le ha puesto mucha atención al tema de género en las FF.AA a partir de que la actual Ministra de Defensa Nilda Garré está en el cargo.
Ecuador	Hay mujeres en FF.AA y están en la rama de guerra hay 4 mujeres coroneles pero como abastecimientos lo mismo hay sargentos y cabos como oficiales aún no llegan a coroneles es decir mujeres que estén listas para la guerra.	Sin embargo, tanto en Ecuador como en Chile existen buenos avances.
Argentina	La presencia de la mujer se da en todos los grados tanto en el cuerpo profesional como en el cuerpo comando[56].Existe un observatorio de la mujer en el Ministerio de Defensa para garantizar la equidad de género dentro de las FF.AA. La actual ministra Nilda Garré ha sido la primera Ministra de Defensa mujer en la Argentina.	

	Indígenas en agendas de defensa	Comentarios
Chile	Nunca ha sido un tema en la agenda de defensa. Sin embargo, los indígenas pueden ingresar a las FF.AA.	Los indígenas en ninguno de los tres países son considerados como tema fundamental en la agenda de defensa.
Ecuador	Los indígenas no tienen acceso a la definición de políticas para la defensa en Ecuador.	
Argentina	Los indígenas no tienen acceso a la definición de políticas para la defensa en la Argentina.	

---

[55] Ministerio de Defensa Nacional de Chile, "Mujer y Fuerzas Armadas", http://www.defensa.cl/ms/mujer-y-fuerzas-armadas

[56] Cuerpo profesional se refiere a los militares que se dan apoyo técnico y profesional, en cambio, cuerpo comando se considera a los militares formados para cumplir misiones relativas al combate y que tienen capacidad de mando.

	Ambiente en agenda de defensa	Comentarios
Chile	Desde 1997 se tratan estos temas en la agenda de defensa. A partir del 2002 con el libro blanco se da tratamiento obligatorio en lo respecta a residuos industriales (explosivos, derrame de líquidos en las operaciones de entrenamiento). Se ha generado una conciencia ecológica.	En Chile, Argentina y Ecuador se incluye el tema de ambiente en la agenda de defensa.
Ecuador	En la propuesta de Ley de seguridad se contemplan los temas ambientales. Sobre todo en lo que respecta a la protección de parques nacionales y reservas naturales con el apoyo de la Policía Nacional. Esta propuesta fue aprobada por la Asamblea Nacional y vetada parcialmente por el Presidente de la República en agosto del 2009.	
Argentina	Se toma en consideración los temas ambientales con especial énfasis en el ámbito marítimo y la protección de la Antártida.	

	Defensa civil	Comentarios
Chile	Es una organización que tiene formación militar, depende en términos orgánicos del Ministerio de Defensa y es de carácter voluntario.	Chile y Argentina tienen defensa civil. Ecuador ha sido pionero en la reestructuración de la defensa civil por la Secretaría Técnica de Gestión de Riesgos.
Ecuador	La Defensa Civil fue absorbida en la actual administración del Presidente Rafael Correa por la Secretaría Técnica de Gestión de Riesgos[57], la cual tiene rango de Ministerio.	
Argentina	Existe una Dirección General de Defensa Civil[58] su función es asistir y asesorar al Secretario de Seguridad Interior.	

---

[57] Esta Secretaría está encargada de la reducción de riesgos y atención de emergencias y desastres naturales. Depende del Ministerio Coordinador de Seguridad Interna y Externa.
[58] Dirección General de Defensa Civil en Argentina, http://www.defensacivil.gba.gov.ar/dirnacio.htm

	Servicio militar	Comentarios
Chile	Servicio militar es obligatorio para hombres y para mujeres es voluntario. El proceso tiende a ser voluntario si se llena el cupo, caso contrario lo obligatorio se hace como subsidiario. En caso de guerra Chile debe tener capacidad para movilizar gente.	El servicio militar tiende a ser voluntario. En Chile aún se mantiene la obligatoriedad.
Ecuador	Servicio cívico-militar es voluntario. Este servicio se realizará en el marco del respeto a la diversidad y a los derechos, y estará acompañado de una capacitación alternativa en diversos campos ocupacionales.. Se prohíbe toda forma de reclutamiento forzoso. (Art. 161 Constitución de la República del Ecuador).	
Argentina	Servicio militar es voluntario de acuerdo a la Ley de Servicio Militar Voluntario (N° 24.429-10/01/1995)	

	Presupuesto
Chile	El presupuesto para el 2010 es de M$ 932.648.797 pesos chilenos.[59]
Ecuador	La ministra de Finanzas, María Elsa Viteri, postergó la entrega de la proforma presupuestaria para el 2010 ante la Asamblea Nacional, prevista para octubre del 2009.[60]
Argentina	El presupuesto del Ministerio y FF.AA en la Argentina es 10.191.647.883 pesos argentinos[61]

---

[59] Ministerio de Defensa Nacional de Chile, "Contenido del Proyecto de Ley de Presupuestos 2010",http://www.dipres.cl/574/articles-50662_doc_pdf.pdf

[60]"Se aplaza entrega de pro forma presupuestaria para el 2010", Diario Hoy, 30 de octubre, 2009.

[61] Ministerio de Economía de Argentina, "Jurisdicción 45, Ministerio de Defensa", http://www.mecon.gov.ar/onp/html/presutexto/proy2010/jurent/docs/P10J45.doc

Conducción civil de las políticas de defensa

Rut Diamint[*]

Introducción

¿Es todavía necesario seguir hablando del control civil de las fuerzas armadas? En los primeros años de las transiciones a la democracia éste era el tema central de debate. El Estado de Derecho no podía afianzarse si permanecían prerrogativas militares y si la conducción civil electa no ocupaba todos los espacios del Estado.[1] En los últimos años, este tema fue relegado y no se ha revisado sistemáticamente la cuestión en los círculos académicos vinculados a los estudios de defensa y seguridad.

Ello responde por una parte al convencimiento, pasados ya treinta años del comienzo de la ola democrática, de que los militares han descartado los golpes de Estado como forma de acceder al poder. Por otra parte, corresponde a un contexto internacional en el que ya no existen gobiernos poderosos que directa o indirectamente apoyen gobiernos autoritarios. En tercer lugar, refiere a que muchos gobiernos no quieren profundizar la supremacía civil pues los militares resultan funcionales a sus objetivos de gobierno. Hay un último aspecto de este supuesto abandono

---

[*] Investigadora de CONICET y profesora en la Universidad Torcuato Di Tella y en la Universidad de Bologna, programa Buenos Aires. Fue asesora de la Subsecretaría de Política y Estrategia del Ministerio de Defensa (1993-1996), asesora del Ministro de Defensa (2003-2005) y Jefe de Gabinete del Ministro de Defensa (2005). Ha escrito numerosos artículos en libros y revistas académicas sobre cuestiones de seguridad regional y hemisférica, cuestiones cívico-militares y temas de desarme.

[1] Alfred Stepan, *Rethinking Military Politics. Brazil and the Southern Cone* (New Jersey, Princeton University Press, 1988), cap. 6 y 7.

que se vincula con que, alcanzado un grado relativo de control civil sobre las fuerzas armadas, el eje de debate se traslada a las capacidades de los Ministerios de Defensa para conducir efectivamente a las instituciones castrenses.

Este cuarto enfoque ha fomentado una polémica sobre el control político –ya no civil–de las fuerzas armadas.[2] Con ello se quiere distinguir la primera fase de recuperación democrática, de una segunda etapa superadora. La noción de control político refiere entonces a la permanente construcción de liderazgo o supremacía civil, el mando efectivo que se expresa por medio de la conducción del sector defensa desde las estructuras políticas del Estado (Ministerio de Defensa, Parlamentos), así como la generación de recursos para la conducción civil desde el mundo académico y la participación de la sociedad. Esta segunda versión da por sentado que los tradicionales golpes de Estado o las guardias pretorianas que sufrimos durante décadas ya no aparecen como una opción política. No obstante, los analistas del tema solemos reseñar las deudas de las democracias latinoamericanas en afianzar un dominio completo de la cuestión de la defensa, situación que explica en parte la concurrencia militar en el golpe de Honduras.

También es preciso reconocer que las fuerzas armadas de América Latina han cambiado con el tránsito a la democracia. Las instituciones militares aceptaron –con resignación, culpa o desagrado– el nuevo rol en los gobiernos civiles. Las élites políticas recortaron sus espacios de autocracia. Las estrategias de reacción de los militares se ajustaron en función de dos opciones: negociar –como cualquier otra agencia del Estado– la distribución de recursos y poder, o por el contrario, diseñar nuevas tácticas para mantener, extender o recuperar su preponderancia. Pero ello no quita que las fuerzas armadas aceptan el juego democrático, a pesar de que en ocasiones sigan siendo una fuente de tensión y en algunos casos, un obstáculo para el funcionamiento de los regímenes democráticos.

---

[2] David Pion-Berlin, "Defense Organization and Civil–Military Relations in Latin America", *Armed Forces & Society, Vol. 35 (Abril 2009): 562–586;* Andrew Cottey, Timothy Edmunds, and Anthony Forster, "The Second Generation Problematic: Rethinking Democracy and Civil-Military Relations," *Armed Forces & Society,* Vol. 29 (Octubre 2002): 31-56; Harold Trinkunas, *Crafting Civilian Control of the Military in Venezuela: A Comparative Perspective* (Chapel Hill: University of North Carolina Press, 2005); Thomas C. Bruneau y Richard B. Goetze, Jr., "Ministries of Defense and Democratic Control," en *Who Guards the Guardians and How: Democratic Civil-Military Relations,* Thomas C. Bruneau and Scott D. Tollefson eds. (Austin: University of Texas Press, 2006).

En este documento quiero referirme a los déficits en dos de los aspectos señalados anteriormente respecto del aparente desinterés sobre el control civil de la defensa: las capacidades de los ministerios de defensa y la negligencia de muchos gobiernos para concluir las reformas democráticas de defensa. La hipótesis que guía este trabajo es que la insuficiente conducción democrática de la defensa obedece a la protección de las autoridades civiles, que se benefician políticamente de los espacios de autonomía militar residuales. Estos déficit son la demostración del incompleto control civil del sector defensa.

Conducción ministerial de la defensa

La literatura sobre control civil es suficientemente extensa como para haber determinado una lista de buenas prácticas legitimadas por los especialistas de tema.[3] No hay mucho para inventar sobre los requisitos necesarios para instalar la conducción civil del sector defensa. No obstante, si miramos con detalle, la mayoría de los ministerios de defensa latinoamericanos no cumple con esos paradigmas. No es por desconocimiento. Siempre hay algunos funcionarios dentro de las estructuras de comando ministerial que conocen el tema. Las fallas se deben, por lo tanto, a otras cuestiones. Los criterios de costo-eficiencia y modernización que hipotéticamente son los principios para la reforma de las estructuras de defensa[4], no han sido los que generalmente guiaron las transformaciones del sector.

En años recientes, aparecieron algunos autores que enfatizaban el aspecto ministerial de la conducción de los militares como el punto flojo de la reconversión democrática de la defensa. Uno de los trabajos más

---

[3] Sólo citaré algunos de los que han tenido más influencia en América Latina, aunque la bibliografía es mucho más extensa: Louis W. Goodman, et al, comps., *The Military and Democracy: The future of Civil-Military Relations in Latin America* (Lexington, Kentucky: Lexington Books, 1990); J. Samuel Fitch, *The Armed Forces and Democracy in Latin America* (Baltimore y Londres: Johns Hopkins University Press, 1998); David Pion-Berlin, ed. *Civil-Military Relations in Latin America. New Analytical Perspective* (Chapel Hill: The University of North Carolina Press, 2001); Rut Diamint, ed., *Control civil y Fuerzas Armadas en las nuevas democracias latinoamericanas* (Buenos Aires: Universidad Torcuato Di Tella/Grupo Editor Latinoamericano, 1999); Richard H. Kohn, "How Democracies Control the Military", *Journal of Democracy*, Vol. 8, No. 4, (1997).

[4] Barry Buzan, *People, States and Fear. An Agenda for International Security Studies in the Post-Cold War Era* (Boulder, Colorado: Lynne Rienner Publishers, 1991), 242.

sugerentes y sistemáticos es el de Pion-Berlin y Trinkunas, quienes afirman que las políticas de defensa rara vez causan el nivel de debate público que provocan otras políticas importantes, tales como salud, educación y seguridad ciudadana. Los autores señalan que esto es desconcertante ya que al ignorar la política de defensa, el liderazgo civil cede autoridad a los militares, permitiéndoles un grado de autogestión que puede socavar la consolidación de la conducción civil sobre las fuerzas armadas. Este artículo consigna que los dirigentes ignoran la política de defensa debido a la baja importancia que los electores asignan a la defensa nacional como bien público o privado.[5]

En otro escrito Pion-Berlin sostiene que no hay una tendencia en América Latina para "civilinizar" los puestos en el gabinete ministerial.[6] Y agrega que la mayoría de los gobiernos latinoamericanos han alcanzado una semblanza de control civil, "pero para completar e institucionalizar la tarea, deben descartar los obstáculos para alcanzar una sabiduría en defensa, y deben fortalecer sus ministerios y sus comisiones legislativas armando equipos con especialistas civiles conocedores de la defensa.[7]

Estos autores constatan que los ministerios de defensa carecen de criterios previos y de planes para producir los cambios en su política. Los ministros de defensa generalmente no son expertos en el tema, lo cual no constituye una traba ya que se trata de una función política. Como articuladores y artífices tienen que combinar las expectativas y necesidades de diferentes actores sociales: militares, burocracia, sociedad civil, copartidarios, oposición política, sindicatos. Es más importante su capacidad política que su conocimiento específico de la defensa. En los mejores casos, el ministro selecciona un grupo de especialistas para que acompañen su gestión. El número puede variar pero no conozco ninguna situación dónde esa cifra supere a los diez funcionarios versados y con antecedentes previos a asumir funciones en la repartición. Con una estructura tan limitada es imposible revertir años de decisiones autónomas militares, y años de burocracias instaladas que administraban sin sobresaltos los temas ministeriales.

Una estructura de decisión colectiva, como son los consejos de defensa que existen en varios países, tendría que cumplir un papel destacado,

---

[5] David S. Pion-Berlin y Harold Trinkunas, "Why Politicians Ignore Defense Policy in Latin America", *Latin American Research Review*, Vol. 42, N°. 3, (octubre 2007): 76-100.

[6] David S. Pion-Berlin, "Political Management of the Military in Latin America," *Military Review*, (January-February, 2005): 20.

[7] David S. Pion-Berlin, "Political Management of the Military in Latin America", 27.

generando un espacio periódico de debate y de programación de la defensa. Ello no ocurre y deja en evidencia que los países de América Latina no desarrollan un pensamiento estratégico orientador de las políticas militares. La excepción es Brasil. En septiembre de 2007, el Presidente Luiz Inácio Lula da Silva creó el Comité Ministerial de Formulación de una Estrategia Nacional de Defensa. Las agencias que estuvieron a cargo de esta iniciativa fueron el Ministerio de Defensa, el de Planeamiento, el de Presupuesto y Gestión, el Ministerio de Hacienda, el de Ciencia y Tecnología, el Ministerio de Asuntos Estratégicos, y los Comandantes de la Marina, el Ejército y la Aeronáutica. Asimismo, se convocaron a los mejores expertos y académicos para un debate sobre el futuro de Brasil, que se recogieron en cuatro libros.[8] Completan este cuadro la creación en el Congreso Nacional de un Frente Parlamentario de Defensa Nacional, el concurso sobre tesis de maestría y doctorado en defensa, que premia el Ministerio de Defensa, la biblioteca virtual de artículos de académicos brasileños[9], el Programa de Apoyo a la Enseñanza y la Investigación Científica e Tecnológica en Defensa Nacional, orientado a promover la cooperación entre instituciones civiles y militares.[10] Como resultado de este Comité Ministerial, en diciembre de 2008 se presentó la Estrategia Nacional de Defensa, que plantea las grandes directrices políticas, reorganiza las fuerzas armadas y restaura la industria brasileña de materiales de defensa.

No obstante, este proceso genera algunas dudas ya que Brasil tiene un ministerio de defensa débil con una altísima participación de militares en actividad y un reducido funcionariado civil. Ello fue reconocido por el Presidente: "Yo encuentro que el Ministerio fue creado de una forma, yo diría, muy inhibida. En verdad, nosotros no llegamos a tener un Ministerio de Defensa que ejerciese el papel de Ministerio de Defensa".[11] Una evaluación similar hace el especialista Antonio Jorge Ramalho da

---

[8] Los títulos de los libros son: *Reflexões Sobre Defesa e Segurança: Uma Estratégia Para o Brasil; O Brasil no Cenário Internacional de Defesa e Segurança; As Forças Armadas e o Desenvolvimento Científico e Tecnológico do País; Desafios na Atuação das Forças Armadas*. Ministério da Defesa, "Pensamento brasileiro sobre defesa e segurança", Ministerio de Defensa de Brasil, https://www.defesa.gov.br/colecao/index.php.

[9] Ministério da Defesa, "Biblioteca Virtual", Ministerio de Defensa de Brasil, https://www.defesa.gov.br/espaco_academico/biblioteca_virtual/artigos.php.

[10] Ministerio da Defesa, "Sobre o Pró-Defesa", Ministerio de Defensa de Brasil, https://www.defesa.gov.br/pro_defesa/index.php.

[11] Ministério das Relações Exterior, "Discurso do Presidente da República, Luiz Inácio Lula da Silva, durante cerimônia de lançamento da Estratégia Nacional de Defesa", 18 de diciembre de 2008, Ministerio de Relaciones Exteriores de Brasil, http://www.mre.gov.br/espanhol/politica_externa/discursos/discurso_detalhe3.asp?ID_DISCURSO=3419

Rocha: "El proceso de creación del ministerio fue también lento y gradual. En cierto sentido, aún no ha terminado".[12] En definitiva, Brasil tiene un plan amplio e integral pero aún no garantiza la conducción civil.

Por otra parte, especializarse en un tema tan complejo parece una sofisticación innecesaria en sociedades que tienen urgencias más inmediatas. Sin embargo, sólo por el peso del presupuesto militar en las economías de estos países, la relevancia de conducir eficientemente esta área tendría que darse por descontado. La variedad de cuestiones que competen al ministerio no se manejan con diez funcionarios: preparación para la guerra, definición de doctrinas militares, definiciones estratégicas, organización de la defensa, relaciones exteriores y agregadurías, convenios de cooperación, política presupuestaria, políticas de adquisiciones, políticas de reparación y mantenimiento, organización logística, promociones, manejo de la corporación militar, administración de la burocracia ministerial, políticas de educación, de salud, de vivienda, de retiros y jubilaciones, asuntos jurídicos, etcétera. Todos estos temas, además, deben ser manejados en distintos niveles desde lo político a lo técnico, desde la planificación a la implementación y el posterior monitoreo. Y es recomendable que en alguno de esos niveles se de una complementariedad entre civiles y militares. Pero nunca puede fallar que la dirección de esas acciones resida en los civiles, quienes tienen una visión más amplia y política de los recursos y necesidades del Estado en su conjunto.

Los desafíos de la gestión ministerial se han complejizado sin que la estructura de los ministerios se haya modernizado. La falta de transparencia ha sido una constante, agravada por un marcado desinterés de los políticos en hacerse cargo del tema y el consecuente interés militar por mantener la desinformación.

La constricción de los gastos en defensa fue el recurso inicial para limitar el poder militar. Las capacidades reales de los ministerios de defensa (en el caso de existir) sobre la definición de presupuestos, equipamiento, inversiones, planes, nombramientos, etc. es restringida. Pese al mantenimiento de esquemas formales de toma de decisión, ni el Ejecutivo, ni el Congreso tienen injerencia directa en esos campos. Solo lo ven como una simulación de *accountability* de las políticas públicas en gene-

---

[12] Antonio Jorge Ramalho da Rocha, "Prioridades claras, necessidades ocultas e o Plano Estratégico Nacional de Defesa", *Revista Liberdade e Cidadania*, Año I, N°. 2, (outubro / dezembro, 2008): 2, http://www.flc.org.br/revista/arquivos/121543798793361.pdf.

ral. Pero una vez que los recursos han entrado en las dependencias respectivas, el monitoreo es una ficción.

Menos han hecho los gobiernos por cimentar la participación de la sociedad. Las administraciones no crean puentes para que la sociedad abarque los problemas de seguridad. El reclamo de orden por parte de la ciudadanía es un llamado al Estado para que cumpla con sus funciones específicas, pero el aparato no desea la intromisión civil en su hegemonía de coerción. Por lo tanto, la defensa no se promueve como una política pública, y como dato fehaciente de esta afirmación, alcanza con leer los discursos de inicio del período legislativo de los presidentes latinoamericanos. No hemos encontrado en los registros analizados una sola referencia a la política de defensa como política pública. Los anuncios presidenciales en la más importante comunicación con la sociedad, pueden –como mucho– referirse a un plan de inversiones, a acciones exteriores de defensa o a temas de derechos humanos.

Esta postergación es relevante si tenemos en cuenta que en muchos países las fuerzas armadas cumplen crecientemente con funciones policiales. En ocasiones, la fuerza del aparato represivo termina siendo utilizada en contra de los requerimientos de la propia sociedad.[13] En ese contexto, estas nuevas tareas de represión, transforman a las instituciones de defensa en grupos que negocian también mercancías, las fuerzas armadas se convierten en traficantes de la seguridad. Así se promueve una dinámica perversa de amenazas, vulnerabilidad y respuesta militar.

En resumen, los ministerios de defensa son los instrumentos primordiales para la conducción civil de las fuerzas armadas. Son los vehículos a través de los cuales un gobierno cumple con el mandato otorgado por la sociedad. La desidia gubernamental respecto al control civil de la defensa, como política de Estado y no como política partidaria, ha sido uno de los mayores fracasos del proceso de consolidación de la democracia.

Uso político de los militares

Es cierto que los acuerdos de pacificación, la desmilitarización de las estructuras políticas, la creación de instrumentos civiles de control, la reorganización del Estado, implicaron un desgaste y un esfuerzo para las nuevas administraciones democráticas. Pero, a esta altura no se puede ser

---

[13] Barry Buzan, *People, States and Fear. An Agenda for International Security Studies in the Post-Cold War Era*, 39 y 43-50.

ingenuo respecto a las fallas en la conducción civil de la defensa. Ya los tiempos más duros pasaron, y el argumento es que los políticos han sido negligentes a la hora de extremar las medidas para una conducción civil del sector defensa. Atribuyo esto a cuatro factores.

Primero, los gobiernos, que ante la tensión entre gobernabilidad y democracia optaron por la gobernabilidad. Ello condicionó sus políticas, cuidándose de no interferir en ese límite que podría provocar respuestas militares. Los avances se realizaron de forma muy gradual, dejando espacios sin gobierno. Ello sucedió en Chile, donde, pese a la voluntad del gobierno el juego de fuerzas no fue favorable a cambios rotundos, por ejemplo, para reemplazar la Ley del Cobre. Otro caso es el de Perú, que logró avanzar en algunos aspectos de la conducción de la defensa, pero la latente amenaza de la guerrilla y las funciones de las fuerzas armadas en la seguridad pública restringieron las decisiones presidenciales, realizando cambios cosméticos, pero sin decidirse a recortar el poder militar. En esta tipología podemos incluir a Guatemala y El Salvador que aún tienen ministros de defensa militares, prerrogativa que no intentaron modificar. Y es también el argumento del caso más paradigmático: México, un ejemplo fuera de serie. La gobernabilidad fue cimentando la democracia, pero el ciclo de control civil democrático no se completó.

El segundo factor es lo que burdamente se llama "la caja". El área de defensa moviliza recursos y muchos gobiernos se vieron tentados de poder disponer, para cumplir con intereses políticos o para su propio provecho, de manejos discrecionales en el campo militar. Así, los funcionarios civiles apañaron manejos opacos en los gastos de defensa. En otras ocasiones, por ejemplo en la Argentina, se sostuvo a un jefe del ejército con comprobadas acciones de corrupción pero que contribuía con favores y compartía una visión ideológica con el Poder Ejecutivo. En Nicaragua, la llamada piñata de fines del gobierno de Daniel Ortega se mantuvo como una práctica que condujo a una concentración de poder y tierras en pocas manos, tanto de civiles como de militares.[14] Los sucesivos gobiernos no modificaron este desequilibrio, haciendo poderosos a numerosos altos oficiales. Por otra parte, a diferencia de lo que ocurre en Estados Unidos, la producción para la defensa en América Latina no genera un porcentaje importante de empleos civiles, ni las bases militares origi-

---

[14] Roberto Cajina, *Transición política y reconversión militar en Nicaragua 1990-1995* (Managua: CRIES, 1997).

nan un movimiento de recursos destacables, por lo cual, ni los políticos locales, ni los legisladores provinciales encuentran incentivos para intervenir en las decisiones de defensa, rescatando recursos para su propia comunidad. Eso deja en las exclusivas manos de la presidencia la administración de las instituciones militares y los negocios que de ella puedan derivar.

El tercer factor está vinculado a los derechos humanos. Este aspecto ha sido señalado como crucial para la reconstrucción democrática.[15] Pero la agenda del Poder Ejecutivo llevó a soslayar las acusaciones en pos de cumplir con lo que les parecía la urgencia más determinante. En Colombia se han ocultado las denuncias contra los abusos cometidos por oficiales de las fuerzas armadas, pues la violencia imprimía otra emergencia que justificaba los excesos: el combate a las FARC. En Brasil, la cruzada contra el crimen organizado autorizaba a pasar por alto los abusos militares contra los derechos ciudadanos recogidos por la prensa local. México es otro de los países que en pos de controlar el narcotráfico ha dado carta libre a sus oficiales. Ese juego de beneficios mutuos deslegitima todo reclamo por una conducción más eficiente de la defensa. La necesidad de acometer sobre un problema los lleva a crear otro: esas fuerzas armadas operantes en la ilegalidad no serán las adecuadas para sustentar el Estado de Derecho.

Dejo para el final el factor político. Han existido varios casos en América Latina donde los gobernantes tienen partidos débiles (Morales en Bolivia, Correa en Ecuador) o no tienen partidos (Fujimori en Perú, Chávez en Venezuela) y que recurren a las instituciones militares como fuente de poder y de penetración social. Esta desviación es sumamente peligrosa para la estabilidad democrática. Algunos mandatarios han expresado que esa incorporación militar en el juego político es una forma de organizar una nueva institución, hermanando a las fuerzas armadas con el pueblo. Parecen olvidar que desde sus orígenes, el monopolio de la violencia fue un atributo del Estado para imponer un orden interno y externo. No hay una alianza igualitaria con quienes detentan el poder legal del uso de las armas y la población. Eso es un incentivo a la violencia que acarrea más salvajismo y fanatismo.

---

[15] Ver por ejemplo Louis W. Goodman, et al, comps., *The Military and Democracy: The future of Civil-Military Relations in Latin America*; y Rut Diamint, ed., *Control civil y Fuerzas Armadas en las nuevas democracias latinoamericanas*.

Existe otro riesgo en la connivencia de las autoridades, que es la conformación de un partido militar que progresivamente se autonomiza de la conducción civil, o que utilice al gobierno como fachada democrática. Esto pasó en muchas ocasiones (Perú, Uruguay, Nicaragua) y nada hace suponer que no pueda retornar, instalando nuevamente el poder militar. No obstante, algunos líderes ven en el partido militar una opción para su propia permanencia al mando del país. En este caso, al monopolio de la fuerza se le suma el monopolio político. De esta forma se destruye la alternancia democrática, requisito básico del sistema republicano.

Ante este argumento, algunos dirán que se puede disentir respecto a lo que significa democracia. Las discusiones acerca de democracia formal o sustancial incorporan una dimensión ética y normativa centrada en la participación de la sociedad frente al poder del Estado y el mercado.[16] Algunos estudios aceptan como etapas parciales de la transición a la democracia el régimen realmente existente, confiando en que su asentamiento y evolución derivaría en la incorporación más amplia de los actores democráticos.[17] Detrás de estos conceptos subyace la idea de que una ciudadanía incrementalmente democrática garantiza a largo plazo el pasaje hacia una sociedad moderna, instituyendo un prolongado ciclo de estabilidad política. Asimismo, se incorpora la idea de responsabilidad pública de los funcionarios ante los ciudadanos, la intraducible noción de *accountability*. Esos criterios no están presentes en la noción de democracia participativa y protagónica, que no explicita esa dimensión ética, no promueve la libre asociación ciudadana, y en la cual el poder popular no tiene canales de expresión, sino de acatamiento de los mandatos presidenciales. En conclusión, el sincretismo militar/popular ha viciado el control civil democrático de las fuerzas armadas y es contrario a la primacía del derecho.

---

[16] "En el contexto latinoamericano, sociedad civil puede definirse como un conjunto de movimientos sociales y asociaciones civiles, capaces de organizar, independientemente del estado, una esfera para la generalización de intereses, y al mismo tiempo, independientemente del mercado, como el sentido de satisfacer las necesidades vitales mínimas", en Leonardo Avritzer, "The Meaning and employement of "civil society" in Latin America", *Constellations*, Vol. 4, N° 1 (April 1997): 88-93.

[17] Peter Hakim y Abraham Lowenthal, "Las frágiles democracias de América Latina", en Larry Diamond y Marc Plattner, comp. *El Resurgimiento de la Democracia* (México D.F.: UNAM, 1996), 298; Norbert Lechner, "La democracia entre la utopía y el realismo", *Revista Internacional de Filosofía Política*, N° 6 (diciembre de 1995).

La monopolización de la fuerza se puso en práctica para obtener un orden social y evitar una dispersión de la violencia, al mismo tiempo tenía que servir para garantizar las normas de la convivencia social. Pero el uso político de las fuerzas armadas revierte esas coordenadas y profundiza un desorden social. Por otra parte, ese uso político de los militares crea condiciones para mantener el carácter secreto de muchas de sus funciones. Así, las asociaciones de la sociedad se enfrentan a un doble esfuerzo para acceder a las cuestiones de defensa: oponerse al monopolio del Estado en su trato con las fuerzas armadas y resistir el monopolio histórico de las propias fuerzas armadas.

Palabras finales

Ahora, que las fuerzas armadas de muchos países latinoamericanos se han puesto al día con la modernización de sus equipos, y que las políticas de cooperación quedaron en *stand by*, por competencias o por desinterés de muchos Estados, se hace más urgente la conducción civil. Conducción civil es preparación, pero es además agenda pública. Mientras los gobernantes sigan manteniendo el secreto y la ambigüedad en la conducción de la defensa, mientras no se instale la defensa como bien y como política pública, mientras la sociedad no demande la plena y efectiva supremacía civil sobre las fuerzas armadas, todos seremos cómplices de las falencias democráticas.

La participación de la sociedad civil en las políticas de defensa

Ana María Tamayo[*]

Las organizaciones de la sociedad civil en la región han recorrido, durante las últimas dos décadas, un largo camino en el proceso de debate, formulación y control ciudadano de las políticas públicas de defensa. Entendidas como una "esfera social autónoma del estado y el mercado, en la que luchan por defender y extender la vigencia de sus derechos y profundizar la democracia"[1], las organizaciones de la sociedad civil se han convertido en un interlocutor legítimo para los gobiernos, al tiempo que han venido colaborando de manera *significativa* con la consolidación de la gobernabilidad democrática en un contexto de debilitamiento de los partidos políticos y otras formas tradicionales de representación y agregación de intereses. Al respecto, resulta claro que la legitimidad de las decisiones públicas no depende sólo de los procesos electorales, sino también de la existencia de deliberación y participación ciudadana. La representación electoral no es la única fuente de legitimidad democrática para actuar en la esfera pública. Sin embargo, desde el punto de vista de la teoría política democrática, esto significa que, en el proceso político, la participación de la sociedad civil organizada complementa la dinámica de las instituciones políticas, en la representación de los intereses sociales. Los partidos en la región –tanto los que están ejerciendo tareas de gobierno como los que se ubican en la oposición– tienen un rol de representación y agregación de intereses que cumplir, y el trabajo que la

---

[*]Instituto de Defensa Legal.

[1] Aldo Panfichi, Sociedad civil, espacio público y democratización en América Latina: Andes y Cono Sur (México: Fondo de Cultura Económica, 2002), 13

sociedad civil realiza en este ámbito frente a aquéllos no debe entenderse como el clásico dilema de participación *versus* representación, ya que ambas dinámicas son complementarias.[2]

En el marco de los procesos de transición democrática en el cono sur de América, diversos académicos y organizaciones de la sociedad civil en la Argentina y Chile, se abocaron a promover la reflexión sobre el papel de las fuerzas armadas y su relación con los gobiernos electos, en el nuevo contexto democrático de la región. Para ello, se visualizó la necesidad de fortalecer los ministerios de defensa, en su doble variante: tanto en lo que se refiere al diseño de las políticas estatales y control efectivo sobre las fuerzas armadas, como en su papel articulador con los aparatos de defensa de otros países.

Casi dos décadas después, estos conceptos podrían sonar a letanías del pasado. Pero dados los escenarios de debilitamiento de la institucionalidad democrática de la defensa en varios países de la región, dichos principios y conceptos siguen siendo pertinentes para afirmar la conducción de la defensa como un objetivo de desarrollo democrático. En este sentido, cabe recordar la labor pionera de Flacso-Chile y Ser en el 2000, organizaciones de la sociedad civil que desempeñaron el papel de contrapartes académicas en el marco del *Comité Permanente de Seguridad Argentino-Chileno (COMPERSEG)*, para despejar las hipótesis de conflicto entre Argentina y Chile, por históricos diferendos limítrofes. Este espacio creado por los gobiernos de la Argentina y Chile en 1995, permitió profundizar la cooperación entre ambos países en materias de seguridad a partir de una agenda de trabajo de intereses comunes, que tuvo entre una de sus vetas de acción, la promoción de una actividad académica que fortaleciera la cooperación entre ambos países.

En el Perú, la participación ciudadana en temas de políticas de seguridad y defensa es relativamente reciente. Esto se debe a una fuerte tradición de coto cerrado con respecto a la seguridad y la defensa, concepción que ha tendido a considerar estos temas como un asunto "sólo de militares", en el que los civiles no tendrían mucho que aportar. La participación ciudadana en esta materia, en tanto actor independiente a los poderes públicos, ha contribuido a proveer una corriente de opinión pública a favor de una manera distinta de entender las relaciones entre el poder político, la fuerza armada y la sociedad, introduciendo a ésta como factor

---

[2] Augusto Varas et al., *La propuesta ciudadana: una nueva relación sociedad civil-Estado* (Santiago: Catalonia, noviembre de 2006).

de discusión en el entramado del modelo de relaciones entre las autoridades políticas y los mandos militares. Ello no ha implicado un desarrollo exento de cortapisas.[3]

Hacia la institucionalización de canales de participación

La participación de la sociedad civil en la región requiere en el plano nacional, de un nivel de receptividad y apertura por parte de los respectivos Estados, quienes tienen la obligación de proveer canales efectivos –no meramente formales– para promover la participación ciudadana en los temas de interés público.

Acceso a información pública

El ejercicio del derecho de acceso a la información pública ha alcanzado un importante desarrollo en la región en la última década. En Latinoamérica, el proceso de sanción de normas de acceso a la información pública ha acelerado su ritmo en los últimos dos años. Probablemente, el hecho de que la Corte Interamericana de Derechos Humanos dictara en septiembre de 2006 su primera sentencia sobre el tema ha influido en este aspecto.[4] Esto puede afirmarse con relación a Perú, Honduras, Nicaragua, Chile, Guatemala y muy recientemente Uruguay, quienes han sancionado leyes formales que regulan a nivel nacional el ejercicio del derecho de acceso a la información pública. Mientras tanto, aún son varios los países que no cuentan con leyes que regulen la materia, entre otros, la Argentina, El Salvador, Paraguay y Brasil.

---

[3] Cabe recordar que a fines de 2006, el Congreso nacional del Perú aprobó por mayoría congresal modificaciones a la norma que crea la Agencia Peruana de Cooperación Internacional (APCI) y que suponía un mecanismo de control administrativo a la labor que cumplen las organizaciones no gubernamentales en el Perú, que por su naturaleza se ubican en el ámbito del derecho privado. Ante ello, el Tribunal Constitucional declaró fundada en parte la demanda de inconstitucionalidad interpuesta por más de 5.000 ciudadanos y un grupo de Congresistas de la República contra diversos artículos de la Ley 28925, Ley de creación de APCI.

[4] En el caso Claude Reyes y otros Vs. Chile del año 2006, la Corte Interamericana de Derechos Humanos estableció que toda persona, sin necesidad de acreditar un interés especial, tiene el derecho de acceso a la información que el Estado administre o produzca o que deba administrar o producir. En este sentido, el Estado tiene la obligación internacional de suministrar al público información de forma oficiosa y continua.

Sin embargo, la existencia de leyes nacionales es insuficiente. El reto es contar con un marco normativo de acceso a la información que cumpla con los estándares internacionales en la materia (artículo 13 de la Convención Interamericana de Derechos Humanos). En este sentido, las leyes deben ser aplicables a todos los estamentos del Estado –a todas las entidades y en todos los niveles– y el catálogo de excepciones debe cumplir con los requisitos de estricta legalidad, finalidad legítima y necesidad que estipula el art. 13 de la Convención. Asimismo, es importante que se regulen recursos idóneos que permitan hacer efectivo el derecho de acceso, y controles judiciales de carácter independiente. Ello es particularmente central con relación al acceso a información pública en manos de los aparatos de seguridad, históricamente amparados bajo una cultura del secreto.

En el caso del Perú, la práctica ha demostrado que la existencia de leyes de acceso a la información es insuficiente para garantizar el derecho de acceso a la información pública. En ese sentido, resulta necesario que se implementen medidas especiales sobre asuntos relativos a la custodia y administración de la información en poder del Estado. Esto conlleva la implementación de políticas y programas adecuados de capacitación para funcionarios públicos y la ciudadanía en general, orientados en la práctica a desterrar la cultura del secreto.

La participación en las Conferencias de Ministros de Defensa de las Américas

Parte central de la propuesta de las organizaciones de sociedad civil que venimos participando de las diversas ediciones de las Conferencias de Ministros de la Defensa de las Américas, se remite al texto de Declaración conjunta presentada ante la secretaría ejecutiva de la VIII Conferencia de Ministros de la Defensa, que se desarrolló en Canadá, el año 2008, con el ánimo de insistir en el propósito original que dio pie a la primera Conferencia del año 1995: legitimar la decisión de ministros civiles para definir las políticas de defensa, y construir una institucionalidad regional cooperativa en ese mismo campo.

Luego de ocho versiones de este foro hemisférico, la apuesta de las organizaciones de la sociedad civil y académicos presentes en Banff en 2008, se concentró en la promoción de una visión de las políticas públicas de defensa para resguardar el Estado de Derecho, y el fortalecimiento de una zona de paz sudamericana frente al escenario de globalización.

Ello supone como premisa el fortalecimiento institucional de los Ministerios de Defensa, entendidos como la conducción civil sobre el aparato y las políticas de defensa nacionales, y en su papel de articulación con los aparatos de defensa de otros países.

Como consecuencia del reconocimiento de la participación sostenida de diversas organizaciones de la sociedad civil en la región, en el texto de la Declaración de la VIII Conferencia de Ministros de Defensa de las Américas en la región, se reconoció explícitamente, en el apartado 15°: *"el rol de la sociedad civil y academia para la cooperación en temas de seguridad y defensa entre los estados miembros"*.[5]

En este sentido el espacio ganado por la sociedad civil en las CMDA debe ser resguardado. La participación sostenida de académicos y representantes de organizaciones de la sociedad civil en las sucesivas conferencias, muestra el espacio como un foro privilegiado para la incidencia regional, a pesar de las limitantes condiciones reglamentarias para canalizar dicha participación. En este sentido, se reiteraron planteamientos instando a que los gobiernos modifiquen el reglamento de las conferencias para incluir una participación más extendida y fortalecida de las organizaciones de la sociedad civil y de los académicos, entendiendo que ésta aporta legitimidad social y transparencia al proceso de las conferencias, además de importantes aportes técnicos y conceptuales.

En relación con este punto, es materia de incertidumbre el respaldo de diversos Estados miembros de la OEA para que la Junta Interamericana de Defensa asuma las tareas permanentes de secretaría ejecutiva de las futuras conferencias de ministros de la defensa. Podría traer como una de sus consecuencias, que la participación de la sociedad civil en las próximas ediciones de estas conferencias se mantenga en los términos y condiciones hoy vigentes, sin mayor espacio para profundizar los términos de dicha participación.

Perspectivas para la profundización de la participación en políticas de defensa

Próximos a culminar la primera década de este nuevo siglo, se puede constatar en la región un proceso de fragmentación de las políticas de defensa en términos estrictamente nacionales, lo que ha conllevado al

---

[5] VIII Conferencia de Ministros de Defensa de las Américas, Declaración de Banff, 5 de septiembre, 2008, http://www.resdal.org.ar/.

debilitamiento de propuestas e iniciativas sobre seguridad cooperativa en la región.

En estos marcos, se reavivan las viejas tendencias en el campo militar vinculadas a las propuestas de armamentismo, y se observan retrocesos en la institucionalidad democrática de la defensa en varios países. Al mismo tiempo, en algunos países de la región se experimentan propuestas de redefinición de las fuerzas armadas para el soporte de proyectos políticos que hipertrofian, aún más, el carácter presidencialista de los mismos, como en el caso de Venezuela.

Frente al caso más delicado de rompimiento de relaciones interestatales, a raíz de la incursión militar de Colombia en territorio del Ecuador el 1 de marzo del 2008 , se constató la ausencia de mecanismos institucionales para prevenir y canalizar conflictos de esta índole, con la consecuente acumulación de estos. Ello, en un ambiente de enfriamiento de procesos de integración que estaban formulándose desde la década de los 90, el deterioro de procesos de integración comercial, y la continuidad de bolsones de desconfianza en la región, que han producido, entre las principales repercusiones, la tendencia hacia el reequipamiento militar en algunos países.

En relación con el caso del diferendo marítimo planteado por el Estado del Perú contra Chile a inicios del 2008, ante la Corte Internacional de Justicia de la Haya, cabe recordar que se trata de un litigio de naturaleza jurídica, sujeto a un largo proceso. Estamos seguros de que en el ínterin, primará la madurez política en la conducción de las relaciones bilaterales de forma mutua, y a ello podrá abonar el interés de las organizaciones de la sociedad civil en la región, para alentar el reavivamiento de las medidas de confianza mutua.

Vetas para la acción

De cara a estos escenarios, avizoramos cinco vetas para la labor de las organizaciones de la sociedad civil en la región, en materia de políticas para la defensa:

a) Insistencia en la promoción de espacios de diálogo entre comunidades de académicos y organizaciones de la sociedad civil, con las comunidades en zonas fronterizas de los diversos países en la región, que atraviesan por una situación de enfriamiento de sus relaciones bilaterales. En este sentido, se reafirma la apuesta en la capacidad generativa del diálogo informado para promover confianza, a partir de una participación activa en los debates y espacios públicos, donde se manifieste la importancia de que las tensiones y diferencias sean resueltas por medios pacíficos y de cooperación, rechazando los discursos que apelan al eventual uso de la fuerza.

Las experiencias acumuladas en el Cono Sur en la década de los 90, vienen nutriendo experiencias recientes. Tal es el caso de la experiencia de metodología propuesta por dos jóvenes investigadoras respecto de la generación de medidas de confianza en la relación entre Colombia y Ecuador, en el marco del programa Jóvenes en la Defensa promovido por la Resdal.

b) Promoción de la protección del medio ambiente en la región y su imbricación con objetivos de índole estatal y subregional de defensa y desarrollo. En este sentido, la formulación y gestión de entornos sostenibles en la región puede resultar una veta innovadora., de cara a la creación de una cultura en donde la gestión de un medio ambiente sostenible se considera un elemento integral en el desarrollo de capacidades y adquisiciones de equipamiento militar Ello puede aparejar establecer líneas claras de rendición de cuentas sobre consecuencias ambientales de la actuación de las fuerzas armadas.

c) Promoción y uso del sistema interamericano de derechos humanos, Comisión y Corte, como nueva frontera de protección efectiva de los derechos humanos y principios democráticos que son violentados en nuestro continente. Ello, con relación al impacto de políticas de seguridad y defensa, que vulneran derechos fundamentales y difuminan los roles convencionales de las fuerzas armadas para abarcar "nuevas amenazas" a la seguridad regional: lucha contra el narcotráfico internacional y "la protesta social".

Cabe tomar en cuenta, que en varios países de la región, han tenido lugar cambios legislativos y medidas nacionales a partir del cumplimiento de decisiones del sistema o acuerdos de solución amistosa: apertura de investigaciones judiciales y sanción a los responsables, indemnizaciones pecuniarias y no pecuniarias, reforma de leyes incompatibles con la Convención Americana, entre otras.

En el reciente período de audiencias 134º de la Comisión Interamericana de Derechos Humanos (marzo de 2009), un colectivo de ONGs mexicanas de derechos humanos y de promoción de transparencia, denunciaron la aplicación del *fuero militar* en México para investigar y juzgar a militares acusados de violaciones a los derechos humanos, por contravención de los estándares interamericanos, que exigen que las violaciones a los derechos humanos queden excluidas del ámbito de competencia de estos tribunales.

d) Promoción de la investigación comparada respecto a las tendencias y prácticas en el discurso político y el diseño efectivo de políticas de seguridad, que convalidan la acción militar en escenarios de conflictividad social (disturbios y tensiones internas) en la subregión andina, lo cual genera severas complicaciones para la sostenibilidad democrática en dichos escenarios. En ese contexto, encargar misiones de mantenimiento o restauración del orden público a las fuerzas armadas, en el marco de espacios de protesta social, genera graves riesgos para las vidas de las personas y para el propio personal militar, en tanto que las fuerzas armadas no cuentan con un marco legal, doctrinal y operativo que les permita desenvolverse adecuadamente en dichos escenarios, como sí lo tienen los cuerpos policiales.

e) Promoción de la discusión sobre las implicancias de la fragmentación de las políticas de defensa en términos de intereses estrictamente nacionales, respecto del impacto en las comunidades de migrantes existentes en la región.

En conclusión, la participación de la sociedad civil en la región, estaría transitando de una etapa que podríamos caracterizar como una fase de "alta incidencia" (en el marco de las posibilidades que aparejó la transición democrática en la región), a un escenario regional en el cual, dados los nuevos factores estratégicos de carácter extra regional, será necesario intensificar los esfuerzos asociativos con diversas organizaciones sociales de la región y fuera de ella, a partir de la defensa de principios y valores democráticos compartidos: la democracia, la paz y seguridad en la región. Asimismo, urge la promoción de una relación más intensa entre organizaciones de la sociedad civil y el sector académico, que promueva la cooperación intelectual para la incidencia, de manera sostenida. Particular energía se requerirá para diseñar estrategias comunicativas innovadoras capaces de convocar y generar interés ciudadano en los temas de defensa, a partir de los impactos diferenciados en los ciudadanos y ciudadanas más vulnerables y excluidos de nuestra región.

Los desafíos de la democracia boliviana y las instituciones de defensa y seguridad: el nudo gordiano del cambio

Loreta Tellería Escobar[*]

El retorno a la democracia en Bolivia y en varios países de la región se constituyó en un proceso de apertura y oportunidad a varias transformaciones institucionales, encaminadas a reforzar principios democráticos de equidad, igualdad e inclusión, bajo un escenario optimista de modernización y profesionalización institucional.

Todos los países eran conscientes del desafío, pero no todos tenían la capacidad o el margen de maniobra necesarios para implementar la totalidad de las transformaciones requeridas. Problemas de tipo económico, político y social, influenciaron directamente para que en países como Bolivia, la democratización y/o modernización de sus instituciones públicas, sea pausada y con un orden de prioridad dirigido a áreas políticas (código electoral, ley de partidos políticos), económicas (capitalización) y sociales (educación, salud, seguridad social, etc.).

Las áreas de seguridad y defensa nunca fueron parte de una política de modernización institucional. Ambas áreas representaban puntos estratégicos para lograr la estabilidad de los gobiernos de turno, todos ellos víctimas y/o protagonistas de un sistemático crecimiento de la conflictividad social, producto de crisis económicas y políticas irresueltas. A pesar de que la reforma de dichas instituciones siempre fue una prioridad

---

[*]Cientista política y Directora del Observatorio de Democracia y Seguridad, La Paz, Bolivia.

democrática, su factibilidad era postergada por intereses netamente políticos.

Si bien la democracia había devuelto al poder político la prerrogativa de dirigir las instituciones de la fuerza pública, era tarea de este poder crear las capacidades para hacerlo. Esto implicaba un proceso de enormes desafíos y consecuencias en cuanto a las capacidades e intereses gubernamentales, ya que tanto fuerzas armadas como policía, eran dos instituciones imprescindibles para la gobernabilidad y estabilidad de sus propios gobiernos. La subsistencia de un pacto informal entre poder político e instituciones de la fuerza pública, implicaba un *status quo* beneficioso para la sobrevivencia contingente de ambos actores en el poder, pero definitivamente perjudicial para el desarrollo democrático de cualquier país de la región.

La permanencia y profundización de este escenario implicó el surgimiento de ciertas características que retratan a las instituciones de seguridad pública en Bolivia, las cuales se mencionan a continuación:

Falta de control civil: A pesar de contar en gran parte del período democrático con ministros de defensa y ministros de gobierno civiles, aún se mantienen Ministerios de Defensa y de Gobierno con poca capacidad de gestión y planificación. Los cuadros civiles de expertos están ausentes en ambos ministerios, lo que es causa y efecto del desgobierno político en los temas de defensa y seguridad. Esto se refleja en los constantes cambios de autoridades, lo que dificulta el establecimiento de políticas de estado en la materia y por lo tanto obstruye cualquier proceso de institucionalización.

Elevada autonomía militar y policial: Temas como planificación presupuestaria, diseño de planes y operativos, control y evaluación de los gastos, siguen siendo materia estrictamente de decisión militar y policial, aunque formalmente tengan que cumplir procesos de evaluación y control político.

Ausencia de capacidad fiscalizadora del poder legislativo: El parlamento en Bolivia no cuenta con capacidades humanas e institucionales para tratar los temas de defensa y seguridad, lo que ha llevado a desplazar el tema de la agenda política, siendo retomado solamente en escenarios de conflicto y presencia de amenazas, desde una perspectiva netamente instrumental.

Adecuación a nuevos roles e indefinición estratégica: Las fuerzas armadas y la policía han optado por dar respuestas variadas a problemas de diversa índole. Temas como narcotráfico, violencia armada interna, inseguridad ciudadana, crimen organizado, desastres naturales y apoyo al desarrollo, son parte de la agenda de ambas instituciones. Los procesos de militarización de la policía y policialización de las fuerzas armadas han sido implementados en el desarrollo político boliviano, sin que esto genere mayores debates parlamentarios y/o ciudadanos.

Falta de mecanismos de apertura y control social: Hoy en día las fuerzas armadas y la policía siguen siendo instituciones de difícil acceso, monoculturales en sus ámbitos jerárquicos, corporativas y con graves reticencias hacia el cambio. Este punto también se ve reflejado en ausentes y/o lentos procesos de inclusión social. Temas como interculturalidad y género aún son incipientes y carecen de planes definidos y sostenibles en el tiempo.

Corrupción: Ambas instituciones en mayor o menor medida, dependiendo del período en la que se les estudie, han sido y son proclives a actos de corrupción cotidiana. Ello se refleja en todas las esferas jerárquicas, desde aquellas que incorporan al poder político en temas de ascensos y destinos, hasta las que participan en la comisión de delitos comunes.

Violación de derechos humanos: De acuerdo a los informes de instituciones de derechos humanos, las denuncias de maltrato en los cuarteles y abuso policial son permanentes. Si a esto se acompaña la impunidad y la existencia de "fueros" especiales para miembros de ambas instituciones, se puede concluir que el tema de violación a los derechos todavía es un tema irresuelto en el país.

¿La defensa como un bien público?: Este todavía es un concepto discutible en Bolivia. Las políticas de defensa y seguridad, cuando existen, no son parte de un proceso participativo y transparente, y tampoco pasibles a control y evaluación social, lo que convierte las áreas de defensa y seguridad en sectores distantes de los procesos de democratización institucional.

Los cambios en democracia abren la oportunidad para encarar grandes reformas institucionales. Tal fue el caso de la recuperación de la democracia en los años 80, y el inicio del período de gobierno de Evo Morales, desde enero del 2006. Primer presidente indígena de Bolivia que gana las elecciones con mayoría absoluta, luego de un prolongado proceso de crisis política y social. El actual proceso de cambio implica reformas a nivel ideológico, político, económico y social: fin de la dependencia externa, Asamblea Constituyente, nueva CPE, nacionalización de empresas estratégicas, pago de bonos, alfabetización, creciente inversión pública, autonomías, etc.

En el ámbito de la seguridad, en el tema que más se ha avanzado sin duda es en defensa. La participación activa de los militares en las políticas de cambio del actual gobierno, ha convertido a la institución en un aliado fundamental del proceso de cambio. Su participación en la nacionalización de los hidrocarburos y otras industrias estratégicas, su activa colaboración al gobierno en el pago de bonos a niños y ancianos, la creación de comandos conjuntos en la lucha contra el narcotráfico y el contrabando, y la construcción de institutos tecnológicos para la formación técnica de los soldados, son algunas de los principales actividades desarrolladas en la actual gestión. Actividades que, analizadas conjuntamente, muestran el cambio de roles de la institución militar, de tareas orientadas en el pasado a la seguridad interna, hacia tareas de apoyo al desarrollo; de un esquema policíaco-militar a un esquema estratégico-militar.

Este conjunto de actividades desplegadas por las fuerzas armadas ha hecho que el gobierno diseñe un plan de acción, orientado a cambiar la estructura estratégica de la institución, a través de la creación de Comandos Estratégicos que tienen por fin precautelar la integridad territorial, la soberanía del país, el cuidado de sus recursos naturales, fomentar la integración con países vecinos, contribuir al desarrollo regional, y construir una nueva identidad estratégica.

En lo que respecta al ámbito de seguridad y policía, los avances son casi nulos. El apoyo gubernamental se resume en la dotación de equipos, infraestructura y en algunos casos mayor presupuesto, lo que no supone la modernización ni reforma institucional. De manera general, la disposición institucional del sector seguridad a la reforma, no ha contado ni con voluntad política ni con apoyo policial.

A pesar de los cambios observados en el planteamiento estratégico y los roles de las fuerzas armadas, y gracias a la inexistencia de reformas en la policía nacional, se puede concluir que no han existido hasta el momento verdaderos cambios institucionales en los ámbitos de defensa y seguridad. Tras tres años de gestión, tal como ocurrió en la transición democrática de los años 80, los temas pendientes del actual gobierno siguen siendo las reformas institucionales en los ámbitos de defensa y seguridad. Esto a pesar de: a) que los conflictos sociales ya no significan una verdadera amenaza a la estabilidad gubernamental[1], y por lo tanto, ya la fuerza pública no es tan necesaria para reprimir a los movimientos sociales como en el pasado; y b) que la abolición de los gastos reservados, otrora usados para comprar voluntades en las jerarquías de la fuerza pública, ya no significan la existencia de relaciones prebendarías entre poder político y fuerzas armadas y policía.

Un verdadero cambio institucional debería suponer, como primer paso, la elaboración de un diagnóstico que dé cuenta de los rasgos citados anteriormente, y de su incidencia en el proceso democrático. Temas como corrupción, violación a derechos humanos, falta de control civil y ausencia de fiscalización, entre otros, deberían ser las bases de una política de reforma institucional global, que no sólo tome en cuenta factores independientes de la reforma (como es el caso actual del redimensionamiento de roles en las fuerzas armadas), sino que articule todas las deficiencias institucionales encontradas, para lograr un objetivo mucho más amplio: la modernización y democratización de las instituciones de la fuerza pública.

Lo que no se ha hecho, en ambos sectores, es el planteamiento de una reforma institucional, que a través de un diagnóstico serio, identifique los factores obsoletos y disfuncionales y plantee cambios en ámbitos educativos, doctrinales y funcionales. Aún queda pendiente el inicio de un proceso de modernización, que implique un liderazgo político y un *staff* profesional cualificado, tomando las riendas del proceso en coordinación con las instituciones.

La pregunta que surge es: *¿por qué el actual gobierno no ha agendado las reformas de las instituciones de la fuerza pública en su política de cambio, dado que existen las condiciones políticas y sociales para hacerlo?*

A pesar de que los temas de seguridad ciudadana y la reforma del sector defensa, fueron pilares fundamentales de la campaña electoral en 2005, el actual gobierno se ha visto con serias dificultades para llevar a cabo reformas fundamentales en ambos sectores. Entre los principales inconvenientes encontrados se encuentran:

---

[1] Esto debido a que el mismo gobierno es fruto de una alianza de movimientos sociales que en el pasado fueron los protagonistas de la inestabilidad de los gobiernos neoliberales.

a) Falta de capacidad institucional de los ministerios de Defensa y Gobierno para encarar la reforma. Ninguno de los dos ministerios cuenta con personal civil experto en temas de defensa y seguridad, lo que reproduce una masa de funcionarios públicos enfocados en la rutina y en el mantenimiento de estructuras tradicionales, burocráticas, cerradas y reticentes al cambio. Ante la falta de expertos, la capacidad de encarar reformas es demasiado limitada.

b) Constantes crisis de inestabilidad política. Desde la asunción del gobierno de Evo Morales, éste se ha visto confrontado contínuamente con una oposición política que ha propiciado, en diferentes momentos, escenarios de tensión y conflictividad social. Esto hace posponer cualquier reforma de las instituciones de la fuerza pública, que por sus características se convertirían en procesos complejos, conflictivos y dilatados, especialmente en el caso de la reforma de la policía, por el cambio de estructuras de poder que esto significaría.

c) Desgobierno político. Existen autoridades políticas encargadas de los sectores de defensa y seguridad, que ante el desconocimiento de las falencias principales de ambos sectores prefieren mantener un *status quo.* Esto supone poner en manos de los uniformados, sean policías o militares, la responsabilidad del manejo del sector, y desperdiciar de esta manera un escenario propicio para llevar a cabo reformas en las instituciones de defensa y seguridad.

Los riesgos de mantener instituciones de fuerza pública sin reforma ni modernización son mucho más altos que entregarse a la difícil pero urgente necesidad del cambio. Si los gobiernos no reforman las instituciones de defensa, se corre el riesgo de que -al mantenerse las características tradicionales de las fuerzas armadas- las pequeñas reformas implementadas sean fácilmente reversibles en un futuro gobierno. Cualquier reforma, por más ambiciosa que sea, sólo formará parte de estructuras preestablecidas y será implementada por individuos formados y capacitados de acuerdo a estas viejas estructuras. En el futuro, si no existen cambios, seguiremos contando con fuerzas armadas semi-autónomas, funcionarios civiles que desconocen a las instituciones, y autoridades políticas que le temen al cambio. Se mantendrán las capacidades militares obsoletas, la falta de adecuación a nuevas estructuras regionales de seguridad, la ausencia de expertos civiles en temas de defensa, la violación de derechos humanos en los cuarteles y, sobre todo, la falta de control político y social sobre la institución.

Por otra parte, si no se reforma el sector de seguridad y la policía, las consecuencias serán de mayor impacto para la población. La falta de capacidad gubernamental para reformar y modernizar el sector, se reflejará en mayores índices de inseguridad ciudadana, que le cobrarán factura al gobierno, mediante protestas sociales, crisis de legitimidad y, en casos extremos, problemas de gobernabilidad. El riesgo de no reformar la policía, implica afrontar en el futuro el incremento de la inseguridad, la corrupción y el uso arbitrario del poder que detentan altos funcionarios policiales en detrimento de la sociedad.

En suma, la inexistencia de reforma de ambos sectores, implica un futuro caracterizado por la ausencia de operadores políticos y civiles expertos en temas de seguridad y defensa, un poder político complaciente y una sociedad disconforme e insegura. Pero sobre todo, se debe tener claro que todo proceso de cambio que no incorpore a las instituciones de la fuerza pública es inconcluso e incierto.

Los desafíos del gobierno boliviano y el escenario en América Latina

Dado que hasta el momento el actual gobierno no ha podido encarar una reforma sustancial a las instituciones de seguridad y defensa en Bolivia, los desafíos a los que debe hacer frente en un futuro cercano son: Primero, debe formar expertos civiles en estos temas, capaces de diseñar, implementar y evaluar las reformas. Segundo, debe tener la voluntad política del cambio, lo que implica llevar a cabo reformas globales y completas, que incorporen entre otros, los ámbitos de educación, doctrina con base multicultural y equidad de género, marco normativo, presupuesto, transparencia, etc. Tercero, debe tener claro que no será un proceso rápido, ni mucho menos fácil, porque implicará la reforma de dos de las instituciones sobrevivientes de los procesos dictatoriales y de la transición democrática, con una cultura corporativa y espíritu de cuerpo, capaces de resistir activamente toda reforma.

Las reformas a los sectores de seguridad y defensa han sido y son temas complicados en toda la región. Varios de los países del área andina y del cono sur mantienen similares problemas a los del caso boliviano, en cuanto a la tarea de encarar reformas a las instituciones de seguridad pública.

De manera general, se puede deducir que no habrá sintonía entre democracia, seguridad y defensa mientras no se encaren procesos profundos de reforma y modernización institucional. Temas como conducción civil, participación de la sociedad, equidad de género y medidas de confianza mutua, serán imperfectos y temporales si no son concebidos dentro de amplias y sostenidas reformas democráticas. Mientras las reformas sigan siendo parciales, los países de América Latina seguirán siendo parte de procesos inconclusos de temas de defensa, seguridad e integración, y seguirán padeciendo el problema de falta de control político y autonomía de las instituciones de la fuerza pública.

Implementar reformas institucionales a los ámbitos de defensa y seguridad es un desafío para cada país, pero es una oportunidad para rediseñar no solo a nivel interno las políticas de seguridad, sino para también buscar la conformación a nivel regional y subregional de procesos más funcionales de integración entre los países.

.

Cuarta parte

La reforma de las instituciones militares

La cuestión de la reforma de las instituciones militares: los rostros de las fuerzas armadas en el hemisferio

Marcela Donadio[*]

1. Introducción

Constituir ejércitos fue naturalmente un punto central de las preocupaciones de las élites dirigentes al diseñar y construir las bases de la mayor parte de los Estados latinoamericanos, a mediados del siglo XIX. El desarrollo de los Estados (incluyendo la organización de los espacios internos, pero también las disputas fronterizas), supuso la construcción de un instrumento militar profesionalizado, que sirviera de herramienta para el control de la violencia, signo distintivo de la existencia de cual-

[*] Master en Ciencias Sociales y Doctora en Ciencia Política. Secretaria Ejecutiva de RESDAL. Profesora de seguridad internacional en la Universidad de Morón.

Una beca del programa FRP del Ministerio de Asuntos Exteriores de Canadá (DFAIT) para conocer la experiencia cívico-militar y de los PRTs, otorgada en mi carácter de profesora universitaria, me permitió celebrar entrevistas a lo largo de todo ese país, y vinculó en mi mente una historia reciente de sus fuerzas armadas que no conocía, con los desafíos de las misiones de paz y la situación de las fuerzas en nuestra región. En ese tiempo de beca, también de necesaria reflexión al estar lejos de lo propio, surgió la idea general de este artículo. Desde ya, las reflexiones vertidas aquí no comprometen a nadie más que a mí misma.

Paz Tibiletti aportó los datos presupuestarios.

quier Estado.[1] Con la inercia y resabios de las guerras de la independencia a cuestas, mantener lo alcanzado y producir un nuevo orden era un objetivo central, de supervivencia, para las nacientes unidades políticas. El escenario de posguerra mostraba perspectiva de disputas por los límites del reparto territorial entre ellas, especialmente cuando de separaciones se trataba, como en el caso del arco andino. Pero también, producir un orden político de signo distinto al colonial significaba –para estas élites– ampararse en un aparato de fuerza que fuera funcional a la resolución de conflictos internos, entre bandos políticos que solían apoyarse en bandas armadas. O también, para contener los desbordes de la propia democratización.[2]

El orden de la posguerra necesitaba un acuerdo político. Fue logrado conteniendo la negociación política con una previa imposición de fuerza de la cual resultaban claros "vencedores y vencidos",[3] con efectos devastadores para la posterior construcción histórica de las repúblicas democráticas.

---

[1] La garantía del monopolio del uso de la fuerza es un elemento intrínseco a la definición, desde una clásica perspectiva weberiana: "El Estado [moderno] sólo es definible sociológicamente por referencia a un *medio* específico que él, como toda asociación política, posee: la violencia física. 'Todo Estado está fundado en la violencia', dijo Trotsky en Brest-Litovsk. Objetivamente, esto es cierto. Si solamente existieran configuraciones sociales que ignorasen el medio de la violencia *habría* desaparecido el concepto de 'Estado' y se habría instaurado lo que, en este sentido específico, llamaríamos 'anarquía'. La violencia no es, naturalmente, ni el medio normal ni el único medio del que el Estado se vale, pero sí es *su* medio específico. Hoy, precisamente, es especialmente íntima la relación del Estado con la violencia. En el pasado las más diversas asociaciones, comenzando por la asociación familiar, han utilizado la violencia como un medio enteramente normal. Hoy, por el contrario, tendremos que decir que Estado es aquella comunidad humana que, dentro de un determinado territorio (el 'territorio' es elemento distintivo) reclama (con éxito) para sí el monopolio de la *violencia física legítima*." Max Weber, *El Político y el Científico* (Madrid: Alianza Editorial, 1980), 83. Los subrayados son originales. Un desarrollo histórico del Estado puede encontrarse en Charles Tilly, ed., *The Formation of National States in Western Europe* (Princeton: Princeton Univ. Press, 1975).

[2] Tulio Halperin Donghi, *Historia Contemporánea de América Latina* (Bogotá: Círculo de Lectores, 1981), 108-110.

[3] En 1853 la lucha por la unidad nacional en la Argentina arrojó como ganador a Justo José de Urquiza, a quien se le atribuye haber pronunciado esta frase luego de la batalla de Caseros. En 1955 el General Eduardo Lonardi la propuso como lema luego del derrocamiento del Presidente Juan Perón, lo cual le valió ser rápidamente eyectado de la Presidencia por los propios camaradas con los que había llevado a cabo el golpe. En verdad, dicha nuevamente cien años después de la primera Constitución Nacional, la frase sirve para ilustrar la permanencia de esta lógica conflictiva en la política argentina a lo largo del siglo, ejemplo que podría ser aplicado a varios de los países de la región hasta el día de la fecha.

Los antecedentes de los grandes ejércitos nacionales están teñidos de intervención en el orden interno a lo largo de todo el siglo XIX. La profesionalización de fines de ese siglo e inicios del siguiente trajo un elemento nuevo, clave, para la posterior diferenciación civil-militar que habría de dominar la discusión sobre el papel de los militares en la historia latinoamericana. Las bandas armadas domesticadas, propias del período de construcción nacional, dejaron paso a ejércitos profesionales que tenían una socialización común y una organización estructurada y reglamentada, y que reclutaban ciudadanos mediante la instauración del servicio militar. Entre 1880 y 1930, en forma general, los Estados de la región se consolidaron, y uno de los instrumentos para ello fue la profesionalización de los ejércitos. El militar profesional, (el integrante del cuerpo de oficiales) ingresado a la academia en su adolescencia y resocializado puertas adentro, adquiriría actitudes, pensamientos y valores que le daban una mentalidad profesional diferenciada, tan fuerte como para borrar los lazos con la civilidad, en una singular experiencia de *tábula rasa*.

Esta profesionalización transitó paralelamente a otro fenómeno histórico: la dificultad para encontrar caminos políticos comunes, expresada en las luchas permanentes entre distintos tipos de modelos políticos, sociales y económicos. A lo largo del siglo XX, se produjeron en la mayoría de los países diversas clases de intervención militar; las fuerzas armadas eran, en el imaginario social, la única institución consolidada, estructurada y disciplinada que podía rescatar los destinos históricos del "caos" de la política, encarnado en una clase política cuya imagen se construía como corrupta, desordenada, inconstante, e ineficiente, en el preciso opuesto de la "inmaculada" imagen militar.[4] Lo cierto es que, detrás de estas construcciones discursivas, se encontraba la verdadera dificultad del desarrollo democrático para la región: la tensión por el desarrollo de modelos inclusivos y un reparto más equitativo de la riqueza. Tan es así, que fuera cual fuera el origen estructural de la fuerza militar (gran modelo nacional, o guardia nacional engendrada por o bajo influencia de los Estados Unidos como en algunos casos de la región centroamericana), la intervención en política y el sostén de los modelos políticos y económicos dominantes fueron comunes a todos.

---

[4] ¿Habrá mejor ejemplo de ello que la imagen del "hombre que no suda", Rafael Trujillo, en la ardiente República Dominicana de los 40/60?

A medida que la profesionalización avanzaba, las instituciones militares ganaron autonomía hasta colocarse, en casos extremos, por fuera del sistema político. En algunos países, la adopción de la doctrina de seguridad nacional terminó por madurar el totalitarismo en gestación desde la post-independencia. En otros, las fuerzas armadas se colocaron como árbitros o como resguardo de un orden político endeble. En todos los casos, fueron actores principales.[5]

El protagonismo habrá tenido, según el cristal con que se mire, ganancias para las instituciones militares, si dicho cristal es el de los beneficios que acarrean las posiciones de poder. ¿Los costos? Muchos y variados, comenzando por un foco que se colocó –nacional e internacionalmente– en todos y cada uno de los protagonistas de una historia plagada de saqueo y muerte, o al menos de fracaso de construcción de un orden nacional inclusivo y democrático donde mayorías y minorías estén contenidas. Llegada la ola de democratización de finales del siglo XX, para la mayoría de los países no había más alternativa que repensar el papel de los militares en la escena nacional.

Por supuesto, hubo diferencias notables.[6] El caso extremo fue el argentino: luego de la Guerra de Malvinas en 1982, del posterior levantamiento del velo informativo acerca de las violaciones a derechos humanos, y de la pesada deuda externa adquirida por el régimen militar que iba a "reorganizar el país", la imagen profesional de las fuerzas armadas quedó prácticamente destruida. Ya no se escucharían, de allí en adelante, ideas acerca de la supuesta eficiencia e incorruptibilidad militar. Menos cruento fue en Bolivia (donde mantuvieron una relativa posición de poder) o en Ecuador, donde haber resistido a la tentación de la intervención directa valió mantener un papel de árbitro. Del mismo modo, en

---

[5] Aun en Brasil, con una historia poscolonial diferente, el ejército adquirió desde fines de siglo un papel de árbitro, funcional a la estrategia de los grupos dominantes, de mantener el equilibrio político y social en la nueva república. Ver por ejemplo Alfred Stepan, *Brasil: los militares y la política* (Buenos Aires: Amorrortu Editores, 1974); y Leslie Bethell, ed., *Brazil. Empire and Republic 1822-1930* (New York: Cambridge University Press, 1993).

[6] Tal como lo han analizado los estudios de la transición en la región, éstas no se desarrollaron de la misma manera en todos los países. Entre las obras más destacadas pueden consultarse Louis W Goodman, et al, comps., *Los Militares y la Democracia. El Futuro de las Relaciones Cívico-Militares en América Latina* (Montevideo: PEITHO, 1990). Guillermo O'Donnell, "Introducción a los Casos Latinoamericanos", en *Transiciones desde un Gobierno Autoritari*, comps. Guillermo O'Donnell, Philippe C. Schmitter y Laurence Whitehead, (Buenos Aires: Editorial Paidós, 1988), Vol. 2. Augusto Varas, ed., *La Autonomía Militar en América Latina* (Caracas: Nueva Sociedad, 1988).

Brasil lograron sostener la autonomía, aunque no la función de árbitro del sistema político. También en México, con una autonomía protegida por el modelo histórico de colaboración entre civiles y militares que permitía a aquellos gobernar mientras no se inmiscuyeran en los asuntos militares. Aun con desarrollos históricos muy diferentes sobre todo en lo relativo a las luchas territoriales, más recientemente Colombia puede ser en forma general un caso similar al de México, también para observar cómo la posición de poder relativa de los militares aumenta proporcionalmente al papel que juegan en la lucha antinarcóticos y (en Colombia) contra las FARC. En El Salvador o incluso Guatemala, quedaron relativamente bien posicionadas en el orden post guerra civil. En otros casos, como el chileno, la transición fue absolutamente pactada y condicionó al día de hoy un resguardo militar que se expresa, por ejemplo, en la disponibilidad de fondos producida por la ley del cobre, aunque ese resguardo no derrama al orden político. Una posición de veto es más clara en el caso hondureño, donde los resguardos se expresan en la propia Constitución política, en cláusulas difíciles (sino imposibles) de modificar.

Pero en todos los casos, estamos hablando de la reorientación del orden político, antes que de una reformulación del papel de las fuerzas armadas en el entramado general de un Estado. Este permaneció inalterado respecto de los diseños del siglo pasado, pensados para las conquistas y colonizaciones territoriales internas, la contención del orden público estilo guardia nacional, la incorporación de masas al orden social mediante la alfabetización y la sanitarización, la defensa contra los rivales o enemigos fronterizos, o la proyección internacional en un mundo en el cual era posible jugar si además se contaba con un relativo poder militar.

Las estructuras militares de la defensa nacional no sólo no han sido adaptadas a nuevos tiempos: estamos asistiendo al punto de quiebre de la tensión entre tendencias históricas y perspectivas de futuro. De no mediar una reflexión y acción que reunifique la enorme brecha existente entre postulados y práctica de la defensa, el desenlace de esta tensión puede contener elementos altamente negativos para el desarrollo democrático de la región.

2. Una frase común con significado desconocido: la defensa en el siglo XXI

La ola de democratización del final del siglo XX coexistió con un contexto internacional de cambio profundo, en particular para las concepciones de seguridad y los usos reales que pueden darse a los aparatos militares tradicionales, en un mundo dominado por *un* poder militar del cual separa una brecha inalcanzable.

La región ha estado, sin embargo, muy ocupada intentando manejar la aceleración de los tiempos políticos, económicos y sociales, como para detenerse a reflexionar sobre el papel de la defensa nacional en una estrategia general del Estado (la cual en general difícilmente existe), y menos aún en el papel de las fuerzas militares. Mantener el statu quo ha predominado como opción política, aún cuando sea ya imposible de mantener por diversas razones sociales y económicas, como se verá más adelante. Para la clase política, el tema de la defensa nacional es de escasa urgencia, y piensan aunque no lo dicen, que ha pasado de época y que lo mejor es mantener a los militares mínimamente contentos para que no les sumen problemas a la montaña de los que ya existen. Un solo libro de historia latinoamericana bastaría para demostrar lo erróneo de este razonamiento. También se comenta habitualmente que la defensa no da votos y que allí radica la base del desinterés general de los políticos, en el mundo en general. Puede ser. En el caso latinoamericano las razones van un poco más allá. Relacionan con la historia, pero también con un presente de dirigencias débiles, cuasi apartidarías, con escasos puntos de apoyo y aún menores capacidades, que desconocen la concepción del poder como aquello que permite operar sobre la realidad. Los otros les son ajenos, tan ajenos que cuando perciben su presencia los identifican como extraños de los que cuidarse, enemigos. La defensa no escapa a la ausencia de política que caracterizó en las últimas décadas a la mayoría de las democracias latinoamericanas. O, mejor dicho, a la ausencia de política producida por los cuadros que ocupan el Estado. Porque a falta de dirigencias oficiales, otras aparecen y ocupan su lugar. La política no permite vacíos.

Pero al mismo tiempo, fuera por el protagonismo militar en la historia política anterior, o por la posición de poder que aún mantenían, en las nuevas democracias debía producirse alguna clase de consideración a los temas de la defensa nacional. Desde los 90 en adelante, estos temas se han manejado en dos planos paralelos: el discursivo y el práctico. En el plano discursivo, la "defensa en el siglo XXI" ha sido una frase predilecta de documentos y discursos oficiales. Las líneas generales de este discurso, paradójicamente, son las mismas que predominaron en los siglos XIX y XX: la defensa de la soberanía territorial, el posicionamiento en el mundo, y hasta la perenne idea de que las fuerzas armadas son también un instrumento para garantizar el orden constitucional y político. No menos de siete constituciones políticas hacen aún referencia a ella. Algunas plantean el papel de la defensa y del instrumento militar en el desarrollo del país.[7]

El plano de la práctica política presenta una situación diferente, y difícilmente relacionable con las aspiraciones que los documentos oficiales plantean. Y casos diferenciados. Por un lado, se observan países que parecen convivir sin mayores sobresaltos –hasta ahora– con la brecha entre lo que se dice que son la defensa y el papel militar, y las posibilidades de que ello sea efectivamente así. Se mantiene un statu quo a la espera de que algún día (sin saber cómo) se encontrarán respuestas al por qué y para qué de la defensa y su instrumento militar, y cómo se sostiene. Es el caso de países como la Argentina, Paraguay, Uruguay, o el mismo Perú, aunque las recientes escaramuzas con Chile parecen haber dado en el clavo de la "necesaria defensa contra el enemigo extranjero" que siempre, donde sea y cuando sea, levanta la moral de pueblos y fuerzas armadas. Bolivia y Ecuador son casos similares al de estos países, con la diferencia de que las tareas de apoyo al desarrollo plantean un escenario diferente de actuación y legitimación de las fuerzas armadas frente a sí mismos y frente a la sociedad. En el caso de Venezuela, la defensa contra el supuesto invasor (identificado en el imperialismo norteamericano, con su elemento punzante en la frontera, Colombia) no ha llevado más que en el discurso a una reorganización estructural de las fuerzas armadas que acortara la brecha. Antes bien, mientras el leitmotiv se plantea en el horizonte, la práctica no ha sido agudizar la profesionalización, sino incorporar cada vez más a las fuerzas armadas a un proyecto político, lo cual incluye el papel en tareas de desarrollo, y la representación del gobierno en diversas zonas del país. Al analizar este caso, tanto se ha hablado de la "carrera armamentista" o el "rearme" venezolano que se han opacado datos relevantes, como el aumento de la cantidad de

---

[7] Bolivia, Ecuador, Honduras, Perú, Venezuela, y República Dominicana. Aun las recientemente reformadas de Ecuador y Bolivia, mantuvieron intactos los postulados referidos a la misión de las fuerzas armadas.

efectivos militares (16% en los últimos siete años) y la inclusión de nuevas estructuras como las reservas.[8]

Los que sostienen una tensión razonable (es decir, dentro de los límites de las posibilidades de países no centrales), entre agenda de defensa e instrumento militar, no son muchos. Tal vez sea sólo uno: Chile. Amparado en las prerrogativas mantenidas y en el aumento del precio del cobre, el instrumento militar chileno es el único en la región que se ha beneficiado con una cierta modernización permanente, y una cuenta bancaria abultada que otorga margen de maniobra. Las críticas al modelo chileno –provenientes en su mayoría de quienes plantean que el país se arma continuamente provocando un desbalance regional– evitan sistemáticamente referirse al tema de fondo: la disponibilidad de fondos para las fuerzas armadas chilenas es parte de un acuerdo interno, que difícilmente va a provocar efectos hacia el exterior. De hecho, la diplomacia chilena y la dirigencia de defensa han sido de las más activas en las últimas décadas a la hora de promover medidas de confianza y transparencia en el Hemisferio. El modelo chileno (como lo muestran los cuatro años que llevó al gobierno de Bachelet producir la ley del ministerio de defensa) avanza a pasos cortos y lentos; en temas de seguridad existe una diferenciación práctica entre de lo interno y lo externo, y las políticas de cooperación hacia el exterior son la forma de ir reduciendo la tensión que, en este caso, es interna. Habrá que observar las continuidades (o no) de la política exterior en el nuevo gobierno, fuera ya del mando de la Concertación, para comprobarlo.

Por otra parte, se observan casos en los que –sin atender directamente los problemas de la brecha de objetivos y realidades– se plantean alternativas que en la práctica derivan hacia objetivos diferentes a los de la defensa tradicional. Como si, aunque no explícitamente, se virara la dirección eligiendo una misión principal para las fuerzas armadas que nace de una definición de la defensa vinculada a los problemas internos. Es el caso de Colombia, México, y algunos de los países centroamericanos,

---

[8] Los efectivos aumentaron de 108.584 en 2002 a 126.050 en 2009. El aumento del presupuesto de defensa entre estos años es reflejo de un gasto en personal más elevado, y de la devaluación de la moneda local. El aumento promedio del salario fue del 183%. Para 2009, el gasto en personal (incluyendo retiros y pensiones) representó más del 80% del presupuesto de defensa. En términos absolutos, el incremento del presupuesto se corresponde con un aumento del 275% del PBI entre esos mismos años (el aumento del presupuesto de defensa entre 2002 y 2009 fue del 266%). Estas cifras indican que en relación al PBI, el presupuesto ha disminuido del 1,21% al 1,18%. Datos elaborados en base a las leyes de presupuesto.

como Guatemala y El Salvador. Honduras podría ser parte de este grupo, al igual que Nicaragua. Aunque podrían ubicarse junto con aquellos que mantienen la brecha sin mayores planteos, también es cierto que sea por la cooperación con el Comando Sur en torno, fundamentalmente, al narcotráfico (Nicaragua), o añadiendo la intervención en el combate a la delincuencia tipo maras o aún común (Honduras), mantienen a las fuerzas armadas en una actividad estilo guardia nacional. La diferencia fundamental con países como Guatemala, es que en el discurso, se sostiene como misión principal el resguardo de la soberanía territorial.

México, Colombia, y Guatemala (en menor medida El Salvador) han decidido que las fuerzas armadas tienen un papel principal en la atención a amenazas al orden interno, y que la defensa nacional no puede ser definida sin relación a la seguridad interior. El concepto más adecuado para el debate, en este caso, sería el de seguridad nacional. Pero esta gran generalización no debe ocultar que cada uno de estos casos resuelve –o no– a su manera la brecha a la que venimos aludiendo. Colombia, con su política de seguridad democrática, no solamente postuló una activa participación militar en el combate a las FARC y al narcotráfico, sino que incluyó temas relativos a la reforma militar como el aumento del llamado pie de fuerza, el reequipamiento, y el rediseño de marcos legales incluyendo la justicia militar.

La experiencia de México y Guatemala es bastante más reciente y no ha mostrado aún la clase de rediseños del caso colombiano. Las instituciones militares han sido embarcadas en el combate abierto contra el narcotráfico que –en este marco discursivo– se liga al desarrollo de niveles de delincuencia y violencia percibidos como imparables. Para ello, y siempre dentro del mismo marco, se plantea un desborde de las fuerzas policiales que debe ser atacado por la intervención militar. En realidad, el gran ausente de esta discusión es el tema de la reforma policial, materia pendiente en toda la región.

A medio camino entre la conciencia de la brecha y la indefinición propia de los casos sudamericanos, se encuentra Brasil. El gobierno del Presidente Lula ha colocado a Brasil en una posición de mayor relevancia en el mundo, y ha jugado fuerte a la idea de que Brasil es y será el líder del espacio sudamericano. Aspiraciones a un espacio mayor (como la que mostró interviniendo en el caso hondureño) no resultan sostenibles: no puede y difícilmente podrá en el mediano plazo resolver la forma de lidiar con la hegemonía norteamericana, y tampoco se ve hasta el momento cómo las dirigencias internas pueden sostener una voluntad y capacidad que se ha expresado sobre todo en el nivel presidencial. El peso del plano interno es significativo, y es tal vez el aspecto que Brasil debería trabajar más fuertemente: las posibilidades de consolidarse e incidir en la arena internacional serán mayores en la medida que se sostengan con institucionalidad interna. Se ha mostrado hasta el momento bastante reticente a desarrollar aspectos como transparencia de la información, conducción civil, participación activa en mecanismos institucionales con otros países, o aun aceptar el papel de la academia y de la sociedad civil en los debates, temas sin los cuales es difícil sentarse seriamente a la mesa global.[9] Habrá que ver, en el Brasil post-Lula, si la dirigencia logra mantener la magistral capacidad de este presidente para enlazar actores, plantear horizontes, y jugar en la escena internacional, y si manteniéndose las directrices se comienza a trabajar en mayores bases institucionales.

Así, si la misión del instrumento militar es un elemento clave de la defensa, el escenario planteado en la región es confuso y de perspectivas poco claras. Una falla de proporciones nada desdeñables la recorre de norte a sur. A un lado se encuentran las misiones militares declaradas como principales, y al otro la práctica de la vida cotidiana de la institución militar, con poca o ninguna relación con el mandato y doctrina.

Las nuevas generaciones militares experimentan la confusión. Formados y adoctrinados para una misión principal –la defensa de la soberanía territorial– practican y tienen en su horizonte misiones para las que no están formados, y que no tenían necesariamente en mente cuando eligieron la carrera militar: policías, "soldados de la paz", asistentes sociales. Las misiones secundarias se les han convertido en la actividad principal. Se debaten entre una historia rica en posiciones de poder, un presente confuso, y un futuro incierto. Ello sólo puede conducir a la depresión, o a una frustración que por algún lado derrame. O a lo que sucede actualmente en muchos de estos países: una inversión significativa de fondos públicos para formar en la carrera militar a personas que, luego de esa formación, pasan al sector privado como pilotos, guardias de seguridad, logísticos, etc. Por otra parte, vale aquí recordar los aportes de los estudios sobre la mentalidad militar que deriva de una educación tradicional

---

[9] Los comienzos del Consejo Sudamericano de Defensa estuvieron plagados de incomodidades de las cancillerías del sur, respecto de la escasa institucionalidad con que en su opinión Brasil manejó el tema. Citan, por ejemplo, las dificultades para establecer canales interministeriales de nivel medio, que obligan a resolver las relaciones en el nivel ministerial o aun presidencial.

imperante aún en la región: nada en ella da lugar a lo incierto, ni a lo confuso, ni a la despreocupación por los destinos históricos y futuros de la nación.[10] De alguna manera, se buscará la claridad. Y siempre es arriesgado dejar a instituciones organizadas y armadas a cargo de sus propios pensamientos.

Pero tampoco sería ése el único problema. Los fundamentos de la conducción política también están en juego en la presente etapa, en tanto la clase política prefiera las soluciones más conocidas y dar los discursos que a los militares les guste oír, o que distraigan a la sociedad de los problemas internos. Tal como definiera Felipe Agüero, el control civil (que él denomina "supremacía civil") es *"la capacidad de un gobierno civil democráticamente elegido para llevar a cabo una política general sin intromisiones por parte de los militares, definir las metas y organización general de la defensa nacional, formular y llevar a cabo una política de defensa, y supervisar la aplicación de la política militar"*.[11] Si los problemas del control civil en la región refieren, por un lado, a la necesidad de la pauta democrática y, por otro, a lo específico de delinear y gerenciar la estrategia y política de defensa, en este segundo aspecto es donde se encuentran los mayores déficit.[12] Los llamados militaristas de los últimos tiempos, incluyendo las compras de armas, se ubican en este carril.

Si existe un tema hasta hoy tabú en los círculos de la defensa de los países latinoamericanos, es la reforma militar. No necesita serlo; en la práctica existen elementos que impulsan hacia una renovada visión del papel de las fuerzas armadas dentro del Estado, y que podrían ser aprovechados.

---

[10] Obras clásicas son Samuel Huntington, *El soldado y el Estado. Teoría y política de las relaciones cívico militares* (Buenos Aires: GEL, 1985) y Morris Janowitz, *El soldado profesional* (Buenos Aires: Editorial Bibliográfica Argentina, 1967). Una visión de los últimos años puede verse en Charles C. Moskos, John Allen Williams y David Segal, *The Postmodern Military. Armed Forces after the Cold War* (New York: Oxford University Press, 2000).

[11] Felipe Agüero, "Las fuerzas armadas en una época de transición: perspectivas para el afianzamiento de la democracia en América Latina", en *Control Civil y Fuerzas Armadas en las Nuevas Democracias Latinoamericanas*, ed. Rut Diamint (Buenos Aires: Universidad Torcuato Di Tella, Grupo Editor Latinoamericano, 1999), 91.

[12] Ver el artículo de Rut Diamint en esta misma publicación.

3. Las reformas de la democratización

¿Cómo y por qué se produjo la brecha que hoy separa a la realidad de la defensa de las aspiraciones que sobre ella se colocan? Si no todo lo que reluce es oro, tampoco puede decirse que nada se ha hecho, o que no ha habido camino recorrido.

El origen de la brecha tiene un carácter conceptual unido a lo político. Para ser más claros: se relaciona con la forma en que, al inicio y en los años subsiguientes de las transiciones, las dirigencias interpretaron los conceptos de control civil y eligieron las formas de "dominar" el aparato militar que había gobernado o al menos incidido fuertemente en sus países. Los términos regulares de la literatura académica provenientes, principalmente de los Estados Unidos, plantean la problemática del control civil desde una perspectiva básicamente institucional: cuáles son las mejores formas para que los civiles supervisen y gerencien el sector militar, de la misma manera que se hace con otras áreas del Estado. Pero para países con escasa experiencia democrática, el concepto brilló también porque se lo asoció directamente con la preocupación por conservar y consolidar las reglas. La perspectiva era institucional, pero también profundamente política.

Por ello, una gran preocupación de la transición fue ocuparse de establecer –como parte de las reglas aceptadas– la subordinación del actor militar a las autoridades legalmente constituidas. Y de establecer las reglas en forma general, para un sector (la defensa) que era parte de un Estado que debía reconstruirse saliendo una vez más de las ruinas de la lucha interna, como un nuevo hito de la dolorosa historia latinoamericana en la materia. Más esperanzador esta vez, dados los cambios que experimentaba el sistema internacional.

Las posibilidades de la acción tampoco eran todas; ya hemos referido a ello anteriormente. A la hora de las decisiones, el sector de la defensa participó de dos diferentes elecciones: por la relevancia entre sectores de la vida nacional, e internamente, entre la situación política o la estructural. La elección por la prioridad dentro del escenario nacional no era fácil de ganar: la economía, la paulatina y creciente inseguridad al liberarse el corsé dictatorial de un Estado que –al dominarlas– contenía las bandas, las condiciones sociales, todas parecían más relevantes a la hora de elegir dónde poner las fuerzas políticas (y no ha cambiado demasiado). Internamente, la situación no era muy distinta. En un contexto de cierre del grifo presupuestario, y también de desconocimiento sobre el tema, era natural que resultara más atrayente y necesario recolocar las fichas de poder entre los nuevos y los viejos ocupantes del sector. No es de extrañar, entonces, que la preocupación se centrara en producir marcos legales y estructuras institucionales que hicieran puente entre una nueva dirigencia política, y las fuerzas militares. Servía tanto a jugar la defensa dentro de la escena general de gobierno, como a medir las fuerzas internas.

La lectura del pasado reciente indica así que la interpretación sobre la cuestión militar estuvo principalmente atada al problema de la intervención en política. Ello supuso posponer los debates y definiciones estructurales, y una fenomenal "desmovilización y desarme de hecho" mediante el ahogamiento presupuestario, precisa expresión que Ernesto López propusiera para el caso argentino, pero que aplica a la mayoría de la región.[13] Unidos ambos carriles a los cambios del contexto regional y la progresiva desactivación de hipótesis de conflicto, explican la brecha actualmente existente y la encrucijada en la que hoy, nuevamente, las dirigencias deben volver a elegir cursos de acción.

El tema presupuestario es relevante no solamente por los recursos disponibles para organizar un aparato militar a los fines declarados de la defensa nacional. Poco hablamos en general acerca de lo que significó la nueva situación en términos de acceso a recursos. El acento suele estar puesto en una suerte de conspiración o al menos desinterés civil por los temas de defensa, explicación que no pocos políticos también compran. Pero, ¿qué significó en realidad el cierre de la disponibilidad absoluta de recursos? Es decir, el presupuesto no solamente es relevante porque los recursos son menores a los de antaño. Dada la ausencia de transparencia para esas cifras del pasado no podemos demostrarlo, pero seguramente el mayor impacto fue el cierre de las posibilidades de financiarse sin límite. Ahora, y cada vez más, comenzaron a pesar los presupuestos nacionales, con fechas no siempre cumplidas pero cada vez menos ignoradas, con organismos internacionales ya no deseosos de brindar crédito tras crédito y fiscalizando las cuentas nacionales, con congresos que al menos formalmente quieren aprobarlos, con bancos centrales que ganan autonomía, con auditorías y tribunales de cuentas que pueden hacer informes, y organizaciones sociales que reclaman transparencia y miran las cifras.

---

[13] Ernesto López, "La reducción del gasto militar en la Argentina: algunas implicaciones económicas y políticas", *Proliferación de armamentos y medidas fomento de la confianza y la seguridad en América Latina* (Lima: Naciones Unidas, Centro Regional para la paz, el desarme y el desarrollo en América Latina y el Caribe, 1994).

Y, fundamentalmente, con ministerios de economía que tienen la última (¿única?) palabra.

Nada de eso pasaba en las democracias latinoamericanas de mediados del siglo pasado, y menos durante la regla autoritaria. Allí, no había presupuesto en el sentido estricto de la palabra. Mediante créditos, o por la vía de emisión monetaria, siempre existía la posibilidad de financiación para un sector que gobernaba la política. De allí, una polémica hipótesis que seguramente disguste a los defensores del argumento de que la regla civil significó la desatención de la defensa nacional: el ahogamiento presupuestario no es necesariamente resultado de la política de los últimos veinte años. Es tan poco sostenible afirmarlo como negarlo. La brecha entre política y recursos puede haberse remontado a bastante tiempo atrás, ocultada mediante inflación o deuda externa. Lamentablemente, a menos que se abran totalmente los archivos administrativos, nunca lo sabremos.

Existen algunos indicios. Por ejemplo, el peso del personal, retiros y pensiones en los presupuestos. Actualmente, representan el 69% del presupuesto de defensa. Así como se sabe que la inversión en personal no se realiza de un día al otro, sino que requiere décadas, lo mismo puede aplicarse para los fondos que supone ese personal: difícilmente se haya llegado al peso actual de la estructura en el presupuesto en el trascurso de dos décadas. Ante la falta de recursos, se tiende efectuar un recorte presupuestario para los gastos correspondientes a equipamiento, inversión, etc. Sin embargo, en la mayoría de los países de la región, más allá de las crisis económicas que pudieran llevar a estas decisiones políticas de reducción de gasto, encontramos escasas discusiones acerca de las estructuras o dimensiones de las mismas. El tema de los escasos recursos para mantenimiento e inversión es un problema estructural de larga data; hace casi ya tres décadas la Guerra de Malvinas lo mostró, por ejemplo, en el caso argentino, y es un secreto a voces que muchas de las fuerzas armadas de la región padecen fuertes dificultades operativas. Para 2009, el gasto en personal (incluyendo el pago en retiros y pensiones) asciende al 83% en el caso del Paraguay y 81% en Venezuela, y en seis países sobrepasa el 70% (Argentina, Brasil, El Salvador, México, República Dominicana y Uruguay).[14]

---

[14] Paz Tibiletti, elaboración propia en base a las leyes de presupuesto para el año 2009 de cada país.

La vinculación de la defensa con la política exterior y la seguridad internacional merece un párrafo aparte. De hecho, y sin que mediaran demasiadas discusiones al respecto, las fuerzas armadas fueron adquiriendo un papel activo en la participación en operaciones de paz (principalmente bajo mandato de Naciones Unidas). En los últimos diez años, la participación creció en un 725%. Países como Uruguay, con una participación histórica, crecieron exponencialmente; otros se incorporaron, como Brasil, Bolivia, y otros de América Central. Y, a diferencia de otras regiones del mundo, el de las operaciones de paz es un campo que en esta región aún está por recorrer. Ha ganado otra imagen de la región delante del mundo, así como experiencias invaluables en el terreno de la cooperación multilateral. Son parte de los "más" de la defensa en la región; existen sin embargo varios temas asociados a ella que necesitan mayor discusión y doctrina, en un avance paralelo al de las relaciones entre civiles y militares.

Las reformas del sector de la defensa han estado, entonces, centradas en la construcción institucional, fundamentalmente en la creación o fortalecimiento de los ministerios de defensa. La cooperación militar ha avanzado también significativamente. En las relaciones internacionales de defensa, existen mecanismos de concertación tales como las conferencias de ministros de defensa, mecanismos bilaterales o multilaterales (como la CFAC, o el reciente Consejo Suramericano), y esfuerzos por transparentar las intenciones. Si hace quince años era impensable acceder a datos tales como los presupuestos o los números de efectivos militares, hoy las propias instituciones son las que los difunden (y paradójicamente, en algunos países las instituciones militares son más abiertas a ello que sus conductores políticos). En lo atinente a la conducción de la defensa, la región ha avanzado significativamente, con cuadros civiles mayormente preparados e, incluso, un interés creciente por parte de generaciones jóvenes en la temática. La participación activa y creciente de países latinoamericanos en operaciones de paz refuerza la tendencia de una región democrática, lista para brindar su experiencia de transición a otras regiones y para contribuir su parte al sistema internacional. Los miembros de las fuerzas armadas están lejos en sus perspectivas de buscar involucrarse nuevamente en los asuntos de gobierno.

Decididamente, la situación no es la misma de la de dos décadas atrás. Hoy, los desafíos en los que ya nos encontramos inmersos refieren a las dimensiones que más han aparecido en la última década en nuestra región: las relaciones entre civiles y militares y el posicionamiento en la seguridad internacional, pero debemos incluir el tema que poco nos planteamos: el impacto de las políticas exterior y de defensa sobre un aparato militar.

4. La búsqueda de modelos vs. la adquisición de experiencias: mirando al nuevo socio hemisférico

"[En la década del 90] las Fuerzas (…) estaban en las últimas, no tenían confianza institucional en sí mismas, la moral estaba baja y el estrés, alto; había pocos fondos y, absolutamente, ningún apoyo público (y por ende, tampoco político)".[15]

Desde las transiciones, ha existido en nuestra región una normal tendencia a analizar casos y modelos; sin embargo, también debe decirse que a veces se ha pecado de importación de modelos foráneos, antes que de tomar las experiencias para de allí sacar conclusiones y caminos propios. En los últimos años, la aparición de Canadá como socio hemisférico comenzó a tomar un cariz más presente, que se consolidó con su organización de la última conferencia de ministros de defensa. Y ello también lleva a preguntarse un poco más acerca de este socio no muy conocido, sus políticas, su aparato de defensa, en un análisis que pueda conducir a desentronizar imágenes no siempre cercanas a la realidad y, más importante, a tratar de tomar elementos de experiencia que nos ayuden a encontrar caminos propios para transitar el complejo mundo de la seguridad internacional hoy.

Observar esta experiencia va más allá de una comparación que, en muchos aspectos (principalmente estratégicos) no puede hacerse. Tiene que ver como preguntarse cómo las situaciones críticas y aparentemente sin salida existen más allá de países, sistemas políticos y culturas. Cómo se encuentra la salida es propiedad de cada caso.

Tomemos un ejemplo: las palabras citadas al comienzo del apartado serían fuertes ya en boca de un académico y seguramente creeríamos que se refieren a un país sin mucho juego en la arena internacional. Fueron escritas por el Jefe del Estado Mayor Conjunto de las Fuerzas Canadienses que mandó sobre la vida institucional durante tres años (2005-2008), bajo directa relación con el Primer Ministro y su Ministro de Defensa.

---

[15] Rick Hillier, *A soldier first. Bullets, bureaucrats and the politics of war* (Toronto: Harper Collins Publishers, 2009), 115. La traducción de todas las citas de bibliografía en inglés que aparecen en este apartado es propia.

Rick Hillier fue el encargado de la transformación de las fuerzas armadas canadienses desde un cargo que –a diferencia de la mayoría de los sistemas de defensa latinoamericanos–, posee relevancia no sólo en la forma, sino también en la práctica.[16]

En sus memorias, Hillier relata su vida desde que ingresó al ejército, hasta el día en que se retiró del máximo cargo al que un oficial puede aspirar. No ahorra palabras: desde las impresiones de los tiempos de su ingreso al ejército en los 70 ("En mi primer año en el ejército vi poco en las fuerzas canadienses que me inspirara a continuar queriendo eso como la profesión de toda mi vida"[17]) hasta la misión en Afganistán, pasando por la "década de oscuridad" ("Todavía me sorprende que las fuerzas canadienses no se hayan quebrado completamente, o dejaran de existir, entre 1993 y 1997"[18]). No es el único que ubica la década de los 90 como un punto de inflexión para la institución militar de ese país: liberales o conservadores, existe una percepción homogénea por parte de académicos y funcionarios canadienses acerca de los efectos de las reducciones presupuestarias progresivas, intensificadas fuertemente luego del fin de la guerra fría.[19] Conflicto que se había convertido en la razón de ser de su estructura y entrenamiento. De allí al mando canadiense sobre la fuerza de seguridad internacional (ISAF) en Afganistán en 2004, opera un ca-

---

[16] El jefe de estado mayor (CDS) no está bajo el mando del ministro, sino del Primer Ministro, y posee según la ley de defensa nacional amplias capacidades para dirigir las fuerzas armadas. Por otra parte, el sistema de organización de las fuerzas, aunque existan tres servicios, es conjunto desde 1968 cuando los servicios fueron unificados.

[17] Rick Hillier, *A soldier first. Bullets, bureaucrats and the politics of war*, 49.

[18] Rick Hillier, *Ibidem*, 130.

[19] Por ejemplo, "La moral en el departamento de defensa y en el aparato militar estaba baja, así como la confianza pública en las Fuerzas canadienses". Janice Gross Stein y Eugene Lang, *The unexpected war: Canada in Kandahar* (Toronto: Penguin Group Canada, 2008), 12. Lang fue un *insider* como Hillier: revistó como jefe de asesores de los ministros de defensa entre 2002 y 2006. El libro de Stein y Lang contiene abundante y precisa información. Suscita algunas polémicas en el ambiente académico canadiense, dadas las interpretaciones de por qué Canadá decidió ser parte de la operación en Afganistán; en especial, si fue o no una suerte de "intercambio" para conformar a los EE.UU. por no participar en Irak. Otros se inclinan por ver la intervención en Afganistán como parte natural de la historia canadiense de participación en conflictos. Hillier refuerza a Stein y Lang: "La visión en los pasillos del Departamento de Defensa era que el gobierno canadiense haría cualquier cosa, comprometería tropas en cualquier lugar, en casi cualquier clase de misión, en tanto significara que podíamos mantenernos fuera de Irak. Ese era ciertamente el cínico punto de vista del ejército." Rick Hillier, *A soldier first. Bullets, bureaucrats and the politics of war*, 262.

mino de apenas más de una década, en la que se reconstituye la imagen de las fuerzas armadas frente a la población, se experimentan los dilemas del *peacekeeping* tradicional, y se reformulan las bases de la política exterior.

Estructuralmente, ayuda a la comparación. Con 64.000 hombres y mujeres en la fuerza regular (incluye 20.000 administrativos) y unos 26.000 reservistas, no está tan lejos de varias de las fuerzas latinoamericanas (sin contar las tropas, Brasil tiene aproximadamente 102.000, Colombia 51.000, Argentina 56.000, o Chile 48.000)[20]. El presupuesto destinado a defensa, para 2010, es cercano a los dieciocho billones de dólares, un 1,3% del PBI[21]. Los datos estructurales básicos diferentes son dos: la proporción del gasto en personal sobre el total (51%) y, obviamente, el PBI. Por ello, aunque el porcentaje sobre PBI del presupuesto para defensa sea similar a los casos latinoamericanos (que en promedio tienen un 1,4%),[22] ese porcentaje representa en términos absolutos los billones mencionados. La situación, sin embargo, ha sido revertida en los últimos años: según los datos de SIPRI, entre 1988 y 1996, el gasto de defensa en Canadá disminuyó un 23% (de 15.097 millones de dólares a 11.658, en valores constantes. La misma tendencia puede observarse en varios de los casos latinoamericanos: para el mismo período, la Argentina cayó un 26%, Uruguay 28%, Guatemala 30%, incluso Brasil disminuyó un 8%. La tendencia cambia en los 2000. En el caso canadiense, por la reformulación política de la que se hablará más adelante. En la región latinoamericana, fue principalmente por la bonanza económica que derivó del alza de precios de las materias primas en el mercado internacional, que ha financiado el aumento del gasto estatal e inercialmente el de defensa.[23]

---

[20] Marcela Donadio y Cecilia Mazzotta, coords., *La Mujer en las instituciones armadas y policiales. Resolución 1325 y operaciones de paz en América Latina* (Buenos Aires: RESDAL, 2009), 56-58.

[21] *Information on defence expenditures* (NATO, Public Diplomacy Division, 2009), 6.

[22] Datos de próxima aparición en *Atlas Comparativo de la Defensa de América Latina Edición 2010* (Buenos Aires: RESDAL).

[23] Stockholm International Peace Research Institute, SIPRI. *Military Expenditure Database.* Disponible en http://milexdata.sipri.org/. En términos absolutos y dado el incremento en los recursos del Estado, los presupuestos de defensa aumentan, pero en relación al PBI se mantienen o disminuyen. Algunos, como en el caso chileno o venezolano, han crecido más del 100% entre 1996 y 2007 (108% y 107% respectivamente), pero en relación al PBI el presupuesto de defensa de Chile representaba el 3.1% en 1996 y el 3.4% en 2007; para Venezuela,, 1% en 1996 y 1.3% en 2007. En Bolivia aumentó un 46%, pero en relación al PBI disminuyó del 2.1% al 1.7%; en Brasil aumentó un 35% y en relación al PBI disminuyó de 1.7% a 1.5%. En México se incrementó un 32% y bajó respecto al PBI del 0.6% a 0.4%.

En el plano de las diferencias históricas, la primera que aparece refiere a los procesos bien distintos de la formación de la identidad nacional, y el rol que en el caso latinoamericano han tenido las fuerzas armadas "creadoras" y como mecanismo de mantenimiento de estructuras políticas muchas veces poco consolidadas. También debe pensarse, como aspecto diferenciador, en la casi total dedicación a los problemas internos que han tenido las fuerzas de la región. Solamente Brasil participó con un contingente importante en la Segunda Guerra. En Corea, Colombia envió un batallón. Y también ha habido intervenciones de otro tipo, como la brasileña en 1965 en República Dominicana, la argentina en la Guerra del Golfo en 1991, o la salvadoreña, hondureña, nicaragüense o dominicana en Irak, más recientemente. Esta diferencia en cuanto a destinos ha sido sustancial.

La segunda, más específica a la cuestión de la política exterior, estructuras y estrategias militares, refiere a los desafíos que en particular desde la segunda mitad del siglo XX, supone la frontera con una de las estructuras militares más poderosas del mundo (hoy, la más poderosa). Con la que también comparte asociaciones de defensa como la OTAN, que supone en sí misma un grado de aprestamiento, estructura y capacidad sólo para pertenecer a ella. La relación se ha construido en forma diferente a la que tiene en general la región latinoamericana. De hecho, luego de los conflictos de siglos pasados, ha existido una integración real del *establishment* de Canadá y EE.UU. en áreas estratégicas (caso NORAD), mientras que la historia de la relación entre EE.UU. ha sido muy diferente con, por ejemplo, el área del Caribe y América Central, y especialmente en la frontera mexicana. Canadá, en cambio, ha sido y es parte del Commonwealth, lo cual también le ha supuesto la participación en la guerra en Sudáfrica, y en especial las dos mundiales.

El cruce del conocimiento entre América Latina y Canadá en materia de defensa no tuvo tanto que ver con el ingreso de ese país a la OEA, sino con algo más elemental a las actividades de las fuerzas armadas: las misiones de paz. El militar canadiense como prototipo del *peacekeeper* ha sido —es— una imagen fuerte en la región. También en el mundo, desde Lester Pearson en adelante. Los desarrollos de las décadas posteriores acerca del concepto de seguridad humana reafirmaron la imagen de una Canadá casi bucólica, cuyo personal militar estaba dedicado a una misión: la consecución de la paz en el mundo sin comprometerse en acciones de combate. Esta imagen, según los testimonios, también era compartida por el público canadiense.[24] Y no tanto por los militares, profesionales o reservistas.[25] De más está decir que, a la hora de distribuir fondos, no hubiera demasiado interés ni en los gobiernos ni en el público de preocuparse por las estructuras y medios militares. Pues además –y aquí la gran diferencia con nuestra región– dado que los militares canadienses no tomaron nunca el poder (es más bien un ejemplo de la cuestión clásica del control civil de la que hablaba Huntington), no existía amenaza de intervención que requiriera que sus demandas debían atenderse.

Esta imagen bucólica, en la actualidad, dista mucho de la realidad. Hoy las fuerzas armadas canadienses están inmersas en uno de los mayores desafíos de su historia, no sólo en lo relativo al ejercicio de la fuerza militar, sino también en materia de poner en práctica la cooperación civil militar y la coordinación entre agencias en medio de un conflicto. La fuerza canadiense en Afganistán es de 2.800 hombres, y dentro de la distribución entre los países de OTAN está a cargo de una de las zonas más difíciles: Kandahar, límite con Pakistán. Las tareas allí distan mucho del *peacekeeping* tradicional, si es que puede decirse que alguna fuerza en el mundo, incluyendo las latinoamericanas y más allá de Chipre, Kosovo, Timor del Este o las Alturas del Golán, está realizando hoy ese tipo de tareas. Y, en gran parte de esos casos, hubo que atravesar conflictos desgarradores que pusieron a prueba a la comunidad internacional, la mínima salvaguarda de los derechos humanos, y las capacidades de Naciones Unidas para responder a los desafíos.

---

[24] Entrevistas realizadas a académicos, militares y funcionarios en Vancouver, Calgary, Toronto, Kingston y Ottawa. He decidido no citar en cada caso por cuestiones de confidencialidad que no me fueron requeridas, pero que considero pertinentes. Agradezco sinceramente por su generosidad en las entrevistas a Zoe Nielsen (Human Security Project, Simon Frasier University), Maxwell Cameron (University of British Columbia), Lara Olson, David Bercuson, Anne Irwin y Pablo Policzer (University of Calgary), Edgar Dosman (York University), Mark Sedra (CIGI, University of Waterloo), Comandante William Truelove, Joel Sokolski y Coronel Ian Hope (Kingston Military College), Sean Maloney (Kingston), Charles Pentland (Queen's University), Gregory Wittol (National Defence), Gerd Schönwälder (IDRC), J.M. Snell (Pearson Peacekeeping Centre), Jean Daudelin (Carleton University), Carlo Dade (Focal), y Fergus Watt (Peace Operations Monitor).

[25] El museo militar en Calgary, por ejemplo, refleja bien la acción histórica de las fuerzas armadas, incluyendo el *peacekeeping*, pero mostrando con orgullo la importante participación en las guerras mundiales, hecho que a veces se olvida en el ambiente latinoamericano.

El rediseño estratégico y el ocaso de la "seguridad humana"

La reformulación de la política canadiense en materia de seguridad internacional se dispara con el 11 de septiembre y se expresa en Afganistán, pero las semillas tal vez se encontraban ya dispuestas desde antes, en Bosnia y Ruanda. Allí, los políticos y las fuerzas canadienses comenzaron a experimentar los desafíos de conflictos que distaban del enfoque tradicional de mantenimiento de la paz.[26] No se trataba ya de custodiar la separación de partes en conflicto, sino de ser directamente atacados, o de presenciar crímenes sin tener mandato para actuar,[27] y consecuencias no sólo operacionales y físicas, sino también psicológicas.[28] El *peacekeeping*

---

[26] "Estábamos mandando a nuestros soldados, que estaban listos para la clásica misión de mantenimiento de la paz del capítulo seis, a un mundo que se mostraba crecientemente menos dispuesto a tales intervenciones." Romeo A. Dallaire, *Shake hand with the devil: the failure of humanity in Rwanda* (Canada, Toronto: Vintage, 2004), 40.

[27] "En septiembre de 1993 la ONU (...) ordenó a [una unidad canadiense] que entrara a un (...) territorio en disputa en Croacia conocido como el Medal Pocket. Pero las fuerzas croatas estaban determinadas a mantenerlos fuera. El resultado fue un fuego intenso que duró quince horas: la mayor, más larga batalla que las tropas canadienses habían librado desde la guerra de Corea. (...) El incidente Medak había demandado un rápido giro desde *peacekeeping* a *peace enforcement* (...). Sin embargo, cuando la lucha se detuvo y los croatas retrocedieron, los canadienses inmediatamente se revirtieron a su rol imparcial de *peacekeepers* para lidiar con las mismas tropas que, sólo horas antes, habían querido matarlos. (...) La lección de esa batalla fue que las fuerzas de mantenimiento de la paz debían ser capaces de hacer esa rápida transición. Significaba que debían estar entrenados, equipados y preparados para el combate tanto como lo estaban para el *peacekeeping*." Lee Windsor, David Charters y Brent Wilson, *Kandahar tour: the turning point in Canada's Afghan mission* (Mississauga: The Gregg Centre for the Study of War and Society John Wiley & Sons Canada, 2008), 14.

[28] Un impactante testimonio puede encontrarse en el libro escrito por el general canadiense que comandó la misión de ONU en Ruanda ("para" Ruanda, como él relata en la historia de cómo se puso el nombre de la misión) durante el genocidio. "Es la historia de un comandante que, enfrentado con un desafío que no encajaba en el libro de reglas del *peacekeeper* de la clásica era-Guerra Fría, falló en encontrar una solución efectiva y presenció, como un castigo, la pérdida de algunas de sus propias tropas, la perseguida aniquilación de una etnia, la carnicería de niños apenas salidos del seno de su madre (...) los montones de cuerpos en descomposición consumidos por el sol." Romeo A. Dallaire, *Shake hand with the devil: the failure of humanity in Rwanda*, 7. Según relata, le costó años recuperarse –incluyendo intentos de suicidio- en un proceso que, reconoce, aún continúa. En la película *Hotel Ruanda* (donde es interpretado por Nick Nolte) se logra mostrar sus dilemas y desesperación. Por cierto, el general dedica en sus crónicas largos párrafos al profesionalismo y dedicación de los uruguayos que le tocó comandar. Y también habla de los problemas de las fuerzas canadienses en las décadas de los 80 y 90. El testimonio de Dallaire no pasó inadvertido en los círculos de la defensa canadiense. Parece que tampoco en el nivel del público en general: cinco años después de haber sido publicado, tomó apenas segundos que dos empleados de una mega librería en el centro de Toronto ubicaran "un libro escrito por un general canadiense que estuvo en Ruanda".

fue un gran suceso de la diplomacia canadiense; por otra parte, existía un cierto sentimiento de tener un lugar en el mundo, lo cual se expresó en la década de los 90 en el protagonismo respecto de conceptos como el de seguridad humana y la responsabilidad de proteger. Pero, en realidad, durante la guerra fría gran parte de las tropas estaba en teatro europeo, o concentrados en él. Su fin significó una lógica readaptación, que se unió a lo anteriormente mencionado: los conflictos y las operaciones de paz habían cambiado.

Concomitantemente, en los 90 el entonces ministro de finanzas (Paul Martin) cortó el presupuesto de defensa en casi un tercio, a fin de colaborar a eliminar el déficit fiscal (tema de la década). Como Primer Ministro, luego de 2003, se vería enfrentado a decisiones diferentes, en pos de realinear el papel de Canadá en el mundo post- 11 de septiembre.[29] La relación con los EE.UU. estaba al tope de la agenda; las presiones del gobierno republicano hacia su vecino (a quien veían de alguna manera como un *free rider*) se hicieron sentir y en forma, en diversos temas, como el proyecto del escudo antimisiles.[30] Sin embargo, las interpretaciones no son homogéneas, en el sentido de si se produjo o no un giro en los últimos años. Algunos sostienen que simplemente se retomó una historia de participación en los problemas mundiales que Canadá siempre tuvo, incluyendo un *combatant army* (ejército combatiente), mientras otros ponen el acento en una suerte de sumisión a los imperativos estadounidenses. Pero en lo que aquí respecta, existe coincidencia en juzgar que el aparato de defensa había perdido en parte su papel tradicional, y que Canadá debía reformularse su papel en el mundo, incluyendo el debate sobre cómo se cambia a medida que cambia el ambiente internacional.

En el nivel de la política exterior, la relación con los EE.UU. ha sido y es materia de debate. La convivencia con el vecino traza una suerte de divisoria política de aguas entre quienes son más favorables a la "americanización", y quienes ven la necesidad de resguardar una identidad propia, que se define muchas veces por "lo contrario, o diferente a" los EE.UU. El 11 de septiembre, sin embargo, parece haber marcado un

---

[29] También en su última gestión, donde la apuesta presupuestaria a la seguridad nacional estaba enfocada a la frontera con Estados Unidos, y la preocupación por no ser una debilidad para los americanos. Janice Gross Stein y Eugene Lang, *The unexpected war: Canada in Kandahar*, 6-7. La preocupación por la seguridad fronteriza es una prioridad de política exterior al día de hoy; para muchos, el principal problema de seguridad nacional de Canadá es que un ataque a los EE.UU. pase por su frontera.

[30] Janice Gross Stein y Eugene Lang, *The unexpected war: Canada in Kandahar*, 15-19.

campo en el que Canadá se vio ante la necesidad de una definición mayor, que se expresó a través de la opción más políticamente correcta: hacerlo a través de la OTAN, y colaborar con los EE.UU. cubriendo el espacio que éstos no podían cubrir: Afganistán. Los mandos de las fuerzas armadas, según Stein y Lang, no estaban contentos con el tema, dado que veían las dificultades de preparación y medios y no se sentían del todo preparados para la misión, sino para "reconstruir" las fuerzas.[31] Lo cierto es que, por primera vez en cincuenta años, el gobierno liberal de Jean Chrétien tomó la decisión de que las fuerzas canadienses retornaran a un rol combatiente, en el marco de una operación multilateral bajo el amparo de las Naciones Unidas pero ejecutada por la OTAN, como brazo activo de la política exterior. Los compromisos que sintieron debían asumir en materia de política exterior y participación en seguridad internacional, en un primer momento no se correspondían exactamente con las capacidades. El juego político no siempre responde (o debe responder) a la estructurada mentalidad militar, ni implica que las capacidades no deban ser forzadas a desarrollarse.[32]

El gobierno sucesor, liberal, encabezado por Paul Martin, buscó redefinir una estrategia nacional de seguridad que –hacia afuera– mostrara cuál sería la contribución canadiense al mundo y –hacia adentro– lo diferenciara de Chrétien, de quien había sido ministro. En estos años de proceso, que van desde 2001 a 2005-2006, el concepto de seguridad humana fue perdiendo su incidencia en la política canadiense. Hoy, es una marca registrada para el público de otros países, pero carente de valor en los círculos nacionales de ese país.

---

[31] Janice Gross Stein y Eugene Lang, *The unexpected war: Canada in Kandahar*, 46-70.

[32] Hillier relata graciosamente el momento en que los militares se enteran del compromiso canadiense para ir a Afganistán: "La moral estaba siempre baja; aún no nos habíamos recuperado de los desafíos de los '90, cuando nos habíamos ido para abajo. Aquellos que estábamos en posiciones de comando no estábamos seguros de que el ejército pudiera tener un papel principal en Afganistán o Irak –o de hecho en cualquier otro lado- a pesar de que estaba claro que íbamos a tener que jugar un papel principal en algún lado. Así que los detalles de nuestro compromiso cayeron como una sorpresa mayúscula, para mí y para casi todos en las Fuerzas canadienses, cuando el ministro de defensa, John McCallum, se paró en la Cámara de los Comunes y anunció que estaríamos enviando 2.000 efectivos a Kabul por seis meses comenzando en agosto de 2003, y que asumiríamos el comando de ISAF en febrero de 2004. La sorpresa es un principio bien establecido de la guerra, pero a nosotros los soldados nos gusta sorprender al enemigo, y en este caso fuimos sorprendidos por nuestro propio ministro." Rick Hillier, *A soldier first. Bullets, bureaucrats and the politics of war*, 262-263.

Durante los primeros años del gobierno Martin, nuevas estrategias fueron formuladas. En particular, una política de seguridad nacional (que incluyó la organización de una comisión de seguridad inclusiva de distintos sectores),[33] y una declaración de política internacional (*International Policy Statement*)[34]. La estrategia de seguridad nacional planteó el concepto de las "3Ds" (defensa, diplomacia y desarrollo), y el de acción integrada de gobierno (*whole of government approach*), términos hoy allí dominantes.

¿Ha sido abandonado el concepto de seguridad humana? Los indicios dicen que, sin dejarlo de lado en el plano discursivo, en la práctica ya no se encuentra en los documentos oficiales. Sin embargo, la discusión más profunda no es si Canadá u otro país utilizan tal o cual concepto, sino si existe verdaderamente una contradicción en la práctica política entre el resguardo a la persona humana como objeto de la seguridad, o si es la nación la que domina como objeto. El debate es parte de las asignaturas pendientes del desarrollo conceptual de la seguridad en las últimas décadas; para la región latinoamericana, el concepto nunca terminó de calzar del todo, tal vez justamente por las dificultades en delinear sus aplicaciones prácticas, y por la imagen de que llevaba a una opción entre persona o Estado. (En un carril paralelo, el de seguridad multidimensional ha sido de un efecto similar en tanto la imposibilidad de asir el ideal). El planteamiento de una opción es tal es inviable y lleva a definiciones imposibles si de desechar las necesidades de seguridad de un Estado se trata, en un mundo donde los Estados siguen siendo actores principales. En el caso canadiense, el giro de los últimos años intenta recuperar el foco del Estado y de la labor de sus instrumentos de fuerza, al tiempo que guarda la preocupación por los valores humanitarios y de promoción de la paz. Es un equilibrio difícil, que supone tensiones perceptibles en las dudas y debates persistentes acerca de cuál es el toque canadiense en la arena mundial, la reafirmación constante del país como promotor del *peacekeeping*, el apoyo a las Naciones Unidas; existe, para el

---

[33] *Securing an Open Society: Canada's National Security Policy* (Ottawa: Privy Council Office, abril 2004).

[34] El *statement*, que llamaba por un "rol de orgullo e influencia en el mundo", actualmente es presentado como "documento archivado" en el website de Foreign Affairs. Su redacción intentó ser un trabajo coordinado e integrado entre Relaciones Exteriores, Defensa, Comercio Internacional, y CIDA, pero según Stein y Lang cada departamento trabajó por separado; el concepto de "acción integrada" era "ajeno al sistema", y terminó siendo escrito por una académica que cumplía un período en Oxford, Inglaterra. Janice Gross Stein y Eugene Lang, *The unexpected war: Canada in Kandahar*, 140 y 152.

observador, una sensación de que se vive con cierta culpa el éxito y desarrollo, como si aportar ayuda al mundo fuera no sólo un deseo sino una obligación ineludible. De alguna manera, los últimos años parecen decir que la tensión debe ir dejándose de lado, que Canadá sí tiene intereses nacionales, y que el multilateralismo, la preocupación por la persona humana y la inclusión, no significan renunciar a aquellos intereses que resguardan, primero, a los propios canadienses.

Política exterior, política de defensa y reforma de la institución militar

Los realineamientos de la estrategia y de la política exterior canadiense condujeron a una reformulación de la política de defensa. Los vínculos entre diplomacia y aparato de fuerza suelen ser complejos en la práctica política de todos los países, y en los últimos años incluso en los EE.UU. puede observarse una supremacía del aparato militar que se expresa, desde el inicio, en un presupuesto mucho mayor que aquel con que cuenta la diplomacia. Pero en lo que aquí respecta, más allá de las lógicas y comunes rivalidades entre agencias del Estado, la reconstrucción de una política de defensa a partir de las líneas de la política exterior ha sido uno de los temas pendientes del control civil en nuestra región.

En el caso canadiense, se produjo en la última década el desarrollo de una política de defensa que fuera coherente con los objetivos del gobierno nacional, más allá de lo escrito en el papel, y producto de una voluntad que iba más allá de querer escribir una directiva de defensa porque había que hacerlo. A pesar de la capacidad burocrática del departamento de defensa (que cuenta como se dijera anteriormente con más de 20.000 personas dedicadas a proveer soporte), no fueron ni los líderes militares de entonces ni las burocracias de relaciones exteriores o la de defensa, ni la "acción integrada de gobierno" las que produjeron la reformulación de las líneas de la defensa canadiense. Las imágenes de Estados fuertes y desarrollados no significan, necesariamente, que las ineficiencias y las competencias no existan. Fueron las decisiones del gobierno (en particular el Primer Ministro), la voluntad política del encargado del área de la defensa, y haber encontrado a un jefe militar dispuesto a sacudir el polvo, los que allanaron el camino: ello trae a colación el tema de la decisión política, que impulsa desde un primer nivel de gobierno una transformación que se expresa en capacidad para sostener los debates y los embates a determinadas decisiones, y en los presupuestos.[35] Reuniones privadas –no muchas, pero clave– con el Primer Ministro y el ministro de defensa dieron al jefe militar la posibilidad de traducir en líneas técnicas la decisión política.

La nueva guía de la política de defensa se expresó en un *Defence Policy Statement*[36] que, bajo ya el liderazgo de un nuevo jefe de las fuerzas armadas (el general Hillier) trajo a la arena básicamente tres conceptos que estaban en boga particularmente en los círculos estadounidenses: los "estados fallidos", la emergencia de terrorismo global, y la "guerra de los tres bloques" *(three block war)*[37] para la que –se argumentaba– las fuerzas debían estar preparadas. La idea o espíritu básico del documento refirió a cómo ellas podían y debían proteger, en el territorio nacional, y en el

---

[35] Rick Hillier, *A soldier first. Bullets, bureaucrats and the politics of war*, 346 y 403-404. Esas vinculaciones ya no fueron tan fluidas con los representantes del gobierno conservador que seguiría al liberal de Martin; esto también derriba el mito de que los militares han adquirido mayor poder gracias a los conservadores. Las apariciones constantes de Hillier en prensa no fueron, según su testimonio, tan bien recibidas por el gobierno Harper.

[36] *Canada's International Policy Statement, A role of pride and influence in the world. Defence* (Ottawa: Department of National Defence, 2005).

[37] La "Guerra de los tres bloques" es un concepto elaborado por el general de los marines estadounidenses Charles Krulak en 1999 como las lecciones que extrajo de las experiencias en Haití, ex Yugoslavia y Somalía. Charles C. Krulak, *"The Strategic Corporal: Leadership in the Three Block War.", Marines Magazine* 28, N° 1 (enero 1999): 28-34, http://www.au.af.mil/au/ awc/awcgate/usmc/strategic_corporal.htm. Básicamente plantea que los militares deben estar preparados para realizar acciones plenamente de combate, misiones de paz, y de ayuda humanitaria. La imagen refiere a tres bloques dentro de una misma ciudad, en la que puede estar pasándose de uno a otro incesantemente. Pero también hace énfasis en la necesidad de desarrollar las capacidades de liderazgo y decisión individuales (llama "strategic corporals" a los cabos, a quienes corresponden decisiones y liderazgos que deben ser tenidos en cuenta en el entrenamiento y la mentalidad institucional), idea que ha sido tomada para el entrenamiento de las fuerzas canadienses que están siendo desplegadas al exterior. La guerra de los tres bloques tiene detractores y admiradores en el ambiente militar. Una de las críticas más difundidas es la incapacidad de desarrollar tareas que son incompatibles al mismo tiempo, así como la de que los militares no deben ocupar espacios que no les corresponden. Walter A. Dorn y Michael Varey, "The rise and demise of the 'three-block war'", *Canadian Military Journal*, Kingston: Canadian Defence Academy, Vol. 10, No. 1 (2009): 38-45. Ciertamente Hillier hizo de ella una idea principal de su concepción de lo que debía ser una institución militar. Y el "libro blanco" de defensa lo expresa: "(…) en estos ambientes demandantes y complejos, donde los civiles se mezclan con fuerzas amistosas, neutrales y opositoras, a menudo en áreas urbanas, nuestros militares deben estar preparados para llevar adelante diferentes misiones –asistencia humanitaria, operaciones de estabilización, y combate– todo al mismo tiempo." *Canada's International Policy Statement, A role of pride and influence in the world. Defence*, 3.

extranjero. Y su espíritu refleja, indudablemente, una preocupación por un mundo "impredecible" y por los desafíos de seguridad que estaban en esta visión presentándose. Ya bajo un nuevo gobierno (conservador, en ejercicio del poder a 2010), las misiones continúan siendo las mismas: defender Canadá, defender América del Norte, y contribuir a la paz y seguridad internacional.[38]

El tema presupuestario, naturalmente, debió ser parte del proceso que continuó a la definición de ideas clave tales como la acción conjunta en las operaciones militares, la coordinación con otros ministerios del Estado, la interoperabilidad con fuerzas extranjeras aliadas, y burocracias en Ottawa. La reforma militar necesitó, primero, de un liderazgo militar que propusiera las ideas clave de una transformación, y que de allí "vendiera" a los líderes políticos la necesidad de asignar recursos.[39] En un primer momento, y aún con una visión renovada de la estrategia a seguir en defensa, un presupuesto aprobado para comenzar a aplicarla, el compromiso del Primer Ministro, del ministro de defensa y del jefe de las fuerzas, el gobierno no logró que el gabinete apoyara el plan. En la actual definición estratégica de la defensa, se prevé un aumento presupuestario progresivo, que se corresponda con el crecimiento real de la economía.[40] Tal vez por eso, permanece en algunos círculos el pensamiento de que el gobierno conservador (que asumiría después) fue el que renovó el papel de las fuerzas armadas. Sin embargo, el cambio de rumbo respecto a este tema y a la política exterior, como se ha visto, comenzó durante los gobiernos liberales de Chrétien y Martin.

¿Qué clase de institución militar reinaba, y cuáles eran los mayores desafíos de la reforma? Por razones de espacio, trataremos algunos de los

---

[38] Respecto de la primera misión dice que "Primero y principal, las Fuerzas Canadienses deben asegurar la seguridad de nuestros ciudadanos y ayudar a ejercer la soberanía de Canadá. Los canadienses deben con justicia esperar que sus militares estén allí para ellos en las crisis domésticas." En cuanto a la contribución al sistema internacional, "deben tener las capacidades necesarias para hacer una contribución significativa en todo el espectro de las operaciones internacionales, desde la asistencia humanitaria a las operaciones de estabilización y el combate." Department of National Defence, *Canada First Defence Strategy* (Ottawa: Department of National Defence, 2008), 7-9.

[39] Para un análisis del presupuesto ver Brian MacDonald, *The Canada First Defence Strategy of 2008 and the 20 year defence budget.* (Ottawa: The Conference of Defence Associations, 28 de julio de 2008), http://www.cda-cdai.ca/cda/uploads/cda/2009/03/budget2008_2.pdf.

[40] Department of National Defence. *Canada First Defence Strategy*, 11.

aspectos principales que impactaron en la visión de que una reforma era necesaria e ineludible.

En 1993, soldados canadienses desplegados en Somalia torturaron hasta la muerte a un joven somalí. Llegado el caso a la prensa, las acusaciones de violación a los derechos humanos se sumaron a las de encubrimiento por parte del aparato de defensa. Finalmente, el caso llevó al establecimiento de una comisión que elaboró recomendaciones sobre diversos aspectos de la vida militar, así como sobre el sistema de justicia militar.[41] A ello se sumaron los progresivos recortes presupuestarios ya mencionados. La situación no devenía solamente de elementos externos: la burocratización de la carrera y de la institución, problemas de liderazgo, y de legitimación ante la sociedad y sus propios aliados, dominaban la escena institucional.[42]

A partir de 1997, una relegitimación frente a la sociedad aparece desde un costa inesperado: las operaciones de apoyo a la población en el caso de desastres naturales (primero, en la llamada inundación del siglo en Winnipeg, 1997, donde el ejército cumplió un papel fundamental en la ayuda a la población), y luego durante la tormenta de nieve que azotó Ottawa en 1998, que fuera calificada como uno de los peores desastres naturales de la historia (desplegaron cerca de 16.000 efectivos). La sociedad canadiense, acostumbrada a mirar a sus militares como a los *peacekeepers* que están fuera, se reencontró con un instrumento del Estado para colaborar a su propia seguridad y bienestar. Los testimonios relatan cómo, a partir de allí, se restablece la relación institución militar-sociedad (expresada en detalles como comprar un café a un soldado, o nombrar una autopista en honor a los caídos y a los que regresan de Afganistán), que automáticamente coloca a las fuerzas otra vez delante de los

---

[41] Ver por ejemplo David Bercuson, "Up from the ashes: the re-professionalization of the Canadian Forces after the Somalia affair," *Canadian Military Journal*, Department of National Defence, Vol. 9, N° 3, (2009): 31-39. El reporte puede encontrarse en http://www.forces.gc.ca/somalia/somaliae.htm

[42] "El principal problema era una distintiva falta de liderazgo (…) Había poca comunicación y la mayoría de la unidad no sabía qué pasaba alrededor de ellos. (…) El ejército y el resto de las Fuerzas canadienses (…) se estaban convirtiendo en una organización burocrática, sólo otro departamento del Gobierno de Canadá, administrado por gerentes, no por líderes." "El poco equipo que teníamos era más antiguo que la mayoría de los soldados que lo usaban, y aun los pocos vehículos nuevos se estaban cayendo por falta de repuestos." O "no estábamos haciendo entrenamiento colectivo porque no podíamos afrontar los costos". Rick Hillier, ob. cit., 53-54 y 77.

actores políticos. Al mismo tiempo, brotan los pensamientos y capacidades de liderar la organización de aquellos que ya eran parte de una nueva generación de oficiales, críticos con la etapa inmediatamente anterior, y deseosos de producir un cambio que devolviera a Canadá a la escena internacional.[43] El 11 de septiembre les proveyó la oportunidad; las semillas eran anteriores.

Ya con Hillier como jefe, la relación con la clase política y con la comunidad no fueron olvidadas como elementos imprescindibles si de generar apoyos que hagan que la institución militar no sólo sobreviva, sino que sea útil y tenga un papel dentro del entramado del contrato social. La relación con la prensa fue uno de los puntos.[44] En 2005, en una de esas reuniones de prensa, el jefe canadiense dijo que los enemigos a los que estaba enfrentándose Canadá eran "asesinos y cabrones". Unos días después de esas palabras, la reacción interna de las fuerzas y aún de la comunidad fue, según el testimonio del general, sorprendente en cuanto a popularidad.[45] Lo más relevante, sin embargo, es el giro que de boca de un jefe militar, había dado la imagen de para qué estaban y qué podían hacer las fuerzas canadienses: "No planeé decir exactamente esas palabras, pero nunca me he arrepentido de ellas. (…) Había salido a decir que las Fuerzas Canadienses no son el Servicio Público de Canadá, y que nuestro trabajo es matar gente. Admito que me asombró la reacción de algunos sectores de nuestra sociedad a esa idea, la cual era bastante obvia para mí. Dicen que matar no es nuestro trabajo pero –me preguntaba a mí mismo– por qué creen que gastamos millones, o billones de dólares por año para equipamiento, entrenamiento y construcción de unidades de combate aéreas, terrestres y marítimas? (…) Estimo que fue un *shock* para algunos, ciertamente para esos políticos, académicos y otros que nos estaban liderando por el sendero del así llamado *soft power,* o en mantener a los soldados canadienses en un exclusivo rol de *peacekeeping* (…)."[46]

---

[43] Douglas Bland, "Hillier and the new generation of generals: the CDS, the policy and the troops", *Policy Options*, Institute for Research on Public Policy (marzo, 2008), 54-58, http://www.irpp.org/po/archive/mar08/bland.pdf.

[44] Organizaban mesas redondas con cerca de diez periodistas que cubrían temas de defensa, con la idea de que "ellos nos usaban para vender sus periódicos o programas de televisión o radio, nosotros no sentíamos ningún remordimiento en usarlos para permitirnos que nuestros mensajes se difundieran". Rick Hillier, ob. cit., 330.

[45] Rick Hillier, ob. cit., 333.

[46] Rick Hillier, ob. cit., 331.

Otro de los aspectos centrales sobre los que se trabajó fue el reclutamiento, en especial la modernización del sistema, para también poder recibir a números mayores de jóvenes que se acercaban a partir de la renovada imagen de las fuerzas militares. Las experiencias en Yugoslavia, Ruanda, y Haití son nombradas como aquellas que colaboraron a la reformulación del entrenamiento de quienes van a ser desplegados, tanto por los peligros como por los efectos del ambiente operacional. Esto se intensificó con las operaciones en Afganistán. Información sobre cultura local, historia, políticas y grupos parte del conflicto es parte de la base que reciben, junto con charlas dadas por quienes han estado anteriormente en la misión. De la misma manera, se ha desarrollado un creciente interés en preparar psicológicamente a los efectivos.[47]

Tratar el reequipamiento de las fuerzas fue, naturalmente, otro de los efectos de la redefinición política. No sin esfuerzo ni sin luchas y trabas internas del propio gobierno.[48] Finalmente, iniciar la sintonía entre la política exterior, la política de defensa, y el presupuesto, comenzaron a dar frutos. Uno de ellos ha sido, tal vez sin quererlo, que los países latinoamericanos miren hoy a Canadá como un actor relevante en materia de defensa.

Civiles y militares en el terreno: la experiencia de los equipos de reconstrucción

Uno de los desarrollos más interesantes para estudiar los tipos de relaciones entre civiles y militares en conflicto, y la cooperación civil-militar, es la de los llamados equipos de reconstrucción provincial (PRTs) emplazados en Afganistán por diversos países. Aunque los verdaderos beneficios están aún por verse, y el tema es ampliamente debatido en diversos círculos norteamericanos y europeos, son parte de las conceptualizaciones que se han estado desarrollando en el ambiente internacional en el marco de los conflictos actuales. Vale la pena indagar un poco acerca de ellos por dos aspectos principales: enlaza a civiles y militares y, además, intenta ser un ejercicio del *whole of government approach* (que desde otro lugar y circunstancias, equivale en el nivel nacional a los

---

[47] Lee Windsor, David Charters y Brent Wilson, *Kandahar tour: the turning point in Canada's Afghan mission*, 57-60 y 79-86.
[48] No son pocos los comentarios que se escuchan, por ejemplo, de que gran parte del dinero va a defensa.

esfuerzos por las misiones integradas que propugna Naciones Unidas). El costado tal vez más interesante de todos estos desarrollos es que reflejan cómo la comunidad internacional se está planteando fuertemente, y cada vez más, que la aproximación puramente militar a los conflictos es una puerta abierta al fracaso.

La iniciativa de los llamados *Provincial Reconstruction Teams* (PRTs) nació de los Estados Unidos, en 2002, con la idea de promover en Afganistán la imagen y presencia del gobierno central hacia las provincias (aunque también hay quienes dicen que la idea original fue de un funcionario británico destinado en Kabul). Provocar una entidad de estas características que trabaje en la reconstrucción juega con ideas que pueden resultar curiosas o inaplicables, pero innovadoras: diversas agencias de gobierno (principalmente relaciones exteriores, cooperación, policía, agricultura, etc) en pequeños equipos que, establecidos en una provincia, cuentan con un componente militar que brinda seguridad.[49] Trabajando con los gobiernos provinciales, y llevando adelante proyectos de reconstrucción que involucren a las comunidades locales. Esto, en la idea general, que enlaza la seguridad con el desarrollo propia del enfoque "3Ds". En la práctica, terminaron más involucrados de lo que se pensó en acciones directas de combate, y sobre todo en el caso de los norteamericanos, con militares cumpliendo tareas humanitarias y confundiendo el llamado "espacio humanitario" que las organizaciones del

---

[49] "Un tema principal era cómo desarrollar una relación fuerte entre las regiones y el nuevo gobierno central. (…) Como tareas específicas, los planificadores originales creían que el JRT [equipo conjunto de reconstrucción, para fines de 2002 el nombre cambió al actual de PRT] debía 'crear las condiciones para que la Misión de Naciones Unidas en Afganistán condujera el desarme, desmovilización y reintegración con foco en las milicias organizadas y las armas pesadas'. Los JRT monitorearían a esas milicias y proveerían entrenamiento profesional (…). También iban a coordinar la actividad de ayuda de las ONGs y la ONU con la administración del gobernador provincial. (…) Serían también interagenciales por naturaleza, y no estrictamente una unidad militar. (…) Las operaciones de combate 'si fueran necesarias' serían manejadas por otras fuerzas de la coalición, y no por el PRT". Sean M. Maloney, *Confronting the chaos: a rogue military historian returns to Afghanistan* (Annapolis: Naval Institute Press, 2009), 42-45. Maloney es un historiador contratado por las autoridades militares canadienses para acompañar a las fuerzas y luego reportar y escribir. Es un modelo que Canadá suele aplicar en sus operaciones, singularmente importante -al igual que los trabajos periodísticos- a la hora de mirar el conflicto desde el terreno.

área reclaman para sí.[50] Tampoco se dice claramente, en los escasos documentos estratégicos sobre el tema, acerca del papel que se esperaba jugaran los PRTs en la consabida intención de *win hearts and minds* (ganar corazones y mentes), que ha rodeado y rodea las discusiones y actividades de los países que están involucrados en la operación Afganistán, noción típica de las actividades de cooperación internacional que desde una perspectiva latinoamericana y específicamente del desarrollo, podría ser más que discutida.

El primero se estableció en Gardez. Para 2003, otro fue establecido en Konduz; meses más tarde Alemania lo tomaría a su cargo. Los británicos y los neozelandeses se sumaron al desarrollo de esta clase de estructuras a mediados de 2003. Al tomar la OTAN el mando de ISAF, a fines de 2003, los países de la alianza se involucraron más y más en estos desarrollos, al tiempo que los acuerdos con el gobierno afgano permitían proyectarse más allá de la ciudad capital, Kabul. Para fines de 2009, ISAF tenía veintiseis PRTs diseminados en Afganistán, bajo el mando de diferentes países.[51]

Uno de los desafíos principales, resueltos en la teoría pero no en la práctica, a juzgar por la confusión que rodea el tema en los diversos testimonios, es quién controla el PRT: ¿civiles o militares? Y, a continuación, cómo se usan y controlan los fondos, que son nacionales. Cuando se comenzó en Canadá a evaluar el establecimiento del PRT, se jugó con la idea de que un diplomático lo dirigiera, cosa que para los militares era "un anatema"; el PRT era un caso clásico de competencia entre dos mundos, dos mentalidades, absolutamente diferentes.[52] Estableció su PRT en Kandahar en julio de 2005, sobre la base de uno estadounidense que había estado allí localizado. Las diferencias de modelo surgirían desde el comienzo. Un director político de Relaciones Exteriores (el diplomático

---

[50] John Ferris, Lara Olson y Hrach Gregorian, eds., *Civil-Military Coordination: Challenges and Opportunities in Afghanistan and Beyond* (Calgary: Calgary Papers in Military and Strategic Studies, University of Calgary, 2008), 52-86.

[51] Ver un análisis de los desarrollos históricos y desafíos en Barbara J. Stapleton, "A means to what end? Why Provincial Reconstruction Teams are peripheral to the bigger political challenges in Afghanistan" en *Civil-Military Coordination: Challenges and Opportunities in Afghanistan and Beyond*, eds. John Ferris, Lara Olson y Hrach Gregorian, 1-34.

[52] Janice Gross Stein y Eugene Lang, *The unexpected war: Canada in Kandahar*, 133. Se comenta, también, que los militares argumentaban que, sabiendo que la mayor parte del personal sería militar, no estaban dispuestos a delegar su comando.

Glyn Berry) y un agente de CIDA (la agencia internacional canadiense de desarrollo) encabezaban la parte civil, mientras un coronel del ejército conducía el componente militar y tenía el comando sobre la misión.[53] ¿La estructura? Unas doscientas personas, y cuatro componentes: logística, las "funciones facilitadoras militares" (cooperación civil-militar, inteligencia), los otros departamentos de gobierno (CIDA, relaciones exteriores, policía montada), y la compañía de patrulla. Cada una de las otras agencias de gobierno tenía entre una y tres personas.[54] Las operaciones incluyen las de reconstrucción –principalmente en manos de las otras agencias de gobierno–, enlazar con el gobierno provincial, y otras de combate. [55]

El comando sí está, en la actualidad, en un representante de relaciones exteriores como máximo responsable, mientras que el comandante militar manda sobre el componente militar. El tema de las diferentes "cadenas de mando" del mundo civil es una de los aspectos que generan fricción incluso entre el personal civil. Existen tal vez demasiadas, y se hace difícil operar integradamente en el terreno si el personal responde a diferentes mandos, no sólo internamente, sino también entre Ottawa y la misión. Es la misma clase de problemas que aqueja a las misiones de ONU, y que hasta el momento, no ha logrado resolverse. Pero también aparecen aquí las diferencias entre la mentalidad y formación civil, y la militar. Por ejemplo, es claro para un militar cómo debe conducirse en determinadas situaciones; los reglamentos y directivas así se lo estipulan. No sucede lo mismo con un agente civil. Por ello, se intenta realizar entrenamientos y cursos especiales.

La muerte de Glyn Berry en un atentado, en 2006, fue un golpe a la intervención civil dentro del PRT y condujo a una especie de retirada inicial de relaciones exteriores y CIDA del terreno, por las condiciones de seguridad para su personal. El equipo del PRT quedó reducido a unas cincuenta personas; tomó al menos cuatro meses que regresara personal civil a Kandahar. Más allá de las cuestiones específicas del funcionamiento, que por razones de espacio no pueden desarrollarse aquí, la

---

[53] Lee Windsor, David Charters y Brent Wilson, *Kandahar tour: the turning point in Canada's Afghan mission*, 37-48.

[54] Sean M. Maloney, *Confronting the chaos: a rogue military historian returns to Afghanistan*, 140-145.

[55] Para testimonios y mayor descripción de operaciones puede consultarse Christie Blachtford, *Fifteen Days* (Canadá: Anchor Canadá, 2008) y Ian Hope, *Dancing with the Dushman: Command Imperatives for the Counter-Insurgency fight in Afghanistan* (Ontario, Canadá: Canadian Defence Academy Press, mayo, 2006).

experiencia toda del PRT es interesante en términos de las complejas relaciones cuando se intenta poner en el mismo lugar a trabajar coordinadamente a diversos ministerios,[56] y específicamente, cómo se desarrollan las relaciones con los militares que –como en este caso– resultan imprescindibles en materia de brindar seguridad. Y la labor y posicionamiento de las ONGs en este campo complejo. Quienes viven en el PRT son funcionarios de gobierno o militares; el personal de ONGs puede ingresar, pero no son parte de la estructura (muchas, en realidad, tampoco quieren serlo).

La evaluación está en proceso, e incluso podría argumentarse que, dado que las condiciones de seguridad empeoraron en lugar de mejorar, el papel de las fuerzas militares ha terminado siendo lógicamente preponderante. Las tensiones existentes alrededor de este tema hablan de aspectos tales como la falta de una guía y estrategia clara, las diferencias entre el personal en el terreno y aquellos que están en la capital nacional, la visibilidad que tiene la acción militar y las consecuencias en términos de legitimidad para otro tipo de actores (como las ONGs) que son identificados con la intervención militar,[57] los escasos recursos que son asignados a los PRTs para proyectos de mediano y largo plazo e, incluso, una cierta incoherencia entre acciones y métodos de la cooperación (CIDA) y de otros organismos nacionales, y la falta de un entrenamiento adecuado para los civiles que van a desenvolverse en el terreno. Sobre todo, en materia de seguridad, creando innecesarias fricciones entre ellos y el personal militar que debe protegerlos.

Históricamente, y no sólo en Canadá, la cooperación civil-militar (CIMIC) ha sido actuar como enlace entre los militares y los civiles dentro de una misión, así como con las organizaciones no gubernamentales. Los PRTs vienen a cambiar de alguna manera ese modelo, aunque no lo ha

---

[56] "Chris [Alexander, embajador canadiense en Afganistán durante 2003-2005, se convirtió luego en representante del secretario general de la ONU en UNAMA] (…) se da cuenta de que se necesita una sinergia de esfuerzos para tener éxito en Afganistán, y ha trabajado sin descanso para lograr esa sinergia: 'La situación es estable, pero frágil', me dijo. Estoy de acuerdo. ¿Pero se estaba refiriendo a la relación entre el Departamento de Defensa Nacional (DND), DFAIT [Relaciones Exteriores], y CIDA, o las facciones afganas?". Sean M. Maloney, *Confronting the chaos: a rogue military historian returns to Afghanistan*, 31.

[57] Varios citan como uno de los daños a la "buena idea" de la intervención conjunta civil-militar, por ejemplo, que en los primeros tiempos de la operación militar estadounidense, personal militar utilizaba vehículos y guardapolvos que los hacían parecer personal humanitario.

hecho desaparecer: existen oficiales destinados a cooperación civil-militar dentro de ellos, así como fondos directos manejados por el comandante del PRT. Ha existido, y existe en este sentido, un debate acerca de cuánto debe destinarse a los proyectos de impacto rápido (preferidos por los militares), y aquellos destinados a generar condiciones de desarrollo más duraderas (principalmente, a cargo de la agencia de cooperación, CIDA). En el caso del PRT canadiense en Kandahar, la información muestra que el comandante posee fondos para desarrollos rápidos, y hasta que los han obtenido de otras agencias internacionales, como la de los británicos o la propia USAID. Los proyectos de impacto rápido refieren, por ejemplo, o a la reparación de escuelas, la construcción de una represa, o la ayuda a un orfanato. También la embajada puede proveer pequeños fondos.[58] En suma, un número importante de actores, iniciativas y fondos, todos en el mismo terreno, con una coordinación que, como mínimo, es analizada como dudosa por gran parte de la comunidad académica y de la sociedad civil.

La cuestión de fuerzas militares haciendo actividades de desarrollo e incluso humanitarias merece un párrafo aparte y excede el caso Afganistán. Existe un debate muy fuerte en los círculos internacionales acerca de la "militarización de la ayuda", y de los efectos que eso ha causado en la labor de organizaciones que (como Médicos sin Fronteras) basa su trabajo, justamente, en la imparcialidad. Se juegan también aspectos como el de cómo operar en ambientes de alta inseguridad y cómo evitar ser utilizados para fines que son políticos. Podría uno hasta atreverse a afirmar que el verdadero debate excede el tema de civiles o militares; es entre agencias oficiales y organizaciones humanitarias. Un debate en el que, más temprano que tarde, deberíamos prestar mayor atención en los países latinoamericanos que están involucrados en operaciones de la comunidad internacional.

Respecto de las relaciones entre civiles y militares, en Canadá las dos torres que ocupa el ministerio de defensa expresan la suerte de doble comando que domina la defensa nacional: el ministro civil, que responde al Primer Ministro, y el jefe del estado mayor de defensa, que encabeza las fuerzas armadas. Los juegos de relaciones entre el aparato civil y el militar siguen respondiendo, aún así y en términos académicos, más a las

---

[58] Ver por ejemplo Martin Anderson, "Civil-military cooperation in Kabul," *Outside the wire: the war in Afghanistan in the words of its participants,* ed. Kevin Patterson y Jane Warren (Toronto: Vintage Canada, 2008), 165-175.

preocupaciones de las teorías clásicas del control civil y las del principal-agente[59] que a la intervención en la institucionalidad democrática.

Un buen ejemplo del problema principal-agente es la experiencia del *Strategic Advisory Team* (SAT – equipo de asesoramiento estratégico) que las fuerzas canadienses establecieron en los primeros tiempos de su acción en Afganistán. Formado por doce personas entre civiles y militares (los civiles estaban bajo área de defensa), y comandado por éstos aunque en teoría relaciones exteriores tenía conocimiento e injerencia, este equipo tomó a su cargo asesorar al gobierno del presidente afgano Karzai en distintas áreas institucionales. La justificación era brindar el *expertise* desarrollado en el ambiente militar en planificación (principalmente), y en relación a la estrategia de desarrollo afgana que por esos años se había formulado. Canadá quería jugar un papel mayor en Afganistán, y los militares estaban prestos para ello, aunque el gobierno central no jugara tan fuerte. Hillier fue protagonista principal, y en los primeros tiempos del comando que Canadá obtiene de ISAF en 2003, se establecen conversaciones con el gobierno afgano para colaborar con el planeamiento en el nivel nacional. [60] La idea general era colaborar con los funcionarios del gobierno afgano a desarrollar planes, establecer procesos presupuestarios, y ayudarlos a delinear objetivos: "Era básicamente enseñarles el ABC del gobierno responsable."[61] Tuvo dos etapas: una primera con Hillier en el comando de ISAF, y otra posterior ya como jefe de las fuerzas (en su testimonio relata que fue el presidente afgano quien se lo solicitó nuevamente). Ahora bien, la idea del SAT no necesariamente puede evaluarse sólo desde la perspectiva de cómo funciona la mentalidad militar ("querer que el trabajo se haga y rápido", o la tendencia a la "todología" que

---

[59] "En el contexto civil-militar, el civil principal hace un contrato con el agente militar para desarrollar la habilidad de usar la fuerza en defensa de los intereses de los civiles. Una vez que el contrato es establecido, el civil principal busca asegurar que el agente militar hace lo que los civiles quieren al tiempo que minimiza los peligros asociados con la delegación del poder. (…) En suma, las relaciones cívico-militares son un juego de interacción estratégica". Peter Feaver, *Armed Servants. Agency, Oversight and Civil-Military Relations* (Cambridge: Harvard University Press, 2003), 57-58. Ver también Richard H. Kohn, "The Forgotten Fundamentals of Civilian Control of the Military in Democratic Government" (Working Paper: Harvard University, John M. Olin Institute for Strategic Studies, Project on U.S. Post Cold-War Civil-Military Relations, 1997).

[60] Según Hillier, para él la idea sobre esta clase de equipos comenzó a tomar forma durante su experiencia en Bosnia. Rick Hillier, ob. cit., 235.

[61] Rick Hillier, ob. cit., 296.

tanto conocemos en América Latina). Es también parte del *motto* que impregna conversaciones y discursos políticos canadienses: "los ayudamos a hacerlo ellos mismos". Es el mismo argumento utilizado para, en las operaciones militares, haberse cuidado de tener siempre una "cara afgana" (léase uno o más efectivos afganos), idea que en los últimos tiempos han tomado también los norteamericanos. La cultura del "políticamente correcto" en Canadá es fuerte, y siempre resta la duda de hasta dónde se entiende que, en otras historias y culturas, estas pinceladas no tienen el efecto buscado.

Volviendo al tema, ¿militares en el plano de la planificación política? Una iniciativa planteada en estos términos,[62] no parecía destinada a durar. Tan es así que, cuando los franceses llegaron al mando de ISAF en 2004, la dejaron de lado, argumentando que ISAF sólo debía dedicarse a temas de seguridad. Pero también, para ese momento, había generado resistencias en la propia Canadá, particularmente en relaciones exteriores, que creía que el gran trabajo, allí, era para civiles. Y lo hizo notar pronto: el equipo fue desactivado. Se comienza a cuestionar que los mi-

---

[62] "[el equipo, SAT] es independiente de la embajada (…) es independiente incluso de ISAF y de OEF [operación *enduring freedom*, bajo mando norteamericano]. Somos el secreto mejor guardado de Afganistán (…)". Sean M. Maloney, *Confronting the chaos: a rogue military historian returns to Afghanistan*, 113-114. La ocasión fue en 2005. El jefe del equipo era un coronel del ejército canadiense, Mike Capstick, ampliamente conocido en el ambiente, incluso más aún luego de esta experiencia. Continúo la cita dado que el autor es un exponente del pensamiento crítico hacia la burocracia, la UN, las agencias de ayuda: "SAT-A iba a asistir al gobierno para mejorar su burocracia y planeamiento, y al mismo tiempo ayudar al gobierno afgano en la creación de una estrategia nacional. El propósito no era solamente ayudar a Afganistán a crear las instituciones que necesitaba para funcionar como país, sino también conseguir el dinero necesario para ello. ISAF podía estabilizar todo lo que quisiera, OEF podría capturar/matar a todos los terroristas que quisiera, pero sin dinero y un plan, no había futuro para Afganistán. Y SAT-A iba a jugar un papel principal en conseguir el dinero. No el Departamento de Estado de los EE.UU., no la ONU, no CIDA. Ni las ONGs."
En sus memorias Hillier, sin embargo, linkea el equipo al comando general de ISAF, e incluso relata que el embajador canadiense de entonces estaba al tanto. Plantea que en el comienzo de su destino en ISAF, no recibió una idea clara de cuál era su misión por parte de la OTAN, de la que dice "se había convertido en una enorme burocracia militar". Y que entre otras cosas "pensé que nuestro esfuerzo principal debía ser reconstruir el gobierno afgano (…). Un resultado fue la idea de establecer una célula de planeamiento estratégico que sería parte de mi comando, trabajando con el presidente y gobierno afganos. Así nació el concepto del *strategic advisory team*, o SAT; llegó a ser uno de los programas más exitosos que alguna vez se introdujeron para ayudar a reconstruir Afganistán." Rick Hillier, ob. cit., 53-54 y 77.

litares estaban excediendo su papel, y que debía reforzarse la idea del SAT como un componente mayormente civil. También habrán existido, seguramente, competencias por espacios de poder: según algunos oficiales militares, era bastante mal visto que algunos militares tuvieran más acceso a ministros que el propio personal diplomático. No sería de extrañar. Finalmente, la iniciativa fue muriendo, al no producirse reemplazos.

Sin embargo, y englobando la interacción en el PRT con el tema del SAT en términos de relaciones entre civiles y militares, cabe reconocer que aún los propios militares expresan y ven la necesidad de trabajar con las agencias civiles. Los problemas de estas iniciativas parecen radicar sí en naturales conflictos de intereses, y básicamente, en las dificultades de coordinación entre burocracias. Cómo involucrar a los funcionarios y agencias civiles en la atención de los conflictos es el desafío mayor que, hoy, está siendo discutido en gran parte de los países que de una manera u otra, están involucrando efectivos militares en un conflicto.

Las bajas (ciento cuarenta muertos y cuatrocientos heridos), y el conflicto en sí, generan intensos debates nacionales; los dilemas de la misión se resumen en el compromiso efectuado por el actual Primer Ministro: "Canadá estará haciendo la transición desde una misión predominantemente militar hacia una misión que será civil y de desarrollo humanitario, después de 2011."[63] El mismo tipo de dilema en el que se ven envueltos la ONU, la OTAN, y también los países latinoamericanos presentes en lugares como Haití y Congo: ¿hasta dónde llega el uso de las fuerzas militares? O ¿cuál es el vínculo entre fuerzas militares y actores civiles como las organizaciones humanitarias, en zona de conflicto? La única diferencia es que, en nuestro caso, hay un debate político y público ausente. Estamos allí, aunque no lo veamos, y sin los elementos doctrinarios y de entrenamiento para hacerle frente.

---

[63] James Cudmore, "Troops get non-combat role in Afghanistan after 2011", en *CBC News Canada*, 10 de octubre, 2009, http://www.cbc.ca/canada/story/2009/10/09/afghanistan-soldiers-canadian.html. Ha habido también, y desde 2007, fuertes debates por la cuestión de la transferencia de prisioneros al gobierno afgano, práctica que había sido asumida por Canadá, con fuertes acusaciones de encubrimiento y complicidad en violaciones a los derechos humanos. El gobierno desligó responsabilidades en las fuerzas alegando desconocimiento, y éstas lo hacen en el gobierno.

5. Conclusión: los cómodos fantasmas del pasado vs. los desafiantes destinos del futuro

Es claro que han cambiado los paradigmas del campo de la seguridad. Y que en nuestra región también lo han hecho, si no en teoría, en práctica. Las fuerzas militares desplegadas en el exterior están realizando misiones que rozan con todos los debates que aquí se han presentado, sin que en nuestras capitales parezca existir demasiado interés (ni en la política ni en la academia) por pensar hacia adelante.

Los aparatos de defensa de nuestra región no están preparados para afrontar estos desafíos. Poseyendo las capacidades humanas (en cuanto al personal, las calidades del mismo son reconocidas ampliamente en el ambiente internacional) y en algunos casos también las materiales, es importante que en los próximos tiempos se pueda trabajar sobre los diseños estratégicos que guíen la política militar. El tema presupuestario es, naturalmente, clave en todo proceso de reforma. Debe, sin embargo, evitarse la fácil tentación de concluir que con dinero todo puede hacerse. O que los problemas refieren solamente a la falta de recursos: con dicha explicación, se han cerrado en las últimas décadas todas las discusiones y reflexiones acerca de los diseños de defensa en nuestra región.

La región ha avanzado muchísimo en términos de cooperación, y de democratización de reglas. Aún temas propios de la institucionalidad externa militar continúan siendo un espacio por descubrir, como la educación, la justicia, las estructuras y reglamentaciones de la vida cotidiana y, no menos importante, la formación y debates internos acerca de desafíos a las misiones militares. Mirar por dentro las instituciones militares nos queda como deuda de la democratización, y es una responsabilidad política y social.

Mientras tanto, los avances logrados se enfrentan al retorno de los fantasmas del pasado. Como si fuera un destino histórico debatirse en avances y retrocesos continuos, en el campo de las relaciones exteriores y la defensa retornan tendencias militaristas, reclamos de mayores armamentos, diferencias territoriales, e incluso, diferencias políticas que se expresan en términos de conflicto con una naturalidad a veces pavorosa. Los juegos de los actores externos, presentes en el hemisferio, ciertamente no ayudan al respecto. En la práctica, estamos otra vez ante síntomas del pasado, con una diferencia: esta vez, los avances en materia de democratización y cooperación son significativos, y pueden ser aprovechados como impulso. La participación en misiones de paz es un ejemplo de ello, y ayudan a potenciar interna y externamente una imagen de la región como activa constructora de la seguridad internacional.

La separación civil-militar ya se ubica tal vez en las ideologías o siquiera en las visiones sobre los destinos nacionales. Esta vez, se trata de algo bastante más pedestre: los carriles por los que transitan las dirigencias y las instituciones militares son paralelos, simplemente no sintonizan la misma banda. Aún peor: las conducciones de las instituciones militares están experimentando las mismas dificultades con el interior de las fuerzas. ¿Llegará el punto en que no puedan ya sostener la dicotomía? Aquellas que están en mejor posición de poder dentro del Estado, cumplen su papel de presión y logran efectos tales como pequeños aumentos presupuestarios, declaraciones presidenciales referidas a la gloria de la defensa nacional frente a los enemigos externos, o nuevos fondos atados a la suerte de los *commodities*. La reedición de enfrentamientos vecinales como forma de sostener –y derivar– las presiones internas, está presente y preocupa a las sociedades y a la comunidad internacional, que no llega a ver por ejemplo que las compras de armas, en realidad, actúan como la aspirina al enfermo grave.

Una forma de salir del círculo vicioso de los fantasmas del pasado es asomarse al futuro incierto que plantea hoy la escena internacional, en el que intervienen debates como los que se han presentado en este artículo. Hacia allí está yendo no sólo el ambiente de la seguridad internacional, sino nuestras propias fuerzas armadas, que enfrentan esos desafíos en sus despliegues internacionales sin preparación ni doctrina interna. Las necesidades de debatir más ampliamente acerca de las funciones e interrelaciones entre agencias del Estado es, por otra parte, mucho más acuciante de lo que tal vez nos guste admitir. Como primer paso, la vinculación entre ministerios de relaciones exteriores y de defensa, en el marco de formulaciones estratégicas reales y consensuadas expresando un proyecto nacional.

Resta un largo camino, también, para involucrar a nuestras sociedades y dirigentes en la suerte que corren allí los efectivos militares, sus misiones y –más importante– su destino al regreso. Pero las tendencias positivas de la democratización en el área de defensa en América Latina son relevantes, y la cantidad de actores y posibilidades para transformar los históricos fracasos, también. Nuevos proyectos políticos, inclusión, incorporación de generaciones civiles y militares con nuevas perspectivas, y visiones de unidad entre los países, no son bases para desperdiciar.

Como suele mencionar el académico uruguayo Juan Rial, pareciera que históricamente nos entrampamos en una mecánica en la que "cuando tenemos las respuestas nos cambiaron las preguntas". La intención de este artículo no ha sido –creo que huelga decirlo– ofender ni echar culpas. Ha sido un intento de llamar la atención para que, más vale tarde que nunca, empecemos a hacernos las preguntas correctas. Tenemos todas las posibilidades para hacerlo.

Los militares y el desarrollo en América del Sur

Maria Celina D'Araujo[*]

1. América del Sur como escenario de nuevas institucionalidades

Tras la caída de las dictaduras militares en los años 80 y 90, la integración y la cooperación regional vienen intensificándose en las Américas. La democracia posibilitó nuevas reglas de convivencia, disminución de las desconfianzas, mayor transparencia y, por lo tanto, la diseminación de medidas de confianza mutua.[1] En el área de la defensa y seguridad los avances han sido sensibles, así como en lo que se refiere a la cooperación económica. Aunque con algunos retrocesos, la integración se tornó efectiva en el MERCOSUR y en el NAFTA, por ejemplo. De la misma forma, como quedó evidenciado en la última Cumbre de las Américas de abril de 2009, los entendimientos entre los países del Hemisferio parecieran transitar por un camino de mayor tolerancia y comprensión, inclusive en

---

[*] Doctora en ciencia política, profesora de la Pontifícia Universidade Católica do Rio de Janeiro, (PUC-Rio), miembro de la Junta Directiva de RESDAL y directora académica de la Asociación Brasileña de Estudios de Defensa (ABED). Original en portugués, traducción del editor.

[1] Sobre medidas de confianza mutua (Confidence Building Measures [CBMs] en inglés) en la región ver Mark Bromley y Catalina Perdomo, "CBM en América Latina y el efecto de la adquisición de armas por parte de Venezuela", *Documento de Trabajo* No. 41-2005, 5 de octubre, 2005, http://www.realinstitutoelcano.org/documentos/219/219_BromleyPerdomo.pdf.

lo referente al embargo contra Cuba. En el área de defensa, varias iniciativas apuntan a un clima de entendimiento, siguiendo el ejemplo de las Conferencias de Ministros de Defensa de las Américas (CDMA) iniciadas en 1995 y que se repiten cada dos años, siendo la última de ellas realizada en Canadá en el año 2008.

Desde el inicio del siglo XXI han ganado notoriedad una serie de iniciativas en el ámbito de América del Sur, compuesta por países latinoamericanos que son menos dependientes de la economía y las inversiones norteamericanas, y aún hasta de su influencia política, en comparación con México, América Central y el Caribe. Una de las primeras iniciativas para tratar la región de una forma más autónoma e integrada tuvo como marco la I Reunión de Presidentes de América del Sur, realizada en Brasilia a fines de agosto y principios de septiembre del 2000 durante el gobierno de Fernando Henrique Cardoso, cuando en ella fue propuesta la iniciativa para la Integración de la Infraestructura Regional de Sudamérica (IIRSA).[2] El foro, cuyo objetivo era tratar cuestiones de infraestructura que facilitaran la construcción de insumos (transporte y energía) para la economía y la circulación de mercancías, comenzó a reunirse bianualmente y, a partir de 2004, pasó a llamarse Comunidad Sudamericana de Naciones (CSN). El segundo encuentro fue realizado en Guayaquil, Ecuador, en 2002, y el tercero en Cuzco, Perú, en 2004, ya bajo la gestión del Presidente Lula da Silva, donde se aprobaron treinta y un proyectos.[3] En 2006 los países volvieron a reunirse en Brasilia, firmándose un programa de trabajo para ocho áreas prioritarias: política, integración física, medio ambiente e integración energética, mecanismos financieros sudamericanos, asimetrías, promoción de la cohesión social, inclusión social y justicia social, y telecomunicaciones.[4] Por lo tanto, se trata de un acuerdo multinacional con aspectos multisectoriales.

En la práctica esta iniciativa se encuentra en el origen de aquello que luego iba a ser firmado bajo el nombre de Unión de Naciones Sudameri-

---

[2] Tullo Vigevani, Haroldo Ramanzanini Jr. y Rodrigo Alves Correia, "Relação entre política doméstica e integração regional: uma interpretação do Brasil no governo Lula da Silva", en *Novas lideranças políticas e alternativas de governo na América do Sul,* Org. Luis Fernando Ayerbe (São Paulo, UNESP, 2008).

[3] www.iirsa.org.

[4] Carlos Oliva Campos, "A América do Sul na encruzilhada da sua história: fragmentação, alternativas políticas e opções a partir da periferia", en *Novas lideranças políticas e alternativas de governo na América do Sul,* Org. Luis Fernando Ayerbe.

canas (UNASUR), una nueva arquitectura regional de articulación de intereses que busca reorganizar y complementar las estructuras ya existentes tales como la Comunidad Andina de Naciones (CAN) y el MERCOSUR. Fue en la reunión de la Cumbre Energética Sudamericana, realizada en abril de 2007 en la Isla Margarita de Venezuela, que los mandatarios de los doce países sudamericanos decidieron transformar a la CSN en la UNASUR.[5]

Antes de la constitución de UNASUR hubo otras propuestas de modalidades institucionales que estuvieron en discusión. Más allá de la CSN, estuvo la Alternativa Bolivariana para los Pueblos de Nuestra América (ALBA), sugerida por Venezuela y de fuerte tenor anti-norteamericano. En todas estas negociaciones, algunas de ellas aún en marcha, fue quedando claro a los dirigentes que América del Sur tenía mucho por ganar con una cooperación que fuese más allá de las demandas políticas y económicas de carácter inmediato. Es por ello que ganó relevancia la cuestión de generar un diseño institucional, que tuviese en cuenta aspectos tales como el respeto a la soberanía de cada país, así como temas comunes referentes a tecnología, cultura, comunicaciones, industria, transporte, energía y defensa. En este sentido, a la par de un debate ideológico que ganó un ímpetu especial en los países andinos, remitiéndonos a la posibilidad de un "nuevo socialismo", se observa un espacio creciente para la negociación de intereses comunes en varios campos, en especial los de mayor escasez tales como la energía y el transporte. De la misma manera, el desarrollo y el combate a la pobreza se transformaron en demandas mucho más presentes, en una región que reúne países con niveles de pobreza extrema, como es el caso de Bolivia y partes de Brasil.

La cuestión del desarrollo, en su aspecto social, ingresó en la agenda de forma inédita, y ha funcionado como el combustible para la elección de presidentes de una extracción social por fuera de las élites tradicionales. En medio de este nuevo escenario, las fuerzas armadas han sido accionadas para operar no sólo en el área de defensa *stricto sensu,* sino también en dos otros frentes: la violencia y el desarrollo. Todos estos temas, conectados, se entienden a partir de que junto a la proclamación de creación de UNASUR fue creado el Consejo de Defensa Suramericano (CDS). Esta nueva institución tiene como meta actuar como una instancia de consulta, cooperación y coordinación en materia de defensa en el

---

5Carlos Oliva Campos, "A América do Sul na encruzilhada da sua história: fragmentação, alternativas políticas e opções a partir da periferia".

ámbito de UNASUR. En la Declaración de Santiago de Chile de marzo de 2009, cuando el CDS se reunió por primera vez, quedó establecido el compromiso con la paz regional e internacional y la búsqueda de una "identidad sudamericana" consensuada en materia de defensa. Para ello fueron establecidos cuatro ejes: políticas de defensa, cooperación militar, operaciones de paz y acciones humanitarias, industria y tecnología de defensa planificada e integrada en el ámbito de los países de la región, y cooperación en el área de formación y capacitación del personal.[6]

UNASUR y el Consejo de Defensa Suramericano configuran modelos institucionales que hacen de América del Sur una plataforma común para pensar los temas de desarrollo económico y de defensa. A los efectos de los asuntos militares y la seguridad interestatal tomamos la tesis de Buzan y Weaver, la cual plantea que América del Sur forma parte de un complejo regional de defensa menos conflictivo que África y Asia.[7] Entre los doce países del continente existe un bajo grado de polarización y una baja probabilidad de enfrentamiento interestatal. Junto con ello, es una de las regiones con menores gastos militares. Aunque Brasil está, en términos absolutos de gasto en defensa, entre los primeros quince países del mundo, en términos porcentuales los gastos militares son bajos, 1,5%.[8]

Según SIPRI, América Latina es la región del mundo que dedica proporcionalmente menos recursos a los presupuestos de sus fuerzas armadas: el 1,4% del PBI regional. Este valor varía bastante entre los países: 4% en Colombia; 3,6 en Chile; 2,3% en Ecuador; 1,5% en Brasil; 1,4% en Bolivia; 1,3% en Perú y Uruguay; 1,2% en Venezuela; 0,9% en la Argentina; y 0,8% en Paraguay. Según la misma fuente, América del Sur es parte apenas del 5% de la transferencia internacional de armas, siendo la mayoría parte de las compras efectuadas por Venezuela y Chile.

---

[6] En el documento CEBRI-CINDES se plantea un buen análisis de las visiones sobre la integración y la cooperación sudamericana, sus orígenes, ventajas y dificultades. Centro de Estudos de Integraçao e Desenvolvimento, *Força-Tarefa, o Brasil na América do Sul, relatório final*. (Río de Janeiro, CEBRI/CINDES: 2008). En portugués, una de las mejores fuentes para acompañar el proceso de integración y cooperación es el OPSA, Observatório Política Sul-Americano: http://observatorio.iuperj.br.

[7] Barry Buzan, *People, States, and Fear: An Agenda for International Security Studies in the Post-Cold War Era* (Boulder, Colorado: Lynne-Rienner, 1991).

[8] Stockholm International Peace Research Institute, *SIPRI yearbook 2008*, Armaments, disarmament and international security (London: Oxford Press, 2008), http://yearbook2008.sipri.org/

Los datos del Centro Nueva Mayoría[9] muestran que de 2007 a 2008 los gastos militares en América del Sur aumentaron un 30%, con Venezuela y Colombia a la cabeza. Dichos aumentos despertaron la discusión en torno a una carrera armamentista en el continente. Posibilidad que comenzó a ser debatida cuando Venezuela, a partir de 2006, pasó a comprar armamentos a Rusia.[10] Sin embargo, los principales especialistas en armamento son unánimes al afirmar que no se puede hablar de una carrera armamentista en América del Sur. Las compras efectuadas, según dichos análisis, han tenido como objetivo la renovación de material obsoleto, y el objeto del aumento de los gastos ocurrió básicamente en función de los aumentos de los costos de la remuneración del personal.[11] La gran desconfianza generada por los gobiernos militares, y la fuerte restricción del gasto público en la época en que se llevaron a cabo los procesos de re-democratización, disminuyeron fuertemente las inversiones militares, creando desfasajes que hoy necesitarían ser corregidos.[12]

2. Fuerzas armadas y desarrollo

La cuestión militar en América del Sur en los inicios del siglo XXI puede ser abordada desde varios ángulos. El más clásico trata de las relaciones cívico-militares, y en este aspecto los cambios han sido grandes: se nota una mayor subordinación de los militares al poder civil, y una mayor debilidad política de la corporación militar. En este contexto han ganado relevancia los temas sobre su papel social y policial.

---

[9] Centro de Estudios Nueva Mayoría, "Balance Militar de América del Sur 2008", Nueva Mayoría, http://www.nuevamayoria.com/index.php .

[10] En el período 2003-2007, Rusia respondió por El 93% del armamento comprado por Venezuela, China por el 3% e Israel por el 4%. Ver Stockholm International Peace Research Institute, *SIPRI yearbook 2008*, Armaments, disarmament and international security y también Clóvis Brigagão, y Leonardo Neves, "Há uma corrida armamentista na América do Sul?", (IV Conferência Internacional do Forte de Copacabana. Segurança Internacional, um diálogo Europa-América do Sul. Rio de Janeiro, Fundación Konrad Adenauer, 2008); João Paulo Soares Alsina, *Corrida Armamentista na América do sul: falácia conceitual e irritante político*, 2006, http://www.seguridadregional-fes.org/upload/4062-001_g.pdf.

[11] Stockholm International Peace Research Institute, *SIPRI yearbook 2008*, Armaments, disarmament and international security; Marcela Donadio y Maria de La Paz Tibiletti, *A comparative Atlas of defense in Latin America* (Buenos Aires: REDAL, 2008)

[12] Rafael Duarte Villa, *Corrida armamentista ou modernização de armamentos na América do Sul: estudo comparativo dos gastos militares* (Observatório Político Sul-Americano – Núcleo de Estudos sobre o Congesso, 2008), http://observatorio.iuperj.br/pdfs/8_estudosecenarios_2008-12%20-%20Estudos_Villa.pdf.

En los últimos años, en varios países, las fuerzas armadas han sido utilizadas o pensadas como instrumento de desarrollo al servicio de la nación. Esta relación no es nueva y se ha dado de varias maneras. En todos los países del continente las fuerzas armadas fueron concebidas y pensadas como agentes de modernización.[13] Como nos recuerda Huntington,[14] en varias sociedades eran la institución mejor organizada y por ello fueron destinadas a varias actividades en cuestiones de investigación, educación y hasta en cuestiones de la esfera política. La educación militar y las escuelas militares que comenzaron a ser construidas a fines del siglo XIX continúan siendo símbolos de calidad académica en muchos países.[15]

En particular, en el caso de Brasil, la asociación entre fuerzas armadas y desarrollo es antigua. Por lo menos desde la década de 1920, quedó claro que para los militares la soberanía y la modernización serían conquistadas a través del desarrollo económico y la tecnología. Esta perspectiva ganó fuerza durante la Segunda Guerra Mundial, cuando el país iniciaba su segunda revolución industrial. Ello le permitía iniciar una industria de base, en especial la del acero, que posibilitaría el inicio de un nuevo tipo de industria volcado a las necesidades bélicas de los militares brasileños.[16] Para ellos, la industrialización era un factor necesario para mantener la independencia nacional, y por lo tanto los institutos de investigación debían ser incentivados. Además, la industria y la tecnología debían ser proyectos de Estado y no sólo de las fuerzas armadas o de institutos aislados. En este sentido, la industrialización brasileña, que terminó siendo una de las más exitosas del siglo XX, no puede ser pensada sin la presencia de investigadores militares e institutos militares de investigación, como por ejemplo el Instituto Tecnológico de la Aeronáutica (ITA), creado en 1950, y el Instituto Militar de Ingeniería (IME) de 1959.

---

[13] Alain Rouquie, *O Estado militar na América Latina* (São Paulo, Alfa-Omega, 1964).

[14] Samuel Huntington, *El orden político en las sociedades en cambio* (Barcelona: Ediciones Paidós Ibérica, 1972).

[15] Maria Celina D'Araujo y Celso Castro, "Changing military end security arrangements in the Mercosur: the possible role of the Eurpean Union", FGV, *Textos Cpdoc*, N° 30, Rio de Janeiro (1998).

[16] Ítalo Tronca, "O Exército e a industrialização: entre as armas e Volta Redonda (1930-1942), a política do aço", en *História Geral da Civilização Brasileira, O Brasil republicano*, Boris Fausto (São Paulo, Difel., 1981), Tomo III.

En los años 50, por ejemplo, los militares tuvieron una fundamental importancia en la creación del Instituto Nacional de Investigación (CNPq), hasta hoy la más importante agencia de fomento a la investigación en el Brasil. Durante el gobierno militar (1964-1985) el proyecto industrializador de los militares fue redimensionado. Un ejemplo de ello fue la creación en 1969 de la Empresa Brasilera de Aeronáutica S/A (EMBRAER), hasta el día de hoy una de las principales compañías de industria bélica del mundo. La EMBRAER fue la materialización de uno de los varios proyectos militares que buscaban constituir una industria aeronáutica en el Brasil, y también estaba conectada con la cuestión de la seguridad nacional y el amplio involucramiento de los militares en el proceso político.

En Brasil, el proyecto industrial fue de la mano de un proyecto político que dio al Estado las condiciones de liderar el proyecto de desarrollo de una manera autoritaria, sin las interferencias de una movilización social en pos de demandas redistributivas. De esta manera, el origen de EMBRAER se asemeja a lo ocurrido con la creación de las industrias siderúrgicas y petroleras en los años cuarenta y cincuenta. En todos estos episodios hubo una expresiva participación militar demandando soluciones rápidas y nacionalistas en pos del desarrollo nacional.[17]

El reciente documento del gobierno brasileño publicado en diciembre de 2008, y titulado Estrategia Nacional de Defensa, menciona cerca de noventa veces la palabra "desarrollo". También afirma que el papel relevante de Brasil en el escenario internacional y el volumen de su economía indican la necesidad de un nuevo nivel para el campo de la defensa. O sea, desarrollo, expresión internacional y liderazgo regional están conectados en la base de dicha estrategia nacional. Allí, las fuerzas armadas son concebidas como una importante institución para la promoción del desarrollo nacional y la consecución de los objetivos del Estado. En esta línea de razonamiento, el documento propone que se debe reproducir al interior de las fuerzas la composición de la Nación, a través del perfeccionamiento del servicio militar obligatorio y la "transformación de las conciencias".[18]

---

[17] Maria Cecilia Spina Forjaz, "As origens da Embraer", *Tempo Social*, Vol. 17, N° 1, São Paulo (2005).

[18] Esta percepción de las fuerzas armadas como "retrato de la sociedad" merece un tratamiento crítico, pero ello no es el tema del presente artículo.

La Estrategia Nacional de Defensa del gobierno brasileño se centra en tres ejes: reorganización y reorientación de las fuerzas armadas, industria de defensa, y el servicio militar obligatorio. El documento afirma en varios de sus pasajes que el país necesita ocupar el lugar que "le cabe en el mundo", expresión que, aún siendo vaga, señala la demanda por un papel más activo del país como líder regional y potencia mundial emergente (sin entrar en el detalle de lo que sus países vecinos piensan sobre ello).[19] El plan de desarrollo de la industria de defensa, en coincidencia con lo dispuesto por el Consejo de Defensa Suramericano, es concebido *vis a vis* con la integración y la cooperación con otros países de América del Sur. Al mismo tiempo, insiste en el papel de liderazgo regional del país en términos de industria de defensa en términos económicos en general.

Las altas conexiones entre la industria de defensa y el desarrollo no estuvieron tan presentes en otros países como lo están en Brasil, pues ningún otro país sudamericano llevó a cabo un proyecto industrial tan exitoso. Así y todo, en todos ellos predominó la idea de que los militares están directamente relacionados a las políticas desarrollistas. Esto ocurre cuando patrocinan proyectos de estatización del cobre en Chile o del estaño en Bolivia, o cuando son promotores y ejecutores de un proyecto de reforma agraria como en el Perú.

Las dictaduras militares en el continente redimensionaron el papel intervencionista de los militares en cuestiones económicas, en algunos casos con resultados catastróficos. El proceso de redemocratización propició su vuelta a los cuarteles, pero en algunos países no se descartó el uso de las fuerzas armadas como factor de desarrollo nacional o como balanceadoras del juego político. Este es un tema que trae de vuelta las viejas cuestiones sobre el papel y el límite del accionar de los militares en la sociedad.

En Venezuela esta relación aparece claramente. El Plan Bolívar 2000 del Presidente Chávez fue formalmente lanzado el 27 de febrero de 1999, cuando se completaron diez años del *Caracazo*, movimiento popular de

---

[19] A pesar de algunas convergencias ideológicas entre Lula da Silva y varios presidentes de América del Sur, de manera creciente Brasil ha sido percibido como un nuevo imperialismo regional. En términos económicos son ampliamente denunciados los conflictos con Paraguay en función de los contratos de Itaipú, con Bolivia y Ecuador en relación a los contratos petroleros y la presencia de empresas brasileñas. De la misma forma, son permanentes las tensiones aduaneras con la Argentina a pesar de los acuerdos del MERCOSUR. En relación a Venezuela, es clara la disputa con el Presidente Chávez por el liderazgo regional.

protesta contra las políticas liberales del presidente Carlos Andrés Pérez que ocasionó centenares de muertos.[20] El Plan anunciaba que a partir de ese momento las fuerzas armadas no estarían más vinculadas a la imagen de sumisión a una política antipopular, antinacional y oligárquica. Proponía también la unión entre civiles y militares a través de varias misiones de interés económico, educacional, etc. Entre ellas, la Misión Barrio Adentro (salud), Misión Robinsón (educación primaria), Misión Ribas (educación secundaria), Misión Sucre (educación superior), Misión Milagro (oftalmología a través de un acuerdo con Cuba), Misión Vuelvan Caras (capacitación profesional y empleo), Misión Mercal (alimentación) y la Misión Ciencia (cultural y científica). Asimismo Venezuela creo la Milicia Nacional Bolivariana, una modalidad adicional de defensa nacional. La Ley Habilitante de 2008 que dispone sobre la Ley Orgánica de las Fuerzas Armadas, coloca a la Milicia sobre el control directo del presidente, con amplias misiones conectadas con la defensa y también con el desarrollo del país.[21]

En Venezuela se amplió la percepción de la unidad cívico-militar, que en la práctica lleva a una mayor militarización de diversos sectores sociales. El desarrollo de un "proyecto nacional" está intrínsecamente ligado al papel de los militares y los lazos que se deben crear con la sociedad. Hasta el momento, las fuerzas armadas vienen comportándose como socias del gobierno en polémicas iniciativas en el plano nacional e internacional, como lo es la estatización de empresas y aeropuertos, el cierre de medios de comunicación y la contención del movimiento sindical. A pesar de las polémicas, es necesario recordar que el gobierno de Venezuela continúa contando con un fuerte apoyo social y ha sido uno de los más exitosos de América Latina en términos de reducción de la pobreza.

De la misma forma, en Bolivia y Ecuador las fuerzas armadas han sido utilizadas en momentos de crisis política y han apoyado las iniciativas nacionalistas y estatizantes de los Presidentes Evo Morales y Rafael Correa. La institución castrense en esos dos países está asociada a un proyecto de desarrollo que busca aumentar el control nacional sobre las riquezas y la producción de bienestar para los más pobres.

---

[20] Luis Fernando Ayerbe, *Novas lideranças políticas e alternativas de governo na América do Sul.*
[21] Francine Jacome, "É possível a cooperação em segurança na América do Sul?", (IV Conferência Internacional do Forte de Copacabana. Segurança Internacional, um diálogo Europa-América do Sul. Rio de Janeiro, Fundación Konrad Adenauer, 2008).

3. El desarrollo como valor en las constituciones sudamericanas

Nuestras reflexiones nos llevan a concluir que, por razones diferentes, el involucramiento de las fuerzas armadas en cuestiones de desarrollo en América del Sur está más presente en la región andina y Brasil. Esto queda claro al observar los textos constitucionales de cada país. En el caso de Chile, Argentina, Uruguay y Paraguay, las constituciones no mencionan nada en términos de asociación de las fuerzas armadas con el desarrollo económico nacional o con cuestiones de seguridad interna.

En el caso de Bolivia, la constitución de 2007, en su artículo 2007, dice que "Las Fuerzas Armadas tienen por misión fundamental defender y conservar la independencia, seguridad y estabilidad del Estado, su honor y la soberanía del país; asegurar el imperio de la Constitución, garantizar la estabilidad del Gobierno legalmente constituido, y participar en el desarrollo integral del país." Así como en Brasil, ellas son guardianes de la Constitución y tienen como función inherente el celar por el desarrollo "integral" del país.

En Ecuador la situación es un poco diferente, pues allí se redujo al antiguo derecho de los militares a tener una amplia actuación en la economía, aunque se les continúa dando el derecho a participar en el desarrollo de una manera todavía expresiva. En el artículo 162 de la constitución de 2007 consta: "Las Fuerzas Armadas sólo podrán participar en actividades económicas relacionadas con la defensa nacional, y podrán aportar su contingente para apoyar el desarrollo nacional, de acuerdo con la ley." En Perú también hay una mención explícita a la conexión entre fuerzas armadas y desarrollo económico y social. El artículo 171 de la Constitución de 1993 dispone que "Las Fuerzas Armadas y la Policía Nacional participan en el desarrollo económico y social del país, y en la defensa civil de acuerdo a ley." El artículo 163 amplía la acción de los militares para las esferas de la seguridad y la "formación patriótica": "La Defensa Nacional es integral y permanente. Se desarrolla en los ámbitos interno y externo. Toda persona, natural o jurídica, está obligada a participar en la Defensa Nacional, de conformidad con la ley". Como en Brasil, se establece la conexión entre el soldado y el ciudadano y se da a la institución militar un papel preeminente en la seguridad interior y la garantía de la ley y el orden. Esto queda claro en el artículo 166, que establece que las Fuerzas Armadas tienen "como finalidad primordial garantizar la independencia, la soberanía y la integridad territorial de la

República. Asumen el control del orden interno de conformidad con el artículo 137° de la Constitución". En esta dirección, en mayo del 2009, fue creada la Vigésima Segunda Brigada de Ingeniería en la región central del país con el objetivo de construir caminos, escuelas, puestos de atención médica y otras obras y acciones en beneficio de las poblaciones locales.

En Colombia tampoco hay mención directa sobre el papel de las fuerzas armadas en actividades económicas, pero su acción en cuestiones de seguridad es más bien explícita, lo que en la práctica ha sido ampliamente expandido en función del Plan Colombia, que busca combatir la guerrilla, especialmente a las Fuerzas Armadas Revolucionarias de Colombia (FARC). El artículo 216 establece que "Todos los colombianos están obligados a tomar las armas cuando las necesidades públicas lo exijan para defender la independencia nacional y las instituciones públicas". El artículo siguiente afirma que las "Fuerzas Militares tendrán como finalidad primordial la defensa de la soberanía, la independencia, la integridad del territorio nacional y del orden constitucional".

En Venezuela, lo dispuesto en la Constitución debe ser visto *pari e passu* con la Ley Orgánica de las Fuerzas Armadas de 2008. La Constitución define de la siguiente manera el papel de las fuerzas armadas: "La Fuerza Armada Nacional constituye una institución esencialmente profesional, sin militancia política, organizada por el Estado para garantizar la independencia y soberanía de la Nación y asegurar la integridad del espacio geográfico, mediante la defensa militar, la cooperación en el mantenimiento del orden interno y la participación activa en el desarrollo nacional, de acuerdo con esta Constitución y la ley" (artículo 328). El artículo siguiente establece que "El Ejército, la Armada y la Aviación tienen como responsabilidad esencial la planificación, ejecución y control de las operaciones militares requeridas para asegurar la defensa de la Nación. La Guardia Nacional cooperará en el desarrollo de dichas operaciones y tendrá como responsabilidad básica la conducción de las operaciones exigidas para el mantenimiento del orden interno del país. La Fuerza Armada Nacional podrá ejercer las actividades de policía administrativa y de investigación penal que le atribuya la ley." La ley orgánica de 2008 trata sobre la organización de las Fuerzas y la Milicia Nacional Bolivariana y refuerza el papel de los militares como agentes responsables de garantizar la independencia de la nación por medio de la defensa militar, el mantenimiento del orden interno y el desarrollo nacional.

En resumen, algunos países de América del Sur mantienen un víncu-lo cultural mucho más amplio con sus fuerzas armadas. Este es el caso de los países andinos y del Brasil, que demuestran una tendencia a ampliar las misiones militares para cuestiones que van más allá del área de defensa *stricto sensu*. Más allá de las funciones de seguridad interna, estos países asocian los temas de defensa con el desarrollo nacional y ven a sus fuerzas armadas como un actor directo en la formulación de un proyecto nacional. A diferencia de los países andinos, Brasil no acepta la acción militar directa en el combate al narcotráfico, como se lo hace en Colombia. De todas formas, estos países tienden a ampliar la acción de los militares en el gobierno y la sociedad, lo que implica un problema para el control civil de las fuerzas armadas.[22]

4. Apuntes finales

Brasil es el país más industrializado de América del Sur y uno de los que más asocia el desarrollo nacional con el desarrollo en defensa. La asimetría entre Brasil y los demás países es inmensa, ya que a Brasil le corresponde más del 50% del PBI de América del Sur. Sin embargo, cuando se observan los papeles atribuidos a las fuerzas armadas, el país está más cerca del papel que los países andinos atribuyen a sus Fuerzas. En Brasil, la democracia no llevó al gobierno y a la sociedad a limitar el accionar de los militares, en la escala deseada por algunos analistas. El documento Estrategia Nacional de Defensa deja clara la visión privilegia-da que se le da a las fuerzas armadas como "cuna de la nacionalidad", y al mismo tiempo como promotoras de un modelo industrial de desarro-llo ampliamente amparado en la investigación tecnológica.

Las asimetrías en la región hacen difícil la construcción de institucio-nalidades capaces de dar cuenta de aquello que pueda ser de interés común, con garantías de soberanía para todos los países. Tradicional-mente, las fuerzas armadas han sido un factor crucial tanto en la defini-ción de directrices internas como para la cooperación internacional. Sus vínculos con los proyectos sobre desarrollo han sido diferentes –caso de Brasil y Argentina–. No obstante, el desarrollo es un tema crucial para una región que enfrenta gravísimos problemas de pobreza. La forma de

---

[22] Carlos Basombrio, "The military and the politics in the Andean Region", *Inter-American Dialogue*, Andean Working Papers, Washington, (2006).

realizarlo acarrea otros problemas, como nacionalidades poco discutidas antes de ser implementadas y la retórica agresiva de algunos dirigentes.

Hemos tratado aquí la influencia de las fuerzas armadas en la definición de un proyecto económico-industrial en Brasil y su importancia actual para el desarrollo de los países de América del Sur. Se observó que el compromiso de las fuerzas armadas con el desarrollo es mucho mayor en los países andinos y en Brasil, y que las asimetrías pueden dificultar aún más el proceso de integración y cooperación, tan necesario cuando se piensa en las posibilidades de reducción de la pobreza y la desigualdad en América del Sur. De todas formas, la conexión entre fuerzas armadas y desarrollo puede abrir nuevas e indeseadas puertas para un nuevo protagonismo militar en América del Sur.

Transparencia en el presupuesto de defensa: el sendero estrecho de América Latina

Carlos Wellington Leite de Almeida[*]

1. Transparencia en la administración del sector defensa

El tema de la transparencia en los presupuestos de defensa de América Latina sigue siendo un reto aún no resuelto. En casi todos los países de la región se puede percibir que la ejecución de los gastos militares ocurre bajo un manto de secreto que no corresponde a los dictámenes de la democracia. En el proceso de asignación de recursos presupuestarios a la defensa, el discurso difiere de la realidad, sea por falta de voluntad política, desconocimiento, o aún por simple y directa claudicación.[1] La gestión pública en esa situación sale fragilizada y expuesta a los males de la inefectividad y de la ineficiencia.

La transparencia es considerada hoy en día una característica esencial para la administración pública. Los argumentos que en el pasado hubieran contribuido a sostener un grado más reducido de transparencia en la asignación, uso y supervisión de los recursos públicos, han perdido fuerza considerablemente. La transparencia, en particular el deber de rendir cuentas, es percibido como un deber del administrador público y no una

---

[*] Secretario del Tribunal de Cuentas de la Unión. Doctorando en Doctorado en Administración (UDE-Uruguay). Es parte del proyecto de transparencia presupuestaria de RESDAL.

[1] José Robles Montoya, "Transparencia y control en la asignación de recursos para la defensa: discurso y realidad" en *Los nudos de la defensa: enredos y desenredos para una política pública en democracia*, ed. Lourdes Hurtado Meza (Lima: Instituto de Defensa Legal, 2005).

concesión.[2] Sin embargo, resta mucho por hacer para que se afirme como valor conquistado, y no como simple discurso.[3]

Los estudios existentes buscan identificar razones para el déficit de transparencia que se verifica en el sector defensa. Uno de los más importantes en el ámbito latinoamericano ha sido el proyecto de *transparencia en el presupuesto de defensa* de la Red de Seguridad y Defensa de América Latina (RESDAL).[4] Una mirada rápida permite ubicar otras investigaciones muy relevantes en países latinoamericanos.[5] Los resultados en términos de razones posibles para la escasa transparencia en el sector defensa son, entre otros:

a) ausencia de diseño de fuerza;
b) debilidad parlamentaria en materia de defensa;
c) dominio ejecutivo militar del proceso de asignación;
d) cultura de secreto;
e) bajo grado de control social;
f) intento de negar o retrasar reformas;
g) falta de adhesión de los planes de defensa a los planes nacionales;
h) deseo de proteger intereses corporativos;
i) deseo de proteger intereses particulares; e
j) incapacidad técnica.

---

[2] Erivaldo Gonçalves de Menezes, "Apontamentos sobre o controle social e a transparência dos atos da administração pública brasileira", *Perspectivas para o controle social e a transparência da administração pública* (Prêmio Serzedello Corrêa 2001-monografias vencedoras. Brasília: Tribunal de Contas da União (TCU), 2002); Leice Maria Garcia, "Controle social dos gastos públicos: fundamentação, limites e possibilidades", en *Controle dos gastos públicos no Brasil: instituições oficiais, controle social e um mecanismo para ampliar o envolvimento da sociedade,* et. al. Maurício Soares Al Bugarin (Rio de Janeiro: Fundação Konrad-Adenauer, 2003); José Barea, "La necesidad de transparencia en la gestión pública" (paper presentado en el I Congreso Nacional de Auditoría en el Sector Público, Sevilla, España, 2004).

[3] Sergio Berenzstein, "La economía política del presupuesto en la Argentina de los '90" en *Gasto y transparencia fiscal: Argentina, Chile y Perú,* ed. Guillermo Patillo (Santiago de Chile: Universidad de Santiago de Chile, 2001).

[4] Marcela Donadio et al, *El presupuesto de defensa en América Latina: la importancia de la transparencia y herramientas para el monitoreo independiente* (Buenos Aires: Ser en el 2000, 2004). Ver informes de estudios de casos nacionales en el website www.resdal.org.

[5] Miguel Ángel Aycinena y Pedro Trujillo Alvaréz, *Fortalecimiento de la participación ciudadana y control civil en la asignación y supervisión presupuestaria del sector defensa* (Guatemala: Instituto de Enseñanza para el Desarrollo Sostenible, 2004); Thomas Scheetz, "Una evaluación del documento cepalino: Metodología estandarizada común para la medición de los gastos de defensa", *Revista Fuerzas Armadas y Sociedad,* N° 1-2, (2004); Guillermo Patillo, "El presupuesto de defensa en Chile: procesos decisionales y propuestas de indicadores de evolución", *Security and Defense Studies Review,* Vol. 1, (Winter 2001).

Los avances han sido logrados a paso lento y con necesidad de superar resistencias al interior de los institutos armados. Continúan existiendo reservas para la adquisición de equipos militares con recursos regidos por leyes especiales, como en el caso de la Ley del Cobre de Chile.[6] Recursos obtenidos con privatizaciones y de otros fondos han sido utilizados para financiar gastos poco transparentes del sector defensa, como sucedió en Perú.[7]

Los intentos de negar o retrasar reformas, la falta de adhesión de los planes de defensa a los planes nacionales, el deseo de proteger intereses corporativos y particulares, y la incapacidad técnica, han sido temas tratados en la guía de presupuesto antecitada.[8] Todos ellos tienen como eje una falta de transparencia deliberada, para que el sector defensa no se vea expuesto a críticas que sobrevengan con el incremento de información pública, o la búsqueda del mantenimiento del statu quo para sostener ganancias ilegítimas de todo tipo.

Ausencia de diseño de fuerza

Sin duda, la falla mayor en las políticas de defensa nacional de los varios países latinoamericanos, es la ausencia de un adecuado diseño de fuerza. La metodología de diseño de fuerza, es un sistema de conceptos que permite identificar y relacionar las variables necesarias a la concepción de capacidades militares anticipadas para proveer la defensa.[9] En Brasil, por ejemplo, la falta de un diseño de fuerza hace que el Ejército sea prisionero del dilema resultante de concepciones estratégicas opuestas (disuasión y presencia) y que la Armada adquiera un portaaviones o aviones navales sin el adecuado apoyo logístico.[10]

Sin el diseño de fuerza no se puede obtener una adecuada interoperabilidad entre fuerzas armadas ni tampoco entre unidades de una fuer-

---

[6] Thomas Scheetz, "Una evaluación del documento cepalino: Metodología estandarizada común para la medición de los gastos de defensa".

[7] Arlette Beltrán et al., "El presupuesto fiscal del Perú", en *Gasto y transparencia fiscal: Argentina, Chile y Perú,* 148.

[8] Marcela Donadio et al, *El presupuesto de defensa en América Latina: la importancia de la transparencia y herramientas para el monitoreo independiente.*

[9] Salvador Ghelfi Raza, "Projeto de força: o elo ausente em reformas de defesa", en *Research and education in defense and security studies* (Brasília: REDES, 2002).

[10] Domício Proença Jr. y Eugenio Diniz, *Política de defesa no Brasil: uma análise crítica* (Brasília: Editora Universidade de Brasília, 1998).

za singular.[11] Y, aún más importante en términos de presupuestación, sin el diseño de fuerza no se tendrá una planificación satisfactoria del sector. Diseño de fuerza significa evaluar (evaluación), prever (pronóstico) y reconstruir (reingeniería) el sector de fuerza desde bases realistas y conformes los dictámenes de la política.[12] Todo servirá a la definición de capacidades militares anticipadas, adecuadas al escenario futuro pronosticado, sobre las cuales deberá ser conducido el trabajo de presupuestación. Si es verdad que toda estrategia es necesariamente difícil de implementar como resultado del fenómeno de la fricción[13], mucho más lo será si la previsión del empleo de recursos no está conforme a la realidad del país.

Gestionar sistemas de defensa sin un diseño de fuerza significa marcar la gestión presupuestaria de la defensa con el desperdicio y la baja transparencia.

Debilidad parlamentaria en materia de defensa

Otra realidad crónica de los países de América Latina es la debilidad parlamentaria en materia de defensa. Los poderes legislativos latinoamericanos están lejos de mostrar una actuación decisiva sobre la materia. Mucho de esa ausencia resulta de la estabilidad predominante en la región, donde no se supone por principio un conflicto bélico entre Estados. En Brasil, por ejemplo, los programas relacionados a la defensa no son normalmente considerados estratégicos para la asignación de recursos presupuestarios[14], y los candidatos a cargos electivos no hacen referencias a la política de defensa en sus esfuerzos electorales.[15] El casi total

---

[11] Mário César Flores, "Uma estratégia para o Brasil", en *Ciclo de debates sobre a atualização do pensamento brasileiro em matéria de Defesa e Seguranza* (Brasília: Ministério da Defesa, 2003).

[12] Salvador Ghelfi Raza, "Reforma de la defensa y diseño de fuerza", (paper presentado en el Seminario de formulación de políticas y transformación en defensa, Asunción, Paraguay, 7 de septiembre de 2004).

[13] Collin S. Gray, "Why strategy is difficult", *Joint Force Quarterly (JFQ)*, (Summer 1999).

[14] João Henrique Pederiva y Otávio Ribeiro de Medeiros, "A defesa brasileira e o orçamento federal", (paper presentado en el XXVII Encontro da Associação Nacional dos Programas de Pós-Graduação em Administração, Brasília, Brasil, 20-24 septiembre de 2003).

[15] Maria Helena de Castro Santos, "A nova missão das forças armadas latino-americanas no mundo pós-guerra fria: o caso do Brasil", *Revista Brasileira de Ciências Sociais*, Vol. 19, N° 54, (Fev. 2004): 115-128.

desinterés del liderazgo político parlamentario por el tema de la defensa se verifica aún en la Argentina, Perú, Uruguay y toda la cuenca centroamericana.[16]

La primera y más visible razón para esa debilidad parlamentaria en materia de defensa, es el bajo retorno electoral que el tema brinda a los políticos profesionales. Como los países latinoamericanos suelen tener deudas históricas en el ámbito social, el tema de la defensa, su asignación de recursos y la gestión del sector, asume un perfil secundario tendiente al olvido. El Legislativo de Brasil no demuestra el intento de protagonizar la política de defensa nacional.[17] En Chile, el papel del Parlamento en materia de defensa es marginal, no dispone de mecanismos institucionales adecuados de relación con el Ministerio de Defensa y se ve restringido por leyes que reducen la capacidad de acción parlamentaria sobre el tema.[18] En Venezuela, el control civil sobre los militares no es más que una aspiración sin concreción[19], y en Uruguay, todo el tema de la defensa queda en manos de los militares por ausencia del Congreso del país.[20]

Razón y efecto a la vez de la debilidad parlamentaria, es la falta de políticas explícitas para el sector defensa. De manera crónica, no hay políticas claras de defensa en América Latina, es decir, políticas definidas

---

[16] Marcela Donadio, "El papel del parlamento en la defensa nacional", *Revista Fuerzas Armadas y Sociedad*, No. 1-2, (2004): 139-154; José Robles Montoya, "Asignación de recursos para la defensa nacional: el caso del presupuesto 2003-2005", Documentos de trabajo RESDAL, julio de 2006, http://www.resdal.org/producciones-miembros/art-robles-06.pdf.; Félix Besio, "Política y defensa en Uruguay: articulaciones disfuncionales de larga data", en *Parlamento y defensa en América Latina: el papel de las comisiones: Volumen 1: Argentina, Brasil, Chile y Uruguay*, eds. Gilda Follietti y Luis Tibiletti (Buenos Aires: Ser en el 2000, 2004); Francine Jácome, "La seguridad democrática en Centroamérica: conclusiones preliminares", en *Seguridad democrática en Centroamérica: logros y limitaciones en Costa Rica, Panamá, Guatemala y El Salvador*, ed. Francine Jácome (Caracas: Coordinadora Regional de Investigaciones Económicas y Sociales, 2004).

[17] Héctor Luis Saint-Pierre, Sérgio Paulo da Silva y Fernando Rocha, "Parlamento e defesa: o caso brasileiro", en *Parlamento y defensa en América Latina: el papel de las comisiones: Volumen 1: Argentina, Brasil, Chile y Uruguay*.

[18] David Álvarez Veloso, "Chile: evaluación del funcionamiento de la comisión de defensa del parlamento", en *Parlamento y defensa en América Latina: el papel de las comisiones: Volumen 1: Argentina, Brasil, Chile y Uruguay*.

[19] Domingo Irwin y Frédérique Langue, *Militares y poder en Venezuela: ensayos históricos vinculados con las relaciones civiles y militares venezolanas* (Caracas: Universidad Católica Andrés Bello, Universidad Pedagógica Experimental Libertador, 2005).

[20] Félix Besio, "Política y defensa en Uruguay: articulaciones disfuncionales de larga data", en *Parlamento y defensa en América Latina: el papel de las comisiones: Volumen 1: Argentina, Brasil, Chile y Uruguay*.

por medio de mecanismos democráticos y orientadas por una visión amplia de lo que sean seguridad y defensa.[21] En general, los gobiernos de la región han sido vacilantes en ese sentido y no han podido implementar un control civil sobre las fuerzas armadas.

Proceso de asignación de recursos

Característica esencial del proceso de asignación de recursos en América Latina, es la fuerte asimetría de información entre los actores involucrados.[22] Esa asimetría hace que el Poder Legislativo se vea limitado a, simplemente, concordar con la conducción del Poder Ejecutivo y, aún dentro del propio Ejecutivo, que los institutos armados disfruten de ascendencia sobre los órganos civiles de presupuestación.

La debilidad generalizada de los ministerios de defensa es un elemento central en la concreción de dicha asimetría de información. Creados en la mayoría de los casos como órganos simplemente administrativos, no han sido capaces de ejercer control sobre las fuerzas armadas, establecer doctrinas conjuntas de empleo de fuerzas, ni coordinar eficazmente el proceso de asignación de recursos presupuestarios para el sector defensa.[23] En Brasil, por ejemplo, el Ministerio de Defensa fue creado claramente sin el intento de ejercer cualquier mando en el sector y no ha logrado aún un cambio relevante en el tema de la coordinación doctrinal o administrativa entre las fuerzas.[24] Lo mismo pasa en casi todos los paí-

---

[21] Guillermo Holzmann, "Política de defensa y diseño del libro blanco de la defensa: el caso de Chile", en *Políticas de defensa y elaboración de libros blancos: experiencias latinoamericanas*, ed. Guillermo Pacheco Gaitán (Santiago de Chile: Center for Hemispheric Defense Studies, 2003).

[22] Roberto Martínez, "Un sector público olvidado: las políticas de defensa – institucionalidad y capacidades gubernamentales", *Revista del CLAD: Reforma y Democracia,* No. 28, (2004): 35-58.

[23] Carlos Barrachina y Juan Rial, "Los ministerios de defensa en América Latina y las consecuencias de la multidimensionalidad de las amenazas", Documentos de trabajo RESDAL, agosto de 2006, http://www.resdal.org/producciones-miembros/art-barrachina-rial-ago06.pdf.

[24] Jorge Zaverucha, "Democracia e Ministério da Defesa brasileiro", (paper presentado en el VI Research and Education in Defense Studies Seminar organizado por el Center for Hemispheric Defense Studies (CHDS), Santiago de Chile, Chile, 27- 30 de octubre 2003); Adriana A. Marques, "El Ministerio de Defensa en Brasil: limitaciones y perspectivas", *Revista Fuerzas Armadas y Sociedad*, No.º 3-4, (2004); Clóvis Brigagão, "Caixa-preta na defesa", *O Globo*, 3 de septiembre, 2007, Sección Opinião; Eduardo Lucas de Vasconcelos Cruz, "Cultura política e nacionalismo nas forças armadas (1964-1979)", *Security and Defense Studies Review*, Vol.8, (Summer 2008): 47-92.

ses de la región; los ministerios de defensa no han logrado aún ser el centro institucional del sistema de defensa de los países. El presupuesto de defensa en Brasil, por ejemplo, sigue siendo formulado a partir de las necesidades corporativas de cada fuerza.[25] La asimetría de información verificada entre las fuerzas armadas y los ministerios de defensa de los países latinoamericanos, se reproduce en las relaciones con otros ministerios civiles involucrados en el proceso de asignación de recursos. Hacienda o Planeación, tienen un verdadero poder, y se limitan a presentar la propuesta de las fuerzas, o lo que es peor, a hacer cortes en el presupuesto desconociendo las prioridades del sector. La promoción entre el liderazgo civil del gobierno de la convicción de ejercer un mejor control sobre el proceso de presupuestación del sector defensa, debe constituirse en punto de partida.[26]

Cultura de secreto

La cultura de secreto puede ser definida como la extensión indebida de las características secretas de determinados temas militares a otros asuntos que deberían ser de conocimiento general. Es decir, en un afán exagerado de secreto, el carácter reservado de algunos temas afecta a otros que suelen ser asuntos ordinarios. El efecto perverso es evidente: la transparencia en la gestión pública sale afectada negativamente y las informaciones publicadas son marcadas con dudas respecto a su confiabilidad. Una dificultad relevante en medio a la cultura de secreto, es la de establecer límites entre la real necesidad de secreto y el abuso o desviación de poder.

La predominancia de la cultura de secreto en el sector defensa es una realidad latinoamericana. Casi todo lo que se refiera al tema estará cubierto por el manto del secreto, sobre todo los gastos militares, normalmente llamados "cajas negras" de los presupuestos nacionales. A pesar de los esfuerzos sinceros conducidos por distintos actores, las tendencias más visibles en los sistemas de defensa de la región, son aún la extensión del secreto a temas ordinarios y el no compartir información.

---

[25] Suzeley Khalil Mathias, "Forças armadas e governabilidade no governo Lula", Documentos de Trabajo RESDAL, 2005, http://www.resdal.org/producciones-miembros/art-mathias.pdf; Clóvis Brigagão, "Caixa-preta na defesa".

[26] Miguel Ángel Aycinena, Carmen Rosa de León Escribano y Norma Cabrera, *Manual para el análisis y monitoreo de los presupuestos de seguridad y defensa* (Guatemala: Instituto de Enseñanza para el Desarrollo Sostenible, 2004).

El secretismo, característico de algunos temas militares, no debe extenderse a otros temas. Su extensión al presupuesto es particularmente dañina para la gestión pública, pues crea conflictos indeseables entre el establecimiento de objetivos, los montos asignados y los gastos efectivamente realizados. En algunos casos extremos, los gastos militares realizados no aportan en concreto a la seguridad y a la defensa, sin que se pueda definir caminos correctivos en búsqueda de la deseada eficiencia.[27]

Bajo grado de control social

En general, en América Latina, es bajo el grado de control ejercido por la sociedad sobre los gastos del sector defensa. No se percibe en los países latinoamericanos una vigilancia y un deseo de mejor resultados respecto a los gastos militares como sobre otros sectores, como salud y educación.[28] Ese bajo interés es resultante de distintas razones, algunas originadas en la percepción de los propios ciudadanos sobre la prioridad del sector defensa, y otras que resultan del enclaustramiento típico del sector hacia el público externo.

Determinados programas de gobierno como salud y educación presentan beneficios más visibles y posibles de evaluación individual, por el ciudadano común. Además, en sociedades marcadas por bajos niveles de desarrollo social, las inversiones de ese tipo asumen carácter aún más urgente. Es el caso de Bolivia, por ejemplo, donde el 70% de la población es considerada pobre (índice que alcanza el 95% en la zona rural).[29] El gasto en defensa, contrariamente, es percibido como de baja prioridad, y las presiones sociales sobre el sector defensa, van en sentido de reducirlos, sin necesariamente ocuparse de la eficiencia en su realización. Aunque los niveles del gasto en defensa sean bajos, las propuestas más comunes buscan ahorrar aún más y destinar recursos a los sectores gubernamentales percibidos como más relevantes.

---

[27] Guillermo Patillo, "El presupuesto de defensa en Chile: procesos decisionales y propuestas de indicadores de evolución", 126.

[28] Ramiro Cavero Uriona, "Presupuesto y lógica distributiva", en *La defensa nacional: un bien público,* Juan Ramón T. Quintana (La Paz: Unidad de Análisis de Políticas de Defensa, primera edición, 1999); Tomhas Scheetz, "El presupuesto de defensa en Argentina: su contexto y una metodología de análisis", *Security and Defense Studies Review*, Vol. 2, (Summer 2002): 57; Gustavo Sibilla et al., "Calidad, eficiencia y transparencia del presupuesto de defensa: el caso de Argentina", *Papeles de investigación RESDAL,* (2004).

[29] Ramiro Cavero Uriona, "Presupuesto y lógica distributiva".

Por otra parte, el cierre característico del sector defensa hace que casi no existan espacios de diálogo público. En Brasil, por ejemplo, durante los años de dictadura castrense, los centros de formación de opinión de la oficialidad militar y de algunas élites civiles, como la Escuela Superior de Guerra (ESG), constituyeron los verdaderos núcleos de decisión alejando el ciudadano común no sólo de las discusiones sobre defensa, sino de prácticamente todos los otros temas gubernamentales.[30] La baja transparencia del sector defensa, sobre todo en el tema presupuestario, dificulta el control social e impide una adecuada evaluación de las inversiones que se le aportan.

2. Crecimiento de presupuestos de defensa en América Latina

Entre las muchas consecuencias de la escasa transparencia en los presupuestos de defensa de América Latina, se encuentran las especulaciones sobre el crecimiento de gastos militares. En algunos países se ha verificado un incremento de la participación del sector defensa en la ejecución presupuestaria, en América del Sur, especialmente. El cuadro que se muestra a continuación, presenta una breve evolución de los últimos años.

---

[30] Thomas Skidmore, *Brasil: de Castelo Branco a Tancredo Neves (1964-1985)*, Tradução Mário Salviano Silva. (Rio de Janeiro: Editora Paz e Terra, 1988), 6ª edición; Everton Rodrigo Santos, "Ideologia e dominação no Brasil (1974-1989): um estudo sobre a Escola Superior de Guerra", *Sociedade e Estado*, Vol. 22, No. 1, (jan./abr. 2008): 153-185

País	2003	2004	2005	2006	2007	2008
Argentina	1718	1813	1912	1776	1738	2077
Brasil	12089	12392	13381	12720	14737	15477
Bolivia	187	181	175	177	197	175
Chile	3128	3975	4266	4996	4861	4778
Colombia	4687	4621	4782	5422	5579	6568
Ecuador	777	727	951	922	1243	1361
Paraguay	53	62,9	56,2	63,7	65	71,8
Perú	988	1047	1159	1193	1145	1301
Uruguay	232	225	233	237	212	273
Venezuela	1072	152	2054	2709	2262	1987

US$ millones

Fuente: www.sipri.org/contents/webmaster/databases - en 09/10/2009

Desde el año 2005, por lo menos, ha habido especulaciones sobre una posible carera armamentista en América de Sur. No han sido pocos los periódicos que especularan respecto el fuerte rearme en la porción austral del continente. Especulaciones y algún sentimiento de inseguridad, son el resultado natural de la falta de transparencia verificada en los presupuestos de defensa de los países. La transparencia en los gastos de defensa es un concepto clave, esencial en la construcción de medidas de confianza entre países vecinos, y esa lógica no ha sido seguida por los Estados sudamericanos.

Aún en los casos más institucionalizados de establecimiento de medidas de confianza, como en la construcción de una metodología común de medición de gastos militares entre la Argentina y Chile, perfeccionamientos importantes son necesarios. La metodología estandarizada desarrollada por los dos países bajo orientación de la Comisión Económica para América Latina y Caribe (CEPAL), fue un suceso importante en el esfuerzo de crear una herramienta de confianza mutua regional. Pero todavía hacen falta una definición contable adecuada para los distintos rubros, un mayor compromiso de transparencia en las adquisiciones de equipos militares por parte de Chile, y correcciones contables en los gastos previsionales de ambos países.[31]

Si es verdad que hay razón visible para sostener la existencia de una carrera armamentista en América de Sur, también hay razones que muestran lo contrario. Una mirada más atenta en temas específicos puede muy bien alejar la idea de un rearme generalizado. Dos de esos temas son la concentración de los gastos de defensa en pagos de personal y el carácter obsoleto de casi todo el inventario de equipo militar disponible en los países de América de Sur.

El gasto en pagos de personal es altamente elevado en la mayoría de los países suramericanos. Lo que resta para equipo es poco, y no es un rubro garantizado del presupuesto, excepto tal vez en Chile como consecuencia de la Ley del Cobre. Mucho del problema resulta de la falta de un diseño de fuerza realista que brinde equilibrio a la composición de los institutos armados. En Brasil, por ejemplo, el 80% de los gastos militares corresponden a gastos de personal, y las tres ramas militares disputan lo que resta sin cualquier planeación conjunta por parte del Ministerio de Defensa.[32] Los equipos adquiridos con los pocos recursos, son comprados en carácter de oportunidad, es decir, por su precio bajo y no por una consideración respecto a un deseado diseño de fuerza.[33] En Bolivia el costo de personal del presupuesto de defensa llega a 73% del total asignado al sector.[34] Nada muy distinto pasa en otros casos: Argentina (78,65%), Ecuador (64,50%), Paraguay (83,86%), Uruguay (73,85%) y Venezuela (76,72%). Hay excepciones, por supuesto. Los sectores de defensa en Chile, Colombia y Perú, por ejemplo, presentan situaciones más equilibradas en términos de gastos con personal, rodeando el 50%.[35] En esas condiciones, de hecho, la idea de una carrera armamentista gana fuerzas. Pero aún así, debe tomarse en cuenta el tema de la obsolescencia

---

[31] Thomas Scheetz, "Una evaluación del documento cepalino: Metodología estandarizada común para la medición de los gastos de defensa".

[32] João Henrique Pederiva y Otávio Ribeiro de Medeiros, "A defesa brasileira e o orçamento federal"; Clóvis Brigagão, "Caixa-preta na defesa".

[33] Martins Filho, "O governo Fernando Henrique e as forças armadas: um passo à frente, dois passos atrás", *Departamento de Ciências Sociais de La Universidade Federal de São Carlos*, Vol. 4, No. 4, (2001), http://crab.rutgers.edu/~goertzel/martins.html;.

[34] Waldo Calla Gutierrez, "Economía de defensa en Bolivia", en *La defensa nacional: un bien público*, Juan Ramón Quintana (La Paz: Unidad de Análisis de Políticas de Defensa, 1999).

[35] Marcela Donadio y María de la Paz Tibiletti, *Atlas comparativo de la defensa en América Latina* (Buenos Aires: RESDAL, 2008).

generalizada del inventario militar o las necesidades específicas de cada país. Todo ello sería mejor tratado si hubiera mayor transparencia. Pero mientras el presupuesto de defensa sea marcado por la cultura de secreto, seguirá sirviendo para generar y reforzar desconfianzas, antes que como herramienta de estabilidad y cooperación.

Tendencias de los presupuestos de defensa en América Latina

Tendencias en la presupuestación pueden ser identificadas; algunas de ellas son positivas y se inclinan hacia el crecimiento y el refuerzo de la transparencia. Otras, no tan positivas, refieren al perfil de gasto, que debe seguir fuertemente marcado por una concentración en gastos de personal y poca flexibilidad. En cualquier caso, es importante aclarar que muchas de las tendencias presentadas pueden no concretarse. En relación a algunas de ellas, nuestra esperanza es precisamente que no se realicen.

Una tendencia positiva es la creciente demanda por transparencia como consecuencia de la influencia externa al sector. Sociedad y sectores de la gestión pública distintos del de defensa seguramente exigirán más transparencia en el manejo de los recursos presupuestarios asignados a la defensa nacional. Esas demandas deberán inducir a los gobiernos y a los organismos rectores del sector defensa al establecimiento de parámetros más claros, y a una adhesión más efectiva a las reglas de transparencia definidas por los órganos de control.

La sociedad sin duda pasará a exigir más transparencia de todos los sectores de la gestión pública y el sector defensa no estará fuera de esa tendencia. Pero es necesario aceptar que el grado de control social sobre el presupuesto de defensa seguirá siendo más bajo que el grado referente a otras políticas públicas. Dado que no se percibe en los países latinoamericanos una amenaza internacional capaz de justificar mayores inversiones en defensa, y que los dramas sociales son demasiados y ocupan el centro de la agenda política, no es razonable esperar que el grado de interés ciudadano sobre el presupuesto de defensa alcance niveles muy altos. Hay una tendencia al refuerzo de la vigilancia social sobre los gastos en defensa, pero secundaria relativamente a otras políticas públicas y subordinadas a ellas, es decir, siempre con la idea de que es necesario cortar gastos con defensa para permitir inversiones más significativas en educación, salud y otras áreas de acción gubernamental.

Así como la sociedad, los sectores gubernamentales distintos del sector defensa serán parte de ese conjunto de demandas por mayor transparencia. Es el caso de los parlamentos, de los órganos de control, de los ministerios de hacienda, de planeación y en la mayoría de los casos de los propios ministerios de defensa.

Los parlamentos y órganos de control, tales como los tribunales de cuentas y las contralorías seguramente harán más vivas sus demandas por transparencia en el sector defensa. Ejercer efectiva supervisión sobre los gastos en defensa es un reto permanente para esos órganos, casi siempre acostumbrados a ser actores secundarios en lo que toca a la defensa nacional. En muchos casos, ese papel secundario es resultado de su propia inercia en relación al tema. Es el caso de parlamentarios que perciben los gastos de defensa como irrelevantes desde el punto de vista político por su bajo retorno electoral. Es el caso de tribunales de cuentas y contralorías que perciben los gastos de defensa como irrelevantes desde el punto de vista técnico, por su menor impacto si comparados a los gastos de salud y educación, por ejemplo. Aún así, se puede esperar que busquen ejercer una vigilancia más efectiva sobre los gastos en defensa, como resultado de una creciente madurez institucional.

En lo que se refiere a la asignación de recursos entre los distintos rubros del presupuesto de defensa, se espera algún cambio sobre todo en la percepción de que es necesario reservar recursos para el reequipamiento y para el mantenimiento de las aptitudes de combate. Pero no se debe esperar un cambio muy radical ni tampoco cambios rápidos en la estructura de asignación. Los gastos en personal deberán ser por mucho tiempo el elemento dominante de los presupuestos de defensa latinoamericanos.

Estos gastos son más que el simple pago por servicios prestados al gobierno: son parte de la política de generación de empleos de esos mismos gobiernos. Crónicamente carentes de empleos, los países latinoamericanos tienen en sus gobiernos los más importantes agentes de generación de puestos de trabajo. A diferencia de lo que pasa en los países industrializados, donde la principal tarea de la administración pública es crear condiciones económicas adecuadas al desarrollo empresarial, para que el sector privado pueda absorber mano de obra ociosa, en América Latina el gobierno es uno de los principales contratistas de personal.[36] En esas condiciones, el costo político de una reducción radical de

---

[36] Vânia Lomônaco Bastos y María Luiza Falcão Silva, *Para entender as economías do terceiro mundo* (Brasília: Editora Universidade de Brasília, 1995); Paulo EduardoVilchez Viceconti y Silvério das Neves, *Introdução à Economia* (São Paulo: Frase Editora, 2000), 4ª Edição.

efectivos militares podría parecer demasiado alto para los liderazgos nacionales.

Finalmente, es importante hacer referencia al tema de la falta del diseño de fuerza. Sin duda es la mayor falla existente en la gestión del sector defensa de los países latinoamericanos, y condena al fracaso, desde el principio, muchas de las acciones que se puedan tomar. En otros casos, cobra un precio muy alto por resultados poco significativos y nada animadores. No hay tendencia inmediata de que los países de América Latina se dediquen a definir diseños de fuerza para sus institutos armados. En especial porque el principal elemento, el gasto en personal, sigue tendiente a mantenerse en niveles elevados como ya ha sido evaluado. Mientras el diseño de fuerza no sea parte de la realidad de los sectores defensa latinoamericanos, sus presupuestos seguirán marcados por bajos niveles de eficiencia, y el desperdicio de recursos seguirá siendo una triste tendencia. El diseño de fuerza es una idea que todavía necesita madurar entre los liderazgos civiles y militares de la defensa de América Latina.

El control del uso de las Fuerzas Armadas en conflictos internos

Luis Tibiletti[*]

1. Antecedentes

Desde el inicio de las transiciones a la democracia, a partir de mediados de los 80, el debate sobre las funciones de las fuerzas armadas reinstaladas en un Estado de derecho fue un tema clave. Todos aquellos que lucharon por garantizarle larga vida al nuevo ciclo de democracias en la región, tenían plena conciencia de que la participación de las FF.AA. en aspectos internos de los países latinoamericanos debía ser cuidadosamente analizada a la luz de las experiencias anteriores.

Desde la aparición del paradigma desarrollo/seguridad, en muchos casos como un modo de enfrentar la securitización de la Guerra fría con una idea progresista, el problema de las causas mutuas está presente en la mentalidad de todos los militares latinoamericanos.

A su vez, para quienes gustan bucear en nuestras respectivas historias patrias, desde los primeros tiempos está presente el problema del bandolerismo como modo de supervivencia, pero también como forma revolucionaria en busca de las transformaciones sociales (siempre frenadas por los factores de poder real en nuestras sociedades latinoamericanas), desde las montoneras bonaerenses o artiguistas de 1820 en el Río de la Plata, hasta los primeros "curas tercemundistas", Hidalgo y Morelos, en el Bajío de Nueva España.

---

[*]Capitán retirado del Ejército. Presidente de SER en el año 2000. Ex Secretario de Seguridad Interior de la Argentina (2005/2007). Profesor de la Escuela de Defensa Nacional.

Por ello es que siempre que nuestros militares fueron convocados a resolver los problemas de la "in" *seguridad* decidieron muchos de ellos involucrarse en los problemas del "in" (sub) *desarrollo* que los causaban, y de allí, a tratar de tomar el gobierno. Sea por derecha para "ordenar" los factores de la producción que limitan el desarrollo, o sea por izquierda para "destrabar" las resistencias oligárquicas a una mejor distribución del ingreso que creara condiciones para mayor seguridad, conocimos todas las formas de acción militar intervencionista que afectaron nuestro devenir en democracia.

2. Caracterización de conflicto interno

Antes de desarrollar el tema de cómo controlar a las fuerzas armadas es necesario precisar una definición sobre conflicto interno.

En la vida social, un conflicto es un fenómeno que se desarrolla en el marco de un proceso de interacción, articulado sobre la base de un enfrentamiento, disputa o contienda entre actores sociales (personas, grupos, organizaciones o colectividades), que intervienen en él para preservar ciertos bienes, relaciones o situaciones existentes o, por el contrario, para producir un nuevo conjunto de bienes y relaciones o crear una nueva situación social.

De este modo, un conflicto es siempre un proceso, debido a que, si bien se expresa a través de acciones, eventos o acontecimientos puntuales, se desenvuelve en el marco de una trama o sucesión de hechos e interacciones sociales concatenadas, cuya manifestación global refleja un enfrentamiento, disputa o contienda entre los actores protagonistas.

Según las formas o medios a través de los cuales se manifiesta y canaliza predominantemente una interacción conflictiva, ésta puede adquirir el carácter de pacífica o violenta. Cuando las formas o medios típicos del enfrentamiento o contienda que priman en una interacción conflictiva implican alguna modalidad de agresión violenta contra otras personas, grupos, organizaciones o colectividades, esto es, mediante la utilización de medios coercitivos, y sin tener en cuenta las intenciones o preferencias del actor social victimizado, estamos ante un conflicto violento.[1]

---

[1] Seguimos en esta definición a Marcelo Sain, "Notas sobre la institucionalidad gubernamental en seguridad pública: deficiencias y prospectivas en el caso argentino" en *Seguridad pública en los países del Conos Sur: desafíos institucionales*, et al. Santiago Escobar (Santiago, Chile: Friedrich Ebert Stiftung, 2007), http://library.fes.de/pdf-files/bueros/chile/04617.pdf.

Este conflicto puede expresarse básicamente en una clasificación probablemente demasiado esquemática, pero que utilizaré –a los efectos de este artículo– de tres maneras:

a) En forma de *conflicto armado violento* como lo tipifica el Derecho Internacional Humanitario (DIH), y en ese caso veremos cuáles son las limitaciones de su empleo y los modos posibles de contralor.

b) En forma de conmoción que no se pueda tipificar como el anterior pero que se exprese –como dice la normativa del DIH– a través situaciones de *tensiones internas y de disturbios interiores,* tales como los motines, los actos esporádicos y aislados de violencia y otros actos análogos.

c) En forma de una *situación que requiere de medidas excepcionales frente a una demanda social imperativa por "desborde" de los delitos comunes o de formas de criminalidad organizada con acciones violentas* (para diferenciarla de la criminalidad organizada de los delitos financieros que suelen afectar también en forma grave y masivas a nuestras sociedades pero no gozan de la misma mala prensa, y por ende del mismo nivel de demanda social para enfrentarlos que los violentos).

Todo ello nos remite necesariamente a que toda participación de las FF.AA. no puede llevar otra finalidad que no sea la de restablecer el funcionamiento de una sociedad ajustada a derecho. Toda otra finalidad que no sea la señalada no tendría el marco mínimo de legalidad que permitiese el ejercicio de ningún tipo de control.

Por ello los *mecanismos de control* deben funcionar en la lógica de esta situación. Con ello queremos decir que resulta muy difícil establecer ex–ante los controles que se pudieran desarrollar, sin atenerse al marco jurídico específico que determine en cada situación de excepción cuáles son los derechos y garantías constitucionales que la normativa específica suspende temporariamente.

Los escasos ejemplos de países que hemos podido identificar han pretendido normar los controles y límites en el empleo de las FF.AA. en situaciones de conflicto interno, muestran claramente las enormes dificultades que esto presenta.[2]

---

[2] Así por ejemplo la norma de Bolivia recurre en realidad a principios generales del derecho internacional humanitario o la de Perú que aún no ha podido ser reglamentada. En el caso de la Argentina las normas legales para el empleo- no en función de apoyo logístico- sino directo de las FF.AA. claramente las excluye de cualquier control que no sea el de sus propios mandos y el DIH.

3. Las fuerzas armadas en los conflictos armados violentos internos

Existe una normativa supranacional para estos casos, y es la aplicación de las normas del DIH cuando se corresponda con la categoría de *conflicto armado interno* y donde regirá el artículo 3 común: [3]

"1°. El presente Protocolo, que desarrolla y completa el artículo 3 común a los Convenios de Ginebra del 12 de agosto de 1949, sin modificar sus actuales condiciones de aplicación, se aplicará a todos los conflictos armados que no estén cubiertos por el artículo 1° del Protocolo adicional a los Convenios de Ginebra del 12 de agosto de 1949 relativo a la protección de las víctimas de los conflictos armados internacionales (Protocolo I) y que se desarrollen en el territorio de una Alta Parte contratante entre sus fuerzas armadas y fuerzas armadas disidentes o grupos armados organizados que, bajo la dirección de un mando responsable, ejerzan sobre una parte de dicho territorio un control tal que les permita realizar operaciones militares sostenidas y concertadas y aplicar el presente Protocolo.

2°. El presente Protocolo no se aplicará a las situaciones de tensiones internas y de disturbios interiores, tales como los motines, los actos esporádicos y aislados de violencia y otros actos análogos, que no son conflictos armados".

Este artículo ha sido varias veces explicado por la doctrina especializada en la materia, y sus autores han desglosado el artículo citado para determinar cuáles deben ser los elementos que lo configuran, llegando de manera más o menos uniforme a la siguiente conclusión: el conflicto tiene lugar en el territorio de un Estado; se oponen las fuerzas armadas de este Estado a fuerzas armadas o grupos armados que no reconocen su autoridad; estas fuerzas y grupos armados deben estar bajo el mando de una autoridad responsable; y deben ejercer un dominio sobre una parte de territorio de dicho Estado que les permita realizar operaciones militares sostenidas y concertadas, y aplicar las disposiciones de derecho humanitario del Protocolo.

En estos casos podría además preverse que el uso de las FF.AA. puede tener dos finalidades: la primera es la de *enfrentar el desafío al control del*

---

[3] Juan Manuel Valcarcel Torres, "Concepto de conflicto armado interno y seguridad jurídica" en *Revista jurídica*, Vol. X, N° 19 (enero-junio 2007), Bogotá, Colombia.

monopolio de la violencia estatal en cuyo caso regiría sólo lo establecido en el DIH; la segunda si se tratase *de dos o más grupos armados que responden a las características de territorialidad, etc. en cuyo caso la actuación podría parecerse más a una clásica OMP de separación de contendientes* mediante la instalación de una capacidad disuasoria. Se podría utilizar, además de la normativa del DIH, *reglas de empeñamiento* como las que asigna la ONU o los propios países para sus tropas en OMP. [4]

4. Las fuerzas armadas en situaciones de tensiones internas y de disturbios interiores

En estos casos, cuya delimitación no tiene la elaboración normativa taxativa del anterior, se puede apelar a un uso limitado de algunos principios del DIH. Así por ejemplo ha intentado delimitarlo Bolivia, en lo que quizás sea la más desarrollada de las normas de control existente en la región. A través del Decreto Supremo N° 27977/2005, el gobierno del Presidente Mesa (quien asumió precisamente tras una situación como la que estamos tipificando y que concluyó con el gobierno de Sanchez de Lozada con numerosos muertos y heridos) fijó una serie de principios, objetivos, limitaciones, condiciones para el uso de la fuerza y normas de empleo de la misma, que seguramente serán de interés para todos los gobiernos de la región. No tengo a la fecha referencias sobre qué ha pasado con su aplicación a casos de conflictos como el que estamos analizando, pero considero de interés mantener una observación atenta sobre la utilidad de esta norma cuando se la aplique.

En mi experiencia práctica, he utilizado algunas de ellas ante situaciones de esta naturaleza, no con las FF.AA. sino con las fuerzas antidisturbios, sean de las policías provinciales o nacionales o de las fuerzas de seguridad. En particular, el promover la participación de ONGs vinculadas a la protección de los derechos humanos en la identificación de buenas prácticas durante el control de manifestaciones, ha sido una de los más exitosas.

---

[4] Claramente este último caso podría darse frente a situaciones de intentos de separatismo donde existen fracciones opuestas en condiciones de llevar a cabo actos de violencia.

5. Intervención de las fuerzas armadas por "desborde" de los delitos comunes o de formas de criminalidad organizada con acciones violentas

En una tercera posibilidad, el empleo de las fuerzas armadas sería para enfrentar la emergencia social señalada, frente a tasas de delito insoportables para la población. Si he utilizado el concepto de "demanda social" y "desborde", es porque considero que no podemos aceptar como normal esta situación, cuyos orígenes de manipulación política son más que evidentes en nuestra región.

Por un lado, los excelentes estudios del ILANUD para la región demostraron con creces la íntima vinculación entre el incremento del delito durante el período 80/2000 y el crecimiento de la inequidad impulsada por el modelo neoliberal y que nos llevó al tope mundial en la materia. Por otro, tampoco podemos olvidar que puede observarse cómo las políticas para enfrentar las tasas crecientes de delito violento basadas en la represión muestran su fracaso evidente, en países que han podido dedicar a tales modelos inversiones económicas de un nivel imposible en la región. Así por ejemplo, los Estados Unidos sólo lograron alcanzar el récord de cantidad de presos por habitante, sin que sus tasas de criminalidad en las grandes ciudades puedan bajar al nivel que hoy tienen Buenos Aires, Santiago o Montevideo, para no comparar con las urbes europeas que aplicaron un modelo totalmente diferentes y tienen las tasas de criminalidad más bajas del orbe.

Pero como precisamente en esas localidades del cono sur las "demandas" por "desbordes" generan la misma presión sobre los gobiernos, para adaptar esos modelos represivos que las que existen en lugares donde las tasas son diez veces mayores como Guatemala o Honduras, queda palmariamente demostrada la manipulación política que la derecha en todos los países hace del tema a través de su dominio sobre los medios de comunicación. Resulta imposible, por ejemplo, que cualquier ciudadano de Buenos Aires *crea* en las estadísticas del FBI que plantean que los homicidios cada cien mil habitantes son mayores en Montevideo que en Buenos Aires.

Por otra parte, y considerando que todas las sociedades cuentan con instituciones de carácter policial para esta finalidad, el empleo de las FF.AA. supone siempre una situación de excepción. Aquí creemos que se debe remarcar el riesgo de transformar en "natural" lo que claramente debe ser "excepción" y que habitualmente definimos como la "militarización" del problema de la inseguridad.[5]

6. El control de daños

Es por ello que el enfoque que pretende este trabajo pasa más por identificar lo que podríamos llamar —usando una vieja metáfora marinera— el ejercicio del control de daños.

Y cuáles son esos daños a prevenir:

a) Si está aceptado que en países con una larga tradición de intervencionismo militar cómo son los de la América Latina, la recurrencia a las FF.AA. en asuntos de seguridad interna supone incrementar su presencia en la esfera de la vida cotidiana, y ello lleva a recuperar espacios de poder con la posibilidad de que termine en casos de claro intervencionismo, todas las acciones que se pueden prever deberían ir dirigidas precisamente a impedir que ello suceda.

b) Si también está probado que la búsqueda de mayor nivel de seguridad centrada en el incremento de la política represiva (más policías, más tecnologías, más ramas, más penas, más cárceles) conduce al aumento de la violencia[6], y por ende a las violaciones a los derechos humanos de víctimas y victimarios, algunos de los modos de control deberían ir en esta dirección.

c) La utilización de las FF.AA. en contacto directo con las problemáticas sociales de injusticia y marginalidad tiende a convertir a los militares en agentes del cambio social[7], proclives a soluciones drás-

---

[5] Francisco Rojas Aravena, "El Crimen Organizado Internacional: Una grave amenaza a la democracia en América Latina y el Caribe", en *II Informe del Secretario General* (San José, Costa Rica, FLACSO - Secretaría General, 2006), http://www.flacso.org/uploads/media/II-informeSG.pdf.

[6] Marcos Rolim, "La seguridad como desafío moderno a los derechos humanos", en *Seguridad pública en los países del Conos Sur: desafíos institucionales*, et al. Santiago Escobar, analiza cómo esto sucede para el caso de San Pablo en Brasil.

[7] Si bien sobre esto podrían mencionarse muchísimos ejemplos, algunos incluso de carácter personal mientras formé parte del ejército en mi país, el caso paradigmático es lo que sucedió en Venezuela cuando en el caracazo se empleó a los militares en la represión. Ése es el punto de partida del nacimiento de la idea de la revolución bolivariana en los jóvenes oficiales, como lo cuenta el propio Hugo Chávez.

ticas para esos problemas crónicos de nuestra región, la más desigual del planeta.

d) También sabemos que el contacto con la criminalidad –en particular con la organizada– suele afectar los comportamientos éticos de quienes los enfrentan, generando mayores posibilidades de corrupción en las fuerzas, ya que sus sistemas de control interno no tienen la experiencia de los de las policías en enfrentar estos asuntos. (independientemente de cuán eficientes sean éstos, al menos saben cómo se debería hacer).

7. Conclusiones

Por todo lo expuesto, debería pensarse en algunas de las siguientes medidas:

- *La conducción de las operaciones debe estar en manos de las autoridades políticas ligadas al campo de la seguridad pública* (ministerios de gobernación, interior, justicia, seguridad pública) y no a los ministerios de defensa.[8] Son las autoridades políticas las primeras responsables por el uso de la máxima capacidad estatal de fuerza frente a los delitos. A ellas les corresponde fijar con la máxima claridad los alcances y límites de la acción de las FF.AA.

- *La inteligencia debe ser proporcionada por órganos de nivel político gubernamental* que conduzcan los esfuerzos de los demás organismos, para evitar el uso espúreo que esta tarea suele conllevar tanto por parte de las policías como de las FF.AA.

- Establecer la *participación de organismos gubernamentales y ong´s* vinculadas a los derechos humanos en la identificación de buenas y malas prácticas que permitan morigerar los daños que el uso de un mayor nivel de violencia pueda causar.

- Un punto mucho más polémico *es la capacitación de las FF.AA.* en el manejo de los instrumentos jurídicos con que se enfrenta el delito, es decir los códigos penales y procesales. En este caso, estamos en realidad transformando a las FF.AA. en policías, y para ello

---

[8] Quizás aquí valga señalar la experiencia personal cuando tuve a mi cargo la coordinación de la seguridad de la Cumbre de las Américas en Mar del Plata 2005, donde todo fue conducido por el Ministro del Interior con la anuencia del Ministro de Defensa. Las FF.AA. cooperaron más que eficazmente para el diseño de seguridad establecido por la Secretaría de Seguridad Interior y conducido a nivel táctico por la Policía Federal.

sería más lógica la *creación de fuerzas de seguridad militarizadas* al estilo de la gendarmería argentina o los carabineros chilenos, si es que el problema pasa por el volumen de fuego de algunas organizaciones criminales o la capacitación específica para el control de grandes manifestaciones. Ésta es sin duda la respuesta más adecuada ante las emergencias en materia de seguridad pública y su armado es técnicamente sencillo. Puede irse por el camino brasileño de policías militares estaduales a una Fuerza de seguridad a nivel nacional, o por el argentino, que consistió en la paulatina especialización de un grupo de hombres del ejército en el manejo de la violencia, pero con los marcos de la legislación penal en tanto fuerza de prevención y a la vez auxiliar de la justicia.

-   La participación de las FF.AA. deberá ser *escalonada y previendo desde el inicio quién y cómo participa en cada momento.* Así, el apoyo logístico inicial o el uso disuasivo o directamente de su capacidad de fuego debería ser indicado en relación con cada situación, y en particular con la relación que las FF.AA. deberán tener en cada gradiente con sus propias autoridades o con las del sistema de seguridad y justicia. Por ejemplo, es claro que en la primera pueden ser afectadas bajo mando ajeno; en las otras dos, en cambio, las relaciones deben ser más complejas y en lo posible claramente definidas de antemano.

-   Existe la posibilidad de estudiar una figura como la del *relator operacional,* como una exigencia de transparencia pero a su vez de protección también para el propio hombre de las FF.AA. que debe participar en este tipo de operaciones.

Lo más importante frente a este tema deberá ser el intercambio permanente de observaciones, que permitan ejercer el monitoreo del uso de las FF.AA. en términos de eficacia y eficiencia, en los distintos tipos de conflictos internos. Así como los modos de control de daños, para poder generar una doctrina de cada país al respecto que, reconociendo las diferentes problemáticas históricas y sociales de nuestros países, pueda garantizar que no recomencemos, vía la militarización de la respuesta a problemas de naturaleza social, con un nuevo ciclo de interrupciones a la vida democrática en la región.

Perú: La ley sobre reglas de empleo de la fuerza por parte de las Fuerzas Armadas en el territorio nacional

Renzo Chiri Márquez[*]

1. Antecedentes y situación actual

Durante los años 80 y hasta bien entrado los 90 del pasado siglo XX, la sociedad y la democracia peruanas sufrieron el violento ataque de las organización terrorista maoísta Sendero Luminoso, con un saldo de miles de muertos, heridos y desaparecidos, y miles de millones de dólares en infraestructura destruidos.

Los gobiernos democráticos de aquella época determinaron el despliegue de las fuerzas armadas para enfrentar militarmente a un adversario feroz y sanguinario. Tras años de lucha y sacrificio, Sendero Luminoso fue finalmente derrotado política y militarmente, siendo reducido a su mínima expresión. Fue así que, mientras el capturado líder senderista Abimael Guzmán pedía un "acuerdo de paz" y "avanzar hacia una solución política", sus diezmadas huestes se replegaban para escapar de las

---

[*] Abogado graduado en la Universidad de Lima. Diploma de Especialización en Derecho Constitucional y Ciencia Política en el Centro de Estudios Constitucionales (CEC) de Madrid, España. Fue Comisionado del Defensor del Pueblo del Perú, Secretario General de la Comisión Andina de Juristas (CAJ) e integrante del Consejo Directivo del Consejo Nacional para la Ética Pública (PROÉTICA), 2002 a 2006. Miembro del Instituto de Estudios Políticos y Estratégicos (IDEPE). A diciembre de 2009 revistaba como Secretario General del Ministerio de Defensa del Perú.

fuerzas del orden, buscando refugio al amparo de la agreste geografía de la zona del Alto Huallaga y en el Valle de los Ríos Apurimac y Ene (VRAE). Dichos remanentes armados permanecieron virtualmente inactivos por años. La mayoría de las veces su accionar se limitaba a la toma de centros poblados, a fin de abastecerse de víveres y medicinas para luego retirarse sin ejercer violencia.

No obstante la esforzada y sacrificada labor de las fuerzas armadas en dicho proceso, su participación ante un enemigo para el cual no estaba preparado, y sin un marco legal que estableciera con precisión los límites de su intervención, generó excesos que determinaron consecuencias judiciales, muchas de las cuales continúan vigentes hasta la actualidad.

Desde finales de 2005, los remanentes senderistas liderados por los camaradas *José* y *Alipio* en la zona del VRAE, han incrementado peligrosamente su actividad fortalecidos por su alianza con el narcotráfico, que opera en esos mismos lugares. Si bien es claro que el Sendero Luminoso de hoy –muy disminuido y focalizado– no tiene las dimensiones de aquel de los 80 ó 90, esto no puede llevar al inmovilismo o, peor aún, a subestimar el accionar de sus remanentes.

Hoy por hoy, los grupos senderistas combinan el asalto, la extorsión y el homicidio selectivo, con otras acciones delictivas como el tráfico ilícito de drogas. Todo ello ha motivado que las provincias que comprenden la zona del VRAE se encuentren declaradas en emergencia y bajo control del orden público por parte de las fuerzas armadas, conforme lo previsto por los artículos 137°-1[1] y 165°[2] de la Constitución Política del Perú.

---

[1] República del Perú, *Constitución Política del Perú* (Lima: Asamblea Constituyente, 1993), art. 137: "El Presidente de la República, con acuerdo del Consejo de Ministros, puede decretar, por plazo determinado, en todo el territorio nacional, o en parte de él, y dando cuenta al Congreso o a la Comisión Permanente, los estados de excepción que en este artículo se contemplan: 1. Estado de emergencia, en caso de perturbación de la paz o del orden interno, de catástrofe o de graves circunstancias que afecten la vida de la Nación. En esta eventualidad, puede restringirse o suspenderse el ejercicio de los derechos constitucionales relativos a la libertad y la seguridad personales, la inviolabilidad del domicilio, y la libertad de reunión y de tránsito en el territorio comprendidos en los incisos 9, 11 y 12 del artículo 2° y en el inciso 24, apartado f del mismo artículo. En ninguna circunstancia se puede desterrar a nadie (…)".

[2] República del Perú, *Constitución Política del Perú,* art. 165: "Las Fuerzas Armadas están constituidas por el Ejército, la Marina de Guerra y la Fuerza Aérea. Tienen como finalidad primordial garantizar la independencia, la soberanía y la integridad territorial de la República. Asumen el control del orden interno de conformidad con el artículo 137° de la Constitución."

En ese contexto, y debido a que en ciertas ocasiones diversos grupos sociales han llevado sus protestas particulares al punto de generar una violencia tal que, en determinados casos, ha sobrepasado la capacidad operativa de la Policía Nacional, se ha evaluado la intervención de las fuerzas armadas en apoyo a la fuerza pública, a efectos de proteger a la población de las amenazas contra su seguridad, y garantizar el derecho ciudadano a vivir en paz y tranquilidad.

En vista de que las fuerzas armadas tienen una estructura organizacional y capacidad militar para fines de defensa nacional, las cuales difieren de la preparación y equipamiento de la Policía Nacional, se ha visto necesario establecer un marco jurídico que regule de manera precisa, mediante Reglas para el Empleo de la Fuerza (REF), el accionar de los miembros de las fuerzas armadas cuando actúan en protección de las personas, bienes y seguridad pública, y para garantizar que las operaciones y acciones militares se enmarquen en las disposiciones constitucionales y legales vigentes.

2. La Ley N° 29.166, del empleo de la fuerza por parte de las fuerzas armadas

Durante la primera legislatura del año 2007, el Congreso de la República aprobó la denominada *"Ley de reglas de empleo de la fuerza por parte de las fuerzas armadas"*. Esta norma fue producto del trabajo coordinado entre el Ministerio de Defensa, a través del Comando Conjunto de las Fuerzas Armadas (CCFFAA), y los miembros de la Comisión de Defensa Nacional del Parlamento. Durante su formulación participaron también los Comandos Operacionales, personal a cargo del cumplimiento de las acciones militares. Asimismo, se recibieron valiosos aportes y recomendaciones por parte del Comité Internacional de la Cruz Roja (CICR).

La norma establece el marco legal que regula el uso de la fuerza y armas de reglamento por parte de los miembros de las FF.AA. en los siguientes supuestos: a) cumplimiento de actos de servicio; b) ejercicio del derecho de legítima defensa; o, c) en respuesta ante un acto hostil o amenaza de su ocurrencia.

Sin duda, la aprobación de este dispositivo legal contribuye a que los miembros de las instituciones armadas cumplan a cabalidad y sin temor a indebidos procesamientos judiciales, con la misión constitucional conferida: protección de la soberanía e integridad territorial de la República. Permite así la protección de su integridad física, cuanto la del personal a su cargo y de la colectividad en general, puesto que legitima el uso de la fuerza ante quienes pretendan vulnerar la seguridad nacional o –siempre que la autoridad política lo disponga– cuando participen en el restablecimiento del orden interno.

La indicada ley no constituye "carta blanca para desenfundar el arma", puesto que solamente protege al personal militar en el cumplimiento de actos de servicio y, siempre que sea respetuoso de los principios consignados en su articulado, concretamente los de *legalidad, necesidad, proporcionalidad, inmediatez, obligatoriedad y razonabilidad,* los mismos que tienen carácter obligatorio para la protección que el Estado les confiere.

La ley establece con meridiana claridad que todo superior que asigne a las tropas a sus órdenes una misión orientada a la contribución del mantenimiento y restablecimiento del orden interno a través de operaciones o acciones militares, debe tener presente que la participación de las fuerzas armadas conlleva al uso de las armas, y que por lo tanto deberá incluir puntualmente en sus directivas y órdenes las reglas de empleo de la fuerza a aplicarse a la situación concreta.

Es muy importante señalar que las reglas de empleo de la fuerza han sido formuladas valorando la experiencia comparada en la materia, concretamente los *"Principios Básicos sobre el Empleo de la Fuerza y de Armas de Fuego por los Funcionarios Encargados de Hacer Cumplir la Ley",* de la Organización de las Naciones Unidas, adoptados el 7 de setiembre de 1990, en La Habana, Cuba, en el VIII Congreso de la ONU sobre la Prevención del Delito.

En el contexto sudamericano más de un país cuenta con un referente legal de esta naturaleza. Sirva a título ilustrativo afirmar que Colombia, a través del Ministerio de Defensa Nacional, expidió la Directiva Permanente N° 10, del 6 de junio de 2007, la misma que establece las políticas y procedimientos que deben cumplir los miembros de las fuerzas militares, en tanto autoridades responsables de cumplir y hacer cumplir la Constitución y la Ley. El apartado de disposiciones (dice consideraciones) generales de la citada norma establece, de manera inequívoca, la legitimidad en el uso de las armas de reglamento por parte de los miembros de las fuerzas armadas, incluyendo que:

"Las bajas producidas en combate y como consecuencia del uso proporcional de la fuerza son legítimas y se enmarcan dentro del Derecho Internacional Humanitario, siempre y cuando se trate de personas que participan directamente en las hostilidades".[3]

---

[3] Ministerio de Defensa Nacional, *Directiva Permanente N° 10*, 6 de junio, 2007, http://www.ejercito.mil.co/?idcategoria=193806

La norma sustantiva en materia penal (el Código Penal), prevé en su artículo 20°, una serie de supuestos sobre quien "*Está exento de responsabilidad penal*" Uno de estos establece que no existe responsabilidad penal en aquel que "obra por disposición de la ley, en cumplimiento de un deber o en el ejercicio legítimo de un derecho, oficio o cargo" (el n° 8). Por tanto, la Ley de reglas del empleo de la fuerza constituye norma específica para sus miembros, en atención a la función que estas cumplen y, en respeto estricto de la norma legal penal más importante del Estado.

En el mes de julio del 2008, a través del Decreto Supremo N° 012-2008-DE-CCFFAA, el Poder Ejecutivo aprobó el Reglamento de la Ley 29.166. Allí se precisan los conceptos fundamentales recogidos en la ley, y se desarrollan con amplitud y detalle las reglas de empleo de la fuerza previstas para cada situación.

3. Consideraciones Finales

Resulta interesante mencionar que la sanción por parte del Legislativo de la mencionada ley suscitó diversas críticas y algunas reacciones airadas, tanto desde sectores políticos vinculados a la derecha militarista, como por parte de algunas organizaciones de derechos humanos ligados a la izquierda tradicional. Los primeros consideran que la "reglamentación taxativa" según cada situación constituye un exceso que encorseta a las fuerzas armadas, y que puede devenir en un obstáculo para el eficaz cumplimiento de su misión. Mientras que los segundos piensan que la norma tiene como verdadera finalidad lograr la impunidad de los militares frente a eventuales situaciones de violación de los derechos humanos.

Cabe señalar que tras casi dos años de vigencia de la referida ley, el Tribunal Constitucional del Perú resolvió el 9 de septiembre del 2009, una Acción de Inconstitucionalidad planteada contra la misma por un grupo de parlamentarios.[4] Dicha sentencia declara infundada la mayor parte de las pretensiones de los demandantes, pero declara como inconstitucionales dos aspectos de la ley. El primero, meramente formal, declaró que debía incorporarse en el artículo 10° de la ley el término *"capacidad del grupo hostil"* en sustitución de la frase *"capacidad del enemigo"*. El segundo resulta el más importante, al disponer que el legislador (el Congreso de la República), expida una norma modificando el segundo pá-

---

[4] La acción de inconstitucionalidad fue presentada por el grupo parlamentario del Partido Nacionalista del dirigente político Ollanta Humala.

rrafo del artículo 7º de la Ley, de acuerdo con los principios de la ONU sobre la materia.

Desde nuestro punto de vista y más allá de las opiniones que se pueden generar al calor del debate político, desde una perspectiva jurídica la referida sentencia representa un importante respaldo a la ley. Lo central de la sentencia, más allá de los aspectos puntuales declarados inconstitucionales los cuales deberán subsanarse, es que el pronunciamiento del Tribunal preserva la norma en su esencia y espíritu, ya que no proscribe el uso de la fuerza letal por parte de las fuerzas armadas sino que establece que ésta debe ser la medida de último recurso. Pero por otro lado, y no menos importante, la sentencia reconoce la importancia de que las fuerzas armadas participen en la lucha contra el narcotráfico y terrorismo en el marco establecido por la Constitución y el Derecho Internacional de los Derechos Humanos.

Resulta claro que el marco constitucional que orienta las reglas de empleo de la fuerza se fundamenta en considerar a la persona humana como fin supremo de la sociedad y del Estado, tanto para su protección y seguridad, como cuando el Estado –a través del personal militar–, asume la obligación de hacer uso de la fuerza con una naturaleza que es de por sí limitada.

En tal sentido, conforme a la doctrina y los tratados internacionales sobre derechos humanos de los que el Perú es parte, si bien se reconoce que el Estado en determinadas circunstancias puede declarar el estado de emergencia y suspender algunos de los derechos constitucionales, el derecho a la vida se mantiene como un núcleo inderogable entre ellos, que debe ser respetado, sin perjuicio que se pueda hacer uso del derecho de legítima defensa en circunstancias específicas y extremas.

Por todo ello, y pese al debate jurídico-político suscitado, la ley de reglas de empleo de la fuerza está llamada a convertirse en un medio eficaz para que el Estado regule la intervención de las fuerzas armadas en el control del orden interno, otorgando a sus miembros un marco legal que brinde seguridad jurídica a su accionar, cubriendo a su vez un vacío existente en el sistema jurídico peruano.

El control del uso de la fuerza en los conflictos internos. El caso colombiano

Alejo Vargas Velásquez[*]

1. Reflexiones conceptuales

El poder del Estado se fundamenta en una mezcla de consenso y coerción, pero éste debe ser ejercido dentro de un marco legal y con un nivel aceptable de eficacia. Para la materialización de ese poder las fuerzas armadas son una institución fundamental, que en un régimen democrático deben estar subordinadas al poder político civil, quien tiene el derecho y el deber de orientarlas y conducirlas políticamente en su actuación.

Esto debe situar en el marco de las relaciones civiles-militares, que en una democracia se expresan por lo menos en tres dimensiones: a) la relación entre las autoridades democráticamente electas y las instituciones militares y policiales –que debe estar caracterizada por la subordinación de éstas a la autoridad civil–; b) la relación entre las fuerzas políticas legalmente existentes y la Fuerza Pública[1] –que debe estar definida por un trato respetuoso de las instituciones militares y policiales con la diversidad de expresiones políticas de la sociedad– y c) las relaciones entre la sociedad y la Fuerza Pública –que son las que definen los niveles de legitimidad o aceptación social–.

---

[*] Profesor Titular Universidad Nacional de Colombia. Director Grupo de Investigación en Seguridad y Defensa. Miembro de la Junta Directiva de RESDAL.

[1] En la Constitución colombiana la Fuerza Pública está conformada por las Fuerzas Militares –Ejército, Fuerza Aérea y Armada Nacional– y por la Policía Nacional.

En un régimen presidencialista, la subordinación se da en cabeza del Presidente de la República, quien la delega en su Ministro(a) de la Defensa. Pero esto conlleva una responsabilidad de parte de los gobernantes civiles: tener la capacidad y el tacto para orientar políticamente a las fuerzas armadas; es decir, contribuir a diseñar e implementar la estrategia general como parte de las políticas públicas del Estado. La conducción operativa de las fuerzas armadas sí debe ser responsabilidad de los comandantes de fuerza y de la estructura de mando de las mismas.

2. Algunos elementos de contexto

Situar el tema del control civil de la Fuerza Pública en el caso colombiano requiere tener en consideración, por lo menos, los siguientes elementos de orden contextual:

a) Un estrecho alineamiento en el largo plazo de las élites colombianas con Estados Unidos, que se remonta a la primera mitad del siglo XX y que explica por qué Colombia es el único país de la región que participa en el decenio de los 50 en la guerra de Corea con el Batallón Colombia y, a solicitud de Estados Unidos, y luego de la crisis del Canal del Suez, como parte de la Fuerza de Emergencia de las Naciones Unidas (FENU) entre 1956 y 1958. Ello ha influido no solamente en su política de relaciones exteriores, sino igualmente en la de seguridad y defensa.

b) Una distinción poro clara entre la seguridad y la defensa. El hecho de no haber existido una amenaza externa relevante en el último medio siglo (en la primera mitad del siglo XX las fuerzas armadas colombianas tuvieron un enfrentamiento con las peruanas en la denominada guerra colombo-peruana de 1932, que produjo escasos choques armados), llevó a que los temas de seguridad y defensa se vieran de manera indiferenciada y casi exclusivamente en términos de seguridad interior y menos de defensa externa (este tema sólo emerge, pero sin gran relevancia, a finales de los 80 del siglo anterior, cuando se plantea un incidente entre una fragata colombiana y naves de Venezuela en áreas marinas no claramente delimitadas). Por ello, las amenazas relevantes para las fuerzas armadas colombianas han sido en su orden el bandolerismo como remanente de la violencia liberal-conservadora de mediados del siglo anterior, luego el surgimiento de las guerrillas marxistas al inicio de los 60, y posteriormente el narcotráfico.

c) Colombia vive desde los 60 un conflicto interno armado, en el cual los protagonistas centrales, dentro de los grupos irregulares, han sido las guerrillas de las FARC, el ELN y el EPL[2] y los grupos paramilitares que emergen con fuerza desde inicios de los 80. Posteriormente el narcotráfico se convertirá en un factor de potenciación de los diversos actores armados. Este conflicto interno armado, con sus tendencias a degradarse, narcotizarse y a regionalizarse hacia la región andina ampliada, persiste hasta el momento. Con grupos guerrilleros disminuidos y marginalizados, es verdad, pero con capacidad de causar daño, a pesar de los esfuerzos de los últimos gobiernos colombianos por fortalecer la Fuerza Pública.

3. Cambios con la Constitución de 1991

En Colombia, históricamente, se dio un abandono o despreocupación de los civiles (comenzando por las élites políticas, pero en general por toda la sociedad), en relación al tema de seguridad y defensa, que es asimilado tradicionalmente a la expresión "orden público", dejándolo en manos exclusivas de las Fuerzas Militares. Se trata, sin duda, de una renuncia a ocuparse de un problema muy importante y de cada vez mayor centralidad en las sociedades contemporáneas.

Con el inicio del Frente Nacional (1958-1974) quedó definido un modelo de relaciones entre los gobernantes civiles y las fuerzas militares, basado en que los militares no se mezclarían en los asuntos de los partidos políticos y del gobierno, y los civiles no lo harían en los asuntos de "orden público", es decir en seguridad y defensa. Así se diseñó un estilo de relaciones civiles-militares, útil en su momento, con las siguientes dos características: una, la clara subordinación formal de las fuerzas armadas al poder civil democráticamente electo, acompañado de la necesaria profesionalización de la institución militar (que en el caso colombiano venía avanzando desde comienzos del siglo XX); y en segundo lugar, la despartidización de la institución militar para que no se viera involucrada en la controversia política partidista. Sin embargo, este diseño terminó siendo inconveniente, por cuanto dejó en cabeza de las fuerzas armadas un

---

[2] Estas tres guerrillas se consideran las guerrillas históricas o de "primera generación"; luego, en los años '70, surgen otras guerrillas, dentro de las cuales se destacaron el Movimiento 19 de Abril (M-19) y la guerrilla indígena: Movimiento Armado Quintín Lame.

tema que compete al conjunto del Estado, materializando un alto nivel de autonomía real en este campo.

La Constitución de 1991 en lo relacionado con la Fuerza Pública, plantea lo siguiente:

- Incluye fuero militar a la policía por acciones del servicio, a pesar de que se señala que la Policía Nacional es un "cuerpo armado permanente de naturaleza civil".

- Se señala a las fuerzas armadas como competentes para la seguridad externa y el orden público.

- El Presidente es el Comandante Supremo de las Fuerzas Armadas, y se le adiciona la subordinación de los niveles regional y local.

- Se da función al poder legislativo para fijar el régimen salarial y prestacional de los miembros de la Fuerza Pública.

- Sigue existiendo confusión entre las funciones de fuerzas militares y policía.

- Se excluye la posibilidad del derecho de asociación sindical.

- Se establece la promoción y formación de los miembros de las fuerzas para un Estado democrático.

- La Fiscalía General tiene competencia para juzgar a altos mandos militares por delitos comunes.

- Se mantiene el control fiscal de la Contraloría General de la República y el control de la Procuraduría General de la Nación, y el Consejo de Estado por acciones indebidas de los miembros de las fuerzas armadas.

Sin embargo, de la Carta se derivan ciertos criterios del control constitucional.[3] La Corte Constitucional afirma de manera reiterada que es indispensable garantizar las condiciones necesarias para que la Fuerza Pública pueda cumplir efectivamente con la misión que le fue asignada por la Carta Política, esto es, la de proteger a la población. Para lo cual es necesario que cuente con los instrumentos jurídicos y materiales indispensables para reprimir, con la fuerza y la contundencia apropiada, las acciones violentas de quienes pretenden socavar el orden constitucional. Por tanto, corresponde al Presidente de la República jugar un papel central en este sentido, pues una de sus funciones principales es la de conservar el orden público en todo el territorio nacional, así como restable-

---

[3] Esta parte del trabajo está altamente inspirada en texto de Manuel José Cepeda, "La Corte Constitucional y el Orden Público: Mitos y Realidades", en *Instituciones Civiles y Militares en la política de Seguridad Democrática*, ed. Fernando Cepeda Ulloa (Bogotá: Embajada de los Estados Unidos de América en Colombia, 2004).

cerlo donde fuera turbado. Asimismo, el Presidente detenta la calidad constitucional de Comandante Supremo de las Fuerzas Armadas, en virtud de la cual corresponde dirigir la fuerza pública, así como conducir las operaciones de guerra. La Constitución no sólo permite sino que exige que la autoridad legítima se imponga en todo el territorio nacional, pero prohíbe que tal autoridad se salga de los marcos en que se funda su legitimidad y se convierta en ejercicio arbitrario o abusivo del poder. Por tanto, en fin de mantener la legitimidad democrática, para preservar el equilibrio, la Corte tiene en cuenta cuatro límites básicos a las políticas y planes en materia de seguridad y defensa:

1) La prohibición de afectar de forma desproporcionada los derechos fundamentales de las personas (Art. 1 y 214 de la Constitución). El respeto por la dignidad humana y el deber estatal de proteger a las personas hacen que la preservación de los derechos fundamentales sea parte esencial del interés general; la preservación del orden público y el mantenimiento de condiciones de seguridad son un presupuesto del goce efectivo de tales derechos.

2) El principio de distinción, consagrado por el derecho internacional humanitario e incorporado al orden interno en virtud de los artículos 93 y 214 de la Carta Política. Este principio obliga a distinguir entre quienes tienen la calidad de combatientes y quienes no la tienen, y ordena que los no combatientes no sean objetivo de acciones bélicas. Si bien las estrategias y políticas de seguridad y defensa pueden exigir la colaboración de los particulares, a través de mecanismos de cooperación con la administración de justicia o con la fuerza pública, tales deberes no pueden ubicar a las personas en una posición tal que las obligue a alinearse con una de las partes en el conflicto y exponerse indebidamente, en consecuencia, a los ataques de la otra parte en la confrontación.

3) La separación de poderes, y su consecuencia necesaria en un Estado democrático de derecho, a saber, la necesidad de respetar la independencia de las ramas y el sistema de frenos y contrapesos para que la actividad de las distintas ramas y órganos del poder público esté recíprocamente limitada, y se encuentre sometida a los diversos controles previstos por la Constitución y la ley. En esa medida, la Corte ha admitido que corresponde al Presidente de la República una responsabilidad central dentro de la función de conservar el orden público, y que los diversos órganos del Estado deben colaborar armónicamente para la realización de este fin.

> Pero que las políticas y programas de seguridad y defensa no pueden llegar al extremo de sujetar a todos los organismos del Estado a la voluntad del gobierno, puesto que ello vulnera el principio de separación de poderes. Este principio está también relacionado con el carácter profesional de la Fuerza Pública y la naturaleza exclusiva de la función a ella asignada, que no puede ser delegada en otros órganos del Estado, ni en los particulares.

4) Por último, el límite de la subordinación del poder militar al poder civil. Es indispensable que el uso de las armas sea monopolizado por el Estado, y que tal monopolio sea asignado a un cuerpo profesional público que asegure la convivencia pacífica mediante el ejercicio legítimo de la coacción. Pero la Constitución también ordena que la Fuerza Pública se encuentre sometida a la dirección del poder civil, para asegurar que el Presidente de la República, elegido por el pueblo, adopte las decisiones de alto contenido político y estratégico en materia de orden público.

Posteriormente a la Constitución de 1991, y con el nombramiento del primer Ministro de Defensa civil, comienza el proceso de cambio del esquema de relaciones entre gobernantes civiles y militares. Se considera que los gobernantes civiles asuman la responsabilidad política de la definición y conducción de las políticas de seguridad y defensa. Esto implica que los civiles en dichos cargos conozcan de los temas pertinentes para que tengan reconocimiento y legitimidad de los militares. Y a decir verdad, en los distintos gobiernos se ha fallado en lograr una coordinación real entre civiles y militares para el desarrollo de una política articulada; lo cual es mucho más que unas reuniones formales y periódicas entre funcionarios civiles y militares.

Un liderazgo civil eficiente y legítimo requiere mínimamente de capacidades administrativas, conocimiento de la problemática de amenazas y riesgos existentes y de las respuestas posibles a los mismos, y confianza que se construye en una adecuada relación entre civiles y militares. No es suficiente tener la legalidad. Es necesario, adicionalmente, ganar un nivel de confianza y credibilidad para que haya un trabajo armónico; en esa medida la subordinación militar al poder civil será real y el trabajo complementario. En esto puede incidir, negativamente, el desconocimiento por los civiles de las culturas organizacionales que regulan las relaciones en el interior de las fuerzas armadas, o lo que otros denominan protocolos institucionales.

Un punto de partida importante puede ser la definición conjunta, entre civiles y militares, de la Estrategia de Seguridad, precisando claramente las amenazas y riesgos prioritarios, los objetivos y los instrumentos para lograrlos. Que defina igualmente responsabilidades entre civiles y militares en la gestión y el cumplimiento de la misma, asumiendo una corresponsabilidad. Si los civiles son los conductores políticos de la estrategia de seguridad y defensa, son también corresponsables de los éxitos y de sus eventuales fracasos.

Si bien es entendible que después de una larga tradición de trabajo separado entre civiles y militares, es normal que haya tensiones cuando se trata de asumir efectivamente el control civil en la conducción de la política de seguridad y defensa, también es cierto que saber manejar las relaciones cotidianas, tomando en consideración las tradiciones institucionales, ayudaría mucho a construir una relación necesaria de colaboración.[4]

4. Algunas fallas graves en la operación de la Fuerza Pública

Han existido fallas graves en el campo del respeto a los derechos humanos; especialmente queremos destacar dos problemáticas:

a. El desplazamiento forzado, tanto por el hecho de que en algún porcentaje es producido por la Fuerza Pública –minoritario, hay que reconocerlo–, como por el hecho de que la política de seguridad y defensa ha sido incapaz de evitarlo. Las cifras oficiales del

---

[4] Es importante destacar el esfuerzo realizado en los últimos dos años para contar con una Ley de Seguridad y Defensa, cuyo proyecto de ley preliminar fue redactado por una Comisión plural de académicos, ex militares y funcionarios del Ministerio de Defensa, que parte de los siguientes principios: legitimidad, separación de poderes, subordinación, coordinación entre ejército y policía, protección, integridad, respecto a los derechos humanos y cooperación internacional. El proyecto define la seguridad y la defensa de la siguiente manera en su artículo 5:

"*a. Seguridad. Es un bien público fundamental que propende por los valores democráticos, el bienestar y la convivencia del pueblo, el desarrollo de las potencialidades de la sociedad y la afirmación del Estado Social de Derecho. La Seguridad es integral y su responsabilidad es del Estado y, en desarrollo de los deberes constitucionales, excepcionalmente y de manera temporal lo es también de la sociedad.*"

"*b. Defensa. Es la capacidad que tiene el Estado para salvaguardar la soberanía, la independencia, la integridad del territorio nacional y el orden constitucional frente a riesgos, amenazas y agresiones internas y externas.*"

Ministerio de Defensa[5] hablan de 2.121.406 desplazados forzados entre 2002 y agosto de 2009. Las cifras de ONGs que siguen el tema de manera sistemática son superiores.

b. Los llamados "falsos positivos" (eufemismo para encubrir asesinatos de civiles inocentes presentados como supuestos "miembros de grupos subversivos dados de baja en combate"). Originó la salida de un importante grupo de miembros del Ejército y la posterior renuncia del Comandante de esta fuerza; ha puesto un gran interrogante acerca de una institución estatal que justamente se encontraba en la cúspide de su aceptación, debido a los éxitos militares que venía reportando en los últimos meses. Las cifras que al respecto da la Fiscalía General de la Nación señalan que "por ahora dejan un saldo de 2.077 colombianos asesinados: 59 de ellos eran menores de edad y 122, mujeres. (…) Por esos casos, hay 137 condenas contra militares y 396 tienen órdenes de captura."[6] Igualmente, la Procuraduría General de la Nación reporta acciones investigativas en relación con miembros de las Fuerzas Armadas: "Durante los últimos siete años, el Ministerio Público ha abierto 1.274 investigaciones contra 2.965 miembros del Ejército. Los militares investigados hacen parte de 35 brigadas (diez de ellas móviles); 481 son oficiales, entre ellos 14 coroneles; 1.026 son suboficiales y 1.458, soldados."[7] Se han establecido correctivos en el Ministerio de Defensa y en la Fuerza Pública, y todo indica que hay una disminución sensible de denuncias de este tipo de casos en 2009.[8]

---

[5] Ministerio de Defensa, *Logros de la Política de Consolidación de la Seguridad Democrática – PCSD* (Bogotá: Dirección de Estudios Sectoriales. Grupo de Información Estadística, agosto de 2009).

[6] Redacción Justicia y Unidad Investigativa, "Más de 2.000 colombianos habrían sido asesinados por falsos positivos, según informe de la Fiscalía", Bogotá, *Diario El Tiempo*, 18 de octubre, 2009.

[7] "Más de 2.000 colombianos habrían sido asesinados por falsos positivos, según informe de la Fiscalía", *El tiempo*,18 de octubre, 2009 http://www.eltiempo.com/colombia/justicia/ARTICULO-PRINTER_FRIENDLY-PLANTILLA_PRINTER_FRIENDL-6378648.html

[8] "En su último informe sobre el tema, el Centro de Investigación Popular, Cinep, reconoce una disminución sustancial de los casos por las medidas que adoptó el Ministerio de Defensa. En comparación con el primer semestre del 2008 se pasó de 106 casos a 2, y de 102 víctimas a 4.". *El tiempo*, "Más de 2.000 colombianos habrían sido asesinados por falsos positivos, según informe de la Fiscalía"

El general retirado Carlos Alberto Ospina, anterior comandante de las Fuerzas Militares, nos recordaba que "la legitimidad dentro del máximo aspecto de la estrategia es un centro de gravedad en el ámbito nacional, y precisamente la defensa o el ataque a la legitimidad como centro de gravedad al máximo nivel de la estrategia constituye uno de los aspectos más importantes y de ahí que en oportunidades lo que se busca es deslegitimar para atacar este centro de gravedad que es el máximo nivel de la estrategia." Por ello resulta inexplicable –y sin duda criminal– que con el actuar de algunas unidades militares, justamente se creen todas las condiciones para que se cuestione la legitimidad de la Fuerza Pública y de la política de seguridad democrática, y en esa medida pierdan en el campo de la disputa por la legitimidad, lo que parecían estar ganando con resultados en operaciones militares. Por ello tienen sentido las palabras del actual comandante del Ejército cuando dice "Quiero dejar claro en todos los integrantes del Ejército que operar fuera de la ley es actuar exactamente igual a como lo hacen las FARC, el ELN o cualquier otra banda de criminales. Nuestra legitimidad radica en obrar siempre dentro de la Constitución."[9]

El interrogante refiere a por qué se suceden estos hechos, sin lugar a dudas criminales, en la institución militar. Y la respuesta, probablemente, se encuentra en varios aspectos de los cuales queremos resaltar tres: el primero, los rezagos de la doctrina de seguridad nacional, propia de la guerra fría, que consideraba que existía un enemigo fundamental de carácter global, el comunismo, y que al interior del país existían los 'enemigos internos', quinta columnas del enemigo externo, y que para luchar contra ese enemigo único, casi todo se valía. Es probable que un gran rezago de esa tesis se mantenga hoy día, cambiando las denominaciones seguramente. Ahora se trata del nuevo enemigo global con expresiones en lo interno, el terrorismo o el narcoterrorismo, rezago esto de la llamada doctrina Bush. En segundo lugar, resalta la presión sobre la Fuerza Pública por resultados en términos de bajas. Y tercero, la inexistencia de un mensaje uniforme sobre el respeto de los derechos humanos y el DIH. Al tiempo que se dice que se respetan, se predica que los defensores de los derechos humanos son agentes encubiertos o, peor aún, abiertos del

---

[9] Yamid Amat, "Operar fuera de la ley es actuar igual a como lo hacen las Farc': general Óscar González", *El tiempo*, http://www.eltiempo.com/colombia/justicia/operar-fuera-de-la-ley-es-actuar-igual-a-como-lo-hacen-las-farc-general-oscar-gonzalez_4654318-1

enemigo terrorista. Es muy probable que en la Fuerza Pública, especialmente a nivel de mandos medios y tropas (donde se concentra la presión por resultados), se asuma el tema como algo simplemente formal.

Igualmente, habría que añadir una serie de cuestionamientos problemáticos en el ambiente para la institución militar. Las causas van desde forzar un crecimiento acelerado en un tiempo breve debilitando la formación, hasta la falta de mecanismos de evaluación de resultados adecuados. Es muy importante que se refuerce el liderazgo civil, sobre la base de su compromiso a fondo con la política de seguridad y defensa, y con una clara relación operativa y de coordinación con las diversas fuerzas que componen la Fuerza Pública.

La tarea inmediata: hacer consecuente el mensaje desde los altos niveles del Estado para que no haya equívocos en la operación militar e incrementar los niveles de control administrativo, político, legal y ciudadano, de la Fuerza Pública.

QUINTA PARTE:
DESAFÍOS POLÍTICOS E
INSTITUCIONALES EN
TIEMPOS DE CRISIS

Defensa y seguridad. Desafíos político-institucionales en tiempos de crisis en América Latina

Juan Rial[*]

1. El escenario: la crisis mundial. ¿Una oportunidad o un problema para la región latinoamericana?

La crisis financiera que comenzó en los países avanzados y fue visible partir de mediados del 2008, especialmente tras que los responsables de la conducción financiera a nivel gubernamental en EE.UU. dejaron caer al mayor banco de inversión, Lehman Brothers introdujo un cambio relevante en el escenario internacional. Otras bancarrotas fueron evitadas por intervenciones estatales en EE.UU., pero la crisis, abarcando tanto fondos hipotecarios, como diversos fondos de inversión y acciones, pareció amenazar también a los Bonos del Tesoro que emite ese país, una de

---

[*] Analista político y consultor independiente de organismos internacionales. Fue profesor de Ciencia Política de la UDELAR (Universidad de la República) y de la Universidad ORT, ambas en Montevideo. Es autor de una decena de libros y más de una centena de artículos sobre temas referidos a democracia, instituciones, seguridad y defensa.

las principales formas de refugio y renta del capital financiero.[1] Hay que señalar el alcance mundial de esta crisis, originada en los principales países del mundo, la primera de ese carácter desde la registrada en 1929[2]; de ahí el constante recurso a la comparación que no siempre sirve, visto el gran cambio acontecido en las estructuras financiero-productivas y sociales en ochenta años del siglo pasado. Es una crisis mundial porque difícilmente alguna zona del planeta escapa a sus consecuencias. Pero claramente hay una falta importante de narrativas creíbles sobre qué es esta crisis, cómo se originó, cuáles son sus efectos, y qué emergerá en el futuro. Además, como en toda crisis, hay quienes la sufren como afectados, y otros que sólo son observadores de la misma. La evidente superación de sus aspectos más negativos hace que hoy esté apareciendo en la agenda pública episódicamente, aunque los efectos en la economía real y en la sociedad han sido y serán importantes.

Entre las dudas aparece el tema de cuánto avanzó la crisis sobre la economía real. Es cierto que cayeron precios y que hay algunas manifestaciones de una crisis de sobreproducción, y que varios países entraron en recesión al frenarse el crecimiento económico. El crédito para inversiones y consumo se retrajo y, a los tumbos, se van perfilando medidas contradictorias para enfrentar la crisis. Algunas implican estatizaciones de diverso alcance, otras la impresión de billetes con el obvio riesgo de la inflación, factible de transformarse en "estanflación". También es claro

---

[1] Por ahora la mayoría de las medidas apuntan a retornar a un esquema de confianza "revalorando" activos y papeles a los que no sabe qué valor dar y que suelen ser calificados de "tóxicos". Otras medidas apuntan a un control y regulación de la actividad, pero todavía no es claro cuál será su contenido. Un cambio fuerte, que implicaría obras de infraestructura, nuevas formas de utilización de energía y transportes, requiere capacidades no siempre disponibles, y tiempo para poder procesarlas. Jeffrey D. Sachs, uno de los ideólogos de este cambio, sostiene: "(…) una política esencial que los países desarrollados y en desarrollo deben aplicar para superar la crisis, es la de construir infraestructuras idóneas para el siglo XXI. Algunas de ellas son: una red eléctrica eficientemente alimentada por energía renovable; redes de fibra e inalámbricas que transmitan la telefonía y la conexión de banda ancha a la red Internet; sistemas de agua, riego y alcantarillado que utilicen y reciclen eficientemente el agua potable; sistemas públicos de tránsito urbano e interurbano; carreteras más seguras; y redes de zonas naturales protegidas que conserven la biodiversidad y los hábitats de las especies protegidas". Jeffrey D. Sachsv, *La transición hacia la sostenibilidad*, *Project Syndicate*, 2009, http://www.project-syndicate.org/commentary/sachs151/Spanish

[2] La crisis petrolera de los años 70 del siglo XX no tuvo origen en los países centrales. Otras crisis más recientes, como la mexicana del 94 o la rusa del 98 no tuvieron alcance mundial ni se originaron en países avanzados.

que otros procesos, tal como la quiebra de empresas automotoras de EE.UU. no fueron originados por esta crisis. También es una coincidencia en el tiempo las fuertes oscilaciones que ha registrado el precio del petróleo.

Por ahora, al momento de actualizar este *paper* –febrero de 2010–, la crisis no ha avanzado en el campo social.[3] Se producen cada tanto disturbios y algaradas, pero en marcos contenidos y no siempre referidos a la crisis en general, sino con causalidad atribuible a otros procesos. Tampoco se registran efectos políticos, en tiempos en que ha cambiado la conducción del principal país, EE.UU., sin que quede claro qué rumbo seguirán sus asuntos exteriores.

Los efectos de la crisis en América Latina se han sentido en forma diversa. En principio por la caída de los precios de exportación, que si bien se ha dado no parece haber tenido efectos catastróficos.[4] En socieda-

---

[3] La *Economist Intelligence Unit* elaboró un índice de riesgo de estallidos sociales, que va de 1, cero riesgo a 10, el máximo. Los resultados que daban ese índice a comienzos del 2009, colocaba a Bolivia y Ecuador con una cifra 7.7, siguiendo República Dominicana 7.6 y Venezuela con 7.3. *The Economist,* 9 de marzo, 2009, http://graphics.eiu.com/specialReport/manning_the_barricades.pdf. Estos pronósticos eran parte de los procesos agoreros que creaban más dudas acerca del futuro. No se materializaron. El país que registró una fuerte crisis política, Honduras, no estaba considerado en esos niveles de riesgo.

[4] No hay muchos datos duros. Un panel de expertos convocado por el BID, compuesto por 317 personalidades relevantes de la región, indica que salvo entrevistados en Perú, Chile, Costa Rica y Uruguay, el resto cifra el crecimiento de la región en 0. Los datos se presentaron en el seminario "Los desafíos más grandes de nuestro tiempo", el 28 de marzo de 2009. Sin embargo, esos pronósticos agoreros no se dieron. La región tuvo crecimiento. Todavía no se han realizado las estimaciones correspondientes, pero muchos de los países mantuvieron un ritmo de crecimiento aunque menor que en el pasado. El FOMIN del BID estimó que en el 2008 las remesas significaron unos 69.200 millones de dólares y, preliminarmente las cifró en 62.000 millones en el 2009 una caída del 9%. Otros consideran que puede haber llegado a reducirse en el 11% La analista Lucía Marin de Itex Financiera en febrero del 2010 estimó que para México la caída fue del 14%. No hay tampoco cifras duras respecto a cuánto se retrajo el ingreso por turismo, sustancial en zonas de América Central y el Caribe. Algunos precios son indicativos. La soja que llegó a cotizarse a 400 dólares la tonelada en el 2007 hoy se comercializa a 300 dólares. El arroz que tras la escasez de la cosecha 2007/8 llegó a valer en mayo de 2008 para la variedad de arroz blanco de segunda unos 900 dólares, ya estaba en cerca de 600 dólares la tonelada en febrero de 2009 y mantuvo ese precio a lo largo del año. El maíz esta a 159 dólares la tonelada, aunque subió a unos 200 dólares a fin del 2009 y el trigo a 197 dólares, subiendo a 256 a fin del año 2009. El algodón de buena calidad, tipo "A" pasó de 58.3 centavos de dólar la libra a 50 centavos y un centavo más a fin de año. El cobre que estuvo a unos 7.100 dólares la tonelada métrica en 2008 se estimaba que promediaría los 4.100 en el 2009, pero al fin del año estaba en 6981,63 dólares. El aluminio bajó de 2600 a 2378 dólares la tonelada métrica. El nickel de 21.200 a 16.690 la tonelada métrica en diciembre de 2009. El zinc de 1800 subió a 2047 dólares. Cemex de México que vendía a granel a 144 dólares en 2008 ahora lo tiene a 114.

des que abrieron sus economías y que dependen fuertemente de la exportación, este hecho hizo temer que el fuerte crecimiento registrado en casi toda la región no pudiese mantenerse. Al asumir un modelo exportador las economías de la región dependen de demandas y precios que no controlan. Pero en la mayoría de los países latinoamericanos no hubo una crisis fuerte de sus esquemas de exportación. Otro es el tema de las inversiones. En un mundo en donde se supone que sobran instrumentos financieros, países de América Latina fuesen dejados de lado.[5]

Hasta ahora las señales que provienen del mundo avanzado no son claras. A pesar de que la retórica dice que debería mantenerse la apertura de la economía, en la práctica ya han comenzado a aplicarse medidas proteccionistas. EE.UU., sometido a presiones internas fuertes, oscila cada día en cuanto a las medidas que toma.[6] Tampoco el conjunto de las economías más fuertes logró asumir un consenso para enfrentar la crisis con

---

[5] El IIF -Instituto de Finanzas Internacionales, entidad gremial de la banca internacional-, proyectó 12 mil millones de dólares negativos (una fuga de capitales) para 2009. En el 2008 fueron 9 mil millones de dólares positivos. Si a los flujos bancarios se añaden las otras formas de financiación privada de la balanza de pagos a los países emergentes, las proyecciones eran dramáticas: en 2009 el *"giro del negocio"* de la entrada de capitales a la América Latina sería menos de la cuarta parte de aquél de dos años atrás. *"Capital Flows to Emerging Market Economies"*, *Institute of International Finance*, January 26, 2010, Washington DC USA, http://www.iif.com/emr/article+204.php. Estos pronósticos poco optimistas, aparentemente, no se cumplieron totalmente.

[6] Según la Organización Mundial de Comercio el comercio mundial se reduciría en un 9% en el año 2009, que venía creciendo sucesivamente, la última vez un 2% en el 2008. La producción mundial de mercancías ha bajado por primera vez desde 1930. EEUU, sin duda, siguen siendo la gran potencia, pero también muestra signos de preocupación para sus dirigencias. Después de llegar probablemente al cenit al culminar la segunda guerra mundial, hacia 1950 el crecimiento llevó a que el país comenzara a importar petróleo sufriendo fuertemente el impacto de la crisis de 1973. Hacia 1990 el 41% del petróleo necesario en los EEUU es importado.

Desde 1971 la balanza comercial de EEUU siempre ha sido negativa. Desde los años 80 del siglo XX es un país francamente consumista, pero que tiene el control de ciertas áreas claves en el mundo. Wilfredo Pareto decía que siempre es importante controlar la parte sustancial de cualquier negocio y en el área del *soft-power*, por ejemplo, los programas de computación e Internet tienen sus empresas en sedes de EEUU, desde Microsoft a Google no hay duda, además, que en el *hard-power*, el poder militar de EEUU es incontestable. Europa puede tener una fuerte política de bienestar social, precisamente por el paraguas que provee EEUU en el campo militar.

El problema se complica más debido al "terror mutuo financiero" que implica la fuerte tenencia de bonos del tesoro de EEUU por parte de países de mercados emergentes, especialmente China. Según el FMI las reservas chinas a junio de 2007 alcanzaban a 445 160 millones, a los cuales hay que agregar los llamados Fondos Soberanos.

inventiva. La reunión del llamado Grupo de los 20, realizada en Londres a comienzos del 2009, tomó medidas para inyectar fondos a través de los viejos organismos de control de las finanzas mundiales, el Fondo Monetario Internacional y los bancos de desarrollo, pero no avanzó más que en retórica sobre el proteccionismo. Las amenazas a los llamados "paraísos fiscales" y similares, amenazando con medidas que apuntan a un "proteccionismo inversor e impositivo"[7], en favor de países más grandes contra pequeñas economías que buscan en esquemas de tratamiento preferencial atraer capitales e inversiones, por ahora no han sido mucho más que eso.

El mundo tiene una sobreproducción de bienes de consumo, y en él se comercian un enorme número de papeles que componen un mercado financiero, constituyendo el centro del sistema económico. El valor de los principales bonos, más las llamadas *equities* (diferencias de valores de patrimonios netos), sumados a diversos instrumentos en manos de bancos y otras instituciones financieras, a fines de 2006 alcanzaba a 190,4 billones de dólares (trillones en terminología anglo), según el FMI. Supone un valor cuatro veces mayor que el total del producto bruto mundial.[8]

Pero a pesar de que los problemas financieros ya son también problemas económicos, no se registran repercusiones sociales serias, bajo la forma de demostraciones airadas que podrían haber desembocado también en acciones contra los gobiernos, o en la creación de nuevos movimientos políticos de protesta. Hay una suerte de rabia contra los sectores ricos, a los que se considera causantes de la crisis, y la misma se expresa

---

[7] G-20, *The Global Plan for Recovery and Reform*, 2 de abril, 2009, http://www.g20.org/Documents/final-communique.pdf. La adjudicación de fondos por 1,1 billones de dólares da un nuevo papel al FMI, que lo había perdido aceleradamente, y la creación de un consejo de estabilización financiera genera una junta cuyo poder efectivo habrá que ver en el futuro. El incremento de los DEG (derechos especiales de giro) es un nuevo intento de ver si se puede imponer una reserva que no sea el dólar, cosa que por el momento no parece factible. El ataque a los llamados "paraísos fiscales", que se dejó en manos de la OCDE, busca imponer una pauta tributaria común y afectará a pequeñas economías, pero no a los países centrales que llegan a acuerdos *ad hoc* con reales paraísos fiscales o que en algunos casos los tienen dentro de fronteras, como ocurre con el estado de Delaware en EE.UU.

[8] El 85% de esos papeles están en economías avanzadas, pero las economías emergentes pasaron de 9.6% en el 2001 a 15.2% en el año 2006. En el año 2001 el valor era de 150 billones. Según el *Bank International of Settlements*, en 1992 se realizaban operaciones de cambio cada día, por valor de 890 miles de millones de dólares (billones en terminología anglo). En 1907 alcanzaba a 320 miles de millones. La mayoría eran operaciones en dólares, siguiendo luego las realizadas en euros.

también en los dirigentes políticos, que tratan de estar a tono con sus soportes ciudadanos, adoptando posturas populistas.[9]

Puede apreciarse la existencia de una demanda populista para atender a las clases desposeídas, pero las ofertas que hay para atenderlas son sustancialmente simbólicas, discursivas. También se sabe que los afectados por la crisis, sin embargo, esperan y son prudentes antes de llegar a participar en desórdenes sociales. Los que tienen bienes y un estilo de vida que pueden arriesgar si participan en protestas que pueden desembocar en la violencia, esperan a que se restaure el camino que permite mantener una sociedad basada en un mercado que permite consumir. Para los que están fuera de ese circuito, para los excluidos que forman la gran fila de pobres e indigentes, es más de lo mismo, y saben que lo violencia no significa más bienes y servicios. También se sabe que, con una población más educada y, de algún modo, controlada en el "corral" virtual de las comunicaciones vía Internet, sólo habría esporádicas protestas. A menos que se busque alentarlas.[10] En cuanto a los excluidos, no es fácil convocarlos ni organizarlos; fundamentalmente, la mayoría sólo busca la mera sobrevivencia.

---

[9] En una conferencia en Santiago de Chile, en marzo de 2009, el Presidente Lula da Silva expresó irónicamente que los países periféricos no debían pagar por una crisis creada por la gente blanca de ojos azules. En EE.UU. fue clara la reacción contra los directivos de la empresa aseguradora AIG, a quienes se les impuso devolver bonos recibidos, luego de que la empresa recibió fondos del Estado para salvarse de la bancarrota. Durante el 2009 el presidente Obama constantemente hizo referencias contra los titulares de las empresas financieras y sus ingresos.

[10] Dos ejemplos recientes, contrapuestos, pueden citarse. En 2001 la crisis argentina llevó a saqueos, creó el movimiento de los "piqueteros" que cortaban rutas y calles (que todavía sigue manifestándose), y de hecho la policía toleró el desorden. En Uruguay, en cambio, no se llegó a esos niveles a pesar que la crisis fue también muy dura. En EE.UU. es más difícil montar protestas, vista la cultura política existente (se considera que quedarse sin empleo es más un problema de fracaso personal que un problema social, al menos mientras no se vuelve masivo), y las acciones de los sindicatos, que no se apoyan en una idea de clases. En Europa era mucho más probable la ocurrencia de un verano caliente alentado por los diversos colectivos de protesta, que llevan mucho tiempo expresando sus frustraciones en manifestaciones, incendios de automóviles, ruptura de vidrieras, o pequeñas trifulcas con los cuerpos de seguridad. La pregunta es si lograrán arrastrar a los sindicatos a huelgas que, a su vez puedan provocar desórdenes. América Latina, como se sabe, sigue las pautas europeas, aunque hay menos colectivos antisistema que se expresan regularmente. Finalmente, el verano boreal del 2009 fue tranquilo.

Anticipar el desorden supone implementar políticas precisas con un fuerte contenido social. En los años 30 del siglo XX, pocos países escaparon a cambios políticos drásticos. La crisis desembocó en regímenes totalitarios poco respetuosos de los derechos y garantías propias de la democracia liberal, y el proceso culminó en una tragedia: la segunda guerra mundial.[11]

Hoy América Latina espera las señales provenientes del mundo desarrollado. Los equipos económicos pueden intervenir en el campo monetario y fiscal, pero llevar adelante otro tipo de programas anticíclicos supone no sólo la capacidad financiera, sino la acción política para convencer y movilizar a la masa de ciudadanos. Por ahora, las movilizaciones de sectores subalternos de las sociedades han servido para protestar, pero la pregunta es si pueden tener capacidad de motivar para crear.

La crisis financiera ha sido difícil de enfrentar, sustancialmente por problemas ideológicos y falta de narrativas adecuadas para enfrentar el fenómeno. Una suerte de agorerismo constante no contribuye más que acentuar el problema. En 1929 Arthur Pigou atribuía ciclos y fluctuaciones del capitalismo a "causas psicológicas"[12] y hoy, seguramente, los erro-

---

[11] Las grandes conmociones sociales no suelen darse en el pico de las crisis económicas, sino cuando se está saliendo ellas como lo refieren los estudios clásicos de Crane Brinton, *The Anatomy of Revolution* (New York: W. W. Norton & Company, 1938) o el de George Lefebvre, *La Grande Peur de 1789* (Paris: Societe d'Edition d'Enseignement Superieur,1932) No sabemos si también pueden jugar un papel los componentes que llevan a desacreditar un régimen por considerarlo inmoral, como lo estudio E. P. Thompson, "The Moral Economy of the English Crowd in the Eighteenth Century", *The New York Press*, New York, 1991, o el sentimiento de injusticia que citó Barrington Moore en el caso de los trabajadores alemanes, Barrington. Moore Jr, *The Social Bases of Obedience and Revolt* (White Plains, New York: Sharpe, 1978). Estos procesos se han dado ya en América Latina en los procesos políticos recientes de Ecuador, Bolivia y antes en Venezuela, pero se han encauzado dentro de los marcos de la lucha política formal, y aunque hubo caídas de presidentes, no hubo grandes estallidos violentos.

[12]"(…) variations in the tone of mind of persons whose action controls industry, emerging in errors of undue optimism or undue pessimism in their business forecasts". Arthur Pigou, *Industrial Fluctuations* (London: Macmillan, 1929),73.

res de pesimismo indebido que Pigou señalaba en 1929, se reiteran.[13] Como se dice desde tiempos de Descartes, lo que se concibe con opacidad no puede expresarse con claridad.

Los reflejos apagados de la crisis en América Latina, a pesar de la baja de valor de las exportaciones (que influye directa indirectamente en la vida del 90% de las personas de la región)[14], de las remesas y del turismo, se debe a las gestiones financieras prolijas de los equipos ministeriales, que en el pasado reciente y aplicando políticas ortodoxas, permitieron que la mayoría de los países enfrente la crisis con reservas para cubrir demandas de fondos, y que su sistema bancario también respondiera en forma adecuada.

Mientras que el riesgo político producto de estallidos sociales parece haberse mitigado, no está claro cuál es el rumbo preciso que tomará la región, ahora que dentro de la misma aparecen distintos tipos de regímenes con justificaciones narrativas muy diferentes a las del pasado reciente. Paralelamente, estamos viendo también como en países europeos, en el corazón mismo de los países más avanzados, resurge el espectro del riesgo de crisis política, como la que motivó la caida del gobierno en Irlanda, la crisis en Islandia y la vuelta a una situación frágil de los países tradicionalmente "atrasados", España, Grecia y Portugal. Los riesgos vinculados a los deudas explosivas, abultados déficit fiscales, ocultamiento de datos con maquillaje estadístico, que se suponía era la exclusividad de los exóticos e indisciplinados países emergentes, entre los cuales los latinoamericanos, ahora se presentan en el centro del sistema.

---

[13] Pigou consideraba especialmente equivocado congelar el crédito debido al excesivo pesimismo. Una posición diferente es la que sostiene que la confianza no es todo, sino que el sistema funciona mal. Paul Krugman dice que el problema va más allá de la desconfianza, y por lo tanto inyectar dinero sin cambiar el sistema es una "idea zombie", supone tener constantemente viva una posición que ya está muerta. Krugman cree que hay que retornar a las ideas de fuerte regulación del mercado financiero. (Ver su blog en el New York Times del 3 y 21 de marzo de 2009.) De todos modos, queda claro que si se mantiene el sistema actual el problema claro es que no se sabe qué podrían pagar por esos documentos con valores "tóxicos", o sea cuando valen las hipotecas *subprime,* las acciones de empresas casi en quiebra, y papeles derivados diversos.

[14] Según Pamela Cox, vicepresidenta del Banco Mundial a comienzos de 2009.

2. Un aviso de tormenta, pero sin previsiones para refugiarse

Hoy en día estamos avisados y constantemente bombardeados por noticias, análisis, prognosis sobre la crisis financiera y económica, y en consecuencia reinan el miedo y la incertidumbre. Según muchos expertos el "huracán" todavía no ha pegado de frente, pero la crisis está instalada en la cabeza de todos; las emociones y sentimientos afectan los comportamientos de los que la sufren, así como de las que observan los hechos. Es como si estuviéramos parados en una autopista rodeados de una gran campiña verde, sin mucho tránsito hacia adelante, pero la pantalla de un GPS avisa la presencia de un enorme embotellamiento dos kilómetros más adelante. El hipotético conductor que consulta el GPS se pregunta, entonces, si lo que le avisa el aparato es verdad. Las reacciones son complejas. Tiene una esperanza fuerte de que no sea así, pero, al mismo tiempo teme que realmente eso puede ocurrir. El problema es más complejo, porque en la práctica no tenemos un GPS, sino instrumentos mucho más rústicos. Sólo tenemos análisis, interpretaciones e intentos de construir escenarios posibles, esfuerzos todos que llegan a resultados muchas veces contradictorios e incompletos.

El denominador común de la situación actual es una tensa espera y eso lleva a cierto grado de parálisis, a posponer decisiones. Mucha gente sufre directamente las consecuencias del problema. Algunos pierden el empleo, o trabajan menos horas. Otros dejan de gastar y posponen decisiones que implican hacerlo. Otros temen por sus ahorros en fondos diversos, otros de perder su propiedad hipotecada al no poder hacer frente a los pagos. Los jóvenes son los afectados. Su ingreso al mercado laboral es notoriamente dificultoso.

Ahora se espera que haya crecimiento económico, pero sin que se produzca crecimiento del empleo.[15]

Pero para muchos, que inmediatamente no sufren desempleo, ni están fuertemente endeudados, la comunicación social (muy ampliada por

---

[15] La Organización Mundial del Trabajo (ILO) en su reporte *Global Employment Trends*, divulgado en enero de 2010 señala que la recesión llevó el desempleo de 34 millones de personas en 2007 a 212 millones en el 2009, nivel que se espera se mantenga en el 2010 (6.5%) Los jóvenes son los que sufren más el desempleo. Según OIT/ILO uno de cada 8 personas menores a 24 años no tiene trabajo remunerado. En vena más pesimista la organización considera que alrededor de la mitad de la fuerza laboral del mundo, unos 1500 millones de personas deben considerarse "económicamente vulnerables".

vía de los medios digitales), es la forma en que se toma cuenta del proceso. Los números mandan, marean, asustan. El mundo vive una de las peores crisis financieras de su historia. Empresas que mostraban una solidez fuerte hoy están en bancarrota; hombres de negocios poderosos han sufrido pérdidas millonarias, prácticamente "insoportables". No hay dudas, los datos son intimidantes.

Sin embargo, en muchos países no se sabe cuándo ni en qué medida la crisis afectará la vida cotidiana de cada uno, pero quizás por primera vez en una escala planetaria, la sociedad está avisada con mucha anticipación de un suceso macroeconómico de fuerte impacto social que la puede afectar duramente.

¿Qué genera saber que se vive en tiempos críticos? El hecho que la mayoría de las personas sean sólo receptoras de datos, sin capacidad efectiva de poder evaluar su contenido específico, y sin poder tomar una acción para contrarrestarlos, lleva a frustración, ansiedad, baja autoestima y agresividad. Afecta a muchos segmentos de la sociedad, sin demasiadas distinciones entre clases sociales y situaciones especificas. Por supuesto, quienes pierden el empleo, la casa, los ahorros o tienen una situación muy vulnerable (inmigrantes ilegales, por ejemplo), tienen razones válidas para el miedo y sus reacciones son esperables. Pero para otros, cuya economía doméstica permanece sin grandes cambios, el impacto, producto de la percepción de la crisis, también lleva a reacciones, que no siempre parecen "racionales".

Es peor la sensación de crisis que la crisis en sí misma, por su efecto multiplicador y posibilidades de profundizarla, ya que una crisis financiera y económica en una sociedad donde el mercado es la forma dominante de organización, necesita un mínimo de confianza para poder funcionar. Y ésta parece haberse perdido en gran medida.

En un mundo donde se vive en "presentes sucesivos", donde la mayoría de la gente no tiene idea de proyecto, donde no hay mañanas (dado que hoy ya es mañana), donde el pasado se ha diluido rápidamente y no suele servir de guía, y dado que la mera reiteración literal no se produce, la reproducción de futuros agoreros produce miedo. El miedo desata una "espiral de silencio". Este silencio supone que no se expresan opiniones nuevas fuera del marco conocido, de la opinión aceptada, y en tiempos de pensamiento "políticamente correcto" cierra aún más las posiciones. Efecto paradojal, pues lo que sobra es comunicación social, en muy diversos continentes y contenidos. Los estratos medios de la sociedad se vuelven muy adversos al riesgo, quieren una vida mediocre e igualitaria, y la protección de una burocracia (estatal o corporativa) que atienda sus problemas y que no los obligue a pensar. La pasividad prima. Pero se siente angustia.

El desajuste emocional lleva a padecer la crisis en una posición poco propicia. Algunos sectores son particularmente vulnerables, como los jóvenes que recién ingresan (o intentan hacerlo), al mercado laboral, las personas de tercera edad que no tienen un ingreso o es muy magro, y las mujeres sin trabajo asalariado. En algunos países la crisis se manifiesta no sólo por el desempleo o las quiebras personales, sino por los sentimientos de culpa o el pavor de no haber previsto que eso iba a ocurrir. Según la Organización Mundial de la Salud, la crisis aumentará los suicidios y los problemas de salud mental, especialmente entre sectores de clase alta y media alta. Sin embargo, la reacción puede ser diferente en sectores sociales subalternos, o grupos especialmente vulnerables, como los jóvenes, donde ante la sensación que "no queda nada para perder" se puede transitar el camino de la protesta que puede degenerar en la violencia.

3. ¿Será que no es para tanto?

La crisis, por su gravedad, sólo tiene antecedentes en 1929, aunque se habla de crisis recientes en los 70, 80 y 90 como comparación más precisa. Los estudiosos no se cansan de enumerar la larga lista de sucesos que conforman la cronología de la crisis: quiebras, estafas, números que caen, bancos que cierran, inversores que mueren. Las fichas que aún se mantienen en pie tiemblan ante el efecto dominó. Las estafas o los comportamientos totalmente egoístas de muchos de los responsables financieros o de empresas, agregan un componente muy fuerte: desconfianza en instituciones, en los procedimientos y en las reglas. El resentimiento que esto genera, y la consiguiente destrucción de confianza y capital social, son denominadores comunes por estos días.

En países avanzados se compra menos ropa, se recortan las salidas y los gastos en entretenimiento, se posponen planes de vacaciones, no se hacen arreglos en la vivienda, y es posible que se gaste menos electricidad y combustible para el transporte. La caída del consumo genera un fenómeno en cadena que profundiza la crisis. Algunos medios hablan abiertamente de la existencia de "pánico generalizado" (esto se percibe claramente en España e Italia, por ejemplo). Aunque no parezca totalmente racional, esta reacción es esperable, y con un pronóstico de crisis que empeorará en la mano, muchos optan por prevenir. Las familias suelen ser más juiciosas al momento de tomar crédito, de comprar bienes durables como electrodomésticos, o de viajar al exterior, porque ese es el tipo de ahorro que se puede implementar sin realizar un sacrificio importante. Es mucho más sacrificado decidir consumir menos en el supermercado, sobre todo si uno todavía cuenta con el ingreso para hacerlo, y esto afecta a los sectores medios, el gran motor del comercio al detalle. A nivel económico, hay previsiones. El concepto de crisis establece incertidumbre y por ende, las familias consumen menos, ahorran más y piden menos crédito. A nivel emocional, en tanto, ¿hay forma de prepararse para una crisis? Difícilmente.

El efecto de las noticias y su amplificación por la vía de interpretaciones de tono más o menos catastrofista está asustando demasiado, y hay repercusiones a nivel general. Un sector de la población se está derrumbando sin que le afecte directamente la crisis. Las empresas y los gobiernos tendrían que transmitir seguridad pues, de lo contrario, afectaría al rendimiento laboral, porque la gente tiene una percepción subjetiva de la situación. Sin embargo, las noticias de estafas indican que hay abusos a la credibilidad, y un buen número de gente reacciona con pánico.

Sabemos que la economía, así como la mayoría de las conductas de relación en sociedad, se rige por percepciones. Por eso, lo que la gente crea que sucede por la crisis puede incidir en la crisis en sí. Para graficar estos mecanismos hablaremos del "efecto pobreza" y del "efecto riqueza". Cuando hay un proceso de auge en la bolsa, eso se denomina "efecto riqueza". Es decir, las acciones suben de valor: pasan de valer 100 pesos a 120 ó 130. Si usted tiene acciones, aunque no las venda, se sabe más rico que antes. Cuando pasa lo contrario, está bajo el "efecto pobreza": usted se siente más pobre, porque su patrimonio en la bolsa ha disminuido. De hecho, "es" más pobre, porque si quisiera vender sus acciones, le darían mucho menos dinero. Por eso, todo lo que la gente sienta o crea es vital. Sobre todo la confianza, capital difícil de conseguir y mantener.

En el plano cultural, estas crisis han sido abonadas por el individualismo más egoísta, por la búsqueda desenfrenada de lucro, por la irresponsabilidad sobre las consecuencias de los propios actos. Allí está la crisis esencial: se trata de una crisis ética, y como tal también hay que enfrentarla. Por eso el presidente de EE.UU., Obama, quiere imponer un límite máximo a los ingresos de los ejecutivos de empresas rescatadas con fondos del Estado.

En los sectores medios ya pueden observarse algunas de las conductas que la gente eligió en este panorama, aún desde tiempos de la "pre-crisis" en el 2008. Algunos optaron por el retraimiento: "observo, no me muevo, o me muevo pero con cautela". Otros toman el camino opuesto con predisposición a disfrutar: "disfrutemos ahora, que no sabemos qué sucederá mañana. "En las dudas, las vacaciones (o lo que sea) ya las tengo vividas". Otros apelan a otra justificación que se puede resumir así: "hoy es hoy". Por eso se explica que un consumo hedonista y las actitudes egoístas de tratar de ganar el máximo se mantengan. Pero esto sólo lo practican las minorías.

A nivel micro social, en los sectores medios hacia arriba de la escala social, se puede apuntar a fortalecer los mecanismos de control, seguridad y prevención: se ajusta el gasto personal y familiar, se revisan prioridades, se postergan decisiones. Esto no siempre se podrá hacer sin conflictos, y a nivel de familia será conveniente colocar los argumentos y las frustraciones sobre la mesa para definir una estrategia compartida. Esto contribuye a un modelo básico de diálogo, responsabilidad, comprensión mutua y confianza.

Algo de ello fue referido por el mexicano Carlos Slim (quien según *Forbes* es el segundo hombre más rico del mundo), en una carta que envió a sus empleados a fines de 2008, con recomendaciones para afrontar la crisis. Además de atender el plano laboral, da consejos hasta para la vida personal, haciendo especial hincapié en la calma y la confianza: "Debemos aprender la lección", señala. Esa carta decía: Cuide su trabajo. Sea más eficiente, cuide la continuidad de la empresa. Baje el nivel de gastos personales. Procure no gastar en cosas que no sean de primera necesidad. Ahorre. Todo lo que pueda. Mantenga su dinero en el banco. Por más que escuchen que hay bancos quebrando, es muy improbable que eso suceda en México. Bajar lo más posible sus deudas. Sobre todo las que tengan una tasa de interés que no sea fija. Consejos de un verdadero rico, porque estas medidas sólo las puede tomar el que mantiene su empleo. El que no lo tiene recorre el camino de la frustración.

Muchos ponen su mirada en EE.UU., para ver si el "leve codazo" (el empujoncito en la dirección deseada) que Thaler & Sunstein[16] promueven con su enfoque de *libertarianismo paternalista*, que empuja en una dirección racional a la acción de los ciudadanos, se puede imponer sobre las conductas de pánico. Los europeos parecen estar adoptando una conducta en donde predomina el "sálvese quien pueda". Los países emergentes buscan preservar su margen de acción, entre ellos Brasil, que lleva

---

[16] Richard H. Thaler & Cass R. Sunstein, *Nudge: Improving Decisions About Health, Wealth, and Happiness* (New Haven, Yale University Press, 2008). Sunstein fue nombrado como Jefe de la Oficina de Regulaciones de Informaciones de la Casa Blanca, a cargo de supervisar todo el aparato de regulaciones federales.

a un grado de complejidad mayor su *barganha leal*[17] con EE.UU. al tiempo que anuda otras alianzas tanto regionales como en el mundo, entre ellos el bloque llamado BRIC (Brasil, Rusia, India y China), que en realidad tiene pocos intereses comunes entre sus miembros[18], así como expande sus contactos con países considerados como problemáticos por los países avanzados, como Irán.

¿Es menos vulnerable América Latina?

La posible baja de las remesas, verdadero colchón de reserva para el consumo de los familiares de inmigrantes, hará mella en muchos sectores.[19] La baja de los precios de los productos exportables, y también la presumible reducción de su volumen, afectará la capacidad estatal de imponer políticas de bienestar contra-cíclicas. En los países de Centroamérica y el Caribe, la baja del turismo afectará notoriamente el nivel de vida en el día a día de mucha gente.

Baja la cuenta del petróleo y el gas, pero también los países que lo tienen ven retrasadas la posibilidad de nuevas inversiones y de una mayor independencia energética.

Los acuerdos estratégicos hacen que la región se diversifique, fundamentalmente sobre bases bilaterales; los procesos de integración económica y social no avanzan, y cuando se logran acuerdos es gracias al esfuerzo de núcleos de funcionarios que actúan con altos grados de confianza mutua, o por la acción de jefes de Estado. Sin embargo la polarización, tanto dentro de Estados, como interestatalmente, hace que estos últimos alcances sean limitados.

---

[17] Vieja concepción del General Golbery do Couto e Silva en la Escola Superior de Guerra. Discípulo de Nicholas Spykman, continuador de Mario Travassos y de la diplomacia del Barón de Río Branco.

[18] China es productor industrial y tiene la mayor masa de reservas en dólares o en bonos del tesoro de los EE.UU. Brasil es un exportador de materias primas y un país de industrialización incipiente. India depende de su mercado interno para su proceso modernizador, tanto en la industria como en los servicios. Rusia es sustancialmente un proveedor de energía. No tienen demasiados vínculos reales entre sí. Se trata de una percepción creada y difundida por los medios de comunicación, que sin embargo, los cuatro países tratan de "facturar" en su favor.

[19] Hace dos años el secretario de seguridad pública de un país centroamericano me decía que temía los efectos de la formación de un "remolino" de gente que se golpea contra las alambradas que separan a México de EE.UU., y vuelven a sus países de origen en un movimiento constante.

Pero, por otra parte, los diversos equipos económicos (casi con la única excepción del venezolano y el obvio de Cuba, en razón del modelo imperante) se han manejado con prudencia, y tienen un colchón de reservas que les permite, por el momento, atenuar notoriamente los efectos de la crisis. La coyuntura política-electoral indica que los grandes países no tendrán elecciones hasta el 2010. Pero de todos modos los procesos influirán en el gasto público.[20] En ese contexto, con partidos desarbolados, con nuevas constituciones a instrumentar, con nuevos y contradictorios conceptos a implementar, como ocurrirá en Bolivia, la tentación a seguir el camino de un fuerte nacionalismo, de un posible proteccionismo y de asumir actitudes de confrontación (tanto interna como externamente), suena muy tentadora a más de uno de los "nuevos caudillos", que asumen la representación general de una muy fragmentada ciudadanía, que suele disolverse en un colectivo de masas, no siempre consciente de su carácter ciudadano.

¿Los sectores más vulnerables serán un problema? No lo sabemos. Por ahora, las conductas antisociales de jóvenes se encaminan más por el camino de la actividad delictiva sea individual o grupal, que por el de la protesta social organizada. Pero también hay que prestar un oído atento a

---

[20] El calendario electoral de 2009 indica un referéndum constitucional en Venezuela que se realizó el 15 de febrero, que al ser ganado permitirá la reelección indefinida del Presidente Hugo Chávez. Hubo elecciones presidenciales en El Salvador el 15 de marzo, produciéndose la alternancia; Funes ganó llevando al FMLN a encabezar el gobierno. Rafael Correa ganó la contienda presidencial y obtuvo mayoría en el Congreso en la elección del 26 de abril. En Uruguay el candidato del Frente Amplio José Mujica ganó la presidencia y obtuvo mayoría absoluta en el parlamento. Argentina renovó el poder legislativo en junio de 2009. Honduras, luego del golpe de estado de junio, eligió nuevo presidente en noviembre, José Porfirio Lobo. Chile tuvo su consulta presidencial y en una segunda vuelta José Piñera ganó. Los efectos simbólicos de esta alternancia serán muy relevantes Evo Morales fue reelecto, a fines del 2009.
En el año 2010 las elecciones más relevantes son las colombianas (en marzo para el Congreso y en mayo para presidente), y la elección general brasileña de octubre.

las manifestaciones de cultura popular. Ella indica que el descontento y la desconfianza son altos[21].

Es incierto cuánto durará esta crisis mundial. Serán meses o serán años. No sabemos si como resultado reemergerá el mismo tipo de sociedad que la precedió, o si habrá cambios muy fuertes. No sabemos las consecuencias políticas, si afectará la democracia como régimen preferido o meramente tolerado, o no.[22] Tampoco sabemos en qué grado el control social puede perderse, y si estaremos o no ante una ola de violencia.

La polarización entre visiones es fuerte, y tiene correlatos en la acción política y social en varios países de la región, pero hasta el momento, el camino hacia el abismo no se ha recorrido. En muchos de los países, al acercarse al despeñadero, los actores de detienen y ensayan acuerdos, que aunque a veces son muy precarios, permiten evitar una confrontación cuyo resultado nadie quiere. Los procesos de diálogo, inclusivos y defectuosos, tienen esa virtud, que se debe preservar.

Mientras tanto, importa divulgar esas primeras lecciones que emergen de esta crisis y sus antecedentes inmediatos. Una de ellas refiere al manejo responsable de los medios de comunicación. Los medios deben entender que son multiplicadores de la crisis si simplemente trasmiten pesi-

---

[21] Como ejemplo citamos dos letras de cumbia. Una es originaria de Chile, del grupo Oveja Negra, de chico Trujillo, quien en una pieza de 2008, "Plato único bailable", dice: "Se acaban las papas / se acaba el maíz / se acaban los mangos / y se acaba la lechuga / (...) / ¿Y la cosecha de mujeres? / ¡nunca se acaba!". La orientación cómica atenúa el mensaje. Sin embargo, en la mexicana "Cumbia de los pobres", el mensaje recuerda a la canción protesta de los 60, sin la coda referida a la acción: "Tú vives tan rodeada de pobreza / No tengas pena, no tengas vergüenza / Que es muy triste y muy dura esta vida / Y deja los demás y ponte a luchar / También soy pobre, soy un pobre como tú / Tengo a mi madre, a mi esposa y a mis hijos / Que me piden algo y no les puedo dar /bis// Pero sé luchar, sé luchar y triunfaré /y un destino cruel mi vida detener / sé que sólo así luchando triunfaré/bis." En otros géneros como el *reggae* también hay ejemplos, como el del panameño Kafu Banton "Pobreza", o en versiones de raperos.

[22] Encuestas prestigiosas suelen confundir, al señalar que parte de los latinoamericanos no serían demócratas por sus respuestas a una pregunta formulada en forma inadecuada. La misma hace optar entre democracia y un régimen que resuelva problemas sociales y económicos. Es obvio que la respuesta primaria de gente en situación difícil es a favor de resolver las cuestiones materiales, pero ello no implica que se desee que haya regímenes autoritarios y represivos. Los estudios de opinión deberían tener preguntas más refinadas. Inducir con una imprimación equivocada da lugar a respuestas erróneas e interpretaciones controvertibles a partir de las mismas.

mismo y pánico. Hay que balancear el derecho a la información con un análisis mesurado, que busque evitar ese resentimiento, ese miedo a la incertidumbre que profundiza el alcance de la crisis. Quizás un "empujoncito" hacia la racionalidad no sea una mala idea.

4. Polarización o diálogo

Un tema hasta ahora poco claro refiere al diálogo como alternativa a la polarización que puede emerger de la crisis. Presumiblemente no habrá acuerdos finales, sino meros ajustes o procedimientos paliativos. Pero ante la perspectiva de una confrontación que puede ser violenta, y que no trae más que problemas, es una buena idea. En los 60 algunos decían que "cuanto peor es mejor", esperando un *landemain qui chantent (mañanas que cantan)*. Se comprobó que lo peor es sencillamente lo peor.

En una América Latina donde se espera que la crisis golpeará fuertemente (dado que según la CEPAL el desempleo puede llegar al 8.1% y afectará de unos 18 a 21 millones de personas), donde la pobreza presumiblemente volverá a aumentar (alcanzando a unos 185 millones de habitantes de la región[23]), y donde la informalidad laboral no se reducirá (dado que se supone que uno de cada dos ocupados será parte del sector desprotegido), importa ver cómo puede verse afectada la gobernabilidad.

5. Una región con democracia en varios registros

La democracia latinoamericana se ha expandido, como parte de los procesos que se dieron en todo el mundo a partir de los años 70 del siglo pasado. En muchos casos, se trataba de una construcción a realizar, pues los antecedentes no eran muchos o tenían un alcance muy limitado. En otros, por ejemplo los del Cono Sur, se retomó un camino interrumpido, aunque dado el tiempo trascurrido y los cambios acontecidos, las restauraciones eran difíciles, debiendo incorporar muchos de los procesos ya

---

[23] Estos datos de CEPAL. Ver también el libro de Paul Collier, *The Bottom Billion: Why the Poorest Countries are Failing and What Can be Done About It* (Oxford: Cambridge University Press, 2007), escrito antes de la crisis, y referido fundamentalmente a África, pero cuyo argumento es aplicable a ámbitos más generales.

realizados bajo marcos autoritarios. La idea inicial, que implicaba instaurar una democracia representativa liberal con todas las garantías propias del Estado de Derecho, tuvo éxito.

Desde 1992, cuando Alberto Fujimori cerró el Congreso peruano, no ha habido golpes de estado triunfantes en la región, y aún ese cambio fue promovido por un civil, no por militares. Aunque instrumentado por militares, la destitución de Manuel Zelaya en Honduras fue el resultado de una coalición de empresarios y políticos que hicieron naufragar un intento del presidente para reformar la Constitución y permitir la posibilidad de introducir la reelección. Fracasó, en cambio el intento de derrocar a Hugo Chávez en el año 2002. Sin embargo, una decena larga de presidentes no han podido culminar su mandato en esta tercera ola de democracia.[24] Pero en todos los casos se buscaron mecanismos constitucionales, o cuasi constitucionales, para superar la crisis que implicó la caída del presidente. Tras la acción de Fujimori en los 90, sólo se dio un episodio similar en 2007, cuando en Ecuador la Asamblea Constituyente asumió también las funciones legislativas, eliminando el Congreso, pero

---

[24] En la Argentina, Raúl Alfonsín abandonó prematuramente el gobierno en 1989 y Fernando de la Rúa debió renunciar anticipadamente en el 2001. En Brasil, Fernando Collor de Mello fue destituido en medio de un escándalo de corrupción en 1992, luego de dos años de ejercer el gobierno. En Paraguay el presidente Raúl Cubas Grau, candidato vicario del General Lino Oviedo, tuvo una breve actuación entre agosto de 1998 y marzo de 1999, cuando debió irse tras el confuso episodio de la muerte del vicepresidente Luis María Argaña. En Bolivia no pudieron culminar su presidencia Gonzalo Sánchez de Losada (octubre de 2003, en medio de una fuerte agitación social), y tampoco pudo terminar el mandato complementario su sucesor, el vicepresidente Carlos Mesa. En Perú, Alberto Fujimori hizo abandono del cargo y fue destituido por el Congreso en noviembre de 2000, a pesar que su mandato podía ser considerado de dudosa legitimidad. En Ecuador los presidentes Abdalá Bucaram (gobernó de agosto de 1996 a enero de 1997), Jamil Mahuad (agosto 1998 a enero de 2000) y Lucio Gutiérrez (de enero de 2003 a abril de 2005) fueron derrocados. En Venezuela Carlos Andrés Pérez fue destituido en 1993, y se registró el fallido golpe de estado contra Hugo Chávez en abril de 2002. En Guatemala el presidente Jorge Serrano intentó un auto golpe de estado en 1993, para tratar de disolver el Congreso, pero fracasó y debió abandonar el gobierno. En República Dominicana, luego de una elección con fraudes, el mandato de Joaquín Balaguer fue recortado a dos años en 1994. El 28 de junio del 2009 fue destituido Manuel Zelaya en Honduras. La crisis se prolongó hasta que se realizó una nueva elección en noviembre, y en enero de 2010 asumió Profirio Lobo. Su gobierno no es reconocido por los países que componen el ALBA.

en este caso no hubo un cuestionamiento a la legitimidad de la medida, a pesar que legalmente podría ser un acto dudoso.

Pero desde fines de los 90 era claro que en varios países se registraban problemas políticos notorios. La crisis de representación se manifestaba en el descrédito de los partidos políticos y los Congresos, lo que llevó en muchos países a la disolución de viejos sistemas de partidos, sustituidos, en muchos casos, por movimientos mucho más flexibles cuya permanencia en la escena política no siempre se concretó. La política se centró en la figura de los nuevos caudillos, líderes que personalizaron el sentir y las aspiraciones de sectores populares apelando a una retórica de tipo neopopulista.[25] Lo hacen apelando a la amplificación que permiten los medios de comunicación masivos, especialmente el audio y la imagen. Algunos son presidentes *hiperkinéticos*, parecen estar en todas partes hablando de todo, son reales *poliactores* o *poliactrices,* que en más de un caso tienen por tarea principal la aparición constante en los medios.[26] En lugar de apuntar a la institucionalización de un estado de bienestar que haga del Estado el "escudo de los débiles"[27], muchos tratan de que esa tarea se personalice en el líder, lo que no favorece la consolidación del Estado de Derecho, desacreditando organizaciones del Estado, especialmente el Congreso. A esto no es ajeno que los organismos parlamentarios perdieron poder, especialmente en el área económica y financiera, que-

---

[25] El populismo tradicional utiliza la palanca estatal como medio de movilización. El neopopulismo trata también de utilizar recursos estatales, pero hay límites impuestos por los equipos económicos, que tienen como objetivo la disciplina fiscal, dejando sólo un número de recursos limitados para llevar adelante políticas asistencialistas en base a una acción clientelista de alcance "horizontal" (colectivos específicos a los que se quiere apoyar a cambio de soporte político). En muchos casos se apunta a sectores desprotegidos sin adscripción formal al mercado, que ven en los líderes a su protector. De allí la alternativa de la apelación por los medios.

[26] Hace ya bastante tiempo Winston Churchill resumió esa tendencia con una frase brillante: "La falla de nuestra época consiste en que sus hombres no quieren ser útiles sino importantes."
El discurso político "serio" converge con el discurso propio de la "farandulización" de la política, que apela a formas transgresoras, propias de los sectores subalternos (algunos lo llaman "peopolización" o "pipolización", "tinellización", apelando así a formas locales del fenómeno), en las que el lenguaje provoca en los opositores a este estilo una situación que "irrita nuestra especulación racionalizante", como diría Adolfo Bioy Casares.

[27] Expresión usada por José Batlle y Ordóñez en 1925 para referirse a la meta del estado asistencial uruguayo, uno de los primeros de la región en alcanzar con éxito un esquema redistributivo.

dando en muchos casos reducidos a la aprobación de iniciativas provenientes del poder Ejecutivo, y que la ciudadanía lo percibe.

Otras políticas consideradas políticamente muy correctas, tales como favorecer los procesos de descentralización (que, en principio, parecen muy adecuadas para avanzar en la democratización), tuvieron sin embargo, en gran medida, un efecto perverso. La transferencia de recursos a entidades subnacionales no siempre tuvo como contraparte la existencia de capacidades adecuadas para gestionarlos, por lo que en muchos casos implicó la imposibilidad de usarlos, o en otros casos su derroche, dada la incapacidad de las instituciones locales para poner en marcha proyectos.[28]

La permanencia de un modelo de economía de mercado, exportadora, choca entonces con el neocaudillismo y el neopopulismo. Los equipos tecnocráticos del área económica financiera han tratado de mantener sus decisiones en un marco autónomo, y de resistir las presiones tendientes a acentuar el gasto social. En muchos casos esas orientaciones han terminado con crisis notorias, pudiendo citarse como ejemplo la de la Argentina en 2001, y las bolivianas respecto a la explotación del agua y el gas desde el 2000 al 2003. De alguna manera, hubo que reconstituir los equipos económicos luego del pico de la crisis, para retomar una línea de contención de gastos.

Pero estas actitudes favorecen la pérdida de poder efectivo del Estado[29] y la aparición de formas paralelas de ejercer poder por fuera de él, sea a través de métodos legales y/o ilegales. Entre las organizaciones que ejercen poder paralelo deben citarse a las llamadas organizaciones no gubernamentales (en realidad organismos paraestatales), que cumplen con muchas de las funciones propias del Estado, en muchos casos como subcontratista, especialmente en el campo de la salud, alimentación y auxilios sociales diversos a las comunidades más desfavorecidas. Pero, mientras que estas organizaciones son parte de un círculo virtuoso, a

---

[28] Perú y Bolivia sirven de ejemplo de procesos con resultados muy diversos. La incapacidad de las autoridades de la mayoría de las regiones peruanas para gestionar recursos fue notoria. A ello no es ajeno el proceso de concentración macrocefálica que se registra en Lima, donde vive un tercio de los peruanos. En Bolivia, por el contrario, los departamentos de oriente sí tienen esa capacidad y reclaman no sólo una mayor autonomía, sino una participación más fuerte en la distribución de los recursos estatales, no siendo favorables a repartirlos con las más desvalidas poblaciones de los departamentos del altiplano.

[29] Un estudio para producir el Informe de Desarrollo Humano que realizó el PNUD del Perú en el año 2009, incluye un IDE (Índice de Densidad del Estado) tratando de medir dónde llega el Estado en cada lugar del territorio. El estudio todavía no fue publicado. Es de esperar que pueda generalizarse esa medida para otros países de la región.

pesar de las disfunciones que pueden provocar por competir con organizaciones estatales, existen otras que también compiten con el Estado y buscan limar su capacidad de incidencia como regulador de la vida social.

El poder se ejerce también eludiendo a las ineficientes burocracias, expandiendo el mercado informal en muchas actividades, de modo que buena parte de los trabajadores se mueven en ese ámbito.

Las organizaciones ilegales refieren a las diversas formas de delincuencia que busca acumular recursos de distinto tipo, y que limitan también la capacidad de acción del Estado, tema que retomaremos más adelante.

Con burocracias a veces extendidas, pero poco eficaces en ciertas áreas de su accionar, el Estado enfrenta una crisis de representación en un contexto en que la democracia existente en la región tiene un registro muy amplio. Va desde las formas de democracia liberal tradicional, respetuosa de las garantías liberales y ejercida en forma representativa, a formas políticas donde impera una "tiranía de mayorías"[30] de tipo plebiscitaria, donde, además, se recortan o tienden a atenuarse esas garantías liberales.[31]

En todos los países hay constantes consultas electorales, aunque es común el cambio constante de las reglas de juego. Las elecciones no sólo se hacen para renovar autoridades, sino que también apuntan a mecanismos de democracia semi-directa y a dar soporte a procesos re-fundacio-

---

[30] Alexis de Tocqueville, *La Democracia en América*, hacía mención a este peligro en el capítulo 7. En el presente se utiliza el argumento para indicar que la mayoría debe mandar, pero se olvida a veces que un régimen democrático debe dar garantías a las minorías. Ver al respecto Robert Dahl, *Poliarchy* (New Haven: Yale U. P., 1971). Hay versión en español.
[31] Hoy en la región hay presidentes que han construido una imagen de duros, radicales, confrontativos. Los hay en el marco de la izquierda (como el que encarna Hugo Chávez, y siguen con diversos matices Daniel Ortega, Evo Morales y Rafael Correa), pero también en un entorno conservador, como el que asume Álvaro Uribe. Hay mandatarios de izquierda de perfil moderado como Luís Ignacio "Lula" da Silva, Michelle Bachelet, Tabaré Vázquez (los dos últimos a punto de terminar su mandato), o liberales como Oscar Arias, también en las postrimerías de su presidencia, y Leonel Fernández, o conservadores como Felipe Calderón. El peruano Alan García se maneja en el campo neoliberal, pero con una retórica de centro izquierda propia de los orígenes de su partido. No es fácil encasillar a presidentes como Fernando Lugo, Álvaro Colom o Porfirio Lobo. En todo caso, esas definiciones no dicen demasiado sobre cada uno de los regímenes existentes en sus países. Sobre quienes disputaron la presidencia en cuatro países andinos véase Alberto Adrianzen, Juan Rial & Rafael Roncagliolo, *Los Políticos* (Lima: International IDEA, 2008).

nales.[32] También para revocar mandatos[33] o leyes, o para llevar adelante consultas plebiscitarias.

El ideal de la representación de cada ciudadano y de cada sector ha llevado a mecanismos diversos de expresión directa y participativa que, en muchos casos, colisionan con la democracia representativa. El principio de "una persona, un voto", base de la ciudadanía política, es alterado en más de un caso para dar espacio a otros principios, que implican formas de discriminación positiva atendiendo a reclamos de etnias o de género, por ejemplo.

La ampliación de ciudadanía en nombre de los principios de la ciudadanía social, de acuerdo al principio *marshaliano*[34], supone un ideal de estado de bienestar, basado en una economía social de mercado, de difícil factura en países periféricos; tiene, sólo cierto tipo de realización en algunos países europeos, especialmente en los nórdicos. La reivindicación en América Latina de estos derechos choca con problemas diversos. A veces es la falta de recursos; en otras puede agregarse la falta de capacidad de las burocracias para llevar adelante reales estados universalistas de bienestar. Y, en la base, los problemas de representación citados. Más generalmente puede decirse que esta expansión ciudadana sólo puede apoyarse en un crecimiento económico que haga de los estratos medios los sectores mayoritarios de la sociedad.

La gobernabilidad, como consecuencia de estos problemas, es un ejercicio dificultoso. En principio, en muchos países es necesario superar muy viejos conflictos étnicos, exacerbados buscando reivindicaciones, justas en principio, por la postergación y exclusión de sectores identificados o auto-identificados como indios (pueblos originarios en su auto-

---

[32] Sesionaron Asambleas Constituyentes en Venezuela en el 2000, y luego hubo intentos posteriores de impulsar otras reformas, en Bolivia en el 2006/7 y Ecuador en el 2007, que produjeron nuevas Cartas Magnas.

[33] Hasta 2008 sólo en Venezuela, y con complicados procedimientos, se podía revocar hasta al presidente. La nueva Constitución de Bolivia incorpora esa posibilidad (artículo 170 y ss.). También se incorporó este instituto en la Constitución ecuatoriana de 2008 (artículos 105, 106, 145).

[34] Thomas Humphrey Marshall, *Citizenship and Social Class* (Cambridge: Cambridge University Press, 1950). En esta colección de ensayos Marshal sostiene que luego de los derechos civiles aparecieron los derechos políticos, y que la ciudadanía se completa con derechos sociales, derivados de su pertenencia a un estrato o clase social. Se pudo dar en Europa debido a que los países de esa región hicieron una fuerte inversión en capital social, dado el paraguas protector de defensa aportado sustancialmente, por los EE.UU.

definición) o afrodescendientes (nueva forma de referirse a la gente de piel negra), así como otros grupos. Estos sectores también sufren exclusión social, dado que normalmente son parte de los estratos pobres de la sociedad, poco educados, cuya salud no ha sido atendida, y con niveles de vida notoriamente más bajos que los del resto de la población.[35] Como un intento de resolver estos problemas se ha planteado crear enclaves de protección y/o una representación *ad hoc* a nivel parlamentario, lo cual trae nuevos problemas.[36]

Asimismo, las disputas ideológicas hacen que muchos de los países muestren una polarización fuerte, entre quienes son partidarios de regímenes integrados, abiertos al mundo exterior, y los que defienden la justicia social y los intereses de los sectores postergados, y para eso creen que hay que romper los lazos creados por la globalización. Aunque la actual crisis financiera y económica tiende a cambiar los términos de la discusión y sus contenidos, muchos de los matices de la disputa ideológica reaparecen de diversas formas.

Las confrontaciones de clases parecen haberse escondido tras estas formas de confrontación, pero siguen existiendo, sólo que hoy no es fácil reconocer "clases" en medio de la fuerte fragmentación social. Esto es resultado del cambio tecnológico, de los cambios en las formas de producción y distribución, de los movimientos de población, de las tenden-

---

[35] En Bolivia y Ecuador las nuevas constituciones definen a sus países como plurinacionales, pero hacen clara referencia ala unidad de la entidad política. La nueva Constitución de Bolivia, en el artículo primero, define así al país: "Bolivia se constituye en un Estado Unitario Social de Derecho Plurinacional Comunitario, libre, independiente, soberano, democrático, intercultural, descentralizado y con autonomías. Bolivia se funda en la pluralidad y el pluralismo político, económico, jurídico, cultural y lingüístico, dentro del proceso integrador del país". El artículo tercero indica: "La nación boliviana está conformada por la totalidad de las bolivianas y los bolivianos, las naciones y pueblos indígena originario campesinos, y las comunidades interculturales y afrobolivianas que en conjunto constituyen el pueblo boliviano". La constitución ecuatoriana, en el primer artículo, indica que "El Ecuador es un Estado constitucional de derechos y justicia, social, democrático, soberano, independiente, unitario, intercultural, plurinacional y laico".

[36] Por ejemplo, en Bolivia el artículo 11 de la Constitución de 2008 adopta principios contradictorios que implican acuerdos muy específicos para implementar la institucionalidad derivada: "La República de Bolivia adopta para su gobierno la forma democrática participativa, representativa y comunitaria, con equivalencia de condiciones entre hombres y mujeres." El artículo 146, en su parágrafo VII, establece una representación especial para zonas rurales indígenas, que deberá regularse e implicará un sistema especial de asignación de bancas.

cias de la demografía, y de la influencia de las reivindicaciones étnicas e ideológicas. Nuevamente debemos señalar como operan las percepciones. En un estudio realizado en catorce países de la región latinoamericana, el 61% de los entrevistados creían sus padres tenían un vida mejor, y solamente el 46% creían que sus hijos conocerán una vida mejor a las que ellos están llevando adelante.[37]

En la política práctica, las visiones que tienden a la polarización han llevado a la fuerte fragmentación del espectro político, como ya lo hemos indicado. La fórmula política presidencial acentúa la posibilidad de crisis. En más de un caso el problema de la falta de respaldo parlamentario del jefe de gobierno lo lleva a una posición que, si se une a una movilización, conduce a los "golpes de calle", que institucionalmente se solventaron recientemente con soluciones constitucionales o para-constitucionales, para sustituir al Presidente, con ejemplos como los ya señalados.

Los cambios en la representación política son claros cuando se visualiza un Congreso como el boliviano, donde más de la mitad de sus legisladores son mestizos con ancestros aymaras o quechuas, o por el hecho de que han llegado a la presidencia personas como Evo Morales[38], otro mestizo, o provenientes de sectores subalternos como Hugo Chávez[39], o "Lula" da Silva. [40] En una entrevista a fines del 2008, Lula sostuvo que el significado más importante de su elección fue superar problemas y prejuicios, en su caso respecto al hecho de elegir a un obrero sin mucha educación formal. Si bien admitía que quizás no gobernara mejor que

---

[37] Dani Rodrik, *Nations et mondialisations. Les stratégies nationales de développement dans un monde globalisé* (Paris: La Découverte, 2008).

[38] Martín Sivak, *Jefazo, retrato íntimo de Evo Morales* (Buenos Aires: Debate, 2008).

[39] Pueden encontrarse varios ensayos biográficos sobre Chávez, entre ellos el de Alberto Barrera y Cristina Marcano, *Hugo Chávez; Sin uniforme* (Barcelona: Debate, 2007). Desde un punto de vista totalmente favorable a Chávez véase el libro del alemán Heinz Dieterich, *Hugo Chávez y el Socialismo del siglo XXI* (Buenos Aires: Nuestra América, 2005), o el de *Rosa Miriam Elizalde, Luis Báez, Chávez Nuestro (La Habana, Casa Editora Abril, 2004). El libro crítico del mexicano Enrique Krauze , El Poder y el delirio (Barcelona: Tusquets, 2008).*

[40] Sobre Lula ver entre otros libros los siguientes: del sacerdote tercermundista Frei Betto (Carlos Alberto Libânio Christo), *Lula Biografia Política de um Operário* (Paraiba: Estação Liberdade, 1989), mucho antes de que fuera electo presidente); luego de ser asesor del programa *Hambre Cero* entre 2003 y 2004, publicó Frei Betto, *Calendário do Poder* (Rio de Janeiro: Ed. Rocco, 2007), criticando duramente a buena parte del gabinete de Lula. Publicado recientemente: Denise Paraná, *Lula, o filho do Brasil* (São Paulo: Editora Perseu Abramo, 2008), que será la base de una película a estrenarse en 2010 realizada por Fábio Barreto. El libro de Felix Guattari, *Felix Guattari Entrevista Lula* (Sao Paulo: Brasiliense, 1982) también fue publicado antes de que Lula fuera Presidente.

sus antecesores, señalaba que tampoco lo hacía peor y –lo más importante– abrió una puerta para que lo sucedieran otros representantes surgidos de los sectores sociales bajos y que, por eso, no podía permitirse fracasar.[41]

Estos cambios en la representación, si son acompañados de cierto éxito en la gestión, inauguran también un tipo de escenario que puede permitir una mejor gobernabilidad. Hacen al régimen sostenible en un marco de crisis, al comunicar a la masa de la población que sí, alguien como ellos puede estar a cargo de las decisiones políticas del Estado. Y que a pesar de eso, no es fácil resolver problemas de nivel y calidad de vida, que son sumamente complejos.

En estos tiempos hay una "democracia de opinión" en la cual los conductores de la clase política deben atender constantemente a la "droga dura de la política", la tiranía de las encuestas.[42] Las respuestas suponen un día a día de la política, por lo que deben manejar la actualidad y las emociones del momento. Se debe recurrir a una seducción de corto alcance, a respuestas tácticas, a formas que sustituyen al contenido, aunque se abuse de la palabra estrategia, cuando precisamente ésta es lo que más falta. Como se sabe, estamos ante una "democracia del público"[43], en la que cada vez más el político que es un "poliactor o poliactriz", dedica una parte sustancial de su tiempo a los medios y a cómo debe aparecer en ellos, de modo de presentarse ante los ciudadanos, que son parte de la "democracia contemplativa". Evaluando constantemente la representación que supone el teatro político que se escenifica cada día.[44] Es en estos regímenes democráticos tan diversos, que las instituciones militares debieron adoptar conductas para "acomodarse" a los nuevos tiempos.

El episodio hondureño del 29 de junio de 2009, cuando las fuerzas militares de ese país expulsaron al presidente Manuel "Mel" Zelaya, fue interpretado por muchos como el retorno a los tradicionales golpes de estado. En realidad, Zelaya se había embarcado en un proceso de con-

---

[41] Axel Gyldén "Lula: 'Mon ego n'a pas augmenté'", *L'Express*, 18 de diciembre, 2008, Sección Monde, http://www.lexpress.fr/actualite/monde/amerique/lula-mon-ego-n-a-pas-augmente_727094.html

[42] Jacques Julliard, *La reine du monde. Essai sur la démocratie d'opinion* (Paris : Flammarion, 2008).

[43] Bernard Manin, *Principes du gouvernement représentatif* (Paris: Calmann Lévy, 1995).

[44] La expresión "democracia contemplativa" es de Michel Wieviorka, "La démocratie contemplative", *Libération,* 22 de noviembre, 2007. http://www.liberation.fr/tribune/0101115924-la-democratie-contemplative. El concepto de "poliactor-actriz" es empleado por mí desde hace diez años.

frontación con el *establishment* tradicional que pasaba por reformular la Constitución (lo cual también le permitiría ser reelecto), tratando de hacerlo sin ajustarse a los procedimientos previstos para ese cambio. En el camino Zelaya chocó con el Congreso, con el Poder Judicial, con el Procurador General, y con el Defensor de los derechos humanos. Previamente cimentó una alianza con el ALBA de Hugo Chávez. Finalmente, confronto a los militares. El Auditor General del Ejército reconoció que los militares violentaron el orden jurídico al expulsar a Zelaya del país, pero el comandante militar, General Romeo Vázquez Velázquez, le habría dicho a Zelaya que lo exiliaba hacía para garantizar su vida.

El largo proceso posterior determinó una división y polarización de la sociedad hondureña, entre los que apoyaron el golpe y la administración interina de Roberto Micheletti (hasta ese momento presidente del Congreso), y los que apoyaban a "Mel" Zelaya. Pero, en cambio, en la comunidad internacional el golpe provocó una rara unanimidad. Por primera vez se aplicó la Carta Democrática de la OEA, y Honduras fue suspendida como miembro de esa organización. La Unión Europea también se negó a reconocer al gobierno Micheletti, considerándolo de facto y emanado de un golpe. A pesar de que, en sustancia, no difería mucho de otros procesos como los de Bolivia y Ecuador, donde se llegó a arreglos para-constitucionales, en este caso se adoptó una posición condenatoria desde el inicio.

Un intento de mediación de Oscar Arias, el Presidente de Costa Rica, se extendió en el tiempo y culminó con un acuerdo entre representantes del depuesto Zelaya y el presidente que le siguió, Roberto Micheletti, que no pudo implementarse. Una elección convocada de acuerdo con las normas vigentes, en tiempos que Zelaya era todavía el Presidente, se llevó a cabo en noviembre de 2009, determinando como ganador a Porfirio "Pepe" Lobo Sosa, del partido Nacional, rival del partido de Zelaya y Micheletti, el Liberal. Ahora tocará un duro proceso para limar asperezas y reencauzar la vida del país con reconocimiento internacional.

En ese proceso los militares estuvieron desempeñando un papel puramente instrumental. No ocuparon ningún poder del Estado. Sin embargo, la impresión derivada de los medios indica que ellos serían actores principalísimos de ese proceso, pero, es cierto, que ellos fueron los que aseguraron la permanencia de Micheletti, el ostracismo de Zelaya y la elección de Lobo.

6. Las instituciones militares en la América Latina de hoy

Las fuerzas militares de la región, durante gran parte de la historia del siglo XX, más que protagonistas de guerras, han sido administradores o custodias del poder público. Las dictaduras se justificaban normalmente en nombre de un marco jurídico fundamental, que las comprendía como organizaciones subordinadas. Dado que todas las Constituciones de la región reconocían una forma republicana, representativa y liberal, los militares –cuando ejercían el poder– lo hicieron, por lo general, en el marco de un estado de excepción, a veces largamente extendido en el tiempo. Como los textos normativos encargaban a las fuerzas armadas defender el orden constitucional, y en más de un caso, las consideraban como un organismo tutelar, actuaban asumiendo dichos papeles.

Los intentos refundacionales –cuando existieron– no siempre renegaron de ese fundamento jurídico, que en la práctica era desconocido, especialmente en lo que se refiere a los derechos y garantías propios del liberalismo. La mayoría de las "dictaduras comisariales"[45] de los años 60 y 70 del siglo XX intentaron, sin embargo, realizar cambios a veces muy notorios en la conducción financiera, económica, en la ingeniería social y hasta en la política, pero fueron muy pocas las que intentaron un cambio total de régimen.[46] Por eso también las fuerzas armadas, con modificaciones en su presentación exterior (sustancialmente), sobrevivieron al fin de los autoritarismos cuando se expandió la nueva ola de democratización. Su fundamento –servir a un Estado definido como una entidad

---

[45] Al respecto ver Carl Schmitt, "La dictadura", *Revista de Occidente*, Madrid, 1968 (original en alemán de 1921). Hace ya tiempo escribí un artículo apelando a esta caracterización, Juan Rial, "Transitions in Latin America, the threshold of the 1990s", *International Social Science Journa*, No. 128, May 1991, Blackwell/Unesco. Las dictaduras latinoamericanas no tenían vocación de ser soberanas, y aunque no solían tener una fecha de término de la situación excepcional, siempre se manejaban en base a un futuro en el que habría una institucionalidad "depurada".

[46] El intento del Tte. Gral. Juan C. Onganía de crear un régimen corporativo en 1966, o el de Juan Velasco Alvarado de ir a una forma de socialismo en el Perú de los años 70, fueron abortados por las propias fuerzas armadas, como antes lo fue el régimen populista de Juan Perón en 1955. Tampoco tuvo éxito la cara civil de la dictadura uruguaya (Juan María Bordaberry con su idea corporativa), para citar sólo algunos ejemplos. El régimen de Pinochet, que introdujo fuertes cambios en Chile, sin embargo no renegaba de la forma democrática, al punto que el intento de legitimar todo el proceso mediante una nueva Carta le costó el poder.

republicana representativa y de cuño liberal–, se mantenía, habiendo desaparecido la excepcionalidad aducida para intervenir en política.

Ninguna fuerza armada sufrió una derrota militar contundente que implicase su desaparición. Los militares argentinos perdieron la guerra de Malvinas, pero no combatieron en el territorio bajo efectivo control del Estado argentino, ni fueron disueltas. Sí arrastraron una enorme pérdida de legitimidad, que se aunó a los costos de la guerra sucia y de la dictadura iniciada en 1976[47], proceso que llevó a la más profunda trasformación de una organización militar en América Latina, aún en desarrollo.

A fines de la primera década del siglo XXI, en un escenario de crisis, América Latina sigue siendo una zona de paz, donde los conflictos entre Estados difícilmente desembocan en abiertas confrontaciones violentas entre ellos. Y cuando lo hacen, son muy limitadas en alcance, en el escenario geográfico donde se disputan, y en el tiempo.[48] Los conflictos internos también se han visto muy reducidos, quedando sustancialmente referidos al problema colombiano, que ha cambiado fuertemente en su calidad. Ya no es una confrontación entre un grupo armado que pretende la toma del poder y una fuerza estatal, sino entre grupos armados, con alianzas con grupos delictivos que controlan territorios y recursos humanos y financieros, tratando de evitar el control estatal.[49]

---

[47] Las únicas fuerzas disueltas eran organizaciones de tipo *constabulario*, como la guardia *somocista* en Nicaragua, o las de Haití y Panamá, éstas dos últimas a manos de sus creadores; la nicaragüense, por parte de un movimiento revolucionario. En ningún caso habían llegado a tener el *ethos* propio de las fuerzas militares de cuño europeo, como las sudamericanas.

[48] El último de estas características fue el que enfrentó a Ecuador y Perú en la zona amazónica de El Cenepa en enero y febrero de 1995, involucrando un número limitado de efectivos militares de los ejércitos y fuerzas aéreas de los dos países. Previamente, hubo también enfrentamientos en 1981, y con mayor involucramiento de fuerzas, en 1941. Hay que remontarse a 1969 para el conflicto entre El Salvador y Honduras, de corta duración, y a la década de 1930 para la larga confrontación en El Chaco entre Bolivia y Paraguay, o previamente, la de Colombia y Perú en la zona selvática, de corto alcance. Un conflicto con un país extrarregional se dio entre la Argentina y Gran Bretaña por las islas Malvinas, en 1982. En todos los casos los escenarios de lucha fueron periféricos, y el número de combatientes involucrados limitado, aunque sus consecuencias políticas hayan sido muy relevantes.

[49] Juego en el que intervienen las FARC, diversas "Bacri" (bandas criminales, nombre dado a antiguos paramilitares que volvieron a la actividad armada), el ELN y otros grupos armados diversos. De hecho, el narcotráfico utiliza a diversos grupos armados como "mano de obra" y a la vez "protección" de sus actividades ilícitas.

En muchos de los países de la región se ha definido que la principal misión de las fuerzas armadas es la defensa nacional, entendida como la serie de acciones a tomar para enfrentar una eventual agresión exterior, y tratando de evitar el involucramiento en operaciones de tipo policial. Esto ha implicado cambios muy importantes en las corporaciones militares.

Los controles políticos civiles se han vuelto más relevantes, y en varios países se ha puesto al Ministerio de Defensa en una posición de mando efectivo por sobre las instituciones militares. En algunos, esta preeminencia tiene consagración jurídica y práctica; en otros se ha avanzado más a través de la acción efectiva de los Ministros de Defensa, sin que haya cambiado mucho el marco jurídico. En todo caso, es claro que ninguna fuerza militar tiene hoy un papel relevante como actor político en los procesos de la región, actuando subordinada a los mandos políticos.[50] Ya señalamos el papel instrumental de los militares hondureños en el proceso político que llevó a la destitución de Manuel Zelaya.

Al cambiar el reclutamiento básico del sistema desde el servicio militar obligatorio a uno de carácter voluntario-profesional, en muchos países las fuerzas militares han pasado a ser, progresivamente, más profesionales. El *ethos* dominante ha bajado su carácter heroico, para asumir uno de tipo "laboral". Asimismo las instituciones militares, cerradas, han visto cambios que hacen que los reglamentos de disciplina se modernicen, que la educación militar tenga ciertos niveles de convergencia con la de tipo civil, que parte de los contingentes, sean ocupados por mujeres (especialmente en las áreas administrativas y logísticas), y que la justicia militar vea acotada su acción, llegando en algunos países a un cambio radical, suprimiendo el fuero militar para traspasar esa función a la justicia civil. En ciertos casos también se suprimieron los Tribunales de Honor que juzgaban por convicción, sin basarse en hechos y sin garantías jurídicas apropiadas.

---

[50] Esto se da aún en países donde hay una fuerte presencia militar en el gobierno, como en Venezuela, donde sirven a un régimen esencialmente plebiscitario. En Cuba la fuerza militar también tiene un papel predominante, pero está encuadrada en el mando, que también es político y tiene por cúspide a los hermanos Castro, cuyo mando siempre tuvo un carácter dual (militar y político).

En algunos países se busca mantener a los militares involucrados en tareas civiles, tales como la participación en proyectos de desarrollo en apoyo de comunidades periféricas o muy pobres.[51] Pocas son las fuerzas militares que mantienen o tratan de mantener una fuerza de combate creíble para enfrentar una confrontación con otra fuerza armada similar.[52]

Muchos de los países intervienen en misiones de paz de ONU o en fuerzas de tipo similar. En rigor llevan adelante funciones fundamentalmente de tipo policial (cuando se llevan contingentes importantes), o de "diplomacia militar" cuando se encaran misiones de observación.[53] En varios países las razones para esa actuación son políticas; en otros, se trata de ocupar a los integrantes de la corporación militar.[54]

---

[51] En Venezuela la ejecución de las llamadas "misiones" en gran medida reposa en la fuerza militar, por lo que es mayor el compromiso.

[52] Sólo Chile y Perú están en ese propósito, alentado por viejos fantasmas, aunque sus mandos saben que la posibilidad de una confrontación real es remota. Venezuela trata de equipar una fuerza y un número relevante de reservistas, pero esto último se ha visto muy demorado, y el número de milicianos reclutados es muy bajo. Chávez sabe que un incidente internacional puede servirle, pero también es consciente de que su fuerza militar tiene un valor relativo. Brasil, el mayor país de la región, sigue con propósitos múltiples en el campo militar, que van desde querer llevar adelante el proyecto de submarino a propulsión nuclear, a tener una industria militar capaz de abastecer su fuerza y exportar a otros países (como se había insinuado en los años 80 del siglo XX). O entrenar a una fuerza militar para actividades de resistencia prolongada, para lo cual envió oficiales a Vietnam a familiarizarse con las doctrinas y prácticas de la guerra asimétrica que ese país llevo a cabo durante largas décadas.

[53] En abril del 2009, la Argentina, Bolivia, Brasil, Chile, Colombia, Ecuador, El Salvador, Guatemala, Paraguay, Perú y Uruguay participan en la misión de Naciones Unidas, *Minustah*, en Haití. Bolivia, Guatemala y Uruguay participan en MONUC en el Congo. Argentina en Chipre, teniendo pequeños grupos de personas de Brasil, Chile, Paraguay y Perú integrados al medio batallón allí desplegado. En 2009 el comandante militar de la misión es un contralmirante peruano. Una pequeña fuerza de El Salvador es parte de la UNIFIL en el sur del Líbano bajo mando de España. Desde los años 80 colombianos y uruguayos son parte de la misión *ad hoc* en el desierto de Sinaí, producto de los acuerdos Camp David. A fines de 2009 sólo Cuba, México, Nicaragua, República Dominicana y Venezuela no participaban en misiones de esta naturaleza. El terremoto de Port au Prince en enero de 2010 motivó el ingreso de soldados dominicanos a Haiti, en base a un acuerdo bilateral, para realizar tareas de seguridad en apoyo de misione humanitarias.

[54] Son claras las motivaciones políticas de Brasil, y en menor medida de la Argentina y Chile. En otros casos se busca mantener ocupada y motivadas a fuerzas militares; en el caso uruguayo es la variable de ajuste para completar los menguados ingresos del personal militar.

El referente clave para la acción militar en la región es el Mando Sur del Departamento de Defensa de los EE.UU., que mantiene una activa diplomacia militar en toda la zona, abarcando mucho más que funciones militares e involucrándose en tareas policiales y en variantes de acción cívico-comunitaria.[55] Otros actores extrarregionales tienen una incidencia mucho más acotada.[56]

Entre los papeles que cumplen o pueden cumplir las fuerzas militares de la región latinoamericana se encuentra el actuar en resguardo de la seguridad pública, tema que abordamos debajo.

7. Seguridad pública. Una demanda, un problema, y cómo atender intereses y demandas cruzadas

La mayoría de los países de la región enfrentan un problema creciente en el campo de la seguridad pública. La mayoría de los gobiernos se encuentra ante una situación propia de Arlecchino[57], donde debe dar protección a la población contra actividades delictivas al tiempo que también debe cumplir con todas las garantías y respetar todos los derechos ciudadanos, incluyendo los de aquellos que delinquen.

---

[55] El mando con sede en Miami es una organización político militar con capacidad operacional. Su comandante es un militar, pero su segundo es un funcionario del Departamento de Estado. Representantes militares y diplomáticos alternan con representantes de los departamentos de Energía y Justicia, así como de agencias especializadas como USAID, el NSC, la DEA, la CIA y el FBI, entre otros. Conduce su accionar procurando cumplir con las *3Ds* (defensa, diplomacia y desarrollo) que definen hasta ahora el accionar exterior de EE.UU. La cuarta *d*, democracia, no se sabe si continuará estando en la posible lista de prioridades de la administración iniciada en el 2009. Operacionalmente tiene un pequeño contingente del ejército y la fuerza aérea que eventualmente puede desplegar en la región, y un mando naval (la cuarta flota) con medios muy reducidos. Su influencia sustancial se da en marcos políticos de diplomacia militar y en el campo de la seguridad pública. Su jurisdicción excluye a México, que en la arquitectura del DOD es parte del Mando Norte integrado al territorio continental de EE.UU.

[56] Francia tiene acuerdos de cooperación con Brasil. Directamente tiene efectivos en Guyana y los departamentos caribeños. Rusia es un proveedor de materiales para varios países de la región y busca establecer lazos más permanentes, así como recobrar algunos del pasado como los que tenía con Cuba. La presencia británica es reducida, y se da en Malvinas como herencia del conflicto de los años 80, y muy limitada en países caribeños. Algunos países tienen misiones de diplomacia militar que intentan ser relevantes, como Canadá, China y España.

[57] Referencia al personaje de la comedia del arte italiana de la obra de Carlo Goldoni, que debía servir a dos patrones con demandas contrapuestas.

Se trata de un problema de alta exposición en los medios de comunicación masiva, y las posiciones de los responsables políticos (muchas veces también de quienes operan en el área), se ventilan en los medios; muchos de los formadores de opinión agregan su propia posición. A su vez, varias decisiones y su implementación son "para" los medios, con el fin de mostrarlas.

Dado que gran parte del incremento de la delincuencia lleva a violencia, y que la misma tiene un carácter brutal, se llega a una *pornografía de la violencia*[58] que apela al morbo de vastas audiencias. Se despierta así una de las emociones primarias que siempre ha motivado la acción colectiva: el miedo[59], tema al que ya hemos hecho alusión. Existe una crisis evidente del concepto de autoridad, y buena parte de la población tiene miedo ante el hecho que se teme utilizar el recurso a la fuerza por los posibles desbordes que puedan darse, violando derechos humanos. El resultado es que "los que mandan", realmente, más de una vez temen hacerlo, dejando desprotegidos a los ciudadanos.

Se confunde la existencia del conflicto, hecho inherente a la naturaleza humana[60], con la delincuencia, y ésta última con violencia. La *pornografía de la violencia* aumenta la sensación de vivir en inseguridad. Este clima de inseguridad, de acuerdo a diversas encuestas, es percibido por un 60% de la población de América Latina.

En primer lugar, debe tenerse en cuenta que no siempre el conflicto asume el carácter de conflicto social (aunque tenga alcance colectivo y afecte a un buen número de personas)[61]. Puede ser una situación de

---

[58] La expresión es del mexicano Enrique Krauze.

[59] Es un fenómeno mundial que ha ido creciendo a lo largo del tiempo. Siempre recuerdo que en mi niñez, en los años 50, en las calles de la ciudad vieja de Montevideo, por la tarde un "canillita" (vendedor de periódicos) anunciaba casi todos los días: "¡El Diario con el crimen de hoy!", tuviese o no esa cobertura el periódico vespertino de marras, que se especializaba en tener la mejor "página roja". Y que cuando realmente cubría un crimen hacía referencia al "impresionante charco de sangre" que rodeaba a la víctima. Que la TV dedique gran parte del tiempo de los informativos a la crónica delictiva es una constante en casi todas partes, dado que aumenta los "ratings" de audiencia y alimenta constantemente el crecimiento de esa *pornografía de la violencia*.

[60] Coser sostenía que el conflicto es una lucha permanente por valores, por estatus, poder y recursos, que una vez percibidos como opuestos hace que cada grupo intente neutralizar, dañar o eliminar a sus rivales. Ver el trabajo clásico de Lewis A. Coser, *The Functions of Social Conflict* (New York: The Free Press, 1956). Hay versión en español editada por el FCE, de México.

[61] Un conflicto social transciende el marco social aceptado, proviene de situaciones estructurales de la sociedad, en la que se producen oposiciones entre estratos sociales con distinta capacidad y poder.

fondo, estructural, constante, que afecta la vida cotidiana, pero que, en sustancia no intenta alterar el marco social en que se vive, aunque tenga, finalmente, efectos en la forma de encarar la convivencia. Muchos de los actos delictivos buscan obtener un provecho personal, y no suponen cuestionar el orden social existente.

En sociedades donde la desigualdad es fuertemente percibida se acentúan los sentimientos de humillación[62] y el resentimiento[63], y la respuesta de algunos de los integrantes de la misma es recorrer el camino del delito. Hay una buena cantidad de estímulos para hacerlo. Para muchas personas es claro que están excluidos del camino que se percibe como exitoso y principal para integrarse a la sociedad, que la posibilidad de tener una ocupación regular es nula, o que deben encarar una ocupación informal que no ofrece mucho como proyecto de vida. Queda, entonces, la alternativa de tomar otra vía. Para algunos, puede ser muy tentador con-

---

[62] Una de las formulaciones más recientes es la de Avishai Margalit, *La Sociedad Decente* (Barcelona: Paidós Iberica, 1997). A partir de Judith Shklar, "Putting cruelty first" *Dædelus*, Vol. 111, N° 3, (1982), sostiene que lo primero a erradicar es la crueldad, para lo cual lo mejor es tener las garantías de una democracia constitucional; a continuación hay que eliminar la humillación. Elaborando también a partir de Isaiah Berlin (humillación contra el abuso de la autoridad pública), considera que una sociedad decente, o una sociedad civilizada, es aquella cuyas instituciones no humillan a las personas sujetas a su autoridad, y cuyos ciudadanos no se humillan unos a otros. Mientras que la filosofía política predominante hoy en día se centra en el ideal de la sociedad justa basado en el equilibrio entre libertad e igualdad. El ideal de la sociedad justa es difícil de poner en práctica. Por eso es prioritario originar una sociedad decente antes que una sociedad justa.

[63] La exposición clásica fue la de Nietzsche, en varias de sus obras, por ejemplo en *La genealogía de la moral* (Madrid: Alianza Editorial, 1975), 16 y ss. Nietzsche considera el resentimiento como la base de la moral, de los ideales ascéticos cuyo fundamento es proyectado por los débiles y conduciría a una venganza imaginaria consistente en la inversión de los valores sustentados por los nobles. La lectura de Nietzsche en el campo político (que el propio Nietzsche no abordó), ha llevado a justificar posiciones tanto fascistas como de izquierda, propias de la "locura" introducida por el escritor al ahondarse cada vez mas más en la contradicción entre sus conceptos y sus emociones. Nietzsche afirmó que *"(...) la democracia moderna es la forma histórica de la decadencia del Estado."* Federico Nietzsche, *Humano, demasiado humano* (España: Biblioteca Edaf., 1995), 263. Una de las formas de justificar el nihilismo y el postmodernismo, en la práctica, de acuerdo a Jean-François Lyotard, *La Condition postmoderne: Rapport sur le savoir* (Paris: Ed. De Minuit, 1979), es que la modernidad permanente supone que la crisis política y económica. En este caso, citamos la idea de resentimiento como el motor de los oprimidos contra un orden dado. La inversión de la jerarquía de valores, juzgando como superiores los valores que se pueden realizar, y como despreciables aquellos que son inaccesibles, justifica para el hombre resentido la contraposición al orden admitido por quienes se supone están en esa posición de poder.

vertirse en parte de la "mano de obra" al servicio de actividades delictivas diversas, al tiempo que realiza otras "por cuenta propia".

En un marco de garantías propias del liberalismo hay más espacio para estas formas alternativas. En algunos casos lleva a conductas desleales en lo político, que pueden conducir a un nihilismo más o menos radical con muy diferentes formas de expresión o justificación. Pero por lo general se actúa fuera de ese encuadre; la conducta es anómica y dificulta el orden público, aunque su intencionalidad es apolítica. En principio, porque no se siente parte de la comunidad política que debe regular el Estado.

Pero ello se produce en un marco de expansión de ciudadanía, en el que la idea rectora sostiene que todas las personas son parte de la comunidad política y, por lo tanto, deben ser iguales ante la ley. No se trata ya de súbditos que, como en el pasado, había que disciplinar constantemente, y de los que no se esperaba lealtad sino mera obediencia, debido al miedo que provocaba el poder.[64] Se supone que un ciudadano asume una responsabilidad frente a la comunidad política, al tiempo que recibe derechos y garantías consagrados en la Carta constitucional. Pero esta es la situación ideal: en los hechos muchos de los ciudadanos reclaman derechos, pero eluden responsabilidades.

La estructura de estados débiles ha llevado a que la situación de inseguridad, multiplicada por mensajes que la vuelven extremadamente preocupante, atente contra la gobernabilidad y vuelva aún más vulnerable al Estado y a los gobiernos.

En un estudio reciente, Iván Briscoe utiliza un excelente concepto para describir la pérdida del monopolio estatal sobre la conducción de la comunidad política del Estado. Sostiene que varios países que han desarrollado recientemente procesos "(…) democráticos y han consolidado sus aparatos institucionales sólo para encontrar que redes organizadas, con profundos y duraderos vínculos con el Estado, están desviando las políticas públicas, operando secretamente con bandas criminales de narco-traficantes y debilitando la autoridad pública y el Estado de derecho. En los peores casos, principalmente Pakistán y Guatemala, países que el autor estudia como ejemplo para su tesis) niveles extremos de violencia

---

[64] En el Memorial de 1639 contra la Corona, Francisco de Quevedo expresaba así la situación: *"El vulgo es, sin rienda, ladrón homicida / reniega del castigo, da coz a la vida / que importan mil horcas (dice alguna vez) / si es muerte más fiera hambre y desnudez"*. En el Siglo de Oro español, el poeta reclama así al monarca la desatención a sus súbditos, y describe las consecuencias de esa acción.

pre-electoral en 2007 subrayaron el surgimiento de un "estado paralelo", cuya influencia sobre el poder judicial, las fuerzas de seguridad y las estructuras estatales parece resistente a las reformas iniciadas por los líderes políticos y sociales."[65]

La inseguridad pública lleva a que gran parte de la agenda de gobierno tenga que dedicarse a un problema para el que no tiene una propuesta, y que se resume en un constante vaivén entre un discurso correcto retóricamente, que sostiene la necesidad de garantizar los derechos humanos, y la aplicación de medidas que pueden resumirse en la expresión "mano dura", de escasa relevancia práctica.

En otros casos, el propio Estado puede adoptar pautas de acción que parecen propias de grupos marginales, cuando no delictivos. Refiriendo al caso de Nicaragua, Andrés Pérez Baltodano compara la acción del Estado con la de las pandillas, las *maras* que actúan en América Central. Considera que el Estado no lleva adelante su esquema de gobierno en el marco institucional democrático liberal, sino en uno cercano a las reglas que rigen a una pandilla.[66] Sin embargo, paradojalmente, este tipo de orden puede evitar las formas corrientes de violencia pública, dado el control social más fuerte que puede ejercerse por esos canales. Pero, en ese caso, se presenta una centralización del poder que no suele darse en los "estados paralelos", donde diversos grupos viven constantemente compitiendo entre sí, enfrentándose violentamente. Como es normal en los carteles de drogas de este tiempo, surgidos a partir de las "boutiques" que sustituyeron a las organizaciones de los grandes capos abatidos en los años 80 y 90.[67]

---

[65] Iván Briscoe, "La Proliferación del 'estado paralelo'", *FRIDE*, Working Paper 71, Octubre 2008.

[66] Ver Andrés Pérez Baltodano, "La gestación del Estado Mara .Anotaciones para un estudio de la descomposición política e institucional de Nicaragua", *Pensamieto Crítico,* http:// www.pensamientocritico.org/andper0108.html, originado en un escrito realizado en Toronto en el 2007. Es una condensación de una argumentación mayor incluida en su libro Andrés Pérez Baltodano, *Entre el Estado Conquistador y el Estado Nación* (Managua, 2003; 2008). Aunque obviamente opositor, la argumentación de Pérez B. es interesante. En la metáfora sostiene que, al igual que la mara, el Estado asume una identidad "negativa", no se define por un proyecto futuro, sino meramente por preservarse, y por oponerse a otras maras (estados que bien podrían ser "paralelos"). También, que la lealtad es primaria, de tipo familiar (en verdad, caudillistas), que en lugar de la mediación institucional aparece el ejercicio desnudo y directo de la orden, que van por sobre la ley, y que tienen una idea territorial que excluye la idea de comunidad política.

[67] El epítome fue la organización de Pablo Escobar, sobre el que ya se ha escrito bastante. En ficción, una de las mejores descripciones de ese mundo es la proporcionada por Arturo Pérez Reverte, *La Reina del Sur* (Madrid: Alfaguara, 2002).

Los Estados disminuidos, no son, sin embargo, siempre Estados fallidos[68], expresión a la que se suele apelar para describir situaciones donde el monopolio del poder estatal no se ejerce. Puede haber regiones, o áreas donde el control estatal falta o está perdido, *zonas marrones,* como las denomina metafóricamente Guillermo O´Donnell[69]; en ese caso es correcto hablar de zonas donde imperan otros poderes paralelos, pero no de Estados fallidos. Esto ocurre en Colombia o en Nigeria si nos referimos a territorio, o en México, si nos atenemos a actividades de narcotráfico. Pero dista mucho de la inexistencia de Estado, donde el ejemplo es Somalia.

Las ciudades suelen ser precisamente la mayor preocupación para los problemas de la seguridad pública en América Latina, región donde la urbanización alcanza al 79,5%[70], y en la cual muchos países tienen una

---

[68]En el artículo, Stephen Krasner y Carlos Pascual, "Addressing State Failure", *Foreign Affairs*, Vol. 84, No. 4, (2005), sobre los "estados fallidos", Pascual afirmó: "En un mundo interrelacionado los Estados débiles y fallidos representan un riesgo para Estados Unidos y la seguridad global. Además, representan uno de los retos más importantes para la política exterior en la era contemporánea. Cuando el caos prevalece, el terrorismo, el narcotráfico, la proliferación de armas y otras formas de crimen organizado florecen". Importa señalar que Pascual fue embajador en Ucrania entre 2000 y 2003, y es actualmente el embajador de los EE.UU en México. Precisamente se ha hecho notar, por parte de mexicanos, que el país esta lejos de calificar como un Estado fallido. Ver por ejemplo la opinión editorial de Enrique Krause, "The Mexican Evolution", *The New York Times*, 24 de marzo, 2009, http://www.nytimes.com/2009/03/24/opinion/24krauze.html.

[69] Guillermo O´Donnell utiliza la metáfora de las "zonas marrones" (el color elegido es sintomático) para referir a los territorios, sean rurales o ciudades o pedazos de ellos, a los que no llega la legalidad del Estado. Prevalecen legalidades mafiosas, patrimonialistas, informales, que coexisten con (y a veces se sobreponen a) la legalidad estatal, poniendo en cuestión la práctica de los derechos civiles; O´Donnell lo llamó un "estado de derecho truncado", que disminuye la calidad de la ciudadanía y pone en cuestión el proceso de consolidación de la democracia. Sobre estos conceptos, ver por ejemplo de O'Donnell "Accountability horizontal. La institucionalización legal de la desconfianza política". *Isonomía,* N° 14, abril 2001, México.

[70] De acuerdo a CEPAL, *Anuario Estadístico de América Latina y El Caribe. 2008* (Santiago, CEPAL, 2009). La cifra de población urbana parte de lo que indican los censos de cada país, que por lo general establecen el límite inferior en centros con 2.000 a 5.000 habitantes. El total de la población de América Latina se estima en 568 millones de habitantes, y la del área caribeña en 41 millones.

ciudad principal que concentra un número muy importante de habitantes o son megalópolis.[71] Se trata de un fenómeno mundial, pero dada la concentración urbana de América Latina, se vuelve aún más relevante.[72]

En esos centros urbanos metropolitanos conviven personas de clase alta, que muchas veces viven en zonas protegidas, barrios cerrados, con servicios propios y guardias privados[73], junto a sectores de clase media, y un número mayoritario de integrantes de las clases populares. Estos viven tanto en zonas regularmente amanzanadas como en barrios de emer-

---

[71] Sesenta ciudades (considerando como tales no sólo las legalmente así definidas, sino toda área de aglomeración que conforma una metrópoli) sobrepasan el millón de habitantes, y varias son megalópolis de las más pobladas el mundo, como la Ciudad de México con cerca de 22 millones de habitantes. San Pablo está cerca de los 20 millones. El Gran Buenos Aires reúne más de 13 millones de personas. Río de Janeiro, una de las ciudades con mayores problemas de seguridad pública, tiene más de 10 millones de personas en su área metropolitana. Bogotá (que ha mejorado notoriamente la situación de seguridad pública) alcanza unos 8 millones de personas en su área metropolitana, cifra muy similar a la que tiene Lima. Cerca de seis millones tienen Caracas, Santiago de Chile y Belo Horizonte. Tienen más de cuatro millones Guadalajara y Monterrey en México, y Porto Alegre en Brasil, acercándose a ese guarismo Recife y la capital brasileña, Brasilia.

[72] El desarrollo compacto de las ciudades constituye una solución para el crecimiento urbano, conteniendo gastos de trasporte y consumiendo menos energía, pero requiere inversiones para hacer posible una convivencia adecuada, incluyendo los aspectos de seguridad pública. En 1900 el 10% de la población vivía en ciudades; hoy lo hace el 50% (3 300 millones de habitantes del globo). Uno de cada seis lo hace en zonas con viviendas precarias, en barrios marginales. Se estima que para 2050 el 75% de los habitantes vivirá en ciudades. América Latina va muy adelante en este proceso. Por ello, es necesario intervenir prontamente en el manejo de la ciudad. Bogotá ofrece un buen ejemplo, con su red de autobuses y bicicletas y el desarrollo de un plan de mejora para la utilización de los espacios públicos, que incidió positivamente en la calidad de convivencia y redujo los niveles de delincuencia. El diseño del entorno construido, la distribución de la densidad urbana y su impacto en la inclusión social, y la calidad de vida de los habitantes, forman parte del debate en torno a la política urbana, tanto en los países desarrollados como en los emergentes o en vías de desarrollo, para mejorar los niveles de vida y convivencia. París, por ejemplo, expulsa a los inmigrantes; otras ciudades, en cambio, ven sus centros degradados. Se trata de un problema que no es sólo de las municipalidades, sino de un número muy relevante de agencias del Estado. Implica tener en cuenta los movimientos sociales de inmigración e emigración, los niveles de empleo, el uso económico del suelo, la especulación inmobiliaria, la oferta cultural y de entretenimiento, la incidencia del trasporte y sus modalidades, etc. Todo lo cual incide en el manejo de la seguridad pública y ciudadana.

[73] Desde hace ya muchos años, a algunos edificios particularmente custodiados de San Pablo se los denomina "campos de descontentração".

gencia notoriamente carenciados.[74] En estas ciudades es donde tienen el mayor efecto esa pornografía de la violencia que se difunde por los medios de comunicación. La proximidad geográfica despierta a la vez miedos y culpas.

Al mismo tiempo, sectores medios ilustrados manifiestan temores y algunos se atreven a plantear hasta públicamente (aunque la mayoría de las veces en forma vergonzante), una actitud de dureza contra los que delinquen. Otros, en cambio, apuntan hacia la culpa, considerando que son parte de una sociedad que permite que se llegue a esas situaciones debido a la desigualdad y la falta de oportunidades.

Por lo general los analistas solemos referirnos a los procesos desde afuera, sin vivirlos; los registramos cuando la tendencia ya está en pleno funcionamiento, no en su origen, por ello siempre estamos atrás de los procesos que se dan en la vida real. En este sentido, es muy difícil saber si realmente hay un crecimiento de las actividades delictivas. A pesar de la gran cantidad de estudios que se realizan, los datos disponibles no son totalmente confiables.

Es cierto, sin embargo, que algunas formas violentas de delincuencia hayan crecido, tanto contra las personas, como contra la propiedad. Pero la población percibe que las instituciones estatales persiguen políticas poco coherentes y erráticas para enfrentarlas. Y cuando ve coberturas mediáticas se asusta, y reclama medidas que no siempre son las adecuadas o las que solucionan los problemas. El tema suele utilizarse como

---

[74] Actualmente la denominación tiende a ser descriptiva, hablándose de "asentamientos urbanos irregulares", o meramente "asentamientos" o "barrios marginales", queda así el uso de denominaciones peyorativas para uso coloquial. Éstas son diferentes en cada país. *Favelas* en Brasil (nombre originado por los soldados retornantes de la campaña de Canudos que obtuvieron lotes en Río de Janeiro y lo llamaron así por el lugar desde donde bombardearon a Antonio Conselheiro y sus seguidores), *villas miseria* en la Argentina (nombre tomado de la novela de Bernardo Verbitsky de 1957 de igual título). Se los llamaba *pueblos jóvenes* o *barriadas* en Lima; en Venezuela se utilizaba la expresión gente de los *ranchos,* o la gente de los cerros; en Uruguay, *cantegriles* (nombre satírico pues ése es el nombre del principal club de clase alta de Punta del Este). En Colombia y Costa Rica a las unidades que conforman barrios marginales se los llama *tugurios,* extendiéndose a todo el barrio. En Chile se las denominaba *callampas.*

parte de las campañas políticas, y se instala una suerte de "industria del miedo".[75] El cuadro indica que sí, que hay un crecimiento de la violencia que cobra vidas, pero se requeriría matizar estos resultados con una indicación de las circunstancias en las que se producen muchos de esos homicidios. En gran parte de los casos recoge el resultado del enfrentamiento de bandas de delincuentes que combaten entre sí por el predominio de un grupo ilegal sobre otro.

Cuadro N°1: Evolución de la tasa de criminalidad: homicidios al año por cada 100.000 habitantes

Región-subregión	1980	1991	2006
América Latina	12,5	21,3	25,1
México	12.8	21,5	25,3
Brasil	11,5	19	31
América Central	35,6	27,6	23
Países andinos	12,1	39,5	45,4
Cono Sur	3,5	4,2	7,4
Países del Caribe hispano	5.1	8.8	11
Caribe anglo, francés, holandés	3.1	3.5	7.7

Fuente. Organización Panamericana de la Salud, informes anuales.

---

[75] Expresión que escuché del penalista argentino Alberto Binder. Hay que agregar como se ha reiterado siempre a partir de Michel de Montaigne, "...c'est de quoi j'ai le plus de peur que la peur" (no hay cosa de la que tenga tanto miedo como del miedo), Michel de Montaigne, *Les Essais* (Firmin-Didot frères, 1854), chap. 17, livre I, 25. El miedo tiene un fuerte efecto multiplicador, como lo señaló mucho tiempo antes Tito Livio: "(…) el miedo siempre está dispuesto a ver las cosas peor de lo que son." (*Metus interpres semper in deteriora inclinatus*), Tito Livio, *Ab Urbe Condita*, (27.44).

Zygmunt Bauman sostiene[76] que en el mundo actual los ciudadanos son "adictos a la seguridad pero siempre inseguros de ella", cosa que se acepta como si fuera lógico, o al menos inevitable, hasta tal punto que contribuimos a "normalizar el estado de emergencia", que tiende a devenir algo permanente. Los temores son muchos y variados, reales e imaginarios; citemos algunos: la violencia, el desempleo, terremotos, hambre, enfermedades, accidentes, el temor al otro. Gentes de muy diferentes clases sociales, sexos y edades, se sienten atrapados por sus miedos, personales, individuales e intransferibles; pero también existen otros globales que nos afectan a todos, como el miedo al miedo. Actúan todos los días golpeando uno a uno en una sucesión constante, aunque azarosa, desafiando la capacidad de combatirlos cuando se vuelven irracionales.[77] El miedo ha hecho que el humor del planeta haya cambiado de manera casi subterránea.[78]

No es ajeno a este proceso el hecho de que se haya incrementado efectivamente el número de crímenes, de delitos violentos que tienen como víctimas a personas pertenecientes a estratos sociales medios-altos y altos, o a los allegados a los mismos, cuyas viviendas y barrios dejaron de ser refugios seguros.

La sensibilidad social y el dramatismo que genera la víctima de clase alta o media alta siempre es superior a la que provoca la víctima perteneciente a los sectores populares. Siempre tiene, además, mucha mayor capacidad de amplificarse en los medios de comunicación social.

---

[76] Zygmunt Bauman, *La Modernidad líquida* (Buenos Aires: Fondo de Cultura Económica, 2000). La metáfora que emplea Bauman refiere a una época de cambio perpetuo en la cual es difícil que las instituciones puedan asentarse. Ni siquiera la familia. Citando a Ulrich Beck, Bauman indica que hay "categorías zombis" y de "instituciones zombis", que están "muertas y todavía vivas". Nombra la familia, la clase y el vecindario como ejemplos ilustrativos de este nuevo fenómeno. Por ejemplo, dice Beck sobre la familia: "¿Qué es una familia en la actualidad? ¿Qué significa? Por supuesto, hay niños, mis niños, nuestros niños. Pero hasta la progenitura, el núcleo de la vida familiar, ha empezado a desintegrarse con el divorcio (…). Abuelas y abuelos son incluidos y excluidos sin recursos para participar en las decisiones de sus hijos e hijas. Desde el punto de vista de los nietos, el significado de los abuelos debe determinarse por medio de decisiones y elecciones individuales", Ulrich Beck, *La sociedad del riesgo. Hacia una nueva modernidad* (Barcelona: Paidós Ibérica, 1998).
[77] Basta citar el número y el éxito que tiene el tema del vampirismo en la literatura de ficción, cine y TV.
[78] El lenguaje y los gestos han cambiado notoriamente. La racionalidad ha cedido espacio a la emotividad.

Asimismo, producto de una campaña de promoción para contener la violencia doméstica, se han incrementado las acusaciones de pedofilia, delitos sexuales diversos, redes de prostitución, y otras actividades delictivas de ese tipo. En estos casos, la actividad delictiva no es nueva; subyacía en el ámbito social, pero no trascendía por encubrimiento o falta de denuncia. Y esto también es parte del espectáculo que ofrecen los medios de comunicación.

En los medios se expresan personas que demandan dureza.[79] Piden aumento de castigos, mayor presencia policial e incluso la limitación de las garantías. Pero, al mismo tiempo, no ven con buenos ojos que se invierta en procesos de recuperación del detenido en prisiones, y muchos de los sistemas penitenciarios de la región no son más que depósitos de personas mantenidos en malas condiciones. De hecho, esas instituciones tienden a reproducir el delito, a pesar de que en muchos casos se intente llevar adelante sistemas de castigo que no impliquen la reclusión.

La prevención, aunque asumida como una necesidad y un elemento del correcto debate político, juega siempre un rol secundario. De hecho, son limitados los casos en los que las coaliciones llamadas "progresistas" han desarrollado perspectivas prácticas que pongan énfasis en enfrentar los problemas sociales, ya sea el incremento de la desigualdad o del desempleo juvenil, como base de las políticas para confrontar fenómeno delictivo. Estas perspectivas son entendidas, en el debate político-mediático, como "garantistas" o favorables a los delincuentes, por parte de los partidarios de un esquema represivo de "mano dura". Por ello esas coaliciones progresistas oscilan constantemente entre la retórica "garantista" y

---

[79] Un buen ejemplo lo proporcionó en marzo de 2009 la ex vedette y conductora de televisión argentina Susana Giménez, que reclamó la pena de muerte luego de que muriese un amigo en un episodio criminal. Otros personajes se unieron a ese coro. Motivó una respuesta radical de parte de defensores de los derechos humanos y hasta de la presidenta de Madres de Plaza de Mayo, Hebe de Bonafini, que calificó lo dicho por Giménez con fuertes agravios: "¿Cuál es nuestra seguridad con estas vedettes, que son más putas que vedettes, que se atreven a hablar de derechos humanos cuando bailaron y se acostaron con todos los represores?". Bonafini no se quedó ahí: "Estas vedettes decían: ´está bien que los maten, son terroristas´. Ahora dicen que hay que matar a todo el que mata. Si Susana hubiera acertado con el amante que tenía con el cenicero en la cabeza y lo hubiera matado, habría que haberla matado a ella". En ese sentido, añadió: "¿Por qué no piensan en lo que dicen? En vez de cabeza tienen un maní, lo único que tienen son tetas y no son de ellas". Ver "Duro ataque de Hebe de Bonafini contra Susana Giménez", *La Nación*, 18 de marzo, 2009, Sección de información general, http://www.lanacion.com.ar/nota.asp?nota_id=1109830.

algunas medidas que apuntan a promover el esquema preventivo, pero que dejan lo sustancial en manos de los aparatos policiales, que asumen las formas tradicionales de confrontar el fenómeno.[80]

Muchos expertos indican que la reducción del papel y de la capacidad financiera del Estado ha contribuido obviamente a este fenómeno. La delincuencia transnacional en forma de producción y tráfico de drogas, tráfico de seres humanos y armas, así como el blanqueo de dinero, ejercen una fuerte presión sobre los sistemas de seguridad pública de muchos países latinoamericanos. Aunque las reformas necesarias son a largo plazo y tardarán en ser aplicadas, la población exige respuestas y soluciones rápidas a sus gobiernos, ante el creciente número de homicidios y secuestros que se muestran hasta el hartazgo en la televisión.

Asimismo, la necesidad de una mayor seguridad privada y local desvía la atención; no se enfrentan problemas que exceden el marco de las fronteras nacionales. No se ha trasmitido a la opinión pública las consecuencias directas de la delincuencia transnacional, que además de reducir la capacidad de los Estados y de la región, incide fuertemente en lo que ocurre a nivel nacional y local.

El discurso sobre el tema es más complejo cuando los enfoques tienden a ser holísticos, como el que supone utilizar concepto de seguridad humana[81], concepto en el cual el individuo y la comunidad ocupan el centro. El gran problema que tiene es su escasa capacidad para ser traducido en la práctica, para poder ser instrumentado.

De allí que se recaiga constantemente en los esquemas de "mano dura", aunque se suele alternar con "un poco de ternura", cuando las denuncias respecto al manejo del tema sensibilizan fuertemente a la opinión pública. Pero, apenas se agitan en los medios de comunicación, se habla de "tolerancia cero", cuyo corolario es un esquema de fuerte represión, que sólo puede instrumentarse en territorios acotados. Sin embargo, y especialmente desde el ámbito de la sociedad civil, se busca ampliar la idea del involucramiento ciudadano, vía la participación para desarrollar esquemas de seguridad participativos.

---

[80] En términos propios del ámbito publicitario, estos esquemas se basan en "titulares botella", conceptos que pueden ser llenados con muy diversos contenidos.

[81] Desde el *Informe sobre el Desarrollo Humano* del Programa de las Naciones Unidas para el Desarrollo de 1994 el concepto se ha expandido constantemente. Es parte de la retórica política, ilumina las llamadas Metas del Milenio a las que se comprometieron los gobiernos en el año 2000, y es motivo de constantes debates y creación de redes. Pero aún falta que esos principios puedan traducirse a las prácticas burocráticas.

8. La seguridad como problema urbano

Como hemos indicado, una buena parte de la población de América Latina reside en ciudades, especialmente en las grandes metrópolis. Bauman sostiene que nuestras ciudades son metrópolis del miedo, lo cual no deja de ser una paradoja, dado que los núcleos urbanos se construyeron originalmente rodeados de murallas y fosos para protegerse de los peligros que venían del exterior.[82] Hoy la ciudad importa, además, por considerarse que en ella está el principal patrimonio de muchos de sus habitantes, su lugar de residencia.[83] En América Latina se encuentran cuatro de las veinte ciudades del mundo con más de diez millones de habitantes (México, San Pablo, Buenos Aires y Río de Janeiro); otras cuatro están entre los seis y ocho millones de habitantes (Lima, Caracas, Bogotá y Santiago), y tiene cincuenta y cinco de las cuatrocientas catorce ciudades de más de un millón de habitantes del mundo. En estas cincuenta y cinco urbes residen ciento ochenta y tres millones de personas y la sensación de inseguridad entre sus habitantes es alta.

Una encuesta de *Gallup* sobre calidad de vida, a escala global, preguntó a los entrevistados si se sentían seguros de caminar de noche en su lugar de residencia. En Asia Oriental y el Pacífico se llegó al 70,5% de respuestas positivas; en América del Norte, al 72.2%, y en Europa Occidental al 68.2%; un 69.8% en Asia Meridional y 69,7% en Medio Oriente. Mientras que en América Latina se alcanzó sólo un 41.6%, menos aún que en África subsahariana y Europa Oriental (con 47.5% y 48.6% respectivamente). Parece claro que los medios no son ajenos a estas cifras que se obtienen en América Latina.[84]

Hoy la ciudad es el punto de interrelación entre intereses encontrados: desde los quienes tienen proyectos productivos y residenciales hasta los que hacen de ella un escenario de comercio, trasporte, especulación,

---

[82] Bauman lo expresa en *Modernidad líquida*. Cita además a Peter Sloterdijk que indica que "la ciudad amurallada" hoy ya no es un refugio, sino la fuente esencial de los peligros. Peter Sloterdijk (*Sphären II – Globen, Makrosphärologie*, 1999). *Esferas II, Globos. Macroesferología* (Barcelona: Siruela, 2004).

[83] En Ciudad de México el 76% de las familias son propietarias (incluyendo los que viven en asentamientos precarios); el 75% lo es en la ciudad de Buenos Aires y en Rio de Janeiro; 73% en Santiago de Chile; y 52% en Bogotá. Ver Eduardo Lora Coord., *Calidad de la vida. Más allá de los hechos* (México: BID. FCE, 2008), Cuadro 8.1, 190.

[84] Ver Eduardo Lora, Coord., *Calidad de la vida. Más allá de los hechos*, Cuadro 8.8, 201.

centro de entretenimiento y de producción cultural. De esa confrontación de intereses se percibe sustancialmente la acción de los actores políticos locales, de los empresarios y, como siempre, de los que hablan sobre el tema a través de los medios de comunicación. Las decisiones que se toman sobre la ciudad muchas veces tienen efectos de largo plazo, tales como el trazado de calles, que determina el carácter de cada zona, así como la construcción de líneas de trasporte. Las que refieren al tipo de uso de suelo determinan patrones de ocupación y estratifican socialmente el espacio.

Los Estados se han mostrado impotentes, incapaces, para contener, dirimir, regular o procesar el conflicto que está detrás de la violencia urbana. No han pasado por un proceso de modernización y diversificación similar al de sus sociedades, lo cual les hubiera permitido atenuar o resolver ciertas conflictividades. Asimismo, la inseguridad urbana atenta contra la calidad de la institucionalidad democrática y deteriora la confianza en las instituciones.

La falta de una perspectiva estratégica de la clase política y de modalidades de intervención se suma una enorme impericia en la gestión estatal en el campo de la seguridad pública. Se han producido diagnósticos, y hay ideas para enfrentar el problema, pero la capacidad de gestión y las resistencias burocráticas y corporativas que hay que enfrentar son muy grandes. Los intereses en juego (legales algunos, otros no tanto), tienden a que sea difícil tener una política global para enfrentar el problema.

En más de un caso la respuesta "fácil" es recurrir a las instituciones militares. Es común ver a políticos hablar de la necesidad de poner militares a patrullar calles o custodiar cárceles. Obviamente se suele desconocer que los militares tienen un *ethos,* un entrenamiento y una misión que no se compadece con la seguridad pública. Pero en más de un país de la región, la responsabilidad efectiva, establecida legalmente, indica que son instituciones de tipo militar las encargadas de partes importantes de la seguridad pública, como puede verse en ciudades colombianas o brasileñas. Obviamente se olvida que patrullar una ciudad no implica más que arañar la superficie del problema. No tiene el menor sentido llegar a la conclusión de que por cada manzana hay que poner un agente estatal para controlar a sus habitantes. Sin conocimientos de las formas peculiares de la delincuencia, el patrullaje no hace más que exacerbar el problema.

El problema fuerte es la ausencia de conducción político-institucional. Las policías deben ser conducidas por las autoridades gubernamentales y responsables de la seguridad pública y no meramente por los mandos policiales. Pero la condición *sine qua non* para que ello ocurra es que existan autoridades gubernamentales con capacidad de gestión en materia de seguridad pública. Si no las hay, la tarea seguirá reposando en las fuerzas policiales. En este caso todo depende la calidad de esas fuerzas. Es sabido que, en muchos casos, se está ante organizaciones con baja profesionalidad, que reclutan personal en sectores subalternos de la sociedad, de difícil condición social, a los que se remunera con salarios muy bajos y con escaso apoyo para superar su condición social crítica. Algunos de los jefes, con poder territorial notorio y también con malas remuneraciones, caen rápidamente en la tentación de la corrupción. A ellos se agrega que en muchos países la confianza y estima del ciudadano en la fuerza policial es muy baja.

La ciudad, al crecer, se ha trasformado en un espacio donde ha crecido la sensación de inseguridad. Su incremento se vincula a la pérdida de espacios públicos, un comportamiento social más individualista y una creciente sensación de angustia y temor. En este contexto, la ciudad ha ido perdiendo su capacidad socializadora, para convertirse en un espacio de miedo y de disputa. Muchos de los espacios públicos se han privatizado por razones de seguridad. En las grandes ciudades de la región convive una élite cosmopolita y globalizada, con fuertes ingresos, que tiene buenas conexiones con el mundo avanzado, tanto físicas como virtuales, junto a una masa de población pobre, en muchos casos marginal. Y con la mayoría de los integrantes de los sectores medios del país, que suelen vivir en los principales centros urbanos y que se encuentran en más de un caso en una situación de "miedo" e inseguridad, pues no cuentan con los recursos que tiene el sector alto para procurarse seguridad por medios privados.

Las ciudades más importantes de América Latina albergan centros financieros importantes, hoteles de muy alto nivel, restaurantes donde pueden degustarse excelentes platos, grandes centros de compras y consumo, centros de entretenimiento. Comparten el espacio con la población que vive en barrios de clase media, en situaciones intermedias, respecto a la masa de población que habita en barriadas precarias.

Las rejas, muros, alarmas, guardias, han permitido reducir la incidencia de los delitos contra la propiedad que pueden cometerse en las zonas privilegiadas, pero no han evitado que sigan cometiéndose asaltos violentos. No llega al mismo nivel la protección posible en los barrios de sectores medios, y la desprotección de los barrios populares es notoria.

Los espacios públicos son peligrosos para todos. En algunos días, en Río de Janeiro, las balas atraviesan la ciudad de morro a morro. El Estado parece "rendirse" y adopta medidas puramente pasivas que siempre pueden circunvalarse.[85] Los secuestros, en la modalidad *express* atemorizan a los sectores medios, mientras que los que apuntan a lograr un rescate mayor lo hacen con los sectores altos. En las ciudades la incidencia de la distribución de drogas ha llevado a confrontaciones entre grupos que se dedican al negocio, e impuesto patrones de violencia desconocidos en el pasado. El deporte también muestra conductas delictivas que no son fáciles de controlar.

Los centros de compras, los *shopping mall* han pasado a ser la principal zona de encuentro y sociabilidad, las nuevas plazas públicas, visto que muchos de los parques y plazas públicas en espacios abiertos no pueden ser controlados y protegidos en la misma forma que los espacios cerrados y protegidos por guardias que ofrecen los *mall,* lugares donde se reconcilia el consumo, la recreación y el paseo.

Los delitos violentos tienen fuerte visibilidad en las ciudades, pues su comunicación por medios audiovisuales y por la prensa lleva a incrementar la percepción de inseguridad, a veces mucho más allá de lo que acontece en el mundo real. El ciudadano trata de defenderse comprando medidas diversas. Según sus niveles de ingresos puede poner rejas o

---

[85] Para contener el crecimiento de las favelas se ha comenzado a construir un muro de tres metros de alto, que se supone alcanzará un total de once kilómetros a un costo de unos 16 millones de dólares. Oficialmente tiene como finalidad impedir que las favelas, que están creciendo hacia las colinas que rodean la bahía de Río de Janeiro, acaben con el verde de los *morros,* como en Brasil se les llama. El muro será de cemento armado, para evitar que los traficantes de droga puedan dinamitarlo. Se comenzó por la favela de Morro de Dona Marta, ubicado en el barrio de Botafogo, porque es la primera de la que las fuerzas del orden, que se han establecido en ella, han conseguido expulsar a los narcotraficantes. Es casi una "favela modelo", con Internet gratuita para sus 10.000 habitantes, electricidad oficial y un sinnúmero de servicios sociales. De ahí que se espera que las protestas en dicha favela sean menores que en las demás, aún dominadas por los traficantes de drogas. La idea de levantar muros en las favelas para evitar su expansión llevaba madurándose desde hace años, pero enseguida las protestas ciudadanas, además de las comunidades de *favelados,* acabaron abortando el proyecto. Pero hay que señalar también, que un programa de viviendas en favelas empleará bloques que tienen una composición que vuelven las paredes resistentes a impactos de bala.

muros en sus casas, sistemas de alarmas y cámaras, contratar guardias, comprar perros de defensa, y también comprar armas.[86]

La masa de los ciudadanos suele ser víctima de la delincuencia "desorganizada", de individuos o pequeños grupos que suelen llevar adelante robos o asaltos de oportunidad. El crimen organizado, en cambio, suele tener blancos muy precisos, muchas veces organizaciones rivales con las que confrontan por el control de recursos, sean personas, territorios o bienes. El ciudadano común sufre la imposición de estos grupos cuando reside en zonas controladas por bandas que responden a organizaciones delictivas mayores. Las organizaciones de distribución de drogas son el paradigma.

Asimismo, las formas de convivencia urbana han puesto de manifiesto la persistencia de formas de violencia doméstica propias del pasado, que afectan a todos los sectores sociales, y las dificultades para erradicar la violencia en centros de estudio, en los ámbitos deportivos, indicando que el problema tiene que abordarse desde muy diversos ángulos.

No se trata meramente de un problema policial, sino de convivencia, y supone asumir discursos posibles de llevar a la práctica. Políticamente es cada vez más un tema de agenda en las elecciones tanto nacionales como locales (estas últimas muy especialmente si la responsabilidad estatal sobre el tema recae a ese nivel). Y aun si así no ocurre, queda cada vez más claro que a nivel local los alcaldes deben enfrentar la demanda ciudadana sobre el tema del manejo de los espacios públicos.

Una segunda área de incidencia de la inseguridad pública es el ámbito doméstico. La violencia en el hogar es un fenómeno recurrente, endémico, que en el marco de cambios de modernización urbana se hace cada vez más patente. Mujeres y niños son las principales víctimas de estos problemas, que sólo marginalmente atiende el Estado.

Los discursos políticos no suelen compadecerse con las instituciones existentes y sus capacidades. Pero suelen ser relevantes para poder ganar o no una competencia electoral. El discurso sobre seguridad finalmente pasa a ser muy similar, independientemente del perfil político. Si bien el discurso de izquierda acentúa el tema en la idea de la prevención y par-

---

[86] Aunque es sabido que disponer de armas sin tener entrenamiento adecuado supone más una desventaja, muchas personas creen que de esa forma se protegen. El intento realizado en octubre del año 2005 de plebiscitar el desarme en Brasil promovido por varios ONGs brasileñas fracasó. Ver Mauricio Lissovsky e Ilona Szabó de Carvalho, "El referéndum sobre las armas en Brasil. El elector como víctima virtual", http://www.comunidadesegura.org/files/elreferendumsobrelasarmasenbrasil.pdf.

ticipación, finalmente también debe referirse a la necesidad de represión, aunque el matiz radica en que no plantea medidas extremas como lo hace el discurso de derecha, que en más de una caso promete la reimplantación de la pena capital para ciertos delitos. El falso dilema entre reprimir y prevenir, hace que no se tenga una política clara sobre el tema, que es el principal punto a atender. La violencia como producto de la acción delictiva supone inseguridad ciudadana, y pone en cuestión el desarrollo así como la calidad de la convivencia democrática.

Un punto sustancial en el enfoque preventivo es seguir muy de cerca a los jóvenes en situación de riesgo. Aquellos que no tienen un nivel educativo mínimo devienen en personas que nunca podrán incorporarse a un mercado de trabajo regular, y si tampoco tienen un marco de contención familiar, se vuelven fáciles reclutas de organizaciones de protección. Desde la antigua "barra de la esquina", existen grupos primarios que en muchos casos actúan como sustitutos de otras formas de referencia primaria en la estructura social.[87] Las llamadas *maras*, que esencialmente eran una pandilla de protección, en buena medida proveen de una mano de obra barata para actividades delictivas. El fenómeno se ha acentuado por las deportaciones encaradas por los EE.UU., que hizo que organizaciones como la "Mara Salvatrucha" o "Mara 13", y su rival, la "Mara 18", se extendieran por América Central, así como otras organizaciones menos conocidas. Esas maras son organizaciones transnacionales que proveen a sus miembros protección. Como suelen decir algunos de sus miembros, la pandilla: "Me da lo que mi familia no puede: fuerza y estabilidad".[88]

---

[87] Charles Horton Cooley publicó en 1909 *Social Organization. A Study of the Larger Mind* (New York: Charles Scribner's Sons, 1909), señalando la diferencia entre grupos primarios y secundarios. En 1949, Stouffer, Suchman, et al, publicaron el primer volumen de *The American Soldier: Adjustment during army life* (Princeton Universtiy Press, 1949) uno de los libros sustanciales para indicar la importancia del grupo primario, en este caso refiriendo al conformado por los camaradas de armas a partir del entrenamiento conjunto. Robert Merton, *Teoría y Estructuras Sociales* (México: FCE, 1964), resume la posición del estructural funcionalismo, que ya había señalado Talcott Parsons, *La estructura de la acción social* (España: Guadarrama 1968), publicado originariamente en New York por Mc Graw Hill en 1937 y luego extendida en Talcott Parsons, *El sistema social* (Madrid: Alianza, 1984), originalmente publicado en New York por Free Press en 1951. Parsons precisamente refiere como grupo primario con contactos "cara a cara", como lo indicó Cooley, a la "barra de la esquina".

[88] La novela del mexicano Rafael Ramírez Heredia, *La Mara* (México: Alfaguara, 2004), ambientada en ese país, o el ensayo de Marco Lara, *Hoy te toca la muerte. El imperio de las maras visto desde adentro* (México: Planeta, 2006) dan un buen panorama del problema.

Pero sin llegar a estos niveles, en muchos de los países latinoamericanos los jóvenes (muchos de ellos menores de 18 años) son causa de preocupación. Obviamente el número de los que delinquen, y muy especialmente de los que recurren a la violencia, es bajo con respecto a todos los que forman parte de esas cohortes de edades, pero nuevamente, la sensibilidad de la opinión pública tiende a magnificar el problema, debido a lo que se muestra en los medios.[89] Esto implica la necesidad de poner atención a los diversos programas que atienden a jóvenes, desde la educación a los programas paliativos que buscan ayudar a aquellos que no han podido continuar con su programa de estudios, a los que buscan un esquema de contención que los aleja de circuitos que puedan llevarlos al delito.

El mundo de la delincuencia compleja supone un tratamiento mucho más especializado del problema. Por lo general, la mayoría de los involucrados en estas actividades no son ideológicamente partidarios de la ruptura del sistema, aunque sus acciones puedan ponerlo en peligro. Lo que buscan es un beneficio, actuando ilegalmente, buscando complicidades para obtener impunidad para sus acciones.[90] Los jefes son reales empresarios que suelen moverse a la vez en el campo de la ilegalidad y la legalidad; muchos intentan culminar su carrera con el paso hacia una actividad totalmente legal, luego de haber explotado el campo de los negocios ilegales. Los secundan una red de servidores, algunos actuando en el campo legal (fundamentalmente abogados y consejeros), otros en dobles juegos, como los contadores, cambistas de moneda, y otros que realizan tareas totalmente ilegales, como aquellos que emplean la violencia para impulsar el negocio o combatir a adversarios. Se trata de organizaciones que conforman los poderes paralelos al Estado. En este caso de

---

[89] México, uno de los países con los problemas más serios de inseguridad, registraba, de acuerdo a la estadística judicial recogida por el INEGI en 2003, unos 69.000 jóvenes de 16 a 29 años sentenciados por cometer algún delito; de ellos, 57.000 eran menores de 16 y 17. El total de expedientes judiciales involucrando a jóvenes era de unos 826.000 para el año 2000, de acuerdo a la Secretaría de Gobernación. En ese mismo año habían sido devueltos por la patrulla fronteriza de EE.UU. unas 448 mil personas. El universo de jóvenes de 16 a 29 años son 25 millones de personas.

[90] Alfredo Yabrán, un empresario argentino que legalmente tenía poco patrimonio a su nombre, pero del que se sabía manejaba muchos negocios hasta su suicidio en 1998, decía normalmente que "La impunidad es poder". Ver Miguel Bonasso, *Don Alfredo* (Buenos Aires: Planeta, 2000). Una telenovela *Vidas robadas*, emitida en el 2008 por Telefé, refiere a esta situación.

nada sirven esquemas preventivos, se trata de contener su acción y si es posible eliminarla.

El marco institucional no es el mejor. La crisis de los sistemas de justicia penal en la región se evidencia en los bajos niveles de legitimidad y confianza ciudadanas, así como en la percepción ciudadana de que hay fuertes grados de corrupción e ineficiencia que alcanzan a diversas organizaciones del Estado, y específicamente a las organizaciones judiciales y policiales.

Sin duda, el crecimiento de la delincuencia, o la percepción de que eso ocurre, ha dejado al descubierto grados fuertes de ineficiencia y de limitada profesionalización de las instituciones policiales para enfrentar delitos cada vez más complejos y organizados. Pero dicho crecimiento de la delincuencia se dio en tiempos de precariedad de la organización policial, muchos de cuyos integrantes comparten la suerte de los sectores populares subalternos.

Las cárceles se han desbordado, y sabidas son las malas condiciones de habitación y seguridad que sufren los internos, que tienen escasas posibilidades de rehabilitación. Se han convertido en verdaderas escuelas del delito, lugares donde se aprende a confrontar al Estado y a profundizar el delito, o lugares donde se encierra a los transgresores que son considerados peligrosos. Sin embargo, en casi todos los países de la región, las violaciones a los derechos humanos que ocurren dentro de las cárceles son dejadas en un segundo plano, visto el reclamo de "mano dura" por parte de una ciudadanía temerosa.

9. A modo de conclusión

Al momento de terminar este artículo, sabemos que desde hace ya cierto tiempo se han registrado cambios fuertes en el pensamiento de la ciudadanía de la región, que a través de expresiones electorales ha consagrado nuevas formas de gobierno, algunas de las cuales han buscado refundar las Cartas políticas de sus Estados. El proceso ha tenido muy diversas manifestaciones. En algunos casos se ha producido un giro a la izquierda de carácter socialdemócrata, apuntalando una sociedad organizada en torno del mercado y el capitalismo, aunque con frenos para hacer factible un estado de bienestar. En otras se han instalado formas "radicales", que promueven nuevos modos de representación, al tiempo que tratan de impulsar retóricamente un cambio anti-sistema por la vía de una movilización que apela a otras identidades y utiliza gran parte del herramental propio de la democracia, abandonando lentamente el marco liberal. Esa movilización asume un carácter permanente, agotando etapas, lo cual crea constantes tensiones y hace difícil la gobernabilidad. Sin embargo, el marco de organización de la vida económica y financiera sigue siendo, a pesar de algunas restas, capitalista.[91] Otros gobiernos tratan de seguir el marco democrático liberal, algunas veces apelando a una interpretación conservadora.

Las fuerzas militares perdieron su viejo papel de fuerzas tutelares del Estado que, cada tanto, ejercían directamente el gobierno, sea como "partido político sustituto"[92], o bajo un régimen caudillista que controlaban o apoyaban, como era el caso del chileno de Augusto Pinochet. Hoy se han convertido en fuerzas burocratizadas que han encontrado una nueva interpretación para justificar y legitimar su acción. Son fuerzas de la Presidencia (que no tienen por qué ser del Presidente) que observan una obediencia formal a la letra constitucional, al tiempo que tratan de conservan su estatus corporativo de entidad diferenciada de la sociedad. Como no tienen ahora fin trascendente, ni plan, tampoco quieren verse envueltas en la aplicación de normas represivas en procesos de excepción, y les resulta cómoda una situación en la que se definen por la defensa nacional, que no implica la probabilidad de un conflicto entre Estados, al tiempo que eluden compromisos políticos; a lo sumo actúan en misiones parapoliciales o en acción cívico - comunitaria.

Entre los problemas de gobernabilidad, aquellos derivados de la seguridad pública han pasado a ser una preocupación primordial para la sociedad y para la más acotada sociedad política. Se ha deteriorado la situación de seguridad durante las últimas décadas, ya que el delito se ha vuelto mucho más irracional en el uso de la violencia física. Ha aumentado el número de muertos por la delincuencia casi tanto como se ha

---

[91] Un graffiti en la Universidad Nacional en Bogotá haciendo referencia a la crisis internacional muestra la contradicción vivamente. El texto dice "Capitalismo: tus milenios están contados!"
Una nueva versión de la vieja inscripción "temblad burgueses, vuestro milenios están contados".

[92] El escritor bizantino Michael (Constantin) Psellus en el siglo XI ya hacía referencia al "partido militar", referido muchas veces como "aristocracia militar" versus la "aristocracia civil", en tanto facción corporativa con intereses propios Michel Psellus, *Chronographie ou histoire d'un siècle de Byzance (976-1077)* (Émile Renauld,. 2 vols., Paris 1926/28). Psellus o Psellos fue partícipe directo de muchos de esos conflictos.

incrementado, en ese mismo período, el de quienes pierden la vida en accidentes automovilísticos. Se constata que muchos delincuentes son jóvenes, y que muchos de ellos actúan –según los testigos y afectados– bajo el influjo de la droga o para conseguirla. Para evitar los malos entendidos, digamos que la inseguridad carcome las posibilidades de libre uso del espacio público y, sobre todo (lo cual es mucho peor), instala la sospecha y la desconfianza que se ejerce sobre los que no son socialmente idénticos.

Digamos, finalmente, que la violencia causada por factores de distinta naturaleza social afecta a ricos y pobres, aunque los segundos tienen muchas menos posibilidades de organizarse, defenderse y hacerse escuchar. Reconocidas todas estas condiciones, agreguemos que las grandes ciudades de la región, no están entre las más violentas del mundo, pero que este dato no puede tener valor para las víctimas de los delitos realmente existentes porque la seguridad o la inseguridad no se miden por comparación.

En tiempos de crisis el escenario a evitar es que la crisis financiera y económica se transforme en conflicto social y político. Para ello se supone que hay que actuar en el campo político, y tener una propuesta para confrontar un conflicto que es de esperar que no ocurra.

Lograr una propuesta supone incidencia, y la clave hoy está en la adopción de un vocabulario y de conceptos, de una narrativa, que sea creíble y sirva de orientación para la acción.

Al son del narcotráfico en México: la amenaza transnacional y sus efectos colaterales en América Latina

Arturo C. Sotomayor Velázquez[*]

En los últimos años los medios de comunicación en Estados Unidos han dado una amplia cobertura sobre la escalada de violencia en México provocada por el narcotráfico. Esto ha dado lugar a un debate entre quienes afirman que el país se dirige hacia el colapso y quienes desafían ese supuesto.[1] Si bien los reclamos sobre el colapso estatal mexicano tienden a ser exagerados, las cifras de víctimas y el aumento del crimen organizado no pueden ser del todo ignorados. Ciertamente, el fenómeno del narcotráfico no es nuevo, como tampoco lo es su origen; lo que es distinto es su dimensión y alcance, así como sus efectos. Estrictamente, el narcotráfico compete propiamente al estudio del estado de derecho y el orden público. No obstante, a pesar de ser un tema del ámbito nacional o interno, sus efectos y repercusiones son regionales e incluso internacionales. Esto se debe a que fenómenos como el narcotráfico producen alineamientos y coaliciones entre diversos actores transnacionales, los cuales pueden desestabilizar países en desarrollo y mermar los sistemas

---

[*]Naval Postgraduate School.

[1]Sam Quinones, "State of War", *Foreign Policy*, 16 de febrero, 2009, http://www.foreignpolicy.com/articles/2009/02/16/state_of_war y Enrique Krauze, "The Mexican Evolution", *New York Times*, 23 de marzo, 2009, http://www.nytimes.com/2009/03/24/opinion/24krauze.html

políticos, sociales y económicos de países en democratización.[2] En más de un sentido, la internacionalización del crimen se ha debido a una combinación de factores que incluyen el poder de Estados Unidos, la expansión de la cooperación inter-estatal en materia de inteligencia e inspección policíaca, así como cambios normativos que han modificado la noción de lo que es una conducta normal, tolerable y desviada.[3]

Este breve estudio pretende contribuir a entender los efectos nacionales y transnacionales del narcotráfico, utilizando a México como caso de estudio. En especial, se analizan no sólo sus consecuencias colaterales en el país, sino las secuelas regionales que afectan al complejo de seguridad latinoamericano. El éxito o fracaso de la estrategia mexicana en controlar el tráfico de drogas traerá efectos colaterales para toda la región latinoamericana. De hecho, ya es visible que la agenda política entre Estados Unidos y América Latina está determinada, en gran parte, por la relación que guarda México con Washington. La denominada Iniciativa Mérida, la cual contempla asistencia militar para el combate al tráfico de drogas en México, emulando el Plan Colombia, marca el tono con el que Estados Unidos pretende bailar con sus contrapartes latinoamericanas. Así pues, los países de la región bailarán al son del narcotráfico.

1. Narcotráfico, crimen organizado e instituciones estatales

Sin lugar a dudas, uno de los efectos más nocivos en México ha sido el incremento en la inseguridad interna. Por años, el fenómeno del narcotráfico estuvo limitado a ciertos estados y ciudades localizadas en la frontera norte con Estados Unidos. En la actualidad, el fenómeno afecta por igual a ciudades fronterizas, como Tijuana o Juárez, y ciudades más céntricas, como el Distrito Federal e incluso Michoacán, ubicadas lejos de cualquier frontera. En efecto, en la última década, las tasas de criminalidad asociadas con el narcotráfico se han convertido en el tema central de la seguridad pública mexicana. El problema aparece regularmente en las encuestas de opinión como uno de los principales retos que enfrenta el país. Esta apreciación transciende estratos sociales, niveles edu-

---

[2] Moisés Naim, *Illicit. How Smugglers, Traffickers, and Copycats are Hijacking the Global Economy* (Nueva York: Anchor Books, 2006).

[3] Peter Andreas y Ethan Nadelmann, *Policing the Globe: Criminalization and Crime Control in International Relations* (Nueva York: Oxford University Press, 2006), 7.

cativos y ubicación geográfica. Según datos de la encuesta *México y el Mundo 2008* elaborada por el CIDE, el 79% de los mexicanos están más preocupados por el narcotráfico que por los conflictos étnicos, la entrada de inmigrantes indocumentados al país o el surgimiento de China como potencia mundial. En otras palabras, los mexicanos se preocupan por los temas que más afectan directamente a su bienestar cotidiano.[4]

Sin duda las causas de la delincuencia son múltiples, aunque existe un patrón generalizado que vincula al narcotráfico con el crimen y la delincuencia en general. En décadas anteriores, el rasgo más característico del narcotráfico consistió en el desplazamiento de campos de cultivo, adonde campesinos y jornaleros modificaron sus patrones de cultivo para adaptarlos a la demanda generada por el tráfico de drogas. No obstante, para la década de los 90 el mercado se transformó y diversificó rápidamente incorporando nuevas actividades y requiriendo igualmente nuevas profesiones, incluyendo transportistas, cargadores, conductores, pilotos, abogados, contadores y hasta asesores financieros, quienes ahora son empleados no solamente para el cultivo, sino para el transporte, tránsito y limpia de dinero generado por el tráfico en sí. La diversificación del mercado llevó también a diversificar la actividad criminal, así los núcleos dedicados al narco crecieron hasta convertirse en carteles. Su afán por controlar el territorio para manejar el tránsito de drogas los llevó a diversificar su paleta de actividades ilícitas, que ahora incluyen no solamente el tráfico de drogas, sino el secuestro, el tráfico de armas, robo de autos, tráfico humano y asesinatos a la carta. De tal forma, ya para 1997 más de once mil personas habían sido arrestadas en México por delitos contra la salud y crimen organizado.[5]

El impacto de la diversificación del narcotráfico en México es notable en el grado de inseguridad pública. Datos disponibles sobre el caso mexicano revelan que el número de asesinatos vinculados al narcotráfico ha ido en aumento desde el 2006, cuando se reportaron 1.500 muertes. En el 2007 dicha cifra aumentó a 2.700 y en el 2008 casi se triplicó a 6.000;

---

[4] México, las Américas y el Mundo, "Política Exterior: Opinión pública y líderes 2008", CIDE, Ciudad de México, 2008, http://mexicoyelmundo.cide.edu

[5] Mónica Serrano, "México: Narcotráfico y gobernabilidad,", *Pensamiento Iberoamericano* N° 1, El Colegio de México, México, D.F., (2009); John Bailey y Jorge Chabat, eds., *Transnational Crime and Public Security: Challenges to Mexico and the United States* (San Diego: La Jolla, Universidad de California, 2002).

la mayoría de estas víctimas son policías, fuerzas federales y narcotraficantes.[6] Se trata de una de las tasas de mortalidad por crimen más altas para países democráticos que viven en paz. Tasa que por lo demás es similar a la de países como Brasil, Sudáfrica, India y Estados Unidos, pero peligrosamente cercana a la tasa de Colombia, país en condición de guerra, y El Salvador, país que estuvo en guerra.[7] El índice de mortalidad por crimen de México está también muy cercano al umbral de las mil víctimas civiles, cifra a partir de la cual los expertos clasifican a los países en situación de conflicto armado.

Los efectos de este fenómeno poco nuevo, pero con una capacidad de adaptación muy rápida, se resienten igualmente en la ineficiencia institucional del Estado para garantizar la seguridad pública. En la ineficiencia estatal inciden no solamente en narcotráfico, sino la accidentada transición democrática en México. Por ejemplo, el proceso de transición democrática, por el cual se desplomó el sistema del partido hegemónico, trajo consigo consecuencias nocivas para la seguridad del Estado y la población. El sistema profundamente centralizado fue rápidamente sustituido por uno descentralizado y fragmentado, adonde hay escasa coordinación entre las agencias federales responsables de la seguridad nacional: fuerzas armadas, procuraduría general, servicios de inteligencia, policía preventiva y gobernación. A esta falta de coordinación estatal, se agregan las relaciones, a veces conflictivas, entre los gobiernos estatales y el federal.[8] Las fuerzas armadas y policíacas, acostumbradas a actuar sin rendición de cuentas, jamás fueron entrenadas para desempeñarse en un contexto democrático y en ocasiones han caído presas de la corrupción tanto política como generada por el narcotráfico. Este vacío institucional pronto fue explotado por el crimen organizado, el cual fue más exitoso en adaptarse a la nueva realidad política y en formular estrategias dispuestas a evadir el orden y el Estado de derecho.

---

[6] Jane's Sentinel Security Assessment Central America and the Caribbean, "México: Security", *Jane's Military Review,* Londres, 17 de marzo, 2009.

[7] Para datos sobre tasas de violencia interna véase Global Peace Index en http://www.visionofhumanity.org/

[8] Raúl Benítez Manaut, "Seguridad Nacional. Inteligencia Descoordinada", *Enfoque-Reforma,* 23 de enero, 2005, 8-9; Raúl Benítez Manaut y Arturo C. Sotomayor, "El dilema mesoamericano: entre la inseguridad externa y la vulnerabilidad interna", en *América Latina: ¿integración o fragmentación?*, ed. Ricardo Lagos (Buenos Aires: Edhasa, 2008), 419-458.

El efecto perverso más notable ha sido el surgimiento de una coalición formada entre aquellos quienes antes eran responsables de la represión estatal, pero fueron sustituidos durante la transición, y el crimen organizado. Entre 1983 y 1996, sólo en la Ciudad de México, más de 2.000 policías salieron de la policía judicial y en el curso de una década más de 7.000 elementos de las fuerzas de seguridad fueron removidos. La mayoría de estos recursos humanos fueron efectivamente reclutados por los carteles de a droga, quienes se beneficiaron al incorporar personal entrenado en el uso de armas.[9]

La erosión de instituciones públicas es percibida igualmente en el aparato de justicia. En México, la respuesta ante el incremento de la actividad criminal ha sido la aprobación masiva de leyes que lejos de intentar prevenir el crimen, lo ha penalizado hasta saturar el sistema penitenciario. Según datos recopilados en una reciente encuesta, en el año 2005, cuatro de cada diez reclusos están presos por delitos menores y por robos simples, sin violencia. Esto ha llevado a un serio problema de impartición de justicia, en donde los criminales más peligrosos son capaces de evadir el sistema corrompiendo a policías y jueces y aprovechándose de la ineficiencia de los sistemas de investigación del delito, en tanto que los más vulnerables son los inocentes y los más pobres. Paralelamente, las máximas autoridades judiciales y ministerios están superados por la demanda, sin responder eficientemente. Por ejemplo, en la capital mexicana ocho de cada diez presos fueron encarcelados sin jamás haber conocido o escuchado en persona el dictamen de un juez.[10] Por esa razón, no sorprende que muchas de las víctimas teman denunciar los delitos y que los crímenes de hecho sean probablemente muy superiores a las denuncias en sí.[11] Esto se agrava cuando existen más de 1.600 corporaciones policíacas, bajo comando descentralizado.[12]

---

[9] Mónica Serrano, "México: Narcotráfico y gobernabilidad".

[10] Marcelo Bergman, Elena Azaola y Ana Laura Magaloni, "Delincuencia, marginalidad y desempeño institucional. Resultados de la segunda encuesta a población en reclusión en el Distrito Federal y el Estado de México", CIDE, México DF, (2006), http://biiacs-dspace.cide.edu/bitstream/10089/16085/12/R.pdf

[11] Rafael Ruíz Harrell, "Diagnóstico delictivo y de inseguridad en México", en *Violencia y seguridad pública. Una propuesta institucional*, Coord. René Jiménez Ornelas (México: UNAM, 2006), 203.

[12] Genaro García Luna, *¿Por qué 1,661 corporaciones de policia no bastan? Pasado, presente y futuro de la policía en México* (México, 2006).

Asimismo, el número de agencias y compañías de seguridad privadas se ha más que triplicado. En otras palabras, la debilidad institucional del Estado frente a los procesos políticos internos ha llevado, paradójicamente, a que la seguridad, antes bien público, se haya privatizado, sin que los gobiernos sean capaces de monopolizar efectiva y eficientemente el uso de la fuerza. El problema es que muchas de estas empresas emplean a ex-oficiales militares o policíacos retirados, y muchos de ellos, especialmente los policíacos, fueron dados de baja por corrupción, e incluso también tienen un pasado criminal.[13] El sistema laxo sobre uso de armas y contratación de personal hace que algunas de estas empresas representen una auténtica amenaza a la seguridad pública, si bien proveen seguridad privada a sus empleadores.

Finalmente, los efectos nocivos del crimen organizado han modificado las percepciones sobre el uso de la fuerza militar entre gobernantes y ciudadanos por igual. Una encuesta de 2007 revela que el 80% de los ciudadanos favorece el uso del ejército para combatir al crimen y detener el narcotráfico.[14] Ciertamente, el uso de la fuerza militar para mantener el orden público no es exclusivo de México. En casi toda América Latina, con excepción de países como la Argentina, Chile o Uruguay, la respuesta al crimen organizado o a las manifestaciones públicas ha sido la militarización.[15]

Desde la llegada del Presidente Felipe Calderón al poder en el 2006, el Ejército ha sido utilizado recurrentemente para tomar los puestos de policías corroídas por el narcotráfico en estados como Sinaloa, Michoacán, Baja California y Nuevo León. Frente a los altos índices de corrupción de las fuerzas policíacas y en virtud de su estructura descentralizada, Calderón no ha tenido otra opción más que recurrir a las fuerzas armadas (el

---

[13] Una de las graves deficiencias en México es la ausencia de una base de datos de personal policíaco con antecedentes criminales y de corrupción, a nivel nacional, estatal o local, y no existen convenios gubernamentales para el efecto, predominando tanto la competencia negativa entre niveles de gobiernos, como la desconfianza.

[14] Ver "El gobierno, más o menos bien", *Milenio*, 2007, http://www.milenio.com/index.php2007/02/26/%2044466/

[15] Para una discusión interesante sobre los peligros inherentes del uso de las fuerzas armadas en las campañas antinarcóticos en América Latina y la cooperación militar en materia de narcotráfico véase Bruce Bagley, "The Use of Armed Forces in Drug Interdiction: The Need for Caution in a Pragmatic Struggle", en *Security and Civil-Military Relations in the New World Disorder: The Use of the Armed Forces in the Americas*, ed. Max G. Mainwaring (Washington: US Army War College, 1999), 55-62.

Ejército en particular) como último remedio. No obstante, la estrategia de Calderón está repleta de riesgos y dilemas que involucran el uso de fuerzas armadas sin un adecuado mecanismo de rendición de cuentas y control civil.

Para premiar e incentivar a las fuerzas armadas en la lucha contra el narcotráfico, el Presidente Calderón autorizó incrementos salariales y presupuestales. Ciertamente, el presupuesto militar en México ha sido históricamente de los más bajos en toda la región latinoamericana, lo cual llevó a un serio deterioro en su funcionamiento y modernización. De tal forma, los incrementos presupuestarios fueron, en principio, bienvenidos. Para 2008, los gastos militares se incrementaron en un 25%, y se esperaba que en 2009, con todo y recesión, los incrementos fueran del 13%. Esto representa casi 0.5% del producto interno bruto, cifra aún pequeña en comparación con los presupuestos multimillonarios de países como Chile o Colombia.[16]

Sin embargo, el problema radica no solamente en los montos, sino en la ausencia de transparencia sobre la gestión de los mismos. México es un caso ilustrativo sobre la relación dispar entre acceso a la información y la rendición de cuentas. Si bien existe una ley nacional de transparencia pública y se conocen los montos del gasto militar, se desconocen cómo se asignan prioridades y recursos, adónde se destinan más fondos, quiénes toman esas decisiones y qué gestión se realiza antes de aprobar el presupuesto en el Congreso. Se sabe, por ejemplo, sobre los montos de decomisos hechos por día, mes y hasta año. Pero, el costo de la campaña anti-narcóticos sigue siendo un misterio para la mayoría de los mexicanos.

Aún más paradójico es la información relacionada con la asistencia militar extranjera o la compra de equipo, ésta suele ser divulgada y hecha pública no por las fuentes internas, sino por países donantes (como Estados Unidos) u organizaciones privadas en el exterior que reportan datos sobre exportaciones e importaciones de armamento (como *Jane's Military, Military Balance* o el *National Security Archive*). La falta de rendición de cuentas, problema perenne en el resto de la región latinoamericana (México no es excepcional en este sentido), se agudizará con la Iniciativa Mérida, la cual dispondrá de más de cuatrocientos millones de dólares al año para la compra casi exclusiva de equipo militar para el combate anti-drogas.

---

[16] Para presupuestos militares véase P. Stalenheim, W. Omitoogun y C. Perdomo, "Appendix 8: Tables of military expenditure," en *SIPRI Yearbook 2008* (Oxford University Press, 2008); "Defence Budget: Mexico", Jane's Military *Review*, 27 de mayo, 2008.

En tanto esto ocurre, el uso de militares para lidiar con problemas de seguridad interna ha sido, hasta ahora, una solución ilusoria que no sólo ha fallado, sino que además plantea temas ya harto conocidos. En aquellas regiones donde los uniformados están a cargo de labores propiamente policíacas (Michoacán, Sinaloa o Nuevo León) han surgido demandas por violaciones de derechos humanos y abuso de autoridad. El resultado ha sido opuesto a lo deseado; es decir, las tasas de criminalidad, narcotráfico e inseguridad pública han aumentado a nivel nacional, a pesar de la intervención militar.

Paralelamente, los esfuerzos por institucionalizar el control civil en México han fracasado, en parte porque el estatuto militar (sobre todo el Ejército) ha efectivamente evadido el tema, protegiéndose en la labor que lo mantiene ocupado, la inseguridad pública. Ningún político, incluyendo el Presidente, está dispuesto a demandar mayor rendición de cuentas en tanto el Ejército siga siendo la institución más involucrada en la lucha contra el narcotráfico; eso incluye no sólo los presupuestos, sino también las fatalidades que ha sufrido desde el inicio de la campaña. En México existe la noción de que la institución más duramente castigada por el narco ha sido precisamente el sector militar. Ya sea por las muertes o las deserciones, las fuerzas militares han asumido roles que quizá exceden sus propias capacidades. Si bien carecemos de datos sobre percepciones militares en México, es sabido que los militares no están del todo satisfechos con esta misión que los ha expuesto a duras críticas sociales. De ahí que los civiles prefieren no ejercer demasiada presión sobre las fuerzas armadas, precisamente por temor a perder su apoyo, hasta ahora incondicional, en materia de lucha contra el narcotráfico. Sin embargo, el dilema persiste, el establecimiento militar está creciendo en México sin contrapesos ni rendición de cuentas; una situación que se antoja peligrosa para un país que por décadas evadió la tentación de la intervención militar que tanto afectó al resto de la región latinoamericana.

2. Narcotráfico y sus efectos colaterales en la región

Hasta ahora los efectos más nocivos del narcotráfico se han resentido en países específicos, incluyendo Bolivia, Colombia, Ecuador, México y Perú. No obstante, la contención del narcotráfico está repleta de efectos colaterales que terminarán afectado a toda la región, aunque en diferentes grados.

Por principio, el problema que enfrenta hoy México no puede entenderse sin examinar los efectos de las políticas de antinarcóticos de Estados Unidos, especialmente el Plan Colombia. En efecto, el tráfico de estupefacientes ha experimentado una transformación, producto del cambio de prácticas y políticas en Estados Unidos. Los patrones de consumo estadounidense se han modificado desde los 90, adonde la cocaína y la marihuana han sido paulatinamente desplazadas por el consumo de anfetaminas, producidas en India y China. Asimismo, las políticas de antinarcóticos de Washington lograron distorsionar las rutas tradicionales de la cocaína colombiana, la cual solía transitar vía el Caribe.[17] Estas dos pautas modificaron el mercado regional de los narcóticos en varios sentidos.

Primero, la reducción del consumo de cocaína en Estados Unidos hizo que los carteles de droga mexicanos y colombianos buscaran mercados alternos para subsanar la baja en precios y utilidades; por tanto, América Latina resultó ser el espacio geográfico ideal para esa nueva empresa. Eso explica el crecimiento acelerado del consumo de cocaína en países como Brasil y México, segundo y quinto consumidores de esta droga a nivel mundial respectivamente. Hoy, la región no sólo es productora o exportadora de drogas, es también consumidora de las mismas. Esto ocurre en tanto los carteles construyen alianzas con otras organizaciones criminales, precisamente con la idea de solidificar el mercado interno, proveyendo ganancias a pandillas, redes de prostitutas y demás grupos criminales que comercian droga.

Segundo, las rutas del narcotráfico fueron modificadas por otras que facilitaban la entrada a Estados Unidos; dentro de esta nueva estrategia, México y Centroamérica se convirtieron en el camino ideal. El tráfico de coca colombiana que antes solía pasar por el Caribe hoy cruza por Centroamérica y México.[18] Recientemente, el jefe del Comando Sur estadounidense afirmó que parte importante del transporte de drogas de Colombia hacia Estados Unidos se realiza por vía aérea, haciendo escala en

---

[17] De hecho, las políticas de antinarcóticos de Estados Unidos tienen gran cantidad de efectos colaterales no deseados, las cuales incluyen presiones para involucrar a fuerzas militares en el combate al narcotráfico, cuyo efecto no intencionado ha sido, paradójicamente, el aumento de la corrupción de todas las instituciones encargadas del control de narcóticos. Además, esa política erosiona y dificulta la construcción de instituciones democráticas. Coletta A. Youngers y Eileen Rosin, eds, *Drugs and Democracy in Latin America. The Impact of U.S. Policy* (Boulder Lynne Rienner, 2005), 9-10.

[18] Jeremy McDermott and Oscar Becerra, "Mexican Drug Trade Faces Fragmentation", *Jane's Military Review,* Londres, 24 de abril,2003.

Petén, Guatemala, y regiones del Caribe mexicano, como el estado de Quintana Roo.[19]

Tercero, el Plan Colombia hizo poco por modificar la producción de coca, pero afectó a las cabezas de narcotraficantes y fragmentó a los carteles colombianos. Frente a la caída de los carteles en Cali y Medellín, sus pares en México crecieron y solidificaron, eso explica la ascendencia de los carteles de Juárez y del Golfo.

Hoy, el gobierno del Presidente Calderón, inspirado por las campañas de anti-narcóticos en Colombia, emula las estrategias del Presidente Álvaro Uribe. Es posible que las tácticas mexicanas funcionen como las colombianas y que ciudades como Tijuana o Juárez se pacifiquen como Cali y Medellín. No obstante, los beneficios de la "pacificación" tienen costos inherentes difíciles de evadir. Si la estrategia mexicana llegara a funcionar, entonces se pueden anticipar efectos similares a los que el Plan Colombia generó. Los carteles mexicanos podrían ser igualmente fragmentados, pero eso solo avivaría la creación o fortalecimiento de carteles en otros países vecinos. Después de todo, los carteles forman parte del crimen empresarial y aunque los bienes que intercambian son ilegales, sus reglas son compatibles con las del mercado. En tanto haya demanda por esos bienes y su precio produzca utilidades, los carteles simplemente permutarán. Si no encuentran espacios para controlar el mercado en México, entonces irán adonde sean más tolerados. Esto afectará el complejo de seguridad regional en América Latina. Ya hay señales de que la estrategia mexicana está afectando la región andina, especialmente Perú y Bolivia, productores y exportadores de coca. Asimismo, aunque el gobierno brasileño insiste en desmentirlo y ocultarlo, las tasas de violencia en Brasil están claramente vinculadas con el narcotráfico. Después de todo, Brasil ofrece un mercado ideal para los carteles, con una vasta población cuyos ingresos han aumentado durante el boom económico, instituciones policíacas débiles y corruptas, y fácil acceso a la coca colombiana y a mercados extranjeros, incluyendo el Cono Sur, África y Europa.

---

[19] General Craddock, comandante del Comando Sur del Ejército de Estados Unidos. Conferencia, "The Americas in the 21st Century: The Challenge of Governance and Security", (Conferencia organizada por el Latin American and Caribbean Center de la Florida International University, del U.S. Army War College, y el U.S. Southern Command. Miami, Florida, 1-3 de febrero, 2006).

3. Conclusiones

De este breve ensayo se pueden concluir tres lecciones. Primero, es posible identificar la existencia de lo que expertos como Barry Buzan denominan como un complejo de seguridad regional; es decir, un grupo de Estados cuyas preocupaciones y percepciones sobre seguridad no pueden ser analizadas o resueltas de manera independiente ni unilateralmente.[20] El narcotráfico en México es un problema que difícilmente puede ser aislado; su origen está fomentado por dinámicas que ocurren dentro de la región y sus efectos colaterales afectarán igualmente al resto de América Latina. Lo que ocurre en México, país que junto con Brasil es un poderoso dínamo económico, es un mero reflejo de lo que puede acontecer en el resto de la región. El "efecto tequila" del narcotráfico en México bien puede repercutir negativamente en el futuro regional.

Segundo, las estrategias hasta ahora utilizadas en México han hecho también evidentes las debilidades instituciones de las que padece el resto de América Latina. La estrategia dispuesta a penalizar, criminalizar y prohibir el narcotráfico, presionados en parte por las demandas de Washington, han erosionado aún más las instituciones del Estado de derecho y orden público. Como sostiene Mónica Serrano, "la prohibición está en el meollo del narcotráfico y del crimen transnacional organizado"[21] y su efecto es desestabilizador sobre toda la esfera de lo ilegal. Si alguna lección se desprende del caso mexicano es precisamente la imperiosa necesidad de buscar respuestas alternas e innovadoras. Quizá sea hora de reflexionar cautelosamente sobre la necesidad de tratar al narcotráfico no como un tema criminal, sino como uno de salud pública que probablemente exija levantar la prohibición sobre ciertas drogas y enfatizar programas de educación sobre consumo y prevención del delito.

Finalmente, el caso mexicano revela también las limitaciones sobre el uso de la fuerza militar para enfrentar el problema que plantean los carteles de drogas. Por años la región ha intentado disminuir la influencia de los militares en la política a través de diversos medios. Actualmente, el narcotráfico nuevamente plantea la posibilidad de que los estatutos miliares intervengan en asuntos de orden público con efectos nocivos tanto

---

[20] Barry Buzan, *People, States, and Fear: An Agenda for International Security Studies in the Post-Cold War Era*, (Boulder, Colorado: Lynne-Rienner, 1991), 105-115.

[21] Mónica Serrano, "México: Narcotráfico y gobernabilidad", 2.

para la profesionalización de las fuerzas armadas, como para el débil control civil que se ejerce sobre ellas. La militarización de la campaña antidrogas fracasó en Colombia, México está por cometer el mismo error craso; quizá el resto de la región pueda evadir la misma trampa o pronto todos bailaremos al son del narcotráfico.

El control de los organismos de inteligencia

Thomas C. Bruneau*

Recientemente, se ha prestado gran atención al tema de los servicios de inteligencia y la democracia. Se manifiesta en un constante incremento en el número de libros y de conferencias académicas con paneles dedicados al estudio de la inteligencia.[1] Creo que esa atención se debe a dos factores principales. Primero en términos de amenazas, los ataques terroristas del 11 de septiembre de 2001 en los Estados Unidos, del 11 de marzo de 2004 en Madrid, del 7 de julio de 2005 en Londres y varios seguidos a continuación en el resto del mundo, llamaron la atención sobre la necesidad de organizar servicios de inteligencia efectivos. Otras amenazas, tales como el crimen internacional organizado, las pandillas callejeras en Centroamérica y zonas aledañas, y los cárteles de drogas,

---

* Center for Civil-Military Relations (CCMR)

[1] Los encuentros incluyen reuniones anuales de la *International Studies Association* que cada año cuenta con un mayor número de paneles relacionados con la inteligencia, incluso en democracias jóvenes. Debe notarse que la reunión en Potsdam, Alemania, en septiembre de 2009, del *European Consrotium for Political Research* contó con varios paneles sobre inteligencia.

Las publicaciones recientes incluyen las siguientes: Kiernan Williams y Dennis Deletant, *Security Intelligence Services in New Democracies: The Czech Republic, Slovakia and Romania* (N.Y.: Palgrave, 2001); Hans Born, Loch K. Johnson, y Ian Leigh, eds., *Who's Watching the Spies: Establishing Intelligence Service Accountability* (Washington, D.C.: Potomac Books, 2005); Hans Born y Marina Caparini, eds., *Democratic Control of Intelligence Services: Containing Rogue Elephants* (Hampshire: Ashgate, 2007); Loch K. Johnson y James J. Wirtz, eds., *Intelligence and National Security: The Secret World of Spies. An Anthology* (N.Y.: Oxford University Press, second edition, 2008); Stuart Farson, Peter Bill, Mark Phythian, y Shlomo Shpiro, eds. *PSI Handbook of Global Security and Intelligence: National Approaches*, en dos volúmenes (Westport, CT: Praeger Security International, 2008).

también atrajeron la atención. Los problemas de la inteligencia deficiente, así también como la ausencia de las armas de destrucción masiva que justificaron la invasión a Irak en 2003, han provocado aún más que la atención se centrara en la necesidad de agencias de inteligencia efectivas y no politizadas. En segundo lugar, dado que en la mayoría de las democracias jóvenes (incluyendo las latinoamericanas), la inteligencia implicaba en realidad seguridad de estado, donde el SIN, DINA, etc., fueron utilizados para proteger a los regímenes antidemocráticos en lugar de a la población, el desafío para asegurar el control y alcanzar una inteligencia efectiva es doblemente difícil. No es sorprendente, entonces, que haya tanta atención académica y profesional puesta en la inteligencia y su reforma. Los escándalos periódicos en Brasil y Colombia acerca de escuchas ilegales, el constante involucramiento de sectores de las fuerzas armadas en asuntos internos en la Argentina, y las acusaciones de que la CIA estuvo involucrada en el ataque colombiano a la base de las FARC en Ecuador en marzo de 2008, mantienen la atención pública sobre las agencias de inteligencia.

El dilema, en todas partes, es cómo conformar agencias de seguridad que sean tanto efectivas y se mantengan a la vez bajo el control democrático civil. En cierta manera, las agencias de inteligencia deben trabajar en secreto para ser efectivas. Si el enemigo, sea éste otro país, una organización terrorista, o un grupo criminal organizado o cártel, sabe que están siendo investigados por una agencia de inteligencia, y si conocen los recursos y métodos que se utilizan para recolectar información para combatirlas, la agencia no será efectiva en el cumplimiento de sus objetivos. Además, la mayoría de las agencias de inteligencias tienen acuerdos de intercambio de información con agencias similares en otros países. Este intercambio no funcionará, a menos de que los otros países confíen en que la información que suministran se mantiene en secreto. Así, incluso si la inteligencia de fuentes abiertas –como algunos sostienen–, puede proveer el 80% de la información disponible, el 20% restante requiere una discreción que debe reinar en toda la agencia, o agencias. Sin embargo, la democracia se basa en el concepto de *accountability*,[2] lo que a su vez requiere transparencia. La inteligencia, particularmente en las nuevas democracias, puede mantener aún resabios de malos hábitos o costum-

---

[2] La traducción literal al español es "responsabilidad", el uso del concepto en su idioma original implica también rendición de cuentas por parte del que maneja asuntos públicos, y atención por parte de la ciudadanía (N del T).

bres del pasado, por lo que la transparencia se hace todavía más importante. No obstante, ésta no puede alcanzarse a menos que sea completa o total, lo cual interfiere con el secretismo. Se hace difícil entonces evitar la tensión, o incluso el dilema, que surge en las democracias entre el derecho de los ciudadanos a saber lo que está haciendo el gobierno, y el requisito de secreto que cualquier agencia de inteligencia necesita para funcionar.

En un estudio comparado de los principales mecanismos que las democracias han creado para controlar las agencias de inteligencia[3], solicitamos a los autores de cada capítulo que clasificaran el caso específico de su país en relación a los mecanismos de control. Los resultados se reflejan en la tabla que sigue.

Cuadro Nº 1: Mecanismos de control sobre las agencias de inteligencia

Mecanismo de control

País	Ejecutivo	Legislativo	Judicial	Interno	Externo
Estados Unidos	Alto	Alto	Bajo	Alto	De medio a alto
Reino Unido	Alto	Bajo	Bajo	Alto	Medio
Francia	Alto	Bajo	Bajo	Medio	Alto
Taiwán	Alto	Bajo	Bajo	Medio	Medio
Argentina	Alto	Medio	Bajo	Medio	Medio
Rumania	Alto	Medio	Bajo	Medio	Alto
Sudáfrica	Alto	Medio	Medio	Medio	Medio
Rusia	Medio	Bajo	Bajo	Medio	Bajo
Filipinas	Medio	Bajo	Bajo	Bajo	Bajo
Brasil	Alto	Bajo	Medio	Medio	Medio

[3] Thomas C. Bruneau y Steven C. Boraz, eds, *Reforming Intelligence: Obstacles to Democratic Control and Effectiveness* (Austin: University of Texas Press, 2007).

Control ejecutivo

Como resulta obvio a partir de la tabla, casi todos los países tienen un control ejecutivo, y en la mayoría de los casos, no existe mucho más. El control ejecutivo es esperable, ya que la inteligencia es una responsabilidad del gobierno, lo cual esencialmente significa el ejecutivo, tanto en su forma presidencialista como parlamentaria. El control ejecutivo puede servir a los fines de la efectividad, pero a menudo es peligroso para el control civil democrático, ya que el ejecutivo puede usar sus servicios de inteligencia para recoger información de sus oponentes políticos, incluso para hostigarlos, con el fin de permanecer (él, ella, o su partido político) en el poder. El control ejecutivo es el gobierno dirigiendo a las agencias de inteligencia para desarrollar ciertas capacidades, tales como humanas o inteligencia a partir de señales, orientándolas hacia determinadas amenazas o áreas, y proveyendo presupuestos (que en su mayoría son secretos). Debe notarse que incluso en una democracia de larga data, como la francesa, el control ejecutivo es predominante.

Control legislativo

El control legislativo es más relevante en sistemas de gobierno presidencialistas (EE.UU., Argentina, Brasil, etc.) y semi presidencialistas (como Rumania). En esta forma de control, la legislatura, –congreso o parlamento– se une al ejecutivo para establecer las tareas, crear nuevas agencias o eliminar las antiguas, priorizando ciertas formas de recolección de información y estableciendo los presupuestos. La legislatura también puede involucrarse en el monitoreo, a menudo con posterioridad al hecho, para revisar lo que las agencias de inteligencia estuvieron haciendo. En algunos casos, por ahora sólo en Estados Unidos, también tienen el derecho de aprobar ciertas operaciones encubiertas especiales. La tabla permite observar que la mayoría de los países cuentan con un nivel relativamente menor de control legislativo. En las democracias más nuevas el desafío ha sido crear la estructura de comisiones, reclutar miembros de la legislatura y establecer un *staff*, para que el control sea un hecho y no sólo una fachada. En Brasil, por ejemplo, existe una comisión conjunta de las dos cámaras del Congreso pero al día de hoy, y a una década de su creación, todavía no se ha establecido un marco legal y sólo tiene una persona en su *staff*. En el caso de la Argentina, llevó aproximadamente ocho años que la comisión de inteligencia tuviera su propia base legal y el equipo suficiente para llevar a cabo su trabajo. Existen también ciertos factores de la vida política. Durante los primeros seis años de la administración de George W. Bush, cuando el partido republicano tenía la mayoría en ambas cámaras del Congreso, el control legislativo no funcionaba acabadamente. Sólo cuando los demócratas obtuvieron la mayoría, a fines de 2006, adquirió alguna relevancia. También en Argentina, con el peronismo a cargo del ejecutivo y con mayoría legislativa, el control se hizo mucho más débil.

Control judicial

Como indica la tabla anterior, el control judicial es predominantemente débil. Este control puede sintetizarse esencialmente como la protección a los ciudadanos de las intervenciones ilegales en su privacidad. Previo al hecho, significa conceder autorización o connivencia para el desarrollo de actividades de inteligencia invasivas y, con posterioridad al hecho, intentar proteger a los ciudadanos de las pinchaduras de teléfonos, que sean fotografiados en situaciones comprometedoras o de ser hostigados. El poder judicial no realiza estas actividades de forma proactiva en ningún lugar del que yo tenga conocimiento. Aún más, en la mayoría de los países, el sistema judicial no "adopta" una postura activa respecto a la actividad de inteligencia, ya que se considera por acuerdo general que ésta es responsabilidad del ejecutivo. Asimismo, como se menciono al principio de éste artículo, la inteligencia importa algún grado de secretismo y los procesos judiciales en algún punto deben ser siempre públicos. Entonces, aunque el control judicial debe ser incluido para completar las tres esferas de gobierno, esto difícilmente se da en la realidad.

Control interno

Refiere a los mecanismos, estructuras y organizaciones de educación y entrenamiento que fueron ideadas para mantener a las agencias de inteligencia bajo control civil. El mecanismo incluye inspectores generales y consejeros generales, cuerpos esencialmente dedicados a la pesquisa para asegurar que las agencias de inteligencia están operando dentro de la ley y no se exceden en su jurisdicción. Las estructuras refieren básicamente a crear múltiples agencias de inteligencia que se controlen entre ellas, facilitando de esta forma que los gobernantes elegidos democráticamente tengan la oportunidad de estar al tanto de sus actividades y controlar, consecuentemente, estas agencias. Educación y entrenamiento implica el proceso por el cual los oficiales y funcionarios son reclutados, educados, entrenados, promovidos o retirados, de forma tal de asegurar que están desempeñándose de acuerdo a las prioridades del gobierno democrático y no por el beneficio de una particular burocracia de inteligencia, partido político o individuo en particular. Probablemente, la educación y el entrenamiento sean los aspectos más importantes en la respuesta que, en el largo plazo, se le dará a los comportamientos no-democráticos que en el pasado ostentaban las agencias de inteligencia en regímenes autoritarios en América del Sur. Al mismo tiempo, se ha puesto mucho énfasis en la reforma de los contenidos que se imparten en las academias de inteligencia en la Argentina, Brasil, Chile y Perú, entre otros.

Control externo

El control externo refiere fundamentalmente al rol preponderante que aquellos ajenos a las agencias de inteligencia tienen al momento de identificar los problemas con los que cuentan las agencias de inteligencia y al mismo tiempo ponerles la presión del ejecutivo y potencialmente el legislativo. Este control es ejercido a través de los medios, las organizaciones no gubernamentales y *think tanks*. Éstas son tanto domésticas como de corte internacional, Ejemplos de ONG's son SER en el 2000, Seguridad y Democracia, FLACSO Chile. Ejemplos de *think tanks* son *Organization of American Scientists* (www.fas.org), el *Geneva Center for the Democratic Control of the Armed Forces* y la Corte Interamericana de Derechos Humanos (IACHR por sus siglas en inglés). Todas las formas recientes de inteligencia, y en particular en la dimensión del control democrático civil, se han dado a partir del control externo. Esto incluye la reforma que tuvo lugar en Estados Unidos en la década del setenta y con posterioridad al 11 de septiembre de 2001, lo que atravesó Rumania luego del fin del comunismo, y los recientes escándalos en Argentina (2006), Brasil (2008) y Colombia (2008 hasta hoy). El control externo requiere de libertad de expresión y libertad para conformar ONG's. En Rusia, debido a que estas libertades están restringidas, el nivel de control allí es bajo. Cabe mencionar que constituye un espacio importante de control democrático civil en naciones post caída del comunismo, incluyendo Rumania y regímenes post militares como la Argentina, Brasil y Chile.

Los desafíos de reformar la inteligencia

De acuerdo a mi experiencia, tanto en viejas como en nuevas democracias, el desafío principal de la reforma radica en comprender qué se incluye en la inteligencia. El mero término "inteligencia" es confuso, ya que implica tres conceptos diferentes: la organización; el proceso de recolección y análisis, y el producto final del proceso al interior de la organización.[4] Aquellos por fuera de la organización no son asistidos por profesionales de la inteligencia, quienes están acostumbrados a vivir y trabajar en ambientes donde predomina el secreto, y dentro del cual no se comparte información con aquellos que no tienen la misma autorización para acceder a los mismos. Además, existe una especie de aurea o mitología alrededor de la inteligencia que al mismo tiempo los profesionales utilizan para mantener a aquellos ajenos a la inteligencia a raya. Gran parte de nuestras tareas en el *Center for Civil-Military Relations* (www.ccmr.org) en el área de inteligencia han sido desmitificar lo que lleva implícito la reforma de inteligencia. Para nosotros, los temas concernientes a la reforma de la estructura son relativamente simples, existe un número limitado de modelos disponibles, y los países pueden escoger entre ellos. Aparentemente, el modelo canadiense del *Canadian Security Intelligence Service* (CSIS) es particularmente popular. El desafío principal consiste en profesionalizar a aquellos que estarán trabajando en esas estructuras. Esto es extremadamente difícil, debido al legado del pasado y a la poca predisposición que en general tienen las agencias de permitir a los empleados especializarse en algo más allá de su tarea exclusiva. Esta situación representa un problema significativo en Estados Unidos, a pesar de la creación en el 2004 de la *Office of the Director of National Intelligence*; aparentemente también perdura el problema al menos para Brasil y Colombia.

Conclusión

Incluso en nuevas democracias el control de la inteligencia es relativamente simple. A través del presupuesto y políticas de personal, las agencias que son legados del pasado pueden ser controladas. Sin embargo, esta estrategia podría resultar no muy útil en cuanto a efectividad, y

---

[4] Para más información acerca de los significados, ver de Mark M. Lowenthal, *Intelligence: from Secrets to Policy* (Washington, D.C.: CQ Press, cuarta edición, 2009).

los profesionales de la inteligencia que están desempleados pueden acabar trabajando para elementos del crimen. El desafío más substancial radica en combinar estructuras, procesos y educación y entrenamiento, de forma tal de poder lograr tanto el control democrático civil como agencias de inteligencia efectivas que puedan confrontar las amenazas emergentes, incluido el terrorismo internacional y el crimen organizado.

Violencia y seguridad pública en América Latina: el desafío institucional

Renata Avelar Giannini[*]

La violencia y la escasa capacidad de los Estados para atender el tema se han convertido en preocupación central de la agenda de gobierno. La región latinoamericana (considerada una de las más pacíficas del mundo, libre de armas nucleares y con limitados conflictos inter-estatales) ha observado el incremento de actividades delictivas y violentas, resultando en la sensación de inseguridad entre millares de ciudadanos.

Este incremento ha sido observado no solamente en los grandes centros urbanos y capitales latinoamericanas, sino también en ciudades medianas o hasta pequeñas, llegando a afectar las zonas rurales de algunos países donde las actividades relacionadas al tráfico de drogas han involucrado directa o indirectamente a la población. La realidad es preocupante y las capacidades disponibles de los gobiernos para atender al problema son limitadas. Se observan escasas herramientas y mecanismos centrales de control de los órganos policiales, limitado conocimiento en la materia, y ausencia de un sistema de información confiable respeto a los órganos responsables por la seguridad, incluyéndose ministerios, secretarias, policías, etc.

[*] Becaria del Programa del Doctorado Pleno en el Exterior, financiado por la Coordenação de Aperfeiçoamento de Pessoal de Nível Exterior (CAPES) y Comisión Fulbright para estudios de doctorado en la Old Dominion University, Norfolk (VA), Estados Unidos. Magíster en Relaciones Internacionales por el Programa Interinstitucional de Pós Graduação em Relações Internacionais San Tiago Dantas. Ha sido parte del programa de pasantías de RESDAL.

La ciudadanía no queda ilesa frente a esta realidad. Víctima directa de la violencia, la sensación de seguridad disminuye, apelando a arreglos privados para atender el problema. El gobierno, por su parte, acaba adoptando medidas cortoplacistas y muchas veces represivas y de "mano dura". El resultado es la aparición de zonas grises entre la seguridad y la defensa, y las fuerzas armadas son desplazadas para combatir el enemigo interno.

En este contexto, se plantea la necesidad de una reforma del sistema de seguridad pública con una mayor participación de la sociedad civil y los gobiernos locales para implementación de soluciones de largo plazo, enfocadas en los problemas sociales y económicos que forman la base de las actividades violentas. Es a partir de un Estado de derecho fortalecido, donde el bienestar social y económico es atendido, que se abre la posibilidad para atender directamente los desafíos institucionales de la seguridad pública, contribuyendo para alcanzar las metas de desarrollo tanto en el marco de realización personal de la ciudadanía, como en el colectivo de la sociedad.

1. La violencia en América Latina y sus raíces sociales y económicas

La violencia en América Latina no es un fenómeno nuevo. Sin embargo, recientemente se ha revestido de características nuevas con la aparición de nuevos actores, como los sicarios en Colombia o el *Primero Comando da Capital* (PCC) en Brasil, y la inclusión de nuevas modalidades, como el narcotráfico, secuestro callejero y pandillaje.[1]

La magnitud que el fenómeno ha alcanzado conlleva la sensación de que la violencia es parte de la vida cotidiana de los ciudadanos latinoamericanos. Esta realidad lleva al abandono o hasta la pérdida de espacios públicos por la sensación inseguridad y el encierro en los espacios privados, con la creación de condominios cerrados y mecanismos de auto preservación —como sistemas de alarmas, adquisición de armas, y rejas de protección— que muchas veces influyen en la pérdida de la libertad y aprisionamiento de la ciudadanía.[2]

---

[1] Lucía Dammert, "Seguridad pública en América Latina: que pueden hacer los gobiernos locales?", *Nueva Sociedad,* No. 212, (noviembre-diciembre de 2007): 70.

[2] *Ibidem.*

Según datos de la Red de Información Tecnológica Latino Americana[3], América Latina presenta tasas de homicidio con un promedio de 19,9%, destacándose El Salvador (48,8%), Colombia (43,8%), Venezuela (30,1%), Guatemala (28,5%) y Brasil (25,2%), entre aquellos con mayores tasas de homicidio en relación a la población total. Según la misma fuente, es también la región que presenta mayor cantidad de muertos víctimas de armas de fuego, con un 17,8%, destacándose Colombia (47%), Venezuela (43,5%), El Salvador (39,8%), Brasil (19,9%) y Ecuador (12,6%). Se suma a este contexto el creciente protagonismo de actividades criminales violentas, tales como el secuestro extorsivo, el robo violento y el aumento en el tráfico de drogas controlado por carteles y grupos armados organizados.

El fenómeno de la violencia, considerado desde el punto de vista social, político y económico, crea así un círculo vicioso que el Estado debe atacar dentro de la legalidad del Estado de derecho. Diversos factores son apuntados como causas directas de la violencia. El rápido crecimiento de las ciudades, y la creciente población joven y la densidad demográfica se presentan como algunos de los factores demográficos más citados. Asimismo, el mantenimiento de una enorme masa de pobres y marginalizados, aliado al incremento de la inequidad social y económica, constituyen importante referentes en cuanto a las causas sociales y económicas de una violencia que conlleva la práctica de actividades ilegales como salida a estos grupos de excluidos.[4]

La violencia urbana presente en prácticamente todas las metrópolis de la región aún no ha sido tratada adecuadamente por los actuales medios disponibles del Estado. Ante esta situación, los medios de comunicación han jugado un papel principal. Principales generadores del temor en la población, el bombardeo diario de noticias respecto a acciones criminales y delincuencia otorga al miedo un papel cohesionador, y genera el pánico en una población ya acostumbrada a la incapacidad estatal.[5]

---

[3] Julio Jacobo Waiselfisz, "Mapa da Violencia: os jovens da America Latina 2008", *RITLA*. http://www.ritla.org.br/index.php?option=com_content&task=blogcategory&id=0&Itemid=315.

[4] Laura Tedesco, "Violencia Urbana: Soluciones locales y regionales" *Policy Brief*, No. 4, enero 2009, http://www.fride.org/

[5] "El miedo, convertido en una cantera de disvalores, se transforma en un negocio permanente de la seguridad ciudadana, con un mercado siempre en alza de cientos de millones de ciudadanos que atemorizados se encierran en sus casas y barrios incomunicándose del mundo". *Le Monde Diplomatique: Seguridad ciudadana y vigilancia total: el negocio del miedo* (Editorial Aun creemos en los sueños. Santiago, 2005). Santiago Escobar et al., *Seguridad pública en los países del Conos Sur: desafíos institucionales* (Santiago, Chile: Friedrich Ebert Stiftung, 2007), http://library.fes.de/pdf-files/bueros/chile/04617.pdf.

Ante esta realidad, ¿cuáles son las acciones del Estado, en cuanto garante de la seguridad de millares de ciudadanos residentes en la región?

2. La debilidad de las instituciones públicas y la privatización de la seguridad

La ineficiencia de las instituciones públicas encargadas de la seguridad ha sido desnudada por el incremento de la violencia y de las actividades delictivas y criminales. Los escasos medios a disposición del Estado para atender el problema, y la incapacidad para implementar acciones transversales integradas y enfocadas en los problemas sociales y económicos, son muestra del gran desafío que se presenta a los gobiernos de la región.

La fragilidad del marco institucional y la impunidad de los sistemas de justicia generan y sostienen un sentimiento de desconfianza en la población. Mientras los policías son vistos como corruptos, violentos e inescrupulosos, se observa la falta de un sistema de protección social adecuado a estos profesionales, cuyo bajo sueldo y escasa cobertura familiar para salud y vivienda generan la necesidad de buscar fuentes alternativas de sustento. Asimismo, se observa en la región la ausencia de una reforma en el sistema de seguridad pública. Evidencia de ello es la escasa información disponible y la ausencia de registros centralizados. La ausencia de información confiable sobre los órganos de seguridad y la falta de comprensión del marco jurídico legal, imposibilita la formulación de políticas públicas en la materia.

En este contexto, ante los desafíos de la seguridad, las autoridades civiles han recurrido mayoritariamente a medidas reactivas, involucrando a las fuerzas armadas en acciones destinadas a la restitución de la "normalidad" y tendientes a solucionar las urgencias surgidas en cuestiones de seguridad pública. Indicando que las fuerzas policiales se encuentran desbordadas, que no cuentan con el suficiente personal ni material para afrontar los actuales peligros, o que sus cuerpos son altamente corruptos, y descreídos por parte de la ciudadanía de manera general.

Este contexto genera un círculo vicioso en lo cual la más afectada es la propia calidad de las jóvenes democracias latinoamericanas. En la mayoría de los países de la región, los ministerios y secretarias responsables por la seguridad pública carecen de medios materiales, financieros y humanos para una adecuada acción mitigadora del crimen y violencia instalados en nuestras sociedades. Asimismo, buscando la solución a corto plazo de los problemas de la inseguridad y la mejora de la imagen gubernamental ante la población, proliferan los organismos a nivel local, estadual y nacional responsables por el mantenimiento del orden y la seguridad, generando también problemas de jurisdicción y superposición de funciones entre los diversos organismos creados. El sistema carcelario también se encuentra desbordado. El aumento de la criminalidad también ha incursionado en el aumento de prisioneros. Las cárceles desbordadas carecen de infra-estructura adecuada perdiendo su función rehabilitadora y se convierten en "escuelas de delincuentes".

Se observa así una crisis en el liderazgo civil para la formulación e implementación de políticas públicas y en la promoción de la reforma en el sector. En este contexto, se apela a la privatización de la seguridad, y el Estado en cuanto garante de este derecho asiste a la intensificación de un crisis institucional, perdiendo la autoridad y el espacio de acción y promocionando la entrada de un nuevo actor, cuya lógica de acción sigue una visión mercantilista y poco preocupada con la defensa del orden interno.[6] Se generan así nuevos desafíos: ¿la seguridad privada ha promovido la mejora de la seguridad ciudadana? ¿En qué medida existe un control estatal sobre ella?

Sin embargo, algunos avances han sido observados en la implementación de programas locales a nivel comunitario, que integran la participación ciudadana en el tratamiento de la violencia y en la formulación de políticas públicas municipales hacia la cuestión. Sin embargo, dichas soluciones (aunque produzcan resultados positivos en este nivel), carecen de una vinculación con políticas nacionales, inhibiendo la formulación de respuestas holísticas y transversales que incidan en la raíz de los presentes desafíos y problemas.

---

[6] "Uno de los cambios trascendentales que introduce la oferta privada de seguridad tiene que ver con la mutación siguiente: pasa de derecho universal que debe ser garantizado públicamente, a ser una mercancía producida por un conjunto indiscriminado de proveedores públicos y privados." Fernando Carrión M. "Seguridad Privada: ha mejorado la seguridad ciudadana?", en *Boletín FLACSO-Ecuador Ciudad Segura: programa estudio de la ciudad*, No. 19 (2007): 1, http://www.flacso.org.ec/docs/ciudad_segura19.pdf

3. El camino hacia el futuro

Las alternativas encontradas son diversas, variando según los gobiernos y aún en el interior de un mismo Estado, indicando la ausencia de planes comunes, integrados y coordinados a partir de un marco nacional. Asimismo, se observa que problemas de base como el desempleo, la desigualdad y la delincuencia juvenil presentes en las sociedades latinoamericanas, no son enfocadas en los planes gubernamentales de acción, separando los problemas sociales de aquellos directamente relacionados a la seguridad.

En este contexto, el enfoque local para la seguridad pública ha probado ser efectivo cuando se ha puesto en práctica. Los gobiernos locales son aquellos que poseen información específica sobre los problemas de las comunidades, promoviendo y posibilitando la focalización de iniciativas en aquellos barrios, territorios y poblaciones más vulnerables.

De hecho desde la década de los 80, con los procesos de democratización y descentralización del Estado, los gobiernos locales se han paulatinamente responsabilizado por tales iniciativas. Sin embargo, no existe una tradición local en el tratamiento de la violencia, careciendo de financiamiento adecuado y padeciendo de la falta de coordinación con el gobierno central.

Ahora bien, si se argumenta que la base de las actividades delictivas se relaciona mayoritariamente con los problemas económicos y principalmente sociales, son los gobiernos locales los mejores posicionados para tratar el tema de la violencia. En este contexto, se destacarían las medidas de prevención, a través de las cuales acciones focales en grupos y locales vulnerables, con identificación de problemas y soluciones específicas, permitirían la mejora de la situación social. Estas iniciativas deben contar aún con un enfoque multisectorial y transversal en coordinación con los gobiernos estaduales y nacionales, que detentan el control sobre los órganos policiales. La mejora de las condiciones sociales, en conjunción con el aumento de la presencia policial, produce efectos positivos en las comunidades, disminuyendo la base de las actividades delictivas y aumentando la sensación de seguridad.

Sin embargo, iniciativas de esta índole enfrentan un desafío aún sin resolver: la sustentabilidad de estas acciones a largo plazo. Por un lado, existe dificultad para coordinar acciones con el gobierno local, normalmente destituido de un control efectivo sobre los cuerpos policiales y su organización. Esto resulta en escasos recursos de personal y financieros para la implementación de iniciativas de largo plazo que escapen a soluciones cortoplacistas, muchas veces de mano dura e ineficientes. Se evidencia así la necesidad de transformar iniciativas en pos de la seguridad pública en políticas de Estado duraderas, estables y sostenibles en el tiempo.

Por otra parte, soluciones enfocadas en la prevención a través de la mejora de las condiciones sociales y económicas de las comunidades, tienden a ser de largo plazo, donde los beneficios no son obvios ni rápidamente observados. Consecuentemente, necesita una mayor participación de la sociedad civil para el fortalecimiento de estas acciones, en base a la participación ciudadana y financiamiento sostenible.

En este marco, se plantea el fortalecimiento de la sociedad civil y de las instituciones estatales para lograr una adecuada formulación y desarrollo de políticas democráticas de seguridad pública. Este fortalecimiento debe ser acompañado por una reforma en el sector, con coordinación entre aquellos que poseen el control sobre los órganos policiales, y aquellos que poseen el conocimiento sobre las vulnerabilidades de cada comunidad.

Aunque el camino aún sea largo, iniciativas que busquen incrementar el conocimiento sobre el tema colabora con la formación de una base para fortalecer las acciones gubernamentales y formulación de políticas públicas.

Las nuevas generaciones y las reformas de la defensa

Ivette Castañeda
Alexis Herrera
Cecilia Mazzotta
Ángela Moreira
Paz Tibiletti[*]

1. Las tendencias internacionales y el sector defensa

Parece probable que, en las primeras décadas del siglo XXI, los fenómenos que más incidirán sobre la configuración del sector de la defensa

---

[*] Ivette Castañeda (Perú) es Licenciada en Ciencias Sociales con mención en Sociología por la Pontificia Universidad Católica del Perú y cursante de la Maestría en Estudios Internacionales de la Universidad Torcuato Di Tella. Alexis Herrera (México) es Licenciado en Relaciones Internacionales por la Universidad Iberoamericana, Diplomado en Seguridad Nacional, Fronteras y Migración del Instituto Tecnológico Autónomo de México, y cursante de la Maestría en Artes en Leyes y Diplomacia en The Fletcher School, de la Universidad de Tufts. Es Becario Fulbright García-Robles de la Comisión México-Estados Unidos. Cecilia Mazzotta (Argentina) es Licenciada en Relaciones Internacionales por la Universidad de Morón, y estudiante de posgrado en Metodología de la Investigación Científica de la Universidad Nacional de Lanús. Ángela Moreira (Brasil) es Licenciada en Historia por la Universidade Federal da Bahia y Magíster en Historia Social por la Universidade Federal do Rio de Janeiro (UFRJ). Candidata a Doctora en Historia, Política y Bienes Culturales en la Fundação Getúlio Vargas, donde se desempeña como profesora y asistente de investigación. Paz Tibiletti es Licenciada en Sociología por la Universidad de Buenos Aires (UBA). Actualmente realiza estudios de maestría en estudios internacionales en la Universidad Torcuato Di Tella. Castañeda es parte del equipo de trabajo de RESDAL desde 2008, año en el que junto a Moreira resultaron ganadoras del concurso de pasantías organizado anualmente por la red. Herrera ha sido pasante por la Fletcher School en RESDAL durante 2009. Mazzotta es responsable del área de género de la Secretaría Ejecutiva. Tibiletti es Co-directora del *Atlas Comparativo de la Defensa de América Latina*.

en América Latina se encontrarán vinculados con aquellas tendencias demográficas, ambientales y tecnológicas que han determinado la naturaleza del paisaje internacional desde el fin de la Guerra Fría. En el futuro, estas tendencias introducirán distorsiones que bien podrían amenazar la estabilidad interna de nuestras sociedades, o conducir al incremento de las tensiones regionales y subregionales ya existentes. Aún cuando la región ha estado expuesta a las influencias positivas de las corrientes de innovación, comercio e industrialización asociadas con la globalización, también es cierto que, en el futuro inmediato, sus sociedades tendrán que enfrentarse a los rezagos estructurales que les han aquejado históricamente y a los efectos más nocivos del proceso de transformación del sistema internacional que inició tras la Guerra Fría y que aún no parece llegar a término.[1]

En términos geopolíticos, la distribución del poder dentro del sistema internacional también se encuentra experimentando cambios importantes.[2] Si bien la supremacía de los Estados Unidos difícilmente será cuestionada en las próximas décadas, los escenarios de conflicto y los centros de poder se han desplazado desde hace tiempo del Atlántico norte hacia un corredor Euroasiático que hace confluir a China, Rusia, India, Pakistán y Japón en el sudeste asiático y la cuenca del Pacífico. Es ahí donde, probablemente, tendrán lugar las futuras crisis internacionales que decidirán la arquitectura del sistema internacional. Este escenario debe ser considerado por los tomadores de decisiones latinoamericanos para definir los márgenes de maniobra que tendrán frente a los Estados Unidos y otras potencias al momento de estructurar sus relaciones con el mundo y, en este contexto, establecer sus políticas de seguridad y defensa en el futuro. Si fuera el caso de que, en efecto, los Estados Unidos se encuentren en la necesidad de comprometer enormes recursos

---

[1] La transición del mundo en vías de desarrollo de un entorno rural a otro de carácter definitivamente urbano ha señalado el incremento de la demanda de alimentos y bienes de consumo, incrementando a su vez la necesidad de un abasto energético cada vez más difícil de sostener. Al mismo tiempo, grupos armados, terroristas y organizaciones criminales por igual, se benefician desde hace tiempo de la difusión de las nuevas tecnologías. Finalmente, la degradación general del medio ambiente (una tendencia reconocida en las últimas tres décadas) llama a una competencia cada día más abierta por aquellos recursos naturales que han adquirido un carácter estratégico para el desarrollo y la viabilidad de las sociedades humanas.

[2] Dale Walton, *Geopolitics and the Great Powers in the Twenty - first Century: Multipolarity and the revolution in strategic perspective* (Londres: Routledge, 2007), 141.

diplomáticos y materiales en el mantenimiento de la gobernabilidad de Eurasia y la cuenca del Pacífico, ¿implicará esto un menor interés por nuestro continente? Por otro lado, bien podría ser que la necesidad de atender asuntos urgentes en otras regiones del orbe obligue a los tomadores de decisiones estadounidenses a promover una visión poco conciliadora de sus intereses en nuestro hemisferio, bajo el pretexto de que mantener en orden una esfera de influencia que consideran como propia es el primer requisito para comprometerse con certeza en regiones más conflictivas del mundo.

De otro lado, muchos de los retos más inmediatos para nuestros países tienen una naturaleza interna.[3] La emergencia de actores y de fenómenos capaces de poner en entredicho la gobernabilidad democrática de nuestras naciones y la paz social ponen en evidencia la necesidad de repensar el papel de las estructuras de defensa en nuestro continente, y de realizar una revisión puntual de las capacidades del aparato de seguridad interior, un sector que idealmente sólo debería estar asociado a estructuras de decisión vinculadas con el poder civil.

Sería necesario así, no sólo cuestionar el alcance y la naturaleza de las funciones que desempeñan las fuerzas armadas al interior de nuestros países, sino también la naturaleza de los servicios de inteligencia, las agencias de seguridad interior y los cuerpos de policía de carácter nacional o federal. En las décadas previas, uno de los grandes avances de la transición democrática en aquellas naciones que vivieron dictaduras militares, fue precisamente, el de establecer una clara distinción entre las tareas de defensa y aquellas vinculadas a la seguridad interior.

Sin embargo, si fenómenos de alcance transnacional como el narcotráfico, el crimen organizado o aquellos otros relacionados con un cambio en la distribución de los recursos naturales y las tendencias demográficas se vuelven persistentes, entonces será necesario un profundo debate en torno a la naturaleza de la arquitectura institucional y el marco legal de las estructuras estatales que harán frente a tales fenómenos.

Por lo demás, la consolidación de la democracia y del principio del control civil sobre las estructuras de defensa planteará en muchos de

---

[3] Francisco Rojas Aravena, "Globalización y violencia en América Latina: Debilidad estatal, inequidad y crimen organizado inhiben el desarrollo humano", *Pensamiento Iberoamericano*, No. 2, (2008), http://www.pensamientoiberoamericano.org/xnumeros/2/pdf/pensamientoIberoamericano-51.pdf.

nuestros países –y especialmente en aquellos con mayores capacidades humanas y materiales– la necesidad de vincular claramente el uso del instrumento militar con la consecución de objetivos específicos en el campo de la política exterior. Esto ha sucedido ya, en mayor o menor medida, entre aquellas naciones que han decidido participar en las operaciones de mantenimiento de la paz de la Organización de las Naciones Unidas. Al respecto, sería saludable reflexionar también en torno a las obligaciones que estas naciones desean asumir en el futuro en pos del mantenimiento de la seguridad internacional.

En cualquier caso, todo ejercicio que pretenda vincular el análisis de las tendencias internacionales con el futuro del sector de la seguridad y la defensa en América Latina debe hacer explícito las circunstancias que históricamente han limitado el papel de nuestro continente en los grandes debates mundiales: el carácter subalterno de nuestras sociedades, la persistencia del subdesarrollo y la aparente irrelevancia estratégica de un grupo de países que, en gran medida, han sido incapaces de proyectar su presencia en otras regiones del mundo. Pese a ello, para las naciones de América Latina sería un error abstenerse de participar del debate de las grandes tendencias internacionales bajo el supuesto de que nuestra influencia en los asuntos mundiales es limitada.[4] Los tomadores de decisiones latinoamericanos bien podrían descubrir, que de no asumir una postura activa frente a los fenómenos que hoy se encuentran definiendo la agenda de la seguridad, sus naciones podrían encontrarse en condiciones de vulnerabilidad aún mayor a la ya existente.

---

[4] Con una población estimada en poco más de 570 millones de habitantes, una extensión territorial de 21 millones de km² y un ingreso *per cápita* estimado en 2007 en alrededor de 5.800 dólares, América Latina es un continente con enormes potencialidades. A los portentos económicos del continente, se une su riqueza ambiental y un legado cultural que, no sin razón, es motivo de jactancia para los pueblos latinoamericanos. Por lo demás, el continente cuenta con una serie de naciones que por su extensión territorial, el número de sus habitantes o las dimensiones de su actividad económica, bien pueden ser consideradas como potencias medias por propio derecho, por lo menos en lo que toca al ámbito regional. No es casualidad, en todo caso, que *Foreign Affairs Latinoamerica* dedicase su segundo número de este año a debatir el status de Brasil como una potencia que puede ocupar una posición destacada dentro del concierto internacional en las próximas décadas. Al respecto consúltese: Juan de Onis, "El momento de Brasil", *Foreign Affairs Latinoamérica*, Vol. 9, N° 2 (2009), http://fal.itam.mx/FAE/?p=98.

2. Relaciones civiles-militares y espacios institucionales de diálogo

El análisis de la relación entre gobierno, sociedad y fuerzas armadas puede ser realizado desde distintas perspectivas. Aquí nos detendremos en pensar de qué forma están estructuradas las relaciones entre estos tres vértices y a través de que canales institucionales se desarrollan.

Pensar esta relación supone identificar las áreas de acción y comunicación existentes, y evaluar la efectividad del diálogo establecido. Existen algunos espacios formales e institucionales en los cuales los temas militares y los intereses para la sociedad son debatidos, como por ejemplo los ministerios de defensa y las comisiones parlamentarias de defensa, además de otros menos tradicionales, como los archivos militares y el acceso, para la sociedad en general, a documentos producidos por las fuerzas armadas.

Hace mucho ya nos distanciamos del paradigma *huntingtoniano* de análisis de las relaciones civil-militares.[5] En general, es posible afirmar que en los países sudamericanos es consensual la idea de que, en el siglo XXI, las relaciones civil-militares son más estables y la amenaza política de los militares como desestabilizadores de gobiernos democráticamente electos, no procede más.[6] Cuando las fuerzas armadas se involucran con las cuestiones político-gubernamentales lo hacen mínimamente. Hoy en día están más preocupados en la defensa de sus intereses corporativos.

En contrapartida, hay un cambio interesante en esta dinámica. Se observa que los civiles pasaron a asignar a las fuerzas armadas misiones en áreas que no eran tradicionalmente de su responsabilidad, como por ejemplo aquellas relativas a desarrollo, seguridad pública y lucha contra el narcotráfico, como en los casos de Brasil, Perú, Bolivia, Venezuela y Colombia, por ejemplo. Tal situación refleja cierta fragilidad de los gobiernos en relación a la gestión de los asuntos de administración públi-

---

[5] En este abordaje pionero, Samuel Huntington propone un modelo de análisis que destaca las formas de control civil en detrimento del poder ejercido por los militares en las sociedades. Ver Samuel Huntington, *O Soldado e o Estado: Teoria e Política das Relações entre Civis e Militares* (Río de Janeiro: Biblioteca do Exército Editora, 1996). Para más información sobre la subordinación militar en la región ver Alejo Vargas, "Una convivencia inesperada: Fuerzas Armadas y gobiernos de izquierda en América Latina", *Nueva Sociedad*, N° 213 (enero-febrero 2008), http://www.nuso.org/upload/articulos/3495_1.pdf.

[6] Resaltamos nuevamente que este análisis considera sólo la región sudamericana, sin abarcar reflexiones sobre el golpe militar perpetrado en Honduras, en junio de 2009.

ca, trayendo para esta esfera una problemática que ya está siendo discutida por los académicos, en lo que se suele denominar "militarización de la seguridad" y "securitización de las fuerzas armadas".[7]

Tal estado de la situación refleja otro síntoma presente en algunos países de la región, que es la falta de precisión en la definición de conceptos-clave que rigen la labor militar. La ligereza con que se definen elementos como defensa, seguridad interna, seguridad internacional, seguridad pública, funciones de las fuerzas armadas, entre otros, indica cierta confusión en el tratamiento de estos asuntos por las instituciones responsables para establecer el contacto entre este *tripeé*.[8]

En el ámbito de la administración gubernamental existen espacios responsables por gestar, administrar, controlar, fiscalizar y decidir acerca de las cuestiones militares y de defensa, como los ministerios de defensa y las comisiones parlamentarias abocadas a la temática.[9] Tratándose de una política pública, las políticas de defensa deben, bajo un sistema democrático, responder y garantizar los objetivos e intereses (inter)estatales, de gobierno y de la sociedad en sus múltiples dimensiones.

En teoría, los ministerios de defensa constituyen un vehículo de control y de gestión civil de los asuntos castrenses, y son las instituciones responsables por la administración superior de la defensa. Sin embargo, lo que se percibe a través de una mirada general, es la poca cantidad de personal civil que ocupa cargos en la estructura de los ministerios. Esta situación suele atribuirse a factores como la falta de capacitación de civiles para lidiar con los temas militares y el prestigio que los militares ejercen en la burocracia de sus países. Así, a pesar de que la existencia de un ministerio de defensa en la mayoría de países puede ser un indicador básico de la situación de las relaciones civil-militares en la región, se requiere atender a otros aspectos específicos como cuáles son las funcio-

---

[7] Para más información, ver por ejemplo Centro de Estudios Legales y Sociales, *Construyendo roles. Democracia y Fuerzas Armadas* (Buenos Aires: CELS, abril de 2008).

[8] No se afirma que todos países deben adoptar la misma conceptualización, pues estas definiciones son elaboradas de acuerdo con las peculiaridades nacionales; no obstante, pensamos que tampoco pueden ser modificadas al sabor de conveniencias político-institucionales de los gobiernos.

[9] Además de estas dimensiones ejecutiva y parlamentaria de la gestión de la defensa, hay que tener en cuenta la constitucional, la judicial y las organizaciones de la sociedad civil especializadas en la temática. Para más información ver Pablo Celi, "Los Parlamentos y la dimensión institucional de las Políticas de Defensa", en *Parlamento y defensa en América Latina: el papel de las Comisiones,* coord. Luis Tibiletti y Gilda Follietti (Buenos Aires: RESDAL, 2004).

nes que los civiles ejercen al interior de estas estructuras y cuál es el nivel de autonomía y poder de decisión que tienen en este ámbito.

Por otro lado, uno de los puntos más débiles de la relación es quizás la transparencia referente a los datos sobre la organización de las fuerzas armadas y temas vinculados a defensa y seguridad. Si bien esta tendencia ha ido cambiando en los últimos años, en los cuales se fomentó desde diversos ámbitos la transparencia en la gestión pública, aún en algunos países de la región, se adolece de cooperación con entidades de la sociedad civil en torno a los temas que involucran a los militares.

Las comisiones parlamentarias de defensa de los países son un importante canal de profundización de las relaciones entre gobiernos, militares y sociedad. Éstas se configuran como el espacio donde se discute y presenta las propuestas políticas en la materia y donde se aterriza la relación entre estos tres actores (desde el nivel gubernamental, institucional y representativo). Actualmente, a pesar de la existencia de comisiones parlamentarias que trabajan la temática de defensa en todos los países de la región, estas instancias de conducción legislativa tratan el área con cierta desatención, fallando en su función de mediador entre la sociedad, el gobierno y los militares. La incertidumbre acerca de las indefiniciones conceptuales anteriormente citadas debe ser mejor debatida en el ámbito de estas comisiones, cuyas funciones principales son investigar, discutir y orientar a los gobiernos acerca de los temas relativos a la conducción de los asuntos públicos. El asesoramiento de los investigadores y expertos es fundamental para una mejor apreciación y toma de decisiones en la materia.

Finalmente, un tema poco apreciado por la academia es la gestión del Estado en la guarda y acceso a los archivos militares, y cómo este tópico influye en las relaciones civil-militares. No solamente por una cuestión de gestión de la memoria colectiva de una sociedad, sino también porque refleja cierto grado de autonomía de las fuerzas armadas para resguardar su corporación, dificultando el acceso a información que permite conocerla y estudiarla.

3. Género y participación de la mujer en las instituciones de defensa

Diferentes circunstancias y contextos políticos e institucionales han jugado a favor de la participación de la mujer en las instituciones de defensa. El retorno de la democracia en la década de los 80 e inicios de los 90 marcó un punto de inflexión en la inclusión de la mujer en la sociedad. Bien es sabido que los procesos de promoción e inclusión de la mujer en ámbitos públicos en la región son de larga data. Sin embargo en años pasados, la implementación de la perspectiva de género se circunscribía a la atención de las problemáticas de carácter principalmente social de la población femenina. En general, eran las organizaciones sociales de base, las que empujaban a las instituciones públicas a facilitar la inserción de la mujer en diversos campos del ámbito público.

En la actualidad, los avances de la situación de la mujer en el escenario regional son, en buena parte, reflejo de la adhesión de nuestros países a numerosos convenios internacionales en materia de igualdad de género y no discriminación. Su carácter vinculante condujo a los Estados a buscar demostrar ante la comunidad internacional avances tangibles.[10] En este marco, factores como la expansión del mercado laboral, la madurez de las instituciones democráticas y la sociabilización de los principios de no discriminación basada en género y acceso igualitario a oportunidades, coadyuvaron a la apertura de nuevos espacios para el desarrollo profesional y el desempeño laboral de las mujeres en diversos sectores institucionales.

El sector de la defensa no ha podido permanecer ajeno a estas tendencias. Una apertura institucional inicial tuvo lugar cuando las fuerzas armadas incorporaron a las primeras mujeres como profesionales asimiladas. Más allá de que en este primer momento la participación de las mujeres se limitaba a cubrir necesidades de personal en el ámbito administrativo (como enfermeras, auxiliares de oficina, secretarias, entre otras), determinó un cambio significativo para estas instituciones. Sin embargo, en estas primeras experiencias la adopción de una perspectiva de género

---

[10] Los países adheridos a la Convención de las Naciones Unidas sobre la Eliminación de la Violencia contra la Mujer (CEDAW) y la Convención Americana sobre los Derechos Humanos (entre otras), deben presentar informes nacionales que den cuenta de los progresos realizados en la materia.

en el diseño de políticas no fue asumida, y la desorientación de los mandos por la presencia de mujeres fue resuelta con improvisaciones y adaptaciones sobre la marcha. Años más tarde, tras el retorno de la democracia y la incorporación de las mujeres como oficiales con capacidad de mando tuvieron causas importantes, como la necesidad de limpiar o al menos de acercar a la sociedad la imagen de las fuerzas armadas, y la derogación en algunos países del servicio militar obligatorio. Es en este momento cuando finalmente las mujeres encuentran la oportunidad de insertarse plenamente a la carrera militar.

La consideración de la perspectiva de género por parte de las instituciones de defensa data poco tiempo atrás y va de la mano de las iniciativas estatales para profundizar la transversalización de género en las instituciones democráticas de nuestros países. De manera generalizada, puede observarse una voluntad política abierta al tratamiento del tema y nuevas iniciativas que buscan adecuar el propio andamiaje institucional para incorporar la equidad y la igualdad de género ya están en marcha. Ello se observa en la constante revisión de las legislaciones vigentes como las leyes orgánicas de las instituciones, situación del personal, en otras.

Cabe destacar que estas políticas guardan estrecha relación con la generalización de principios de conducción civil en los asuntos de la defensa, la cual ha supuesto, entre otras cosas, que dicha conducción ya no es asunto exclusivo de los hombres. La posibilidad de encontrar mujeres que hayan dirigido las carteras de defensa en Chile, Colombia, Ecuador, Uruguay y actualmente, en la Argentina, da cuenta en cierto modo de la intención de comenzar a transitar la senda de la verdadera inclusión de la perspectiva de género a nivel institucional. Por otro lado, motorizando estos procesos de cambio se encuentran también las propias mujeres militares, que vienen haciéndose un espacio propio en el ámbito de la defensa, ganándose el respeto y el lugar que de acuerdo a sus capacidades merecen dentro de las instituciones.

Sin embargo, este panorama requiere ser complementado con medidas institucionales que profundicen los avances obtenidos. A futuro es necesario trabajar para que la consideración de la perspectiva de género en las instituciones de defensa no se reduzca a hechos o iniciativas puntuales. Por el contrario, requiere ser adoptada como una nueva cosmovisión de las instituciones de defensa a nivel regional. En esa línea, algunos de los desafíos pendientes comprenden acciones decididas a:

- Propiciar investigaciones en los países que establezcan diagnósticos cuantitativos y cualitativos a fin de facilitar herramientas para el diseño de políticas institucionales con perspectiva de género.

- Dejar en claro que la incorporación de las mujeres a las instituciones de seguridad y defensa no es un reclamo feminista, sino que se sustenta en el fortalecimiento de las instituciones democráticas.

- Considerar el establecimiento de oficinas especializadas o asesores de género en los ministerios de defensa. Al respecto, vale la pena destacar que algunos países como Argentina, Bolivia, Chile y Ecuador, entre otros cuentan con dependencias orgánicas que canalizan las demandas de las mujeres militares y las transmiten a las autoridades superiores.

- Actualizar los marcos normativos institucionales para que éstos incluyan la perspectiva de género. En la mayoría de los países la normativa vigente es producto de adaptaciones no debatidas y de enmiendas apresuradas en donde las mujeres como las principales involucradas, no fueron partícipes.

- Establecer regulaciones que contemplen medidas de discriminación positiva a favor de las mujeres principalmente tratándose de casos en que las resistencias culturales e institucionales son acentuadas.

- Promover la apertura de aquellas ramas de las fuerzas armadas que al día de hoy se encuentran cerradas para las mujeres. De manera similar, promover la apertura de aquellas armas y servicios, cursos y especialidades que todavía se encuentran vedadas para las mujeres y que de esa manera, tienen implicancias en sus posibilidades de ascenso en la carrera militar.

- Vincular a los tomadores de decisión con las organizaciones de la sociedad civil con conocimiento en la materia. Los espacios de debate entre estos actores son fundamentales para comunicar tendencias actuales y compartir experiencias regionales.

Las oportunidades para el tratamiento de la perspectiva de género en las instituciones de defensa están presentes en la actual escena regional. La incorporación de las mujeres a la vida militar en América Latina constituye un proceso reciente configurado sobre la base de las características de los países donde se desarrolla y su curso será determinado por sus propios tiempos y maduración. Superar las contradicciones y susceptibilidades que genera la temática es una cuestión esencial si se desea lograr a largo plazo una incorporación femenina con plena inclusión.

Por otro lado, pese a las diferencias en cuanto a arreglo institucional y misiones asignadas, es posible recoger lecciones de experiencias similares en el ámbito de la seguridad pública, donde ha sido mucho más aceptado el hecho que las mujeres sean parte de las instituciones policiales. No es posible perder de vista que, tanto el ámbito de la defensa como en el de la seguridad, se ha abierto una ventana para el desarrollo de una perspectiva de género que invita a la reflexión y a pensar en ideas innovadoras.

4. Agenda nueva y agenda pendiente para los procesos educativos militares

¿Con qué valores, actitudes y nociones se forma a los militares en las escuelas y cuarteles? ¿Qué preparación tienen para las misiones que deben cumplir hoy? El desconocimiento que existe sobre el tema dificulta una respuesta clara. La formación militar se ha mantenido como un tema marginal en el debate sobre la defensa y la reforma de las fuerzas armadas.

Plantear el tema no es tarea fácil. Sin embargo, tal materia continúa siendo un tema relevante para la conducción de la defensa. La agenda pendiente en torno a las políticas actuales de educación militar básica constituye el primer punto de este apartado. El segundo está referido a una agenda más reciente, relacionada con la capacitación especializada y la importancia que vienen cobrando misiones no tradicionales para las fuerzas armadas. De esta manera, además de enfatizar la postergada reforma de la educación militar básica, se subraya aquí la necesidad de contar con una preparación adecuada para las misiones que le toca cumplir al profesional militar de hoy.

Por formación militar nos referimos a los procesos educativos con los que la institución castrense instruye a los individuos en un conjunto de habilidades, herramientas y conocimientos técnicos propios del quehacer militar. Se trata de un proceso que sigue todo el personal militar durante cuatro o cinco años (según los requerimientos en cada país) en las escuelas de oficiales y suboficiales. Como parte de esta formación general, los aspirantes atraviesan además por un periodo de intensa socialización de valores, ideas, actitudes y formas de interpretación del mundo que sirven para desarrollar un perfil distintivo, el de un profesional de la guerra.[11]

---

[11] Para mayores referencias sobre el proceso educativo militar revisar José Miguel Florez, "La Educación Militar en el Perú. El proceso educativo, los valores militares y la democracia", en *Educación Militar en Democracia* (Lima: Instituto de Defensa Legal, 2005).

En esta formación básica militar hay diversos elementos que urgen redefinición, la mayoría de ellos relacionados con un modelo educativo desactualizado y heredero de un esquema institucional caracterizado por la autonomía, las prerrogativas y un amplio margen de intervención de las fuerzas armadas en los asuntos públicos. Lo preocupante es que, en líneas generales y en lo que refiere a estos aspectos, la educación impartida en las escuelas matrices no ha tenido mayores modificaciones en los países. Salvo la inclusión de cursos de derechos humanos, la doctrina, orientación y la conformación de planas docentes (usualmente restringidas a docentes militares) no son parte de las innovaciones institucionales del aparato militar ni de la agenda de discusión de fuerzas armadas, ministerios de defensa y sociedad civil.

Menos aún son discutidos los mecanismos de socialización e interiorización de la disciplina, jerarquía y otros valores que los institutos armados promueven en las escuelas y al interior de los cuarteles. El hermetismo que caracteriza la política educativa militar dificulta las reformas necesarias, aún cuando es posible reconocer que en los procesos educativos permanecen símbolos y prácticas que construyen una identidad militar en una relación de oposición o incluso de superioridad a lo civil, que construyen una memoria histórica de los periodos de dictadura y represión propia e incluso divergente con la del resto de la sociedad, que valoran la masculinidad y la hombría en un espacio que progresivamente se está volviendo también femenino, y que rememoran confrontaciones con vecinos considerados rivales históricos, entre otras características. Sintomático de esta situación es que, en la mayoría de los países, los ministerios de educación se encuentran al margen de la definición de contenidos curriculares en las escuelas matrices de las fuerzas armadas, y su participación en los lineamientos de política educativa del personal militar es limitada.

En cuanto a la educación militar especializada y los desafíos existentes para ella, tomemos sólo un ejemplo: el de la participación de fuerzas armadas de la región en procesos de paz. Sin duda, las operaciones de paz se han convertido en un componente importante de las labores de los militares latinoamericanos. Fuerzas de Argentina, Bolivia, Brasil, Chile, Ecuador, El Salvador, Honduras, Guatemala, Paraguay, Perú, República Dominicana y Uruguay tienen una activa participación en este campo específico de la paz y seguridad regionales. Tal es la importancia que han cobrado para las Fuerzas Armadas que en el transcurso de la última década su participación en estas operaciones creció en más de 700%, concentrándose su atención y esfuerzos en la MINUSTAH y en cómo pueden contribuir a la reconstrucción institucional de Haití. También se han desarrollado mecanismos bilaterales que han llevado incluso a pensar fuerzas conjuntas, como el caso de la "Cruz del Sur" entre Argentina y Chile, y aquellas que están planteándose entre Ecuador y Chile, y Perú y Argentina.

A diferentes niveles estos son ámbitos en que se busca trabajar o profundizar en procesos de paz y construir canales militares de colaboración. Son cambios bienvenidos, sobre los que conviene pensar qué tanto se han modificado las pautas de entrenamiento, pero también las doctrinas e imaginarios de las fuerzas armadas y, en ese sentido, la redefinición de la formación militar es fundamental.

La necesidad de capacitar al personal militar para los ámbitos y misiones en que se desenvuelven hoy en día es también un punto de partida. En relación a la preparación del personal desplegado en operaciones de paz, en la última década los países contribuyentes con tropas han establecido centros de entrenamientos, cursos y sistemas de evaluación especializados. Es un avance importante que ha acompañado al interés por incrementar el papel de las fuerzas armadas en este ámbito. Sin embargo, tal parece que, en la política de participación en operaciones de paz, no se ha comprendido aún las dimensiones, la complejidad y la multiplicidad de actores (civiles, policiales y militares) que involucran estas actividades. Mientras la capacitación para operaciones de paz se concentra en impartir conocimientos técnicos, normas básicas del derecho internacional, idiomas, manejo de vehículos, entre otros, poco es lo que se ha desarrollado en cuanto a una preparación pensada en cómo facilitar la cooperación con otras fuerzas y con organizaciones civiles presentes en el campo, con afrontar las barreras culturales propias de los escenarios en los que son desplegados, con incluir la cuestión de género crecientemente importante en el manejo de conflictos y procesos de paz,[12] etc. En todos estos aspectos es especialmente importante la formación militar del

---

[12] Al respecto, el Consejo de Seguridad de las Naciones Unidas se pronunció en el año 2000 a través de la Resolución 1325, la cual plantea la importancia de incrementar la contribución de mujeres, la incorporación de una perspectiva de género en las operaciones de paz y la adopción de medidas para aumentar la protección de mujeres y niñas contra la violencia. Más recientemente, en el año 2008, la Resolución 1820 insta a trabajar en programas apropiados de capacitación para personal de operaciones de paz, para prevenir y reconocer la violencia sexual y otras formas de violencia. Complementan a ambas las Resoluciones 1888 y 1889 del 2009.

personal que ocupa posiciones de mando en estas misiones, aquel que más frecuentemente debe coordinar con actores diferentes y dirigir acciones en el campo.

Misiones que suponen un trabajo conjunto y coordinado con otras fuerzas e incluso con diversos actores civiles, presentan un escenario en que se requiere desarrollar esquemas renovados de trabajo conjunto y eventual cooperación. En tiempos en que se presentan oportunidades para hacer de las fuerzas armadas instrumentos de cooperación, la construcción de imaginarios que abandonen lógicas de desconfianza, y el establecimiento de programas que incluyan habilidades sociales necesarias para la profundización de la cooperación con otras fuerzas y con civiles, tienen una importancia fundamental. La construcción de capacidades para afrontar los desafíos de las misiones contemporáneas constituye una apuesta por maximizar los resultados de los espacios de cooperación existentes. Ésta es una razón adicional para trabajar más activamente en el área.

Discutir la agenda de la reforma educativa militar nos lleva inicialmente a revisar el proceso educativo básico seguido en las escuelas de oficiales y suboficiales, como también la capacitación especializada. Las reformas llevadas a cabo en este ámbito deben ser resultado de una discusión profunda entre los institutos armados, ministerio de defensa y educación y la sociedad civil. La discusión debe girar en torno a cuál es el perfil que corresponde a unas fuerzas armadas insertas en un contexto institucional democrático, con perspectiva de género, tolerante y respetuoso de los derechos humanos y además, a un contexto internacional en que las instituciones militares son también utilizadas como instrumento de paz y cooperación.

5. A modo de conclusión

El presente artículo buscó expresar las preocupaciones de un grupo de jóvenes profesionales acerca de las reformas en marcha o pendientes en materia de defensa. Lejos de lo que puede creerse, estos temas despiertan nuestro interés y el de muchos otros representantes de estas nuevas generaciones, y nos mueven a analizar las cuestiones militares como "cosa" del presente y de nuestro futuro.

La importancia de los asuntos de defensa se evidencia en la coyuntura actual. La región ha avanzado en la construcción de espacios de diálogo y búsqueda de confianza; sin embargo esta tendencia choca con los recientes escenarios de tensión entre Colombia y Ecuador, o con ciertos impulsos nacionalistas que exacerban discursos armamentistas, para mencionar algunos ejemplos. El golpe en Honduras nos forjó a vivenciar situaciones que, como jóvenes, sólo construimos en nuestra memoria histórica a través de escritos y discursos. Esta realidad nos reafirma la necesidad de continuar trabajando en estos temas.

Sin embargo, en términos generales, podemos afirmar que en el trascurso de estas casi tres décadas de vida democrática en América Latina, las fuerzas armadas se fueron retrayendo a cuestiones internas, alejándose del quehacer de la vida política nacional. Su creciente participación en acciones humanitarias y operaciones de mantenimiento de la paz, han ido transformando la imagen de "lo militar" para el conjunto social.

Nuevos marcos legales en materia de defensa y fuerzas armadas fueron construidos en casi todos los países durante estos años. Numerosas publicaciones oficiales con definiciones a nivel político-estatal han sido editadas principalmente hacia fin de la década de los 90. Pero a pesar de la existencia de todos estos documentos marco que norman y trasparentan la acción y política de defensa, las capacidades militares no fueron redefinidas en función de esta nueva planificación estratégica. Menos aún en función de los recursos disponibles.

Con algunos matices diferentes en cada país en cuanto a las causas que lo favorecieron y los alcances logrados, la ola democrática llevó a la conducción política del área de defensa, principalmente a través de la institucionalización de los ministerios de defensa. No obstante, aún estas instituciones deben fortalecer su capacidad de control sobre algunas áreas sensibles como el presupuesto militar, los nombramientos, la formación o la planificación en el diseño de fuerzas. No son muchos los ministerios que cuentan con la estructura, el personal y el presupuesto adecuado para realmente ejecutar la política de defensa nacional. Por otro lado, y no ajeno también a otras áreas del Estado, el personal civil del que disponen está poco capacitado y/o desinteresado en su trabajo diario, actuando como meros empleados burocráticos, amparados en algunos casos en la protección sindical.

Cada área del Estado no parece encaminarse hacia la construcción de un mismo país. Por el contrario, se manifiesta una lucha por los diferentes espacios de poder, defendiendo cada cual su presupuesto, buscando autonomía en la toma de decisiones, actuando como compartimientos estancos o enfrentándose en algunas ocasiones como rivales. Esta descripción no escapa a las áreas de relaciones exteriores y defensa, ya sea a nivel del Ejecutivo o del Parlamento donde no se visualiza un trabajo conjunto. Ello también es notorio en los espacios multilaterales o hemisféricos de diálogo, chocando (y paralizando) los compromisos asumidos y acciones que llevan adelante.

¿Cómo avanzar en la institucionalización democrática del área? Pareciera ser que la cuestión está hoy centrada en los esfuerzos para la consolidación de una práctica democrática en nuestros pueblos. Si aún las fuerzas armadas mantienen ciertos grados de autonomía, principalmente en cuestiones de organización interna (como la educación o la justicia), no se debe al peso de un poder militar como en décadas anteriores, sino más bien a una cultura política y social que no termina de comprender la necesidad de enraizar los valores democráticos en cada aspecto de la vida institucional.

En este contexto, ¿tienen las nuevas generaciones un rol específico? Más allá de las divergencias que podamos encontrar en la respuesta, deberíamos actuar como si lo hubiera. Seremos nosotros quienes en un futuro próximo ocupemos espacios de decisión y ejecución de políticas públicas o generemos espacios y herramientas de reflexión. Deberemos lidiar con una futura cúpula militar, que ya hoy ha comenzado su formación.

Somos una generación que ha tenido la ventaja de crecer junto a la democracia. Tenemos las herramientas para que nuestro crecimiento profesional, no vaya a la par de los avances y retrocesos en su consolidación. Como una suerte de destino manifiesto, los valores democráticos deben normar nuestra acción, construyendo instituciones donde no haya lugar para otras reglas de juego. Sin resolver esto, nada garantiza que escenarios del pasado no continúen repitiéndose.

El golpe de Estado y la Constitución de Honduras: falencias institucionales y relaciones civiles-militares

Orlando J. Pérez[*]

En la madrugada del domingo 28 de junio de 2009, las fuerzas armadas de Honduras, actuando bajo órdenes de la Corte Suprema de Justicia, irrumpieron en la Casa Presidencial, arrestaron al Presidente Manuel "Mel" Zelaya, y lo enviaron a Costa Rica. La destitución del Presidente Zelaya fue "legalizada" por el Congreso de Honduras esa misma tarde, cuando aceptaron su supuesta renuncia.[1] El Congreso luego promulgó un decreto detallando los motivos para la destitución, y reemplazándolo con el Presidente del Congreso, Roberto Micheletti.[2]

Muchos han justificado la destitución del Presidente Zelaya desde la perspectiva de la Constitución Nacional de Honduras, y las varias prohibiciones a la reelección presidencial y a los poderes otorgados al Congreso Nacional y a las fuerzas armadas.[3] Aunque existe confusión sobre la

---

[*] Catedrático y jefe del Departamento de Ciencias Políticas, Universidad Central de Michigan, EE.UU.

[1] "Congreso destituye a Manuel Zelaya", *La Tribuna*, 29 de junio, 2009, http://www.latribuna.hn/web2.0/?p=14265.

[2] Decreto de Destitución de Zelaya, 28 de junio, 2009, disponible en http://www.latribuna.hn/web2.0/?p=14265

[3] Véase, por ejemplo, Corte Suprema de Justicia, Comunicado Especial, 30 de junio, 2009; y Comunicado del 20 de Julio, ambos disponibles en www.poderjudicial.gob.hn. Los documentos oficiales justificando las acciones judiciales se pueden ver en "Expediente Judicial Relación Documentada Caso Zelaya Rosales", http://www.poderjudicial.gob.hn/. También, ver, Ministerio Público, Comunicado, 30 de junio, 2009, 3, disponible en www.mp.hn; y "Honduras: ¿Una Constitución que funciona?", Fundación Libertad, http://www.libertad.org.ar/contenidos/2009/08/19/Editorial_4122.php.

interpretación de varios artículos de la Constitución hondureña, y la falta de un proceso claro de enjuiciamiento del presidente complica el análisis, no cabe duda de que una evaluación lógica y objetiva de las provisiones constitucionales no dejan otra conclusión de que lo sucedido en Honduras fue un golpe de estado que desvirtúa el orden constitucional y legal del país centroamericano. Sin embargo, quiero dejar claro que este análisis no justifica las acciones o pretensiones del Presidente Zelaya durante su mandato. No es el propósito de este trabajo justificar las políticas económicas o sociales del depuesto presidente, ni tampoco debatir la legalidad de las reformas constitucionales que Zelaya pretendía promover.[4] El análisis que aquí presentamos se concentra en evaluar la constitucionalidad de la destitución del presidente y también el papel que jugaron las fuerzas armadas en relación al rol que la Constitución les otorga, y que forman la base de las relaciones político-militares en Honduras.

¿Golpe de estado o destitución legal?

Nadie que analice la actuación de las fuerzas armadas el día 28 de junio de 2009 puede negar que la extradición forzada del Presidente viola una prohibición directa de la Constitución. La Carta Magna dice en su artículo 102, "Ningún hondureño podrá ser expatriado ni entregado por las autoridades a un Estado extranjero". Las fuerzas armadas justifican su actuación por estar acatando una orden judicial que acusa al

---

[4] La crisis política originada a partir de los sucesos del 28 de junio de 2009 tiene su causa inmediata en una consulta, promovida por Zelaya, que se realizaría ese día. El objetivo era promover la instalación de una "cuarta urna" en las elecciones generales de noviembre, en la que, en caso de ser aprobada, los ciudadanos podrían decidir sobre la convocatoria de una Asamblea Constituyente (El texto de la consulta sería el siguiente: "¿Está de acuerdo que en las elecciones generales del 2009 se instale una Cuarta Urna en la cual el pueblo decida la convocatoria a una Asamblea Nacional Constituyente?", ver, El Presidente de la República en Consejo de Ministros, Decreto Ejecutivo PCM-005-2009, La Gaceta, 25 de junio de 2009, art. 1. El 23 de junio de 2009 el Congreso aprobó una ley cuyo fin era evitar la celebración de la votación. A pesar de la prohibición del Congreso, el Presidente Zelaya continuó adelante con la promoción de la consulta y ordenó que se distribuyesen las tarjetas de votación. Cuando el Jefe del Estado Mayor Conjunto hondureño, el General Romeo Vásquez Velásquez, se negó a acatar esa orden aduciendo una contraorden del Tribunal Supremo de Justicia, Zelaya anunció su destitución en un mensaje televisado a la Nación. Poco después, el Ministro de Defensa y los comandantes de las tres ramas de la Fuerzas Armadas hondureñas renunciaron a sus cargos.

Presidente Zelaya de "delitos contra la forma del gobierno, abuso de autoridad, traición a la patria y usurpación de funciones".[5] La destitución del Presidente Zelaya no implico la destitución de todos los poderes del Estado; el sistema judicial, el Congreso, el Procurador General, las instituciones autónomas, y el Defensor de los Derechos Humanos, se mantuvieron en sus puestos. Incluso todos, menos el Defensor de los DDHH, apoyaron explícitamente la remoción de Zelaya. Adicionalmente, las FF.AA. no tomaron el poder directamente. Por lo tanto, ¿estas circunstancias forman parte de un golpe de Estado o de un cambio legal en la presidencia? El análisis que aquí presentamos indica que, a pesar de que el orden constitucional no se alteró en su totalidad, la destitución del Presidente Zelaya viola la Constitución y es un golpe de Estado ilegal.

Si analizamos el comunicado oficial del Congreso el día 28 de junio de 2009, vemos que en ningún momento hace alusión a su poder constitucional para remover al Presidente bajo estas circunstancias. Es más, inicialmente, el comunicado tampoco hizo alusión a la supuesta carta de renuncia del Presidente Zelaya.[6] Defensores del golpe utilizaron luego el artículo 239 para justificar en parte la destitución. Este artículo dice que "El ciudadano que haya desempeñado la titularidad del Poder Ejecutivo no podrá ser Presidente o Designado. El que quebrante esta disposición o proponga su reforma, así como aquellos que lo apoyen directa o indirectamente, cesarán de inmediato en el desempeño de sus respectivos cargos, y quedarán inhabilitados por diez años para el ejercicio de toda función pública". Empero, aducir a un artículo de forma "auto-ejecutable" sin el debido proceso o elementos de juicio, viola todo concepto de legalidad en un Estado de derecho. Si aplicáramos este artículo debíamos entonces preguntarnos: ¿Cuándo cesó de ser Presidente el Sr. Zelaya? ¿Al momento de aducir la idea de la "cuarta urna"? ¿Cuando promulgó el decreto para la consulta electoral? Y quién decide, ¿los juzgados? ¿El Congreso? ¿Ambos? ¿Qué pasaría en el caso de conflictos entre las

---

[5] Fuerzas Armadas de Honduras, Comunicado de Prensa N° 1, 30 de Junio, 2009, párrafos 3 y 5, disponible en www.ffaah.mil.hn; Corte Suprema de Justicia, Comunicado Especial, supra nota 3, párrafo 6.

[6] Carta fechada el 24 de junio de 2009 (fecha en la cual se piensa el golpe iba a ocurrir, pero que los esfuerzos del gobierno de los EEUU previno), y cuya autenticidad ha sido cuestionada por varias fuentes. William Booth y Juan Forero, "Honduran Military Ousts President; Zelaya Flown to Costa Rica; Congress Votes Him Out, Names Successor", *The Washington Post*, 29 de junio, 2009.

instituciones? ¿Qué evidencia se debe usar para adjudicar el conflicto? En todo caso, esta justificación es pos-facto, ya que la resolución aprobada por el Congreso se refiere a varios artículos de la Constitución, pero no menciona el artículo 239.

Es evidente que –con una excepción– ninguno de los artículos constitucionales mencionados por el Congreso en su resolución de destitución le otorga poderes para remover al presidente de su cargo. Los primeros cuatro artículos mencionados (1 a 4) no mencionan al Congreso en lo absoluto.[7] El art. 1 establece la identidad política del Estado hondureño. El art. 2 tipifica como traición a la Patria la usurpación de poderes; y el art. 4 aduce que la alternancia en la presidencia es obligatoria y que su violación es un delito de traición a la Patria. Aun cuando se pueda aludir a la actuación del Presidente Zelaya como violación del art. 4 y, por lo tanto, un acto de traición, la determinación legal y constitucional de traición le corresponde a la Corte Suprema de Justicia y requiere un proceso legal. La Carta Magna le otorga a la Corte Suprema la potestad de adjudicar casos contra el Presidente, una vez que el Congreso decida si existen causas para enjuiciarlo.[8] El art. 3 otorga el derecho de insurrección contra un gobierno que viole o usurpe las normas constitucionales al pueblo, "Nadie debe obediencia a un gobierno usurpador ni a quienes asuman funciones o empleos públicos por la fuerza de las armas o usando medios o procedimientos que quebranten o desconozcan lo que esta Constitución y las leyes establecen. Los actos verificados por tales autoridades son nulos. El pueblo tiene derecho a recurrir a la insurrección en defensa del orden constitucional". Como se puede deducir, el derecho de "insurrección" se le atribuye al pueblo y no al Congreso; y de todos

---

[7] Art. 1: "Honduras es un Estado de derecho, soberano, constituido como república libre, democrática e independiente para asegurar a sus habitantes el goce de la justicia, la libertad, la cultura y el bienestar económico y social"; Art. 2: "La soberanía corresponde al pueblo del cual emanan todos los poderes del Estado que se ejercen por representación. La suplantación de la soberanía popular y la usurpación de los poderes constituidos se tipifican como delitos de traición a la Patria. La responsabilidad en estos casos es imprescriptible y podrá ser deducida de oficio o a petición de cualquier ciudadano". Art. 4: "La forma de gobierno es republicana, democrática y representativa. Se ejerce por tres poderes: Legislativo, Ejecutivo y Judicial, complementarios e independientes y sin relaciones de subordinación. La alternabilidad en el ejercicio de la Presidencia de la República es obligatoria. La infracción de esta norma constituye delito de traición a la Patria." Constitución Política de la República de Honduras de 1982, Actualizada hasta el Decreto 36 del 4 de Mayo de 2005, http://pdba.georgetown.edu/Constitutions/Honduras/hond05.html.

[8] Constitución Política de la República de Honduras de 1982, Art. 314 y 205.

modos la evidencia es contundente: el pueblo de Honduras estaba, al mínimo, dividido ante los hechos del 28 de junio de 2009 y ante la actuación de los actores políticos del país. Es más, este artículo, que el Congreso mencionó para justificar en parte sus actuaciones, se puede interpretar dando luz verde a una "insurrección" contra el gobierno del Sr. Micheletti, el cual en parte llegó al poder por la "fuerza de las armas".

Siguiendo con el análisis de la Constitución, observamos que el art. 205, párrafo 20, le otorga al Congreso el poder de "aprobar o improbar" la conducta administrativa del ejecutivo,[9] mientras que el art.218 prohíbe al presidente vetar ciertas leyes, incluso aquellas relacionadas con la conducta del ejecutivo.[10] Adicionalmente, los artículos 321-23 se refieren al hecho de que ninguna autoridad está por encima de la ley, y que las autoridades juran obedecer las leyes.[11] Ninguno de ellos aduce al proceso de destitución del presidente, y mucho menos otorga potestad al Congreso para remover al presidente, o define un proceso institucional o legal para la destitución del presidente.

El único artículo mencionado por el decreto de destitución de Zelaya del 28 de junio de 2009 que le otorga al Congreso Nacional algún poder relevante, es el artículo 242, que dice en parte, "Si la falta del Presidente fuere absoluta, el Designado que elija al efecto el Congreso Nacional ejercerá el Poder Ejecutivo por el tiempo que falte para terminar el período constitucional. Pero si también faltaren de modo absoluto los tres

---

[9] Constitución Política de la República de Honduras de 1982, Art. 205: "Corresponden al Congreso Nacional las atribuciones siguientes: (…) 20. Aprobar o improbar la conducta administrativa del Poder Ejecutivo, Poder Judicial y del Tribunal Nacional de Elecciones, Contraloría General de la República, Procuraduría General de la República e instituciones descentralizadas; (…)."

[10] Constitución Política de la República de Honduras de 1982, Art. 218: "No será necesaria la sanción, ni el Poder Ejecutivo podrá poner el veto en los casos y resoluciones siguientes: 1. En las elecciones que el Congreso Nacional haga o declare, o en las renuncias que admita o rechace; 2. En las declaraciones de haber o no lugar a formación de causa; 3. En los decretos que se refieren a la conducta del Poder Ejecutivo; (…)."

[11] Constitución Política de la República de Honduras de 1982, Art. 321: "Los servidores del Estado no tiene más facultades que las que expresamente les confiere la ley. Todo acto que ejecuten fuera de la ley es nulo e implica responsabilidad"; Art. 322: "Todo funcionario público al tomar posesión de su cargo prestará la siguiente promesa de ley: 'Prometo ser fiel a la República, cumplir y hacer cumplir la Constitución y las leyes'"; y Art. 323: "Los funcionarios son depositarios de la autoridad, responsables legalmente por su conducta oficial, sujetos a la ley y jamás superiores a ella. Ningún funcionario o empleado, civil o militar, está obligado a cumplir órdenes ilegales o que impliquen la comisión de delito".

designados, el Poder Ejecutivo será ejercido por el Presidente del Congreso Nacional, (...) por el tiempo que faltare para terminar el período constitucional. En sus ausencias temporales, el Presidente podrá llamar a uno de los designados para que lo sustituya (...)". Esta provisión le otorga al Congreso el poder de sustituir al presidente durante su ausencia absoluta o indefinida. El Congreso sabía bien que la "falta" del presidente era involuntaria y que el Sr. Zelaya pedía regresar al poder. Sería absurdo pensar que la destitución de un presidente por la fuerza pueda después ser utilizada como justificación para reemplazarlo por su "falta absoluta".

Quizás la debilidad más grave en la actuación del Congreso Nacional de Honduras es que en ningún momento aplicó el debido proceso. El debido proceso es un concepto que enmarca la Convención Interamericana de Derechos Humanos como fundamental para el Estado de derecho,[12] tratado del cual Honduras es signataria.".[13]

Cabe señalar aquí que Honduras es también signatario de la Carta Democrática Interamericana,[14] que establece "que la democracia representativa es indispensable para la estabilidad, la paz y el desarrollo de la región y que uno de los propósitos de la OEA es promover y consolidar la democracia representativa (...)." Adicionalmente establece que "Son elementos esenciales de la democracia representativa, entre otros, el respeto a los derechos humanos y las libertades fundamentales; el acceso al poder y su ejercicio con sujeción al estado de derecho; la celebración de elecciones periódicas, libres, justas y basadas en el sufragio universal y secreto como expresión de la soberanía del pueblo; el régimen plural de partidos y organizaciones políticas; y la separación e independencia de

---

[12] OEA, *Convención Americana Sobre Derechos Humanos, Suscrita en la Conferencia Especializada Interamericana Sobre Derechos Humanos*, San José, Costa Rica 7 al 22 de noviembre de 1969, (Pacto de San José), http://www.oas.org/Juridico/spanish/tratados/b-32.html.

[13] La Constitución de Honduras establece que los tratados internacionales una vez ratificados son objeto del "derecho interno: Art. 16: "(...) Los tratados internacionales celebrados por Honduras con otros estados, una vez que entran en vigor, forman parte del derecho interno". Adicionalmente, cuando existen conflictos entre los tratados internacionales y las leyes domésticas el primero prevalece: Art. 18: "En caso de conflicto entre el tratado o convención y la Ley prevalecerá el primero."

[14] OEA; *Carta Democrática Interamericana,* http://www.oas.org/charter/docs_es/resolucion1_es.htm.

los poderes públicos." Como sanción, la Carta prevé que "la ruptura del orden democrático o una alteración del orden constitucional que afecte gravemente el orden democrático en un Estado Miembro constituye, mientras persista, un obstáculo insuperable para la participación de su gobierno (...)." en las múltiples instancias de decisión del sistema interamericano. En efecto, Honduras ha sido suspendida de participar en la OEA,[15] evidencia *prima facie* de que el golpe de Estado viola las normas internacionales, y por lo tanto también las normas constitucionales establecidas en el país.

Es inevitable la conclusión de que el Congreso Nacional de Honduras nunca ejerció la única potestad relevante en este caso que le otorga la Constitución Nacional: levantar causa contra el ejecutivo y referir el caso a la Corte Suprema de Justicia.[16] Por lo tanto, la destitución del Presidente Zelaya viola los valores inherentes de una democracia representativa, del debido proceso, y del Estado de derecho.

Sin embargo, lo que complica la situación política en Honduras, y merece un análisis adicional, es el rol que jugaron las fuerzas armadas en este conflicto. En última instancia, se observa un conflicto de poderes cuya mediación no le fue posible a los poderes civiles constituidos, recayendo en los militares "resolver" el "dilema". Aunque todo concepto moderno de la estructuración de las relaciones civiles-militares en una democracia descartaría la actuación de los militares hondureños en este caso, no podemos ignorar que la Constitución aduce a roles y atribuciones amplias para las fuerzas armadas, a pesar de reformas importantes dadas en la década de los 90 que avanzaron en la subordinación civil.

---

[15] OEA, "La OEA Suspende la Pertenencia de Honduras a la Institución", Comunicado de Prensa, 5 de julio de 2009, http://www.oas.org/oaspage/press_releases/press_release.asp?s Codigo=C-219/09.

[16] Un miembro del Congreso, la diputada Liberal Elvia Argentina Valle, se abstuvo de votar durante el debate del Decreto de Destitución, aduciendo que "no había contundencia en esos elementos para improbar su conducta". "No hubo contundencia en elementos para improbar la conducta de Zelaya", *La Tribuna*, 2 de julio, 2009, http://www.latribuna.hn/web2.0/?p=15634. Ver el artículo 319 de la Constitución, supra nota 8.

Papel de las fuerzas armadas[17]

Las fuerzas armadas de Honduras surgen como una institución profesional y con poder político en los años cincuenta del siglo XX. Este proceso se institucionaliza en 1954, por medio de una nueva Ley Constitutiva que le otorga un carácter profesional, la firma de acuerdos bilaterales de ayuda militar con los Estados Unidos, y la creación del primer batallón de infantería. En 1957, las fuerzas armadas obtienen autonomía institucional con la creación de la figura del Jefe de las Fuerzas Armadas, en la Constitución de la República emitida ese año. Ella otorga el mando directo sobre la tropa al Jefe de las Fuerzas Armadas y no al Presidente de la República. Durante los siguientes treinta años, los militares mantuvieron un control hegemónico sobre el sistema político y un monopolio en el control de los cuerpos armados.

La transición a la democracia se inicia con el proceso que culminó en las elecciones de 1980 para una Asamblea Constituyente y que permitió la promulgación de una nueva Constitución, mediante el Decreto N° 11 del 11 de enero de 1982. No obstante, ese proceso estaba dirigido por las fuerzas armadas. La nueva constitución les garantizaba autonomía institucional y política. Las órdenes del presidente eran emitidas sólo por conducto del Comandante en Jefe de las Fuerzas Armadas. Adicionalmente, el presidente no tenía la potestad de nombrarlo (o removerlo), esto correspondía al Congreso, con una selección realizada dentro de una terna elaborada por el Consejo Superior de las Fuerzas Armadas.

---

[17] Esta sección hace uso extenso de varios documentos: Orlando J. Pérez, Sistematización del proyecto "Apoyo al programa de Reforma y Modernización de las Fuerzas Armadas de Honduras para garantizar la Gobernabilidad Democrática y el Poder Civil, HON/01/007", Acuerdo de Servicios Especiales # 325/2002, Programa de Naciones Unidas para el Desarrollo (PNUD), 14 de octubre,2002; Mark J. Ruhl, "Redefining Civil-Military Relations in Honduras", *Journal of Interamerican Studies and World Affairs*, Vol. 38 (Spring 1996), 33-66; Salomón, Leticia, *Las relaciones civiles-militares en Honduras: Balance y perspectiva* (Tegucigalpa, MDC: CEDOH-ASDI, 1999); Salomón, Leticia, *Policías y Militares en Honduras* (Tegucigalpa, MDC: CEDOH, 1993); Salomón, Leticia, "Las relaciones cívico-militares en Honduras", en *Relaciones Cívico-Militares Comparadas: Entendiendo los mecanismos de control civil en pequeñas democracias (América Latina)*, ed. Kevin Casas Zamora (San José, CR: Fundación Arias, 1997); Salomón, Leticia, "Las relaciones civiles-militares en el proceso hondureño de construcción democrática", en *Control Civil y Fuerzas Armadas en las nuevas democracias latinoamericanas*, ed. Rut Diamint (Buenos Aires, Argentina: Nuevo Hacer, Grupo Editor Latinoamericano, Universidad Torcuato Di Tella, 1999).

Con la elección de Carlos Roberto Reina (1994-1998), se inicia un proceso constante y profundo de transformación en las relaciones cívico-militares y una reducción en el poder de las fuerzas armadas. En diciembre de 1996, el Congreso ratificó por unanimidad la reforma constitucional, mediante la cual las funciones de mantener la seguridad interna y el orden público se transfieren de las fuerzas armadas a las autoridades civiles, estableciendo para ello una Policía Nacional Civil. Otro paso importante fue la redacción y aprobación por el Congreso, el 20 de mayo de 1998, de la nueva Ley Orgánica de la Policía Nacional Civil, que transformó a las fuerzas de seguridad pública en la nueva Policía Nacional Civil. El 28 de mayo del mismo año, el Congreso Nacional aprobó las reformas a los artículos 28 y 29 de la Ley General de la Administración Pública, creando el nuevo Ministerio de Seguridad, del cual dependerá la nueva policía civil.

Durante la administración del Presidente Reina las fuerzas armadas perdieron el control directo de HONDUTEL (compañía estatal de telecomunicaciones), la Dirección Nacional de Política Migratoria, la Marina Mercante, y el Instituto Geográfico Nacional. Estas instituciones fueron usadas por las fuerzas armadas para incrementar sus recursos financieros y para múltiples actividades ilícitas.

El Presidente Carlos Flores Facussé (1998-2002) continuó la labor realizada por el Presidente Reina en la desmilitarización de los poderes públicos y la sumisión de los militares al presidente de la República. El 18 de septiembre de 1998, el Congreso aprobó las reformas constitucionales que convirtieron al jefe del Estado en el comandante en jefe de las Fuerzas Armadas, con la facultad de nombrar a un civil para el Ministerio de Defensa.

Los cambios constitucionales ratificados en enero de 1999, introdujeron reformas sustanciales en los artículos relacionados con las fuerzas armadas. Principalmente, el artículo 205 en sus numerales 10, 15 y 24. También los artículos 274, 277, 278, 279, 280, 281, 282, 283, 284, 285, 286, 288, 290 y 291. Las modificaciones consisten fundamentalmente en suprimir de la Constitución la figura de Comandante en Jefe de las Fuerzas Armadas. Conforme a la reforma, el Presidente de la República ejerce el mando directo de las fuerzas armadas en su carácter de comandante general, y conforme a la Constitución y la ley constitutiva del instituto castrense. Las órdenes que imparta el Presidente deberán acatarse y ser ejecutadas con apego a los principios de legalidad, disciplina y profesionalismo militar. Se establece que el Secretario de Estado en el Despacho de Defensa Nacional (Ministro de Defensa) será nombrado y separado libremente por el Presidente de la República; igualmente sucederá con el jefe del Estado Mayor Conjunto del instituto armado, quien será seleccionado de la junta de comandantes de acuerdo a lo que establece el escalafón de oficiales y la ley constitutiva.

El artículo 283 reforma el Estado Mayor Conjunto, que es ahora el órgano operativo de las fuerzas armadas, y cuyas funciones están consignadas en la ley constitutiva. Se estableció que la junta de comandantes que sustituye al Consejo Superior (COSUFFAA), es el órgano de consulta en todos los asuntos relacionados con la institución y actuará como órgano de decisión y como tribunal superior de la entidad castrense en los asuntos que sean sometidos a su conocimiento. La junta de comandantes estará integrada por el jefe del Estado Mayor Conjunto quien la preside, el subjefe del Estado Mayor Conjunto, el inspector general y los comandantes de fuerza. La reforma constitucional también contempla la asignación de nuevos roles a las FF.AA., tales como: la participación de misiones de paz en el exterior, apoyo logístico, asesoramiento técnico, de comunicaciones y de transporte en la lucha contra el narcotráfico. Colaborarán con personal y medios para hacer frente a los desastres naturales y situaciones de emergencia que afecten a las personas y los bienes. Cooperarán con las demás instituciones de seguridad del Estado para combatir el terrorismo, tráfico de armas y el crimen organizado. En cuanto a los ascensos, los militares no podrán ser privados de sus grados, honores y pensiones. Los ascensos desde subteniente a capitán serán otorgados por el Presidente de la República a propuesta del Ministro de Defensa; mientras los ascensos de mayor a general de División serán otorgados por el Congreso Nacional a propuesta del jefe de las FF.AA. por "iniciativa" del mandatario de turno (artículo 205, numerales 24 y 25).[18]

En el artículo 272 se establece que las fuerzas armadas son una entidad profesional, apolítica, obediente y no deliberante, que están bajo el mando de su Comandante General, el Presidente de la República.[19] Claro que dicho artículo enmarca la obediencia al Presidente: "Se constituyen para defender la integridad territorial y la soberanía de la República, mantener la paz, el orden público y el imperio de la Constitución, los

---

[18] Art. 205: "Corresponde al Congreso las atribuciones siguientes: (…) 24. Conferir los grado de Mayor a General de División, a propuesta del jefe de las Fuerzas Armadas por iniciativa del Presidente de la República; 25. Fijar el número de miembros permanentes de las Fuerzas Armadas;(…)."

[19] Art 272: "Las Fuerzas Armadas de Honduras, son una Institución Nacional de carácter permanente, esencialmente profesional, apolítica, obediente y no deliberante.

principios de libre sufragio y la alternabilidad en el ejercicio de la Presidencia de la República." Además de esas funciones, el mismo artículo manda a que el Ejército contribuya en "la custodia, transporte y vigilancia de los materiales electorales y demás aspectos de la seguridad del proceso" electoral, bajo la dirección del Tribunal Nacional de Elecciones. Por lo mencionado anteriormente, se puede aducir que si obedecen al Presidente estarían contradiciendo la Constitución, y viceversa. Confusión adicional surge cuando vemos el proceso para nombrar y remover al Jefe del Estado Mayor Conjunto. El artículo 279 dice en parte "No podrá ser Jefe del Estado Mayor Conjunto, ningún pariente del Presidente de la República o de sus sustitutos legales, dentro del cuarto grado de consanguinidad y segundo de afinidad, y *durará en sus funciones tres (3) años*" (énfasis del autor). Empero, el artículo 280, como se menciona anteriormente, establece que el Jefe del Estado Mayor Conjunto será "nombrado o removido libremente" por el Presidente.

Bajo estas circunstancias, ¿a quien en efecto obedecen las fuerzas armadas? ¿Al Estado? ¿Al Presidente? ¿A la Constitución? ¿Al Congreso Nacional? ¿A la Corte Suprema de Justicia? ¿A ellas mismas? Por ejemplo, en una entrevista publicada por el periódico digital El Faro, el Coronel Herbeth Bayardo Inestroza adujo que las fuerzas armadas, desde abril de 2009, se habían preocupado porque "El señor Presidente estaba utilizando a la Fuerza Armada como una herramienta política; y el hecho de llegar por el voto a la presidencia no le da derecho a delinquir". El Coronel Bayardo dijo que "El problema se da cuando él [Presidente Zelaya] da esa orden ilegal de emplear las Fuerzas Armadas para apoyar el proceso de la encuesta. El 27 de abril nos reunimos con el señor presidente. El 26, en la tarde, le presenté al jefe del Estado Mayor Conjunto una opinión que concluía que jurídica, ética y moralmente no era posible proporcionar apoyo porque el artículo 272 nos da un papel de garantes de la Constitución, de la alternabilidad en el ejercicio de la presidencia. Y nosotros como soldados no estamos subordinados a una persona, sino al cargo, a la ley". Cuestionado sobre la inconstitucionalidad de sacar al Sr. Zelaya fuera del territorio nacional, el Coronel Bayardo preguntó: "¿Qué era más beneficioso, sacar a este señor de Honduras o presentarlo al Ministerio Público y que una turba asaltara y quemara y destruyera, y que nosotros tuviéramos que disparar?"[20] Por lo tanto, las fuerzas armadas

---

[20] Carlos Dada y Jose Luis Sanz, "Cometimos un delito al sacar a Zelaya, pero había que hacerlo", *El Faro*, 2 de julio, 2009, http://www.elfaro.net/secciones/Noticias/20090629/noticias16_20090629.asp.

justificaron el golpe de Estado bajo el concepto de defender los intereses nacionales, el imperio de la ley, y las vidas de los hondureños. No hay duda de que las fuerzas armadas de una nación deben proteger esos ideales; el problema surge cuando diversos poderes civiles legalmente constituidos se enmarcan en una lucha política cuya dirección es una creciente crispación y confrontación. Bajo esa situación, las fuerzas armadas se abstienen de intervenir, con sus propias consecuencias, o actúan como la fuerza mediadora y, por consecuencia, debilitan el control civil y la democracia.

Conclusiones

La destitución del Presidente Manuel Zelaya Rosales, el 28 de junio de 2009, reabre heridas en la región latinoamericana que muchos pensaban estaban cerradas. El golpe de Estado como modalidad para mediar conflictos políticos se pensaba un fantasma del pasado. Ello a pesar de los acontecimientos en países como Bolivia, Venezuela, Ecuador, Guatemala y otros donde los militares han ejercido o han intentado ejercer poder para remediar conflictos políticos, y aun cuando todos sabemos que en gran parte del continente las fuerzas armadas retienen una fuerte cuota de poder –particularmente por el proceso de securitización de los problemas sociales y proliferación de roles en manos de las FF.AA–. El golpe de Estado y su evidente éxito, a pesar de la condena y sanciones internacionales, deja al continente, y sobre todo a la subregión centroamericana, en una disyuntiva muy peligrosa para la democracia.

La debilidad de los mecanismos institucionales para mediar conflictos políticos eficazmente –en Honduras y en otras partes del continente– es uno de los grandes problemas que afligen a la región. Aunque el sistema interamericano haya respondido, mayoritariamente, en forma enérgica ante la crisis de Honduras, no podemos olvidar que ese mismo sistema no pudo (o no quiso) intervenir para mediar el conflicto antes de su desborde institucional. La situación en Honduras deja claro la imperante necesidad de establecer mecanismos de diplomacia preventiva, que puedan hacerle frente a las amenazas institucionales antes de que ocurra una ruptura.

En el caso propio del sistema político hondureño, hemos visto que su Constitución en lugar de ser instrumento para resolver conflictos, es causa de la profundización del mismo. Podemos mencionar un número amplio de falencias: Por ejemplo, la Constitución no contiene procesos claros para el enjuiciamiento del Presidente, y establece insuficientes mecanismos para procesar los delitos políticos bajo estricto apego al debido proceso. Impone tropiezos para su adecuada reforma; desvirtúa los poderes del Estado (en el sentido de otorgarle potestades al Congreso Nacional por encima del Ejecutivo), y por lo tanto dificulta la elaboración e implementación de políticas públicas, como, por ejemplo, el presupuesto nacional. Y otorga a las fuerzas armadas roles que permiten (incluso incentivan) su actuación mediadora y por lo tanto su injerencia en la política nacional. Todo esto implica una debilidad institucional inherente, cuyos resultados hemos visto plasmados en los eventos ocurridos desde principios de 2009, y que culminaron en el golpe de Estado del 28 de junio.